JN270138

公務員試験
人文科学 Ⅰ
世界史・日本史

ザ・ベスト・プラス
The BEST PLUS

The BEST 制作委員会 編著

エクシア出版

はじめに

○歴史分野は社会に出ても"使える知識"

　現代のように目まぐるしく社会が変容していく状況下において、歴史分野の学習は大変大きな意味を持ちます。歴史を知れば、過去ばかりでなく、現在から未来を俯瞰する「目」を手に入れることができるからです。当然、本書を手に取った方は公務員試験対策としての学習が目的になるでしょう。しかし、公務員として社会に出た後も、本書で学ぶ歴史分野は、極めて有益な知識として実務で活かすことができるはずです。

○実戦的な学習を可能に！

　公務員試験での人文科学は、世界史、日本史、地理、思想、文学・芸術の5つの科目よりなります。本書では、人文科学の中でも、重要科目に属する世界史と日本史の2科目を取り扱っています。受験する職種によって出題数に程度の差はありますが、欠かすことのできない科目とあって、しっかりとした対策はしておかなければなりません。

　本書の基本となるテーマ別のテキストパートでは、過去の出題頻度に応じたボリュームで時代順に構成されており、各テーマの終わりには過去問ベースの一問一答形式の問題や本試験形式の問題を掲載。インプットとアウトプットをまとめておこなうことができるため、本書1冊で極めて実戦的な学習が可能となります。

○学習の優先度でテーマ選別も！

　本書では、問題を解くために重要な、大きな歴史の流れをつかむことができるよう、スラスラとやさしく読めるような編集方針を第一としています。時間に余裕があれば、時代順に頭から学習していってもよいですが、時間が限られているならば、志望する職種の出題傾向に応じて優先的に学習するテーマを選別してもよいでしょう。重要度が特に高い近代を中心に、時代をさかのぼるように学習するのも、現実的で効率的な方法です。

　本書を存分に活用して、ぜひとも合格の二文字をつかんでください。そして公務員として日本や地域を支える活躍ができる日がくることを、心より祈念しております。

The BEST 制作委員会

INDEX

- 1 はじめに
- 2 INDEX
- 6 How to use The BEST
- 8 教養人文科学　各試験の出題傾向
- 10 キャラクター紹介

世界史

進捗状況チェック！

- 12 #01 古代オリエント・ギリシア・ローマ
- 20 #02 古代中国
- 27 #03 イスラム世界の歴史
- 33 #04 中世ヨーロッパ
- 39 #05 十字軍
- 45 #06 ルネサンス・大航海時代・宗教改革
- 50 #07 絶対王政の到来
- 54 #08 植民地抗争／ヨーロッパ文化

58	☐	#09 イギリス市民革命・産業革命
63	☐	#10 アメリカ独立戦争・フランス革命
68	☐	#11 ナポレオン時代とウィーン体制
74	☐	#12 自由主義の進展・各国の動向
82	☐	#13 アメリカの発展／19世紀ヨーロッパ文化
87	☐	#14 中国史(宋朝～清朝)
95	☐	#15 ヨーロッパのアジア進出とアヘン戦争
100	☐	#16 その後の中国・辛亥革命
105	☐	#17 帝国主義
110	☐	#18 第一次世界大戦
118	☐	#19 ヴェルサイユ体制
125	☐	#20 中国の民族運動／各国の独立運動
131	☐	#21 世界恐慌の発生と各国の対応
136	☐	#22 第二次世界大戦
143	☐	#23 戦後の国際状況
151	☐	#24 キューバ危機と多極化

156	☐	#25 ベトナム戦争と社会主義国の疲弊
162	☐	#26 中東問題
168	☐	#27 冷戦終了へ
177	☐	Challenge! 世界史

日本史 進捗状況チェック!

180	☐	#28 石器時代〜飛鳥時代
188	☐	#29 律令国家の成立・奈良時代
195	☐	#30 平安時代・摂関政治・国風文化
203	☐	#31 武士の登場・平氏政権
210	☐	#32 鎌倉幕府・鎌倉文化
219	☐	#33 建武の新政・室町幕府

230	☐	#34 戦国時代
237	☐	#35 江戸幕府の成立と展開
245	☐	#36 江戸幕府の展開と衰退
255	☐	#37 幕末から明治維新へ
263	☐	#38 明治政府の中央集権体制
274	☐	#39 自由民権運動の展開
283	☐	#40 日清戦争・日露戦争・韓国併合
293	☐	#41 大正時代の展開
303	☐	#42 昭和と第二次世界大戦
315	☐	#43 占領下の日本
324	☐	#44 高度成長期の日本と現代
331	☐	**Challenge!** 日本史

How to use the BEST

章タイトル&ひとこと☆

重要度
重要な順に、A, B, C, D, Eの5段階。時間がない場合は、重要度MAXのAからスタート！

#1 古代オリエント・ギリシア・ローマ
世界史1
出題は多くないけど、世界史のスタートライン

重要度
E

古代については出題数が少ないものの、次代の歴史につながる内容を持っているため、概要の確認をしておくことが必要です。古代オリエント、ギリシア、ローマを中心に、記述内容や事項が「どの時代の出来事か」といったアバウトな把握でよいので、ひととおりの確認を進めていきましょう。

世界史、日本史の2構成。

ガイダンス
ここでイメージをつかもう☆

ココを覚えれば ザ・ベスト！

オリエント、ギリシア、ローマを中心にして、リエントはエジプト、メソポタミア、ヘブラて、ローマは共和政から帝政へ、と理解を進め

ココを覚えればザ・ベスト！
覚えるポイントや出題傾向をまとめているよ☆

PLAY!
この章の年表を確認！

ひと通り理解できたら、赤シートを使ってしっかり暗記！

PLAY!
次の年表を完成させよう。

古代中国（前1600年〜1000年）

地域	前1500年	前1000年		紀元		500年	1000年
中国 黄河文	(殷)	(周) 西周	春秋・戦国時代	劉邦が項羽を（垓下の戦い）で破り、長安を都とする (前漢)	(後漢)	三国志で有名な(魏)・呉・蜀が抗争を繰り広げた 魏晋南北朝	(唐)

TRY! 本試験問題で一問一答

Q1 ローマ帝国において、キリスト教は、殉教者を出しながらも社会の下層にも上層にも、また、民族の差を超えて広まっていった。こうした情勢を前に、ユリアヌス帝はそれまでの迫害政策を一変させ、ミラノ勅令によってキリスト教を国教化し、自らもこれに帰依してキリスト教の神によって帝権を神聖化しようとした。

×ミラノ勅令は、313年、コンスタンティヌス帝によって出された。ミラノ勅令は、全国民に信教の自由を認めたものである
×ユリアヌス帝は、キリスト教を信仰せず、異教告白をしたことで有名

(×)

[国Ⅰ-23] cf.❸

重要度 **E**

#1 古代オリエント・ギリシア・ローマ

TRY!
よりすぐりの本試験問題を掲載☆

出典と参照項目
試験の略語や出題年度が書かれているよ（略語は下記参照。年度は平成表記）。
cf.とは「参照」のこと。問題に関連のある項目の番号が書かれているよ。

重要度と章タイトル。探したい章が見つけやすい☆

Challenge! もう1点get!

問題 13～17世紀頃のユーラシア大陸について 部分が正しいものの組合せとして妥当な

Challenge!
本試験で出題された、典型的な問題、またはちょっと難しい問題。実戦・上級編！

河下流域は多くの民族 地域でした。また、東地 、フェニキア人が植民市 活躍していました。 字は中央アジアの文字の元祖であり、フェニキア

> めまぐるしく興亡するのはそれだけ侵入しやすかったってことだね。

補足やコラム
けっこう役に立つかも☆

■略語一覧

総 …… 国家公務員総合職	区 …… 特別区Ⅰ類
般 …… 国家公務員一般職（大卒）	地上 … 地方上級
国Ⅰ … 国家公務員Ⅰ種	警 …… 警視庁警察官Ⅰ類
国Ⅱ … 国家公務員Ⅱ種	消 …… 東京消防庁Ⅰ類
税 …… 国税専門官	市 …… 市役所
裁 …… 裁判所事務官、裁判所職員総合職・一般職	改 …… 本書用にアレンジした問題
都 …… 東京都Ⅰ類	

教養人文科学 各試験の出題傾向

　世界史や日本史は、試験に必要な科目ということだけではなく、政治や経済、時事、政治学や行政学、国際関係などにも関係してくる科目です。そのため、避けては通れない科目といえます。ただ、範囲が膨大であり、なかなか進んでいる手ごたえをつかみにくい科目でもあります。機械的に年号やキーワードを暗記するだけでは得点につながりませんし、時間的にも効率が悪くなります。

　そのため、世界史や日本史では、細かな内容を一つひとつ覚えていくことよりも、全体的な歴史・時間の流れをつかむこと、そして、その時代に世界の各地、日本の他の場所で何がおこっているのか、を理解することが必要です。これらを把握しておけば、すなわち、その出来事の背景・原因と結果を押さえておけば、得点につながるのです。

国家総合職・国家一般職・国家専門職

　世界史では、西洋史においては近世から近現代にかけての政治史を整理しながら押さえましょう。特に絶対主義時代、ウィーン体制時代、帝国主義時代、第一次世界大戦以降の動きを押さえてください。通史の形でもよく出題されています。また、アジア史の出題も多く見られます。イスラム史や中国史もしっかりとまとめましょう。中でも、古代から現代にわたる通史の出題が多いので、時代ごと王朝ごとの特徴を整理しておきましょう。どの試験にも言えることですが、文章の長文化も特徴です。長文であっても、しっかり読んで把握できるようにしておかなければなりません。

　日本史では、テーマ別の通史が頻出です。特に外交史や貿易史、政治史、文化史、宗教史と幅広く出題されています。各時代におけるそれぞれの特徴をしっかりと整理しておきましょう。また、時代別では、江戸時代、明治時代、第二次世界大戦後からの出題が多くなっています。なお、世界史同様、文章の長文化も大きな特徴です。

地方上級

　世界史では、西洋近現代の政治史の出題が多く、特に両大戦以降の出題が目立っています。中国史では、通史的な問題が見られます。王朝ごとの建国者、政策、諸制度、特徴を把握しておきましょう。また、ここ最近の傾向として、古代から近代までの通史の出題が増えています。さらに、東欧や東南アジア、イスラムについても大きな流れをつかんでおきます。東欧史では、現代の政治的変遷が出題されています。東南アジア史では、植民地以降、現代までの政治的変遷が出ています。イスラム史では、イスラム諸王朝の歴史の流れを重要語句とともに押さえておきましょう。

　日本史では、江戸時代、続いて戦後史からの出題が多くなっています。特に江戸時代は政治・経済・文化とも重要なので、しっかりと整理しておきましょう。幕末の政治・経済情勢も重要です。明治史や戦後史では、内閣と政策を間違えることなく結び付けて覚えましょう。通史としては、政治史、文化史、経済史の順に出題されています。また、余裕があれば、戦乱史や宗教史（仏教史）も整理しておくとよいでしょう。

東京都Ⅰ類B・特別区Ⅰ類

　東京都Ⅰ類B試験は、平成20年の試験以降、世界史と日本史がほぼ交互に出題されています。平成25年度は世界史、平成26年度は日本史、平成27年度は世界史、平成28年度は日本史…といった具合に出題されています。また、世界史・日本史ともに近世以降の政治史からの出題が多くなっており、世界史では、アメリカ独立以降の大統領、第二次世界大戦、日本史では、明治初期の政策、大正から昭和初期の国内動向が頻出しています。

　特別区Ⅰ類試験では、東京都Ⅰ類B試験とは異なり、世界史と日本史が1題ずつ出題されています。出題範囲も古代から現代まで幅広くなっており、政治史を中心に文化史なども出題されています。しかも、沖縄の歴史や古代の戦乱などが出題された年度もあります。広い範囲の対策が必要な出題傾向にもみえますが、大きな流れや出来事を押さえておけば対応できる内容になっています。

警察・消防

　世界史では、中世史以降まんべんなく出題されていますが、やはり西洋近現代の政治史からの出題が目立ちます。また、アジア史では中国史やイスラム史の通史が多いようです。ただ、文章自体は短めで、正誤の確認はしやすいので、基本的なキーワードや流れを押さえておいてください。

　日本史では、古代から現代にまで全体にわたって出題されています。そのため、枝葉末節にとらわれず、全体的な大きな流れと重要語句・キーワードを整理して押さえておきましょう。

キャラクター紹介

TAMAちゃん
本書のメインガイドを務めるTAMAちゃん！
大の歴史好き！

シナモン先生
ごぞんじ、ザ・ベストシリーズのスーパースター！
みんなをサポートするよ！

KINOくん　サポちゃん　ひらっち　ふとっち　さぼっち

キノコとサボテンのなかまたち
シナモン先生の鉢植えたち。なぜか一鉢だけキノコが生えているが、みんな仲よし！

世界史の学び方

　時間に余裕がなければ、本書を最初から勉強する必要はありません。公務員試験の場合、出題傾向に応じて近現代史から学習をはじめるほうが効率的です。特に、市民革命以降、19世紀の各国の動向、両大戦前後の各国の動向を中心に要点を押さえてください。また、現代史では、アジア諸国や中東諸国、東欧諸国についても整理しておきましょう。近現代史の要点を押さえたら、古代史・中世史の学習を進めましょう。また、中国史やイスラム史の全体の流れもあわせて整理しましょう。

　世界史を学習するうえで気を付けなければならないのは、歴史の流れと横のつながりを押さえることです。歴史的な出来事の発生順序や因果関係・背景、その時代に洋の東西ではどういう状況だったのかを大きく把握しておきましょう。

#1 古代オリエント・ギリシア・ローマ

世界史1 出題は多くないけど、世界史のスタートライン　重要度 **E**

古代については出題数が少ないものの、次代の歴史につながる内容を持っているため、概要の確認をしておくことが必要です。古代オリエント、ギリシア、ローマを中心に、記述内容や事項が「どの時代の出来事か」といったアバウトな把握でよいので、ひととおりの確認を進めていきましょう。

ココを覚えればザ・ベスト！

オリエント、ギリシア、ローマを中心にして、大まかな流れを確認しておきたい。オリエントはエジプト、メソポタミア、ヘブライ人の歴史、ギリシアはアテネについて、ローマは共和政から帝政へ、と理解を進めてザ・ベスト！

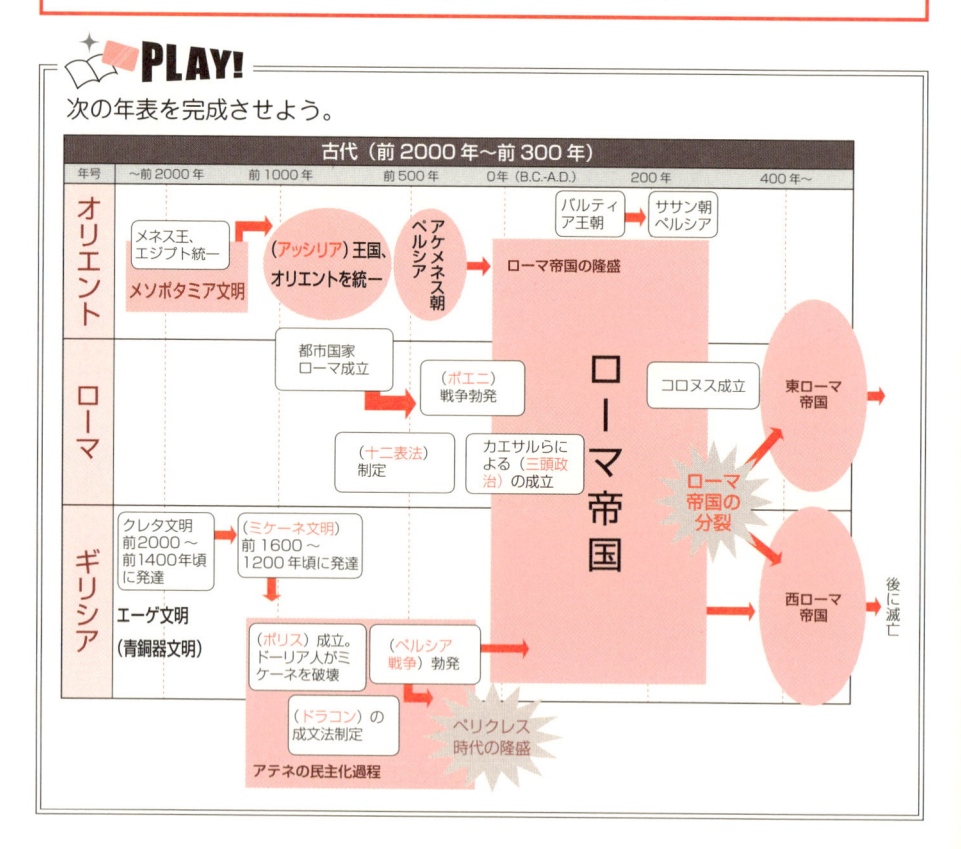

PLAY!

次の年表を完成させよう。

古代（前2000年〜前300年）

年号	〜前2000年	前1000年	前500年	0年(B.C.-A.D.)	200年	400年〜
オリエント	メネス王、エジプト統一／メソポタミア文明		(アッシリア)王国、オリエントを統一	アケメネス朝ペルシア → ローマ帝国の隆盛	パルティア王国 → ササン朝ペルシア	
ローマ			都市国家ローマ成立 → (ポエニ)戦争勃発／(十二表法)制定	カエサルらによる(三頭政治)の成立／ローマ帝国	コロヌス成立／ローマ帝国の分裂	東ローマ帝国／西ローマ帝国 → 後に滅亡
ギリシア	クレタ文明 前2000〜前1400年頃に発達／エーゲ文明(青銅器文明)	(ミケーネ文明) 前1600〜1200年頃に発達	(ポリス)成立。ドーリア人がミケーネを破壊／(ドラコン)の成文法制定／アテネの民主化過程	(ペルシア戦争)勃発／ペリクレス時代の隆盛		

❶ 古代オリエント

　オリエントとは古代ローマ人からみて、「東方」の地のことです。エジプト、メソポタミア、ヘブライ人の歴史の3つに分けて確認しておきましょう。

（1）エジプト

　ナイル川流域にノモス（村落）が成立します。前3000年頃には、メネス王がエジプトを統一しました。大きくは古王国時代、中王国時代、新王国時代の3つに分けることができ、前525年、アケメネス朝ペルシアによって滅ぼされました。

①古王国時代	クフ王などファラオの墳墓として巨大なピラミッド築造。
②中王国時代	異民族のヒクソスが侵入。
③新王国時代	アメンホテプ4世が太陽神アトンを唯一神とする宗教改革をおこない、アマルナに遷都。その後、ツタンカーメン王が登場している。

（2）メソポタミア

　ティグリス・ユーフラテス両河下流域は多くの民族が侵入し、興亡がめまぐるしい地域でした。また、東地中海では、アラム人が内陸貿易、フェニキア人が植民市カルタゴを中心に地中海貿易で活躍していました。

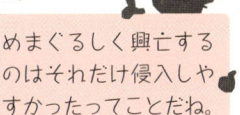

> めまぐるしく興亡するのはそれだけ侵入しやすかったってことだね。

　アラム人がつくったアラム文字は中央アジアの文字の元祖であり、フェニキア人のつくったフェニキア文字はアルファベットの元祖です。

①シュメール人が都市国家を形成、その後アッカド人がシュメール人を支配し、文化的に融合。メソポタミア最初の統一国家を建設。

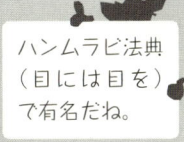

→ ②アムル人がバビロン第1王朝（古バビロニア王国）を建設。

> ハンムラビ法典（目には目を）で有名だね。

↓

③インド・ヨーロッパ語族（アーリヤ人）がオリエントに侵入。カッシート王朝やミタンニ王国が成立する。

← ④鉄器を使用したヒッタイトが王国を建国、古バビロニア王国を倒す。

（3）ヘブライ人

　エジプトで迫害を受け、モーセに率いられ出エジプト（エジプト脱出）を果たします。前1000年頃にヘブライ王国となり、ダヴィデ王、ソロモン王時代に全盛期

を迎えます。その後、南北に分裂。南部の
ユダ王国は新バビロニアに征服され、住民
がバビロンに連れ去られてしまいます。
（バビロン捕囚）。

> ヘブライ人は自称イスラエル人、宗教的にはユダヤ人のことだよ。思想（ユダヤ教）を理解しておこう！

（4）アッシリア
　前7世紀前半にアッシリアがはじめてオリエント全体を統一し、異民族を厳しく支配しました。その滅亡後は、新バビロニア、メディア、リディア、エジプトの4王国が対立しました。

（5）アケメネス朝ペルシア
　前525年にエジプトを征服してオリエント再統一に成功。ダレイオス1世は全国に知事（サトラップ）や監察官（王の目・王の耳）を派遣して統治しましたが、のちにアレクサンドロスの征服により滅亡します。ユダヤ教、ゾロアスター教への理解は不可欠です。

> ダレイオス1世はギリシアに侵攻してペルシア戦争をおこしているね。

| ヘブライ人 | ＝ | ユダヤ教　ヤハウェを唯一絶対神とする一神教 | ｜ | ペルシア人 | ＝ | ゾロアスター教　善神（光明神）・悪神（暗黒神）の2神が対立 |

❷ 古代ギリシア

　ギリシアの歴史はエーゲ文明からはじまります。ポリスが成立しアテネが栄え、ペルシア戦争で窮地に立たされますが、これを撃退してポリスの自由と独立を守りました。その後はポリス間の抗争が激しくなり、衰退していきます。

（1）エーゲ文明
　最初は海洋的性格を持つクレタ文明（前2000～前1400年頃）、その後は戦闘的性格が強いミケーネ文明（前1600～前1200年頃）に変わりました。

（2）ポリスの成立
　前1200年、南下したドーリア人（ギリシア人の一派）がミケーネ文明を破壊。前9～前8世紀になり、ギリシア人は集住（シノイキスモス）してポリス（都市国家）を形成します。ギリシア人は自分たちをヘレネス、異民族をバルバロイとよんで区別しており、ギリシア人という民族意識はあったようです。

(3) アテネの民主化過程

王政から貴族政に移行します。民主政を確立して、ペルシア戦争に勝利し、以後はペリクレス時代（18歳以上の男子による直接民主政）を迎えて繁栄します。

ドラコンの成文法制定（前621年）	貴族が勝手に法律を解釈できなくなる。
ソロンの財産政治（前594年）	債務によって市民が奴隷になることを防いだ。
ペイシストラトスの僭主政成立	僭主とは、独裁者として権力を行使する者、という意味。
クレイステネスの改革	民主政が確立。陶片追放（オストラシズム）により、僭主になりそうな人物は陶片に名前を書かれ、追放された。

(4) ペルシア戦争

アケメネス朝ペルシアのダレイオス1世が遠征軍をギリシアに派遣し、戦争となります。数度の戦いを経てアテネ・スパルタ連合軍が勝利し、戦争は終結。以後、ギリシアはデロス同盟の盟主アテネを中心として、民主政治が最高潮に達しました。

マラトンの戦い	アテネの勝利。
サラミスの海戦	ギリシア側の勝利。
プラテーエの戦い	前479年。アテネ・スパルタ連合軍が勝利。

> ギリシアが勝利し、ポリスの全盛期に！

(5) ペロポネソス戦争

デロス同盟の盟主アテネとペロポネソス同盟の盟主スパルタとの対立から、ペロポネソス戦争が発生。スパルタが勝利しましたが覇権は長続きせず、衰退していってしまいます。そして前338年のカイロネイアの戦いで、ポリスはマケドニアの支配を受けることになります。

> ギリシアの文化といえば、ギリシア思想とギリシア建築、ギリシア彫刻が有名。建築は、①荘重なドーリア式、②優美なイオニア式、③華麗なコリント式、がポイントだよ。

(6) ヘレニズム時代

前334年、マケドニアのアレクサンドロス大王が遠征を開始し、前330年にアケメネス朝ペルシアを滅ぼします。各地にアレクサンドリア市を建設して、そこにギリシア人を移住させて

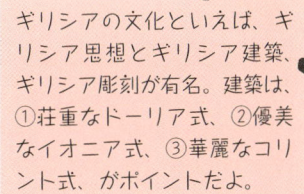

> ヘレニズム文化はもちろん彫刻。「ミロのヴィーナス」や「ラオコーン」が有名だよ。思想もチェックしておこうね。

重要度 E

東西融合政策をとりました。大王の死後は抗争が発生し、帝国はマケドニア・シリア・エジプトに分裂してしまいます。

❸ ローマ

ローマは「共和政から帝政へ」、「ラティフンディウムからコロヌス制へ」、「キリスト教迫害から公認、国教へ」の3点がポイントです。コロッセウムや水道橋など実用性の高い文化でも有名です。

(1) 共和政ローマ

前7世紀、ラテン人により都市国家ローマが成立。当初は貴族政（貴族共和政）でしたが、貴族と平民の間の身分闘争が激化していくことになります。

護民官を設置	平民の権利を守る官職をおく。
十二表法を制定	ローマ最古の成文法。貴族による法の独占が終了する。
リキニウス・セクスティウス法を制定	貴族の大土地所有が制限される。
ホルテンシウス法を制定	平民と貴族は法的に平等となる。

(2) ポエニ戦争

3回にわたるポエニ戦争が発生し、フェニキア人の植民地カルタゴを滅ぼします。ローマは海外領土（属州）を獲得し、西地中海全体を支配することになります。

> ポエニとは、フェニキア人のことだよ。

(3) ローマ社会の変化

都市国家から領土国家に変化したことで、奴隷を使役する大土地経営（ラティフンディウム）が成立します。

一方で中小農民が没落してしまい、グラックス兄弟の改革により自作農育成が推進されましたが、失敗。同盟市の反乱や、剣奴であるスパルタクスの乱などの奴隷反乱が発生してしまいます。以後、内乱が続きます。

(4) 三頭政治の成立

第1回三頭政治が成立。平民派、閥族（貴族）、騎士のそれぞれの代表を集めた政治のことです。

◎第1回三頭政治

```
        カエサル
ポンペイウス    クラッスス
```

<u>カエサル</u>の独裁へと移行しますが、ブルートゥスによって暗殺されます。のちに第2回三頭政治が成立します。

◎第2回三頭政治

```
       オクタヴィアヌス
アントニウス      レピドゥス
```

<u>オクタヴィアヌス</u>はエジプトの女王<u>クレオパトラ</u>と結んだアントニウスと戦い、前31年の<u>アクティウムの海戦</u>で両者を倒します。オクタヴィアヌスは<u>尊厳者（アウグストゥス）</u>となり、元首政が開始されます。

(5) ローマ帝国

当初、皇帝は元老院との<u>共同統治形態（元首政・プリンキパトゥス）</u>をとりました。1～2世紀の五賢帝時代のトラヤヌス帝のときに領土は最大となり、最盛期を迎えます。

> ローマの平和という言葉が有名だね。3世紀になり、カラカラ帝時代にはローマ市民権が全属州の自由民に付与されたため、平和だが奴隷がいなくなってしまった。ラティフンディウムがもたなくなることに気付かなかったのだよ。

(6) 帝国の衰退

ローマの平和で奴隷が減少し、商業活動が停滞して貨幣経済から自然経済へ逆行してしまいます。ラティフンディウムが行き詰まり、<u>コロヌス制（土着農夫制度）</u>が成立。コロヌスとは、移転できない小作人のことです。

> コロヌス制の成立、苦し紛れのキリスト教徒迫害、専制君主政の樹立がポイントだね。

<u>軍人皇帝時代</u>を迎え、各地の軍隊が独自に皇帝を擁立するようになります。ま

た、北方のゲルマン人や東方のササン朝ペルシアなどの周辺異民族が侵入し、帝国の支配は激しく動揺しました。

これに対して皇帝は、皇帝崇拝を要求しキリスト教徒を迫害します。ディオクレティアヌス帝は元老院を全廃して専制君主政（ドミナートゥス）を樹立。帝国を東西に分割して、正・副帝をおき、帝国を4分割統治しました。

(7) キリスト教公認と帝国維持

コンスタンティヌス帝は4分割されていた帝国を再統一し、313年のミラノ勅令でキリスト教を公認します。さらに、323年にニケーア公会議でキリスト教の教義を統一。330年には、ビザンティウムをコンスタンティノープルと改名して遷都しました。すべて帝国の分裂を阻止するための策です。

(8) ローマ帝国の分裂

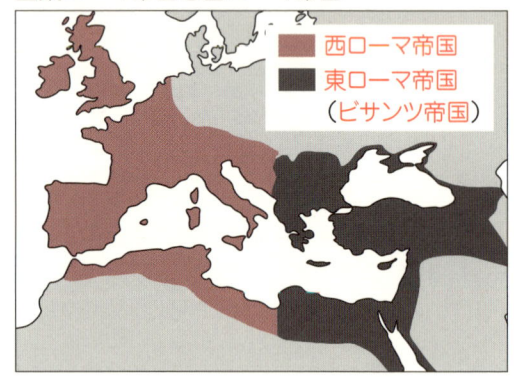

■東ローマ帝国と西ローマ帝国

375年以降、ローマ領内にゲルマン人が大移動を開始します。テオドシウス帝はキリスト教をローマの国教として、帝国領を2子に分割相続しました。

帝の死後、395年にローマ帝国は東西に分裂します。西ローマ帝国は476年に滅亡、東ローマ帝国（ビザンツ帝国）は1453年にオスマン帝国に滅ぼされるまで存続しました。

(9) キリスト教の迫害と公認の歴史

ネロ帝の大虐殺からディオクレティアヌス帝の大迫害まで、キリスト教は250年間にわたる迫害時代を耐えてきました。しかし中世にローマ帝国の国教となったことで、教会の組織化が進み、中世はキリスト教の時代になっていきました。

313年	コンスタンティヌス帝によるミラノ勅令でキリスト教が公認される。
325年	ニケーア公会議で三位一体説（アタナシウス派）が正統、アリウス派が異端とされ教義が統一される。
392年	キリスト教がローマ帝国の国教となる。

TRY! 本試験問題で一問一答

Q1 ローマ帝国において、キリスト教は、殉教者を出しながらも社会の下層にも上層にも、また、民族の差を超えて広まっていった。こうした情勢を前に、ユリアヌス帝はそれまでの迫害政策を一変させ、ミラノ勅令によってキリスト教を国教化し、自らもこれに帰依してキリスト教の神によって帝権を神聖化しようとした。

×ミラノ勅令は、313年、コンスタンティヌス帝によって出された。ミラノ勅令は、全国民に信教の自由を認めたものである　×ユリアヌス帝は、キリスト教を信仰せず、異教告白をしたことで有名

（×）
［国Ⅰ-23］cf.❸

Q2 古代ギリシアのヘロドトスは、アレクサンドロス大王が東方遠征をおこない、アケメネス朝ペルシアなどを滅ぼしていく過程を、多くの資料にもとづいて『対比列伝』として記述した。また、ホメロスはポエニ戦争でのハンニバルの英雄的な活躍を『神統記』として物語風につづり、「歴史の父」とよばれた。

×ヘロドトスは「歴史の父」とよばれ、ペルシア戦争を主題とした『歴史』を著した。『対比列伝』は古代ローマのプルタルコスが著したもの　×ホメロスは、トロヤ戦争を主題とした『イーリアス』と『オデュッセイア』を著した。『神統記』は古代ギリシアのヘシオドスが著したもの

（×）
［国Ⅱ-23］cf.❷❸

Q3 馬に引かせる戦車が発達したエジプトでは、ファラオは全国を20余りの州に分け、各州に知事（サトラップ）をおいて統治するとともに、全国の要地を結ぶ「アッピア街道」とよばれる軍道を建設し、駅伝制を整えて中央集権の強化をはかった。

×アケメネス朝ペルシア　×ダレイオス1世
×「王の道」

（×）
［国Ⅱ-22］cf.❶

Q4 イタリア半島で成立した都市国家ローマは、共和制を樹立した後、半島内の他の都市との同盟を強めてイタリア半島の統一を達成した。ペルシアのたび重なる侵攻を退けてからは、地中海の商業権も握るようになり、政治的にも経済的にも安定した状態を実現した。この紀元前3世紀から約200年にわたり「ローマの平和」とよばれる時期が続いた。

×ペルシアの侵攻を退けたのは、古代ギリシアのアテネである（ペルシア戦争）
×「ローマの平和（パックス・ロマーナ）」は1世紀末から2世紀末にかけてのいわゆる五賢帝の時代である

（×）
［国Ⅰ-19］cf.❸

重要度 **E**

#1 古代オリエント・ギリシア・ローマ

19

#2 古代中国
世界史2 4000年の歴史、その前半の概要

重要度 C

中国史は、王朝の興亡と戦乱について、また、土地制度や税制について確認しておくことが重要です。ここでは中国史の前半部分について、できるだけ簡略化してインプットしておきましょう。まずは王朝名、次に王朝交代に至った戦乱の名、あわせて社会制度の確認、という手順で進めてみましょう。

ココ を覚えれば ザ・ベスト！

殷・周・秦・漢…、と単純記憶をしてきた人も多いだろうが、もう少し細かい知識が必要。甲骨文字の殷、封建制度の周、郡県制の秦などといった感じで一歩進んでインプット、全体の流れを確認できてこそザ・ベスト！

PLAY!

次の年表を完成させよう。

地域	古代中国（前1600年～1000年）						
	前1500年	前1000年	前500年	紀元	500年		1000年
中国	黄河文明	（殷）	（周 西周）	春秋・戦国時代	（前漢）（後漢）	魏晋南北朝	（唐）
			漢字の起源である（甲骨文字）	秦の始皇帝が（万里の長城）修築	秦 新	（隋）	
					侵入 攻撃	侵入	打倒
周辺地域		（彩陶文化）（前5000年頃～）と（黒陶文化）（前3000年頃～）			（匈奴）（鮮卑）	柔然 突厥	遼
					南北匈奴	ウイグル	キルギス

吹き出し：劉邦は項羽を（垓下の戦い）で破り、長安を都とする
吹き出し：三国志で有名な（魏）・呉・蜀が抗争を繰り広げた

① 殷・周・春秋戦国時代から秦・漢へ

中国文明は黄河文明からはじまりますが、黄河中・下流域に殷が成立して、王朝の歴史がスタートします。まずはスタートラインの確認をしておきましょう。

(1) 黄河文明

彩陶文化（仰韶文化：前5000年頃～）と黒陶文化（竜山文化：前3000年頃～）があります。彩陶と黒陶は名前のとおり、土器の特徴に由来します。

(2) 殷

前1600年頃に成立した中国史最初の王朝です。王を長とする氏族集団で形成され、集落である邑で、祭政一致の神権政治をおこなっていました。殷で使われていた甲骨文字が漢字の起源と考えられています。

> 生産力はかなり低いよ。

(3) 周

黄河上流の渭水盆地におこり、もとは殷の支配下にありましたが、前11世紀頃に殷を滅ぼして勢力を拡大しました（西周）。一族、諸侯に封土を与え、軍役や貢納を課して主従関係を結ぶ、という封建制度が成立。前8世紀頃、異民族の侵入により、都を東方の洛邑に移し（東周）、それ以降は衰退していきます。

(4) 春秋・戦国時代

大きくは2つの時代に分けることができ、春秋時代（前770～前403年）は、有力諸侯が「覇者」とよばれて激しく争いました。春秋の五覇（晋の文公や斉の桓公ら）が有名です。

戦国時代（前403～前221年）は、各諸侯は「王」と称して富国強兵策をとりました。戦国の七雄（秦、斉、楚など）が有名です。実力本位の時代が到来したわけです。農業生産力が向上し、青銅貨幣が流通して貨幣経済も発達。中国思想で重要な諸子百家も登場します。

(5) 秦の統一

戦国の七雄のひとつである秦が勢力を強め、前221年に中国を統一して秦王は始皇帝となりました。しかし、中央集権化と大規模な土木工事などの負担から、始皇帝の死後に陳勝・呉広の乱などの反乱が発生して、前206年に秦は滅亡します。

始皇帝の施策	
郡県制	全国を郡に分け、郡の下に県をおいて官吏を派遣する。中央集権体制。
焚書・坑儒	法家思想を採用して言論、思想をとりしまる。
万里の長城修築	匈奴に対する防衛策。

重要度 C

#2 古代中国

(6) 前漢

前202年、勢力を伸ばした劉邦は項羽を垓下の戦いで破り、長安を都として前漢が成立、劉邦は高祖となります。その後、前154年に諸侯たちの反乱である呉楚七国の乱が発生、平定後の武帝の時代には郡県制に戻りました。

結果として財政が悪化し、均輸法（物価の地域格差是正策）、平準法（物価変動調整策）などで社会負担が増大し、武帝の死後は混乱することになってしまいます。

	前漢の施策等	
高祖の施策	郡国制	直轄地は郡県制、地方には封建制を採用。
	匈奴に敗北	冒頓単于が登場して強大となった匈奴と講和。
武帝の施策	中央集権体制の確立	郡県制に戻った。
	儒学の官学化	儒学は国家権力と結び、尊重されていくことになる。
	郷挙里選の実施	地方の有力者の推薦による官吏の採用。まだ科挙の時代ではない。
	積極的な対外策	匈奴討伐、衛氏朝鮮を滅ぼすなど。

(7) 新から後漢へ

外戚の王莽が前漢を倒して新（8～23年）を建国し、復古政治をおこないましたが、農民反乱である赤眉の乱が発生。豪族たちも反旗を翻し滅亡しました。

その後、光武帝（劉秀）により漢の再興が実現し、後漢が成立。豪族の連合政権だったため王権は弱かったですが、徐々に国力を回復し西域に進出していきます。しかし、外戚と宦官との抗争が深刻化していく中で、農民反乱である黄巾の乱が発生、220年に後漢は滅亡しました。

> 漢代の文化といえば、司馬遷の『史記』、班固の『漢書』などの歴史書。中国の古典文化の原型といってもいいね。

② 周辺諸国の動向

匈奴は中国北方から漢民族を脅かし続けました。また、乾燥地帯のオアシス周辺に形成されたオアシス国家は、東西貿易の中継拠点となっていました。

(1) 匈奴

モンゴル高原で活躍した遊牧騎馬民族です。前3世紀末に冒頓単于が大帝国を形成し、漢と対立しました。

(2) イラン地方

前3世紀頃、イラン人がパルティアを建国。その後、226年にササン朝ペルシアが成立し、ゾロアスター教を国教化しました。6世紀のホスロー1世の際に全盛期を迎え、オリエントやギリシア、インドの文化などの影響を受けながらイラン文化圏を形成。日本の正倉院にも、その文化は伝わっています。

③ 魏晋南北朝から隋・唐

三国志で有名な魏・呉・蜀が抗争を繰り広げて「天下三分」の形勢となりましたが、最後は晋が統一。のちに華北に異民族が入ってきて、五胡十六国、南北朝時代となる、中国の激動の時代にあたる部分です。

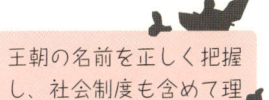

> 王朝の名前を正しく把握し、社会制度も含めて理解しておこう。

重要度 C

(1) 三国時代

曹操の子の曹丕が華北に魏を建国（都は洛陽）、孫権は揚子江流域に呉を建国（都は建業）、劉備は四川地方に蜀を建国（都は成都）しました。

208年、蜀の宰相・諸葛孔明の貢献で、劉備は孫権と結び、赤壁の戦いで曹操軍の南下を食い止めます。しかし、魏は263年に蜀を併合します。

■三国時代の形勢

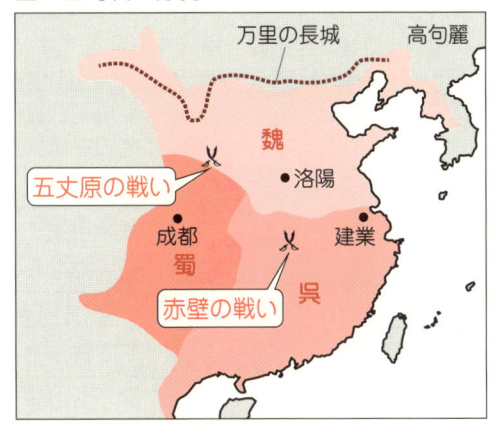

（地図：万里の長城、高句麗、魏（洛陽）、五丈原の戦い、成都・蜀、赤壁の戦い、呉・建業）

(2) 晋の統一

魏の武将だった司馬炎（武帝）が魏を倒し、晋（西晋）を建国。280年に呉を滅ぼして中国を統一しましたが、300年に八王の乱が発生して、皇族たちが政権を争ったため弱体化。316年の永嘉の乱で匈奴に侵入され滅ぼされてしまいます。

(3) 五胡十六国時代

匈奴・鮮卑など五胡（異民族）が華北に侵入し、漢民族の王朝も含め16国が興亡する五胡十六国時代（304～439年）となります。この間の317年には晋の司馬睿が江南に逃れて東晋を建国しました。これを晋の東遷といいます。

(4) 南北朝時代

　五胡のひとつである氐族が建てた前秦が勢力を拡大し、華北統一に成功しましたが、383年の淝水の戦いで東晋に破れてしまい、南北の分立が固定化。その後、南下に失敗した前秦は滅亡しました。

(5) 華北（北朝）

　前秦の後、鮮卑族が北魏を建国して439年に華北を統一します。北魏の孝文帝は鮮卑族風の風俗を廃して漢化政策をとり、全盛期を迎えました。孝文帝の死後、東魏と西魏に分裂し、さらに東魏は北斉に、西魏は北周になります。その後、北周が華北を再統一。この時代に豪快で実用的な文化が栄えました。

(6) 江南（南朝）

　東晋から、宋、斉、梁、陳と短命な王朝が交代していきました。揚子江流域の開発が進み、漢民族の特徴である貴族社会が形成されます。詩の陶淵明や書の王羲之に代表される六朝文化が発展。ちなみに六朝とは、江南にできた呉、東晋、宋、斉、梁、陳の6つの王朝を意味する言葉です。

魏晋南北朝時代の社会制度		
魏の施策	屯田制	荒田を農民らに開墾させて税収を確保、軍隊型の組織。
	九品中正法	郷挙里選に代わる新しい官吏任用法。中正官が人物を9ランクに分ける。
西晋の施策	占田法、課田法	貴族の土地所有を制限、農民に官田を割りあてて耕作させる。
東晋の施策	土断法	北からの流民に土地を与え、戸籍を作成し整理する。
北魏の施策	均田制	一定の土地（露田・桑田）を支給。当初は兵役のための制度だったと考えられる。
西魏の施策	府兵制	兵農一致の原則にもとづき、農民を兵士として徴発する。

試験のポイントである社会制度をイッキに確認！特に均田制・府兵制が大切！　これが唐の時代まで「基本」になるからね。

❹ 隋と唐

　古代中国の締めくくりは、やはり隋と唐です。東アジアを広く支配する基盤はこのときに成立したといえるでしょう。唐の社会制度の変化は頻出テーマのひとつです。

（1）隋の統一と滅亡

　581年に北周の外戚である楊堅（文帝）が隋を建国、589年に南朝の陳を征服して、ついに中国統一に成功し、都を長安としました。

　文帝の後を継いだ煬帝は、南北を結ぶ大運河建設を推進しましたが、3回にわたる高句麗（朝鮮半島）征討に失敗。煬帝は暗殺され、建国からわずか30数年後の618年に隋は滅亡してしまいます。

| 文帝の施策 | 均田制、府兵制などの北朝の政治社会制度を継承。官吏の任用試験である科挙がはじまる。 |

重要度 C

（2）唐の成立と展開

　北周の貴族だった李淵が唐を建国し、都を長安として高祖となりました。次の太宗（李世民）は律令体制を整備し、国家の基礎を築きます。太宗の時代は貞観の治とよばれています。

　太宗、高宗の時代には、東西の突厥や吐蕃（チベット）を討伐。支配地域には6つの都護府（役所）を設置して、広大な地域を統治することに成功しました。

| 律令体制 | 中央官制は三省六部制、地方は道州県制をとる。均田制を実施し、税制は租庸調、農民を徴発する府兵制が実施される。 |

（3）武韋の禍

　高宗の死後、皇后の則天武后が実権を握り、実子の中宗を廃して自ら帝位につき、周朝を樹立します。武周革命とよばれており、則天武后は中国史上唯一の女帝です。その後、中宗が復位するも皇后の韋后によって毒殺されてしまいました。これらを武韋の禍といい、律令体制が動揺し、社会は不安定化していきます。

> それにしても中宗、ふんだりけったりでかわいそうすぎる…。

（4）唐の衰退と滅亡

　こうした混乱をおさめた玄宗は開元の治を進めていきましたが、後半は楊貴妃を寵愛してふたたび混乱。755年には、辺境に配置された節度使の安禄山とその

部下の史思明が安史の乱をおこし、唐は大混乱に陥ってしまいます。

その結果、均田制は荘園制に、租庸調は両税法に、府兵制は募兵制になり、唐は制度的にも限界に達します。そして、875年に発生した塩の密売商人の反乱である黄巣の乱が全国に広がり、907年に節度使の朱全忠が唐を滅亡させました。

> 最初は府兵制だったのだが、傭兵を雇わなければならなくなり募兵制になったんだ。租庸調もダメになって土地に課税する両税法に、そうすると均田制もダメになって荘園が増加した。ひとつダメになると全部ダメになるっていうことだね。

(5) 唐代の文化

貴族的かつ国際的な文化が特徴です。詩が発達し、李白、杜甫、王維、白居易が登場します。ササン朝ペルシアの影響を受けて陶器では唐三彩が発達、貿易も盛んに行われ、東アジア文化圏が成立しました。

TRY! 本試験問題で一問一答

Q1 漢（前漢）においては、劉秀（光武帝）の時代に、能力の高い官僚の登用をめ
×劉秀（光武帝）は後漢の建国者である　　　　　　　　×前漢では郷挙里選が，三国時代の魏で
ざして九品中正制が整備されたが、宦官による官職売買が目立つなど腐敗
は九品中正制がとり入れられた
を極めた。このため、魏においては郷挙里選制がとり入れられ、各地域の長老の推薦を通じて、身分にとらわれない人材の発掘がはかられた。

（×）
[裁－23] cf.❶

Q2 唐では、西魏にはじまる均田制にもとづいて、租庸調の税制が整備され、国
×均田制は、北魏で始まった
家財政の安定がはかられたが、給田は必ずしも規定通りに実施されず、しかも税の負担が重かった。

（×）
[地上－19]改 cf.❹

Q3 唐は、中央集権国家であり、郡国制を制度化した。三省六部などの新たな律
×郡国制を採用したのは、前漢の建国者劉邦である
令体制を整備し、北方の金に対しては銀を送るなどの融和策をとった。
×金に対する融和策をとったのは、南宋である

（×）
[地上－16]改 cf.❶❹

26

#3 イスラム世界の歴史

世界史3 イスラム教と王朝の興亡、各地のイスラム化

重要度 **C**

イスラム世界の歴史は、現代の民族対立などにもつながる要素があるため、丁寧に確認しておく必要があります。イスラム教の成立から各王朝の興亡の歴史など、正しく理解しておきましょう。イベリア半島のイスラム化やインドのイスラム化も、きわめて重要です。

ココを覚えれば ザ・ベスト！

まずは**ムハンマド**の思想の理解、次に**スンナ派**と**シーア派**の違いの理解、加えて、イスラム世界の広がりを確認していこう。中世から近代の東西世界の対立に至るまで、連続的に理解することができればザ・ベスト！

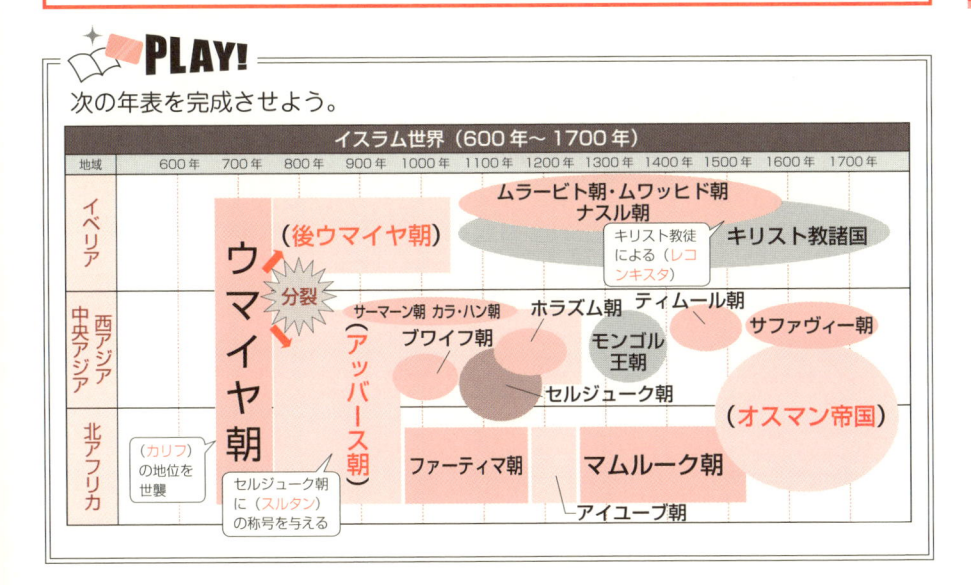

PLAY!

次の年表を完成させよう。

地域	イスラム世界（600年〜1700年）
	600年 700年 800年 900年 1000年 1100年 1200年 1300年 1400年 1500年 1600年 1700年
イベリア	（後ウマイヤ朝） ／ ムラービト朝・ムワッヒド朝 ナスル朝 ／ キリスト教徒による（レコンキスタ）／ キリスト教諸国
西アジア 中央アジア	ウマイヤ朝 → 分裂 →（アッバース朝）／ サーマーン朝 カラ・ハン朝 ブワイフ朝 ホラズム朝 セルジューク朝 モンゴル王朝 ティムール朝 サファヴィー朝 （オスマン帝国）
北アフリカ	（カリフ）の地位を世襲／ セルジューク朝に（スルタン）の称号を与える／ ファーティマ朝 マムルーク朝 アイユーブ朝

❶ イスラム教の成立と発展、分裂と興亡の歴史

ムハンマドがイスラム教を創始し、その後、正統カリフ時代を経て、イスラム帝国は分裂していきます。イスラム教成立のプロセスはイスラム帝国成立のプロセスでもあります。

（1）イスラム教の成立

メッカのクライシュ族である**ムハンマド**が、**唯一神アッラー**の啓示を受けて、

27

厳格な一神教で、偶像崇拝を厳禁とするイスラム教を創始しました。622年、ムハンマドは信徒とともに迫害を逃れ、メディナに移住(聖遷・ヒジュラ)します。その後、630年にメッカに戻り、宗教・政治・軍事の指導者として勢力を拡大、アラビア半島を統一してイスラム帝国を成立させます。

イスラム教の特徴	
聖典	『コーラン』。神の啓示を記録したもので、生活規範全般について記されている。
実践の重視	聖戦(ジハード)への参加など、信仰においては実践が重要視されている。

(2) 正統カリフ時代

　ムハンマドの死後、義父のアブー・バクルが継ぎ、ムスリム(信者)の総代として初代カリフ(ムハンマドの後継者)となります。4代カリフのアリーまでの時代を正統カリフ時代といいます。

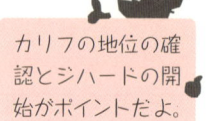

> カリフの地位の確認とジハードの開始がポイントだよ。

初代カリフ	ムハンマドの義父アブー・バクルが継承。
2代カリフ	ウマル。ササン朝ペルシアを破り、中央アジアに進出。エジプトにも支配領域を広げ、異教徒には人頭税(ジズヤ)と地租(ハラージュ)を課す。
3代カリフ	ウスマーン。この頃に「コーラン」成立。
4代カリフ	アリー。急進派により暗殺される。

(3) ウマイヤ朝の成立

　4代カリフのアリーが暗殺され、ムアーウィアが第5代カリフとなり、ダマスクスへ都を移してウマイヤ朝が成立しました。以後、カリフの地位はウマイヤ朝に世襲されることになります。フランク王国とトゥール・ポワティエ間の戦いで争い敗北したものの、ウマイヤ朝はヨーロッパ世界を圧迫しました。
　なおイスラム教は、カリフをめぐる争いで、スンナ派とシーア派に割れてしまいます。

スンナ派	カリフを正統の後継者として認める派。イスラム教徒の9割にあたり正統派とよばれている。
シーア派	ウマイヤ朝によってカリフを奪われたと考える一派。4代アリーとその子孫のみを指導者とする。イランを中心に分布している。

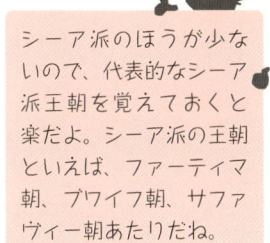

> シーア派のほうが少ないので、代表的なシーア派王朝を覚えておくと楽だよ。シーア派の王朝といえば、ファーティマ朝、ブワイフ朝、サファヴィー朝あたりだね。

(4) イスラム帝国の分裂

ウマイヤ朝は改宗者からもジズヤとハラージュを徴収したため、改宗者の不満が拡大。750年に滅ぼされ、バグダードを都とするアッバース朝（東カリフ国）が成立しました。

一方、ウマイヤ朝の一族はイベリア半島に逃れ、コルドバを都として後ウマイヤ朝（西カリフ国）を建て、自らカリフと称しました。つまり、イスラム帝国は分裂したことになります。

また、10世紀になるとアッバース朝に対する反発から、北アフリカにシーア派のファーティマ朝（中カリフ国）が成立することになります。

■イスラム帝国（10世紀頃）

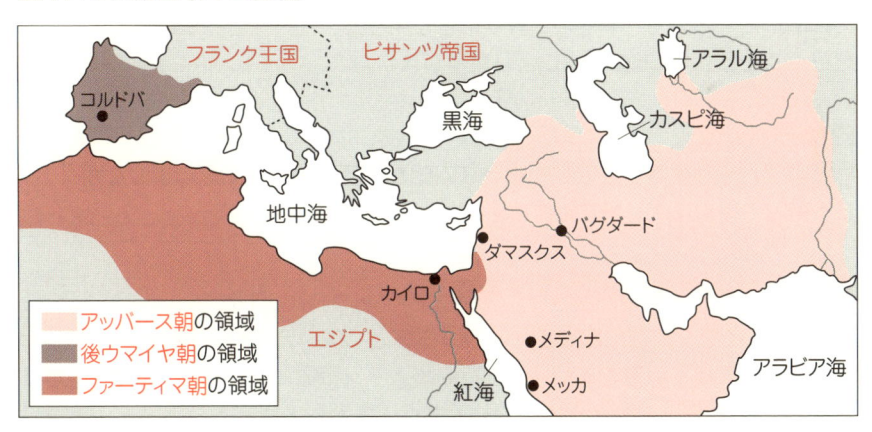

(5) アッバース朝

東西貿易によって繁栄し、イスラム教徒の平等性にもとづき、アラブ人の特権を廃止しました。8世紀後半のハールーン・アッラシードの時代に全盛期を迎えますが、イラン人のブワイフ朝にバグダードを占領され、11世紀半ばにトルコ系のセルジューク朝に、統治者を意味するスルタンの称号を与えることになります。

以後はスルタンが実質的な支配権を持ち、カリフは宗教的権威だけの存在となりました。

(6) 後ウマイヤ朝

　地中海貿易の実権を握り、10世紀中頃に最盛期を迎えるも、11世紀はじめに滅亡。その後もイベリア半島から北アフリカ周辺にはイスラム王朝が存在していましたが、キリスト教徒によるレコンキスタ（国土回復運動）により、ナスル朝が有していたグラナダも攻略され、1492年にスペインによる国土回復が実現しました。なお、グラナダにはアルハンブラ宮殿があります。

(7) 北アフリカの諸王朝

　ファーティマ朝は北アフリカで勢力を拡大しましたが、サラディンによって滅ぼされ、アイユーブ朝となり、十字軍と戦ってイェルサレムを奪回しました。その後は軍人奴隷出身者が建てたマムルーク朝に交代。16世紀はじめにオスマン帝国によって滅ぼされるまでエジプト周辺を支配し続けました。

(8) セルジューク朝

　ブワイフ朝を倒し、1055年にアッバース朝のカリフからスルタンの称号を許され、勢力を拡大していきます。イェルサレムを占領し、小アジアに進出したことから、キリスト教徒による十字軍を招くこととなり、その戦いにより衰退しました。

> ブワイフ朝は、土地の徴税権を軍人に与えるイクター制を整備したことでも有名だよ。

(9) ホラズム朝

　セルジューク朝から自立したホラズム朝がイラン周辺を支配しましたが、モンゴル帝国の侵入により滅亡します。

❷ ティムール朝とオスマン帝国

　トルコ、イラン地域におけるイスラム国家として、ティムール朝とオスマン帝国を理解しておく必要があります。特にオスマン帝国については、近代を理解するためにも、重要な知識として把握しておくべきでしょう。

(1) ティムール朝

　1370年、ティムールがチャガタイ・ハン国の分裂と混乱に乗じて、サマルカンドを都としてティムール朝を建国。チンギス・ハンの子孫を自称し、イスラム教をもととしたモンゴル帝国再興をめざして大帝国を建設しました。

　その後、内乱によって衰退し、ウズベク族により滅亡します。崩壊後はイラン人

自身が建てた民族国家であるサファヴィー朝が成立し、シーア派国家としてイラン・イスラム文化が栄えていきました。

> 黒海、カスピ海、アラル海にまたがる大帝国になったんだよ。

(2) オスマン帝国

1299年、オスマン1世がオスマン帝国を建国。ビザンツ帝国の衰退に乗じてバルカン半島に進出します。1402年にティムール朝とのアンカラの戦いに大敗するも再統一を実現。1453年にビザンツ帝国を滅亡させ、コンスタンティノープルをイスタンブールと改称して遷都し、領土を拡大しました。

1517年にはカリフの称号を獲得し、スンナ派イスラム教の政教両権を握ってスルタン・カリフ制が成立します。16世紀前半のスレイマン1世の時代に最盛期を迎えましたが、レパントの海戦でスペインに敗北して地中海の覇権を失い、その後は衰退します。

■オスマン帝国と諸国との関係

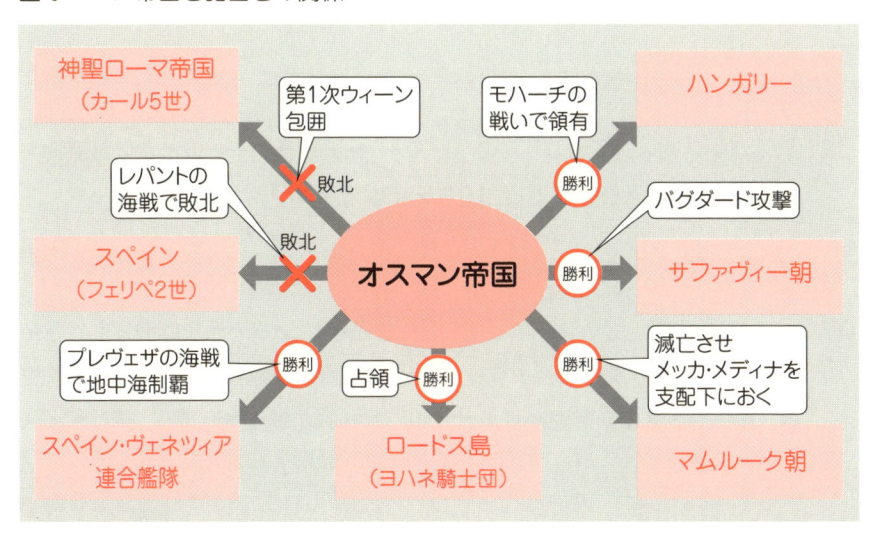

```
神聖ローマ帝国          第1次ウィーン包囲       モハーチの戦いで領有       ハンガリー
(カール5世)            ×敗北                  勝利○
レパントの
海戦で敗北                                                             バグダード攻撃
                       敗北                         勝利○
スペイン              ×        オスマン帝国                         サファヴィー朝
(フェリペ2世)
                       勝利○      占領  勝利○        勝利○
プレヴェザの海戦                                                      滅亡させ
で地中海制覇                                                          メッカ・メディナを
                                                                      支配下におく
スペイン・ヴェネツィア    ロードス島                               マムルーク朝
連合艦隊                (ヨハネ騎士団)
```

❸ インドのイスラム化

インドには、ウマイヤ朝、アッバース朝の頃からイスラム勢力が進出し、その後、ゴール朝のアイバクが奴隷王朝を建国して、デリー・スルタン朝の歴史がはじまります。これがムガル帝国の成立につながっていくわけです。

(1) ムガル帝国

ティムールの5代目子孫であるバーブルが、デリー・スルタン朝の最後の王朝

であるロディー朝を<u>パーニーパットの戦い</u>で破り、ムガル帝国を建国します。<u>アクバル大帝</u>が登場して、ヒンドゥー教徒とイスラム教徒との融和をはかり、ジズヤを廃止して最盛期を迎えました。

その後、アウラングゼーブ帝がジズヤを復活、これに対してラージプート族やマラーター族などが反乱をおこしたため衰退していきます。マラーター族はマラーター同盟を結成してデカン高原を制圧しましたが、混乱状態となり、結果的にヨーロッパのインド侵略に至ってしまいます。

> タージ・マハルが有名だよね。

TRY! 本試験問題で一問一答

Q1 イスラム教の創始者であるムハンマドは、一人の人間として唯一神アッ
〇このまま覚えよう！
ラーに服従することを説いたが、メッカでは歓迎されず、彼の支持者ととも
〇これを聖遷（ヒジュラ）
にメディナに移住した。
という（622年）
（〇）
[国Ⅰ-22]改　cf.❶

Q2 アッバース朝は第5代カリフのハールーン・アッラシードのときに最盛期を
〇このまま覚えよう！
迎えたが、彼の死後は衰退し、10世紀にはウマイヤ朝が成立した。
×ウマイヤ朝の次にアッバース朝が成立した
（×）
[警-26]　cf.❶

Q3 イランに成立したサファヴィー朝は、建国後にシーア派を国教とし、君主
×サファ
はスルタンを称するなどイラン人の民族意識を高揚した。アッバース1世
ヴィー朝（1501年～1736年）の君主は、シャーを称した。その他の記述は正しい
は、かつてオスマン帝国やポルトガルに奪われた領土を回復し、新首都イスファハーンを建設して、サファヴィー朝は最盛期を迎えた。
（×）
[裁-28]　cf.❷

Q4 アドリアノープルは、陸路の東西交易の拠点として発展した中央アジアの
×これはサマルカンドの記述である。アドリアノープルは、オスマン帝国が1362年にビザンツ帝国から奪取し、
中心都市であり、チンギス・ハンによって破壊されたが、西チャガタイ・ハ
その後オスマン帝国の都となったバルカン半島南東部の都市である
ン国出身のティムールにより再建された。ティムール帝国では首都とされ、14－15世紀には商業・学芸の中心として繁栄した。
（×）
[裁-28]　cf.❷

#4 中世ヨーロッパ

世界史4 ゲルマン人が大移動し、教皇は「太陽」になる

重要度 **C**

ローマの時代が終わり、ゲルマン人が大移動しながら、ローマ・カトリック教会が強大な力を獲得していくプロセス、皇帝が強くなったビザンツ帝国の繁栄、さらには、封建社会の構造について確認していきましょう。出題自体はそれほど多くありませんが、近現代を正しく理解するための前提となる知識になるはずです。

ココを覚えれば ザ・ベスト！

皇帝や教皇の名前がカタカナで表記され、複雑でわかりにくく感じてしまうかもしれませんが、出題されるのは特定の人物が多いので、正しく把握していこう。特に東と西の教皇の立場の違いを確認してザ・ベスト！

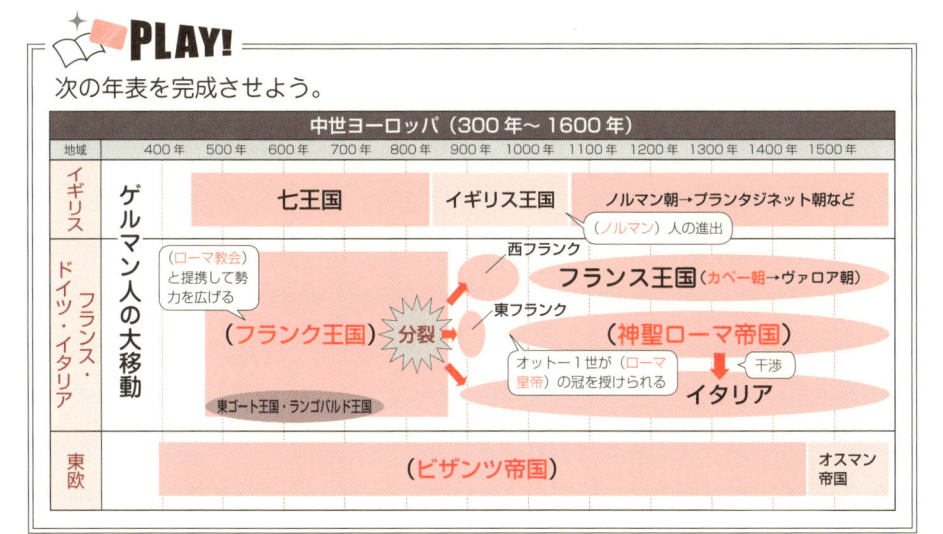

重要度 **C**

PLAY!

次の年表を完成させよう。

地域	中世ヨーロッパ（300年〜1600年）
イギリス	七王国 → イギリス王国 → ノルマン朝→プランタジネット朝など／（ノルマン）人の進出
フランス・ドイツ・イタリア	ゲルマン人の大移動／（ローマ教会）と提携して勢力を広げる／（フランク王国）分裂 → 西フランク → フランス王国（カペー朝→ヴァロア朝）／東フランク →（神聖ローマ帝国）／オットー1世が（ローマ皇帝）の冠を授けられる／干渉→イタリア／東ゴート王国・ランゴバルド王国
東欧	（ビザンツ帝国） → オスマン帝国

❶ ゲルマン人の大移動とフランク王国

ゲルマン人はライン川、ドナウ川よりも、東および北に居住していましたが、帝政ローマの末期からはローマ領内に移動を開始します。移動してきたゲルマン国家の中でもっとも有力な存在となったのがフランク王国でした。

（1）ゲルマン人の大移動

375年に西ゴート人がローマ領内に大移動を開始したのが契機となり、次々と

移動を開始し、移住地に国家建設を進めていきました。当初はローマの法を守る平和的な移住でしたが、のちに集団的な移住となり、ローマ領内をゲルマン化していくことになります。

クローヴィスの改宗	他のゲルマン人がキリスト教異端派であるアリウス派を信奉する中で、フランク王国メロヴィング朝の創設者クローヴィスは、キリスト教正統派であるアタナシウス派に改宗し、ローマ教会と提携して勢力を広げる。
イスラム軍との戦い	宮宰職のカロリング家に実権が移り、732年のトゥール・ポワティエ間の戦いで宮宰のカール・マルテルがウマイヤ朝イスラム軍の撃退に成功。
ピピンの寄進	カール・マルテルの子ピピンがカロリング朝を創始し、ローマ教皇に教皇領を寄進する。
カールの戴冠	800年、ローマ教皇レオ3世はピピンの子カールにローマ皇帝の冠を授ける。
フランク王国の分裂	843年のヴェルダン条約、870年メルセン条約でフランク王国はイタリア、東フランク、西フランクに分裂し、現在のイタリア、ドイツ、フランスになっていく。

(2) フランク王国

フランク人の国家であり、西ヨーロッパに大帝国を築きました。アタナシウス派に改宗して教会とつながったことが、発展の原動力になりました。現在のイタリア、ドイツ、フランスはフランク王国が基本となっています。

(3) 神聖ローマ帝国の成立

東フランクではザクセン朝が創始され、オットー1世(大帝)が教皇ヨハネス12世を援助して出兵したことから、ローマ皇帝の冠を授けられました。神聖ローマ帝国の成立です。

> ローマという名前なのにドイツ！ だから歴代皇帝はイタリア介入をし続けていくよ。

(4) フランス王国の成立

カロリング家が断絶した後に、カペー朝が成立し、フランス王国が成立。当初は王権の弱い国でしたが、その後、強国として発展していくことになります。

(5) ノルマン人の移動

9〜11世紀になると、ノルマン人が移住してくるようになります。ノルマン人

とは、ゲルマン人の一派であり、別名ヴァイキングです。イングランドでは、この後、中央集権体制が進んでいくことになります。

各地へのノルマン人の移動	
ノルマンディー公国	ノルマン人の□□が西フランクから北フランスを与えられて建国。
イングランド征服	デーン人（デンマーク）の王であるクヌートがイングランドを征服。その後、エドワード懺悔王が即位したが、1066年にノルマンディー公ウィリアムがイングランドを征服し（ノルマン・コンクェスト）、ノルマン朝を樹立した。
ロシア	リューリクがノブゴロド国を建国してスラヴ民族を支配。後継者のオレーグはキエフ公国を建国し、ビザンツ文化やギリシア正教を受け継いで独自の文化を形成していくことになった。
イタリア	ノルマンディー公国の騎士が南イタリアを征服、イスラム教徒の占領下にあったシチリア島を奪い、1130年に両シチリア王国を建国した。「両シチリア」は、シチリアとナポリという意味。

❷ ローマ・カトリック教会とビザンツ帝国

　教皇権が強大化したローマ・カトリック教会と、皇帝教皇主義をとったビザンツ（東ローマ）帝国は、対照的な経緯をたどり、東西教会は完全に分裂してしまうことになります。

(1) 東西教会の分裂

　395年にローマ帝国が分裂し、ビザンツ（東ローマ）帝国が首都をコンスタンティノープルとして成立します。コンスタンティノープル教会（のちのギリシア正教会）はビザンツ皇帝に服従し、ローマ教会の首位性を否定。一方、ローマ教会はグレゴリウス1世が自立の方針を示し、ビザンツ皇帝の支配から離脱して、フランク王国に接近していくようになります。

　726年にビザンツ皇帝レオン3世が聖像禁止令を出し、ローマ教会にその遵守を求めましたが、ローマ教会は拒否します。禁止令は撤回されたものの、両者の関係はさらに悪化。1054年に、ローマ教皇とコンスタンティノープル総主教が相互に破門しあい、東西教会は完全に分裂することになります。

■ローマ教会とギリシア正教会

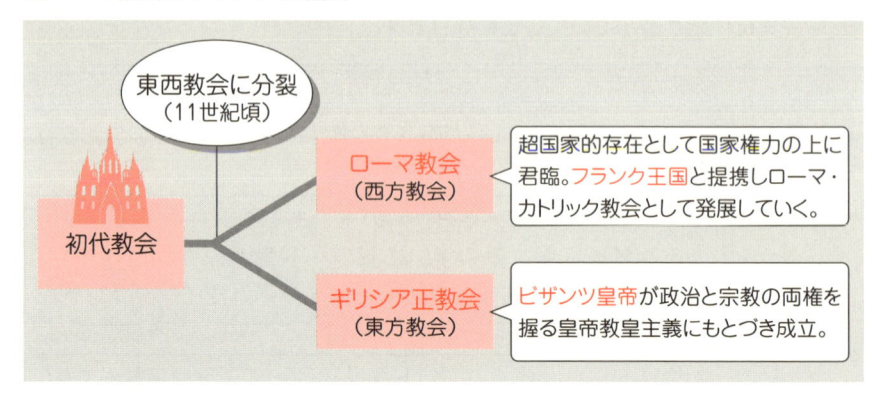

```
                東西教会に分裂
                 (11世紀頃)
                   │
        ┌──────────┴──────────┐
        │                     │
   初代教会              ローマ教会     ── 超国家的存在として国家権力の上に
                        (西方教会)        君臨。フランク王国と提携しローマ・
                                         カトリック教会として発展していく。
                        ギリシア正教会  ── ビザンツ皇帝が政治と宗教の両権を
                        (東方教会)        握る皇帝教皇主義にもとづき成立。
```

(2) ローマ教皇権の伸張

ローマ教皇権は伸張し、全盛を誇るようになります。1077年には、教皇グレゴリウス7世と神聖ローマ皇帝ハインリッヒ4世との人事権(聖職叙任権)をめぐる争いが発生し、教皇が皇帝を破門します。皇帝は教皇に屈服し(カノッサの屈辱)、ヴォルムス協約で教皇権が勝ることとなりました。教皇権の全盛期は、インノケンティウス3世の時代。「教皇は太陽、皇帝は月」という名言が残っています。

(3) ビザンツ帝国の発展と衰退

6世紀のユスティニアヌス大帝の際に最盛期を迎え、ササン朝ペルシアのホスロー1世と戦い、地中海の制海権を握ります。また、聖ソフィア寺院を再建、『ローマ法大全』も編纂しました。

> ビザンツの文化は、ギリシア文化を継承しながら、イスラム文化などと融合した文化が成立し、ギリシア正教も含め、ロシアに継承されていくことになるよ。

イスラム勢力などの圧迫から、軍事力の強化が必要になり、7世紀中頃から軍管区(テマ)制、屯田兵制がとられます。帝国を軍管区に再編成して、軍事・行政の両権を司令官に与えるものでした。その結果、皇帝の権力が弱体化していきます。

セルジューク朝の進出にも苦しみ、十字軍がはじまります。第4回十字軍でビザンツ帝国は一時的に滅ぼされ、ラテン帝国が建設されます。その後、ビザンツ帝国は再興されたものの弱体化が進み、最終的にはオスマン帝国により、1453年に滅亡します。

> 東と西の考え方の違いは重要。その後の文化の違いに大きく影響していくことになるわけだからね。西のキリスト像は十字架にかけられて苦しむ姿が印象的だけど、東のキリスト像は眉の太い、威厳のある顔をしてるよ。

❸ 封建社会の成立と中世社会

中世ヨーロッパは、一般的に封建社会、封建制の時代とよばれています。西ヨーロッパの封建社会の成立過程について、正しく理解しておきましょう。

(1) 封建社会成立の背景
原始ゲルマン社会の従士制にもとづく主従関係が成立。「主従」の関係とは、「保護」と「忠誠」の関係になります。

■封建制のしくみ

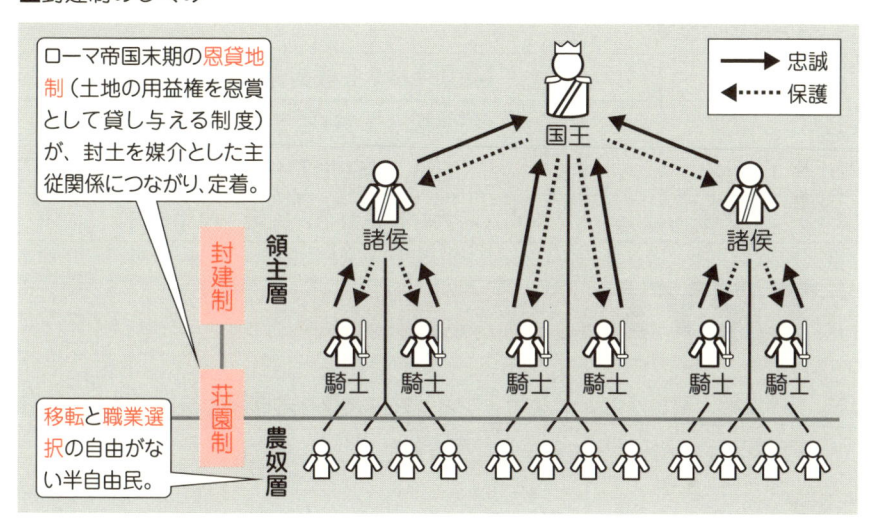

[図：封建制のしくみ]
- ローマ帝国末期の恩貸地制（土地の用益権を恩賞として貸し与える制度）が、封土を媒介とした主従関係につながり、定着。
- 封建制／荘園制
- 移転と職業選択の自由がない半自由民。
- 国王 — 諸侯 — 騎士 — 農奴層（領主層）
- →忠誠　⇠‥保護

重要度 C

(2) 中世都市の発展
商業の発達により貨幣経済が進展し、封建社会の安定化により農業生産力も上昇しました。そして、余剰生産物の交換の場として、都市が発展していくことになります。

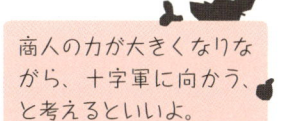

> 商人の力が大きくなりながら、十字軍に向かう、と考えるといいよ。

都市は自治権を獲得して自治都市（コミューン）となり、北イタリアで発展しました。北イタリアではロンバルディア同盟、のちにドイツではハンザ同盟などの都市同盟が結ばれ、共同防衛や共通の利益のために行動するようになりました。

(3) ギルドの発達
都市では同業者組合が結成されて、商業が統制されました。商人ギルドは、12世紀に生産・販売を独占する目的で成立し、市政運営も担当しました。一方、同職ギルドは13世紀に手工業者が独立し、商人ギルドと対立。「商人ギルドVS同職ギルド」のことをツンフト闘争といいます。

(4) 貿易圏の成立

地中海貿易圏では、ヴェネツィア、ジェノヴァ、フィレンツェなどが栄えました。フィレンツェにはメディチ家のような大商人も登場しています。

北欧貿易圏では、ハンザ同盟の商人たちが活躍しました。

❹ 中世ヨーロッパの文化

キリスト教の影響と、これまでの多様な文化の融合がポイントといえます。特に教会建築がポイントとなります。

(1) 教会建築の歴史

～中世初期	バシリカ様式（初期キリスト教美術、長方形の大広間）
ビザンツ文化	ビザンツ様式（円屋根、モザイク壁画）
11～12世紀	ロマネスク様式（石造、半円形アーチ、厚い壁と太い柱）
13～14世紀	ゴシック様式（ステンドグラス、尖塔、高い天井）

TRY! 本試験問題で一問一答

Q1 14世紀に教皇インノケンティウス3世はフランス国王と争って敗れ、教皇庁はフランスのアヴィニョンに移された。
×フランス国王フィリップ4世と争って敗れたのは、教皇ボニファティウス8世である。1303年、アナーニ事件
×これを「教皇のバビロン捕囚」という

（×）

[国Ⅰ-23]改　cf.❷

Q2 北イタリアの諸都市は、ドイツ皇帝によるイタリア政策に対抗するため、ミラノを中心としてカルマル同盟を結成し、共同の武力を持った。
×結成したのは、ロンバルディア同盟である

（×）

[都-11]　cf.❸

Q3 8世紀初め、皇帝を首長とするビザンツ帝国の教会では、イスラム教やユダヤ教の影響を受けて偶像崇拝が奨励された。
×聖画像の崇拝を禁じる聖像禁止令は、ビザンツ皇帝レオン3世が出したもの

（×）

[国Ⅰ-20]改　cf.❷

#5 十字軍
世界史5　行け、進め。宗教への情熱はハンパじゃないぞ！

重要度 B

中世のヨーロッパ社会を大きく変容させていったのが「十字軍」です。十字軍の登場は封建社会を変え、教皇の権威をゆるがせ、国王の権力を飛躍的に伸長させました。そして、東方からの文物の流入は、のちのルネサンスにも多大な影響を及ぼすものとなりました。過去の出題数も多く、必須事項になります。

ココを覚えればザ・ベスト！

十字軍の結果、中世封建社会が動揺して教会勢力が衰退、王権が伸張することになります。王権を強化した英仏間では**百年戦争**が発生、ドイツとイタリアは分裂状態、スペインは**国土回復**！　と視点を広げてザ・ベスト！

PLAY!

次の年表を完成させよう。

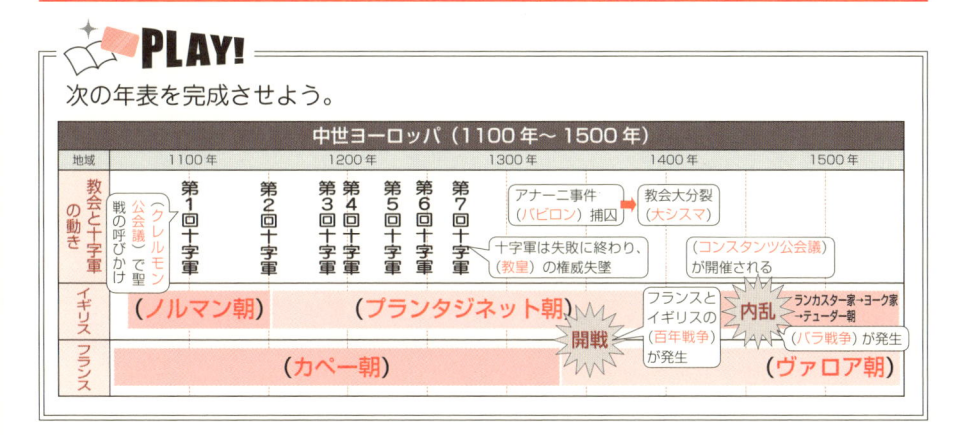

中世ヨーロッパ（1100年～1500年）					
地域	1100年	1200年	1300年	1400年	1500年
教会と十字軍の動き	戦への呼びかけ（**クレルモン**公会議）で聖／第1回十字軍	第2回十字軍／第3回十字軍／第4回十字軍／第5回十字軍／第6回十字軍／第7回十字軍	十字軍は失敗に終わり、（**教皇**）の権威失墜	アナーニ事件（**バビロン**）捕囚／教会大分裂（**大シスマ**）／（**コンスタンツ公会議**）が開催される	
イギリス	（**ノルマン朝**）	（**プランタジネット朝**）		フランスとイギリスの（**百年戦争**）が発生／**開戦**	**内乱**／ランカスター家→ヨーク家→テューダー朝
フランス	（**カペー朝**）				（**ヴァロア朝**）／（**バラ戦争**）が発生

① 十字軍とその後の動向

　西洋封建社会の安定、宗教的情熱の高まり、聖地巡礼ブーム、キリスト教世界とイスラム教世界との対立、イベリア半島での国土回復運動などをふまえ、ついに聖地回復のための十字軍が宣言されることになります。

（1）クレルモン公会議

セルジューク朝の進出で危機に瀕したビザンツ皇帝の援助要請に応じ、教皇ウルバヌス2世がクレルモン公会議を開催して十字軍派遣を宣言しました。1096年に第1回十字軍が派遣され、以後1270年まで、大きく7回にわたり遠征が行われました。

（2）十字軍の経過

第1回	イェルサレム王国を建国し勝利。
第2回	ダマスクスを攻撃したが失敗。
第3回	イスラム側はサラディンが登場してイェルサレム王国を滅ぼしたため、神聖ローマ皇帝らが組織するも失敗。
第4回	ヴェネツィア総督の進言により聖地に向かうことなく、コンスタンティノープルを占領、ビザンツ帝国を倒してラテン帝国を樹立。一方、ビザンツ帝国はニケーアに遷都し、ニケーア帝国として対抗。ヴェネツィアは地中海貿易を支配し、以後十字軍は政治的・経済的なものになっていく。
第5回	神聖ローマ皇帝が一時イェルサレムを回復したが、その後、奪回される。
第6、7回	フランスのルイ9世が単独で実施したが失敗。

> 4回目が転換点になったわけだね。ヴェネツィアとビザンツの対立が背景にあったのだよ。

■イベリア半島での国土回復運動（レコンキスタ）

〈10世紀〉キリスト教勢力 バルセロナ／イスラム勢力 → 〈12世紀〉 → 〈13世紀〉コルドバ／グラナダ

（3）教皇権の衰退

十字軍は失敗に終わり、教皇の権威が失墜します。人々の宗教的情熱は衰え、教会・聖職者は堕落し、荘園制崩壊へと進むことになります。封建諸侯も没落し、都市の成長と貨幣経済の発達を背景として王権が伸長していきます。

アナーニ事件	フランス王フィリップ4世が教皇ボニファティウス8世を捕らえて監禁。屈辱でボニファティウス8世は憤死した。
教皇の「バビロン捕囚」	1309年、フィリップ4世は教皇庁を南フランスのアヴィニョンに移しフランス人教皇を立てる。アヴィニョンとバビロンにひっかけて、教皇の「バビロン捕囚」とよばれる。
教会の分裂	その後、教皇庁はローマへ戻ったが、アヴィニョンにも教皇が立てられ、教会大分裂（大シスマ）が1378年から1417年まで続く。教皇の権威は失墜していった。

(4) 教会改革の動向

イギリスのウィクリフは教会の堕落を非難し、聖書中心主義を唱えて聖書を英語訳しました。ボヘミア（ベーメン）のフスは、ウィクリフの説に共鳴。1414年からコンスタンツ公会議が開催され、そこでローマ教皇を正統、フスは異端とされ処刑されます。

フスを信奉するベーメンの人たちはフス戦争を起こし、これがのちに宗教改革につながっていきます。

> ウィクリフ、フスの行動の約100年後にルターが登場することになるのだよ。この100年間で、「異端だ」と片付けることができなくなっていったわけだね。

② 中央集権国家の成立

教皇権の衰退、荘園制の解体にともない、常備軍と官僚に支えられて王権が飛躍的に伸張し、中央集権化を進めていきました。

(1) イギリス

ノルマン王朝以降、中央集権を進めていましたが、その後、フランスのアンジュー伯家によるプランタジネット朝が成立。その後、イギリスのジョン王はフランス王フィリップ2世と争ってフランス内の大半の領地を失い、教皇インノケンティウス3世とも対立して破門されてしまいます。この失地回復において貴族に軍役や重税を拒絶されて屈服し、1215年、法による支配を明文化した大憲章（マグナ・カルタ）を承認しました。

しかし、次のヘンリ3世はこれを無視して専制をおこなったため、シモン・ド・モンフォールが挙兵し、王を武力で屈服させ、1265年に都市市民代表による初の議会を成立させました。その後、エドワード1世時代の1295年に模範議会、エドワード3世時代の1341年に上・下両院が成立し、イギリスの議会制度の伝統が築かれていきます。

> フランスの封建家臣がイギリスの王様、という複雑な関係が、のちに混乱を招くことになってしまう。もちろん、マグナ・カルタは超重要!

(2) フランス

　フィリップ2世以降、カペー朝の王権が強まります。さらなる王権強化をはかるフィリップ4世は、フランス初の身分制議会である三部会を召集し、この支持を母体として、教皇ボニファティウス8世と争いました。

　14世紀はじめにはカペー朝が断絶、ヴァロア朝が成立したことで、百年戦争へと進むことになります。

(3) 百年戦争

　カペー朝断絶において、母がカペー家出身だったイギリス王エドワード3世がフランス王位継承権を主張します。さらに毛織物工業地帯であるフランドル地方などの争奪、フランスとイギリスの複雑な王家関係から、百年戦争（1339〜1453年）が発生しました。

前期	当初はイギリスが優位。エドワード黒太子の指揮で圧勝。フランスは黒死病の大流行に見舞われる。
後期	フランスが軍を整備して反撃に転じる。イギリスはリチャード2世が議会と対立して王位を追われ、ランカスター朝へと移行。1415年にイギリス王ヘンリ5世がノルマンディー侵攻に成功したが、その後、フランスはジャンヌ・ダルクの活躍でオルレアンの戦いに勝利し、ついにイギリス勢力の撃退に成功して終結した。

■百年戦争での勢力図

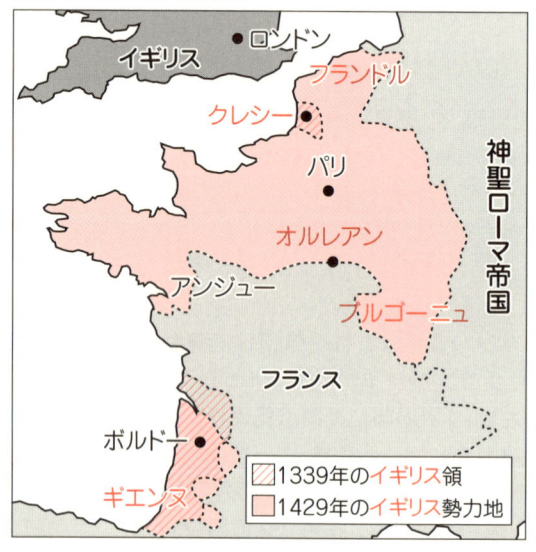

(4) バラ戦争

百年戦争後のイギリスの内乱で、ランカスター家とヨーク家の王位継承権をめぐる1455年からの争いです。ヨーク家が王家を引き継ぐものの、最終的にはランカスター家の血をひくテューダー朝が成立しました。争いにまきこまれた諸侯は没落し、王権が強化され、絶対王政へと進んでいきます。

(5) ドイツの状況

歴代神聖ローマ皇帝のイタリア政策により国内統治がうまくいかず、シュタウフェン朝が断絶して皇帝の存在しない大空位時代（1256年〜1273年）となりました。国内は分裂状態となり、その後、皇帝選挙権は7人の選挙侯にゆだねられて、1438年以降はハプスブルク家が皇帝位を世襲します。

一方、12世紀以降に進められた東方植民運動がブランデンブルク辺境伯領、ドイツ騎士団領となり、これがのちにプロイセンの基礎となりました。

(6) イタリアの分裂

イタリア諸都市は、都市国家の商業活動は発展しましたが、教皇党（ゲルフ）と皇帝党（ギベリン）に分かれて争い、分離・分裂状態が続きました。

(7) ロシア

13世紀にバトゥの率いるモンゴル軍がロシアに侵入、250年にわたりキプチャク・ハン国に支配されます。その後、キプチャク・ハン国はティムールに攻撃され衰退、モスクワ大公国のイヴァン3世が完全な独立を果たします。16世紀中期、イヴァン4世（雷帝）はギリシア正教の首長を兼ねることになり、正式にツァーリという称号を使いはじめました。

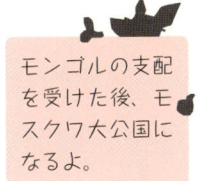

> モンゴルの支配を受けた後、モスクワ大公国になるよ。

(8) スペインとポルトガル

イベリア半島はイスラム教徒に支配されていましたが、イスラムからの国土回復運動（レコンキスタ）が半島北部から南に向かって展開されました。半島内のキリスト教勢力は、ポルトガル、カスティリャ、アラゴンでしたが、1479年にカスティリャとアラゴンが合同してスペイン王国を成立させます。そして1492年に、グラナダを陥落させて、レコンキスタは完了しました。

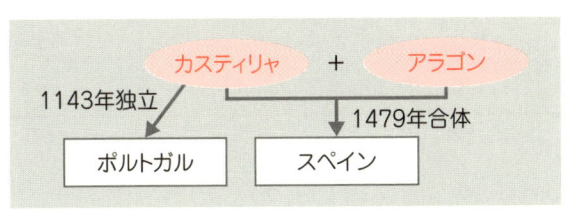

```
   カスティリャ  +  アラゴン
        │1143年独立    │1479年合体
        ▼              ▼
     ポルトガル       スペイン
```

(9) その他の東欧・北欧の動き

ポーランドでは、14世紀後半にリトアニアと合併して<u>ヤゲウォ朝</u>が成立しました。ヤゲウォ朝の後、ポーランドは分割されることになります。

デンマーク、スウェーデン、ノルウェーの北欧三国は、14世紀末にデンマークの王女マルグレーテが中心となって<u>カルマル同盟</u>を結んで連合王国となります。スウェーデンは1523年に独立しますが、ノルウェーとデンマークの連合状態は19世紀まで続きました。

> いよいよ歴史らしくなってきたよね。国家が自らの利益を追求しながら、近代に向かって進んでいくことになるよ。

TRY! 本試験問題で一問一答

Q1 イスラム勢力の反撃を受けた教会は、教皇の身の安全をはかるため、教皇庁を南フランスのアヴィニョンに移した。
× 1309年に教皇庁をアヴィニョンに移したのは、フランス国王フィリップ4世である。以後、1377年に教皇庁がローマに戻るまでを「教皇のバビロン捕囚」という
（×）
[国Ⅰ-20]改 cf. ❶

Q2 第4回十字軍では、ヴェネツィア商人の要求により、コンスタンティノープルを占領してラテン帝国が建てられた。
○このまま覚えよう！
（○）
[地上-24]改 cf. ❶

Q3 十字軍遠征によってイスラムと戦うことになった結果、北イタリア諸都市は東方貿易で大きく打撃を受けることになった。
×北イタリア諸都市は、十字軍において輸送を担当し、地中海での貿易を拡大させ、東方貿易もおこない、繁栄した
（×）
[警-18] cf. ❷

Q4 十字軍に参戦した国王は、聖地回復ができなかったため、その権威を失墜させた。また、十字軍の輸送により発達したイタリアの海港都市も活動が停滞し、ヨーロッパ内部の通商は衰退した。
×国王は指導者としてその権威を拡大した。権威を失墜させたのは、ローマ教皇である
×イタリアの海港都市は繁栄した
（×）
[地上-9]改 cf. ❷

#6 ルネサンス・大航海時代・宗教改革
世界史6 近代のはじまり、新たな世界の歴史が幕を開ける

重要度 B

中世の封建社会が崩壊し、近代が到来します。ヨーロッパでは、ルネサンス、宗教改革、そして地理上の発見と、大航海時代という歴史的な転換点を迎えます。一方、信仰と理性を切り離して考える精神的な成熟も、近代の特徴として考えることができます。あらゆる意味で最重要項目といえるでしょう。

ココを覚えればザ・ベスト！

封建社会から脱却し、解放させたルネサンス、ヨーロッパ近代精神の根幹をかたちづくる宗教改革、ヨーロッパ世界が外に向けて広がっていく大航海時代。いずれも近代精神のみずみずしさを十分に理解してザ・ベスト！

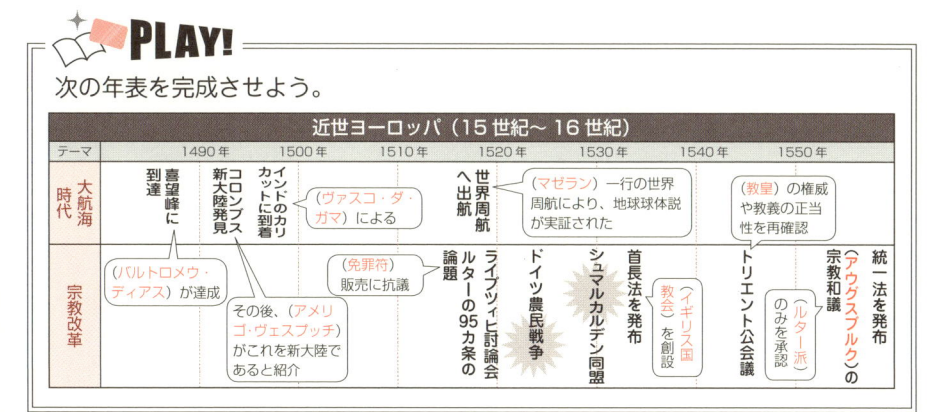

PLAY!

次の年表を完成させよう。

テーマ	1490年	1500年	1510年	1520年	1530年	1540年	1550年
大航海時代	喜望峰に到達	新大陸発見 コロンブス	インドのカリカットに到着（ヴァスコ・ダ・ガマ）による	世界周航へ出航／（マゼラン）一行の世界周航により、地球球体説が実証された		（教皇）の権威や教義の正当性を再確認	
宗教改革	（バルトロメウ・ディアス）が達成	その後、（アメリゴ・ヴェスプッチ）がこれを新大陸であると紹介	（免罪符）販売に抗議／ルターの95カ条の論題／ライプツィヒ討論会	ドイツ農民戦争	シュマルカルデン同盟／首長法を発布／（教会）を創設（イギリス国）	トリエント公会議	統一法を発布／（アウグスブルク）の宗教和議／（ルター派）のみを承認

1 ルネサンス

ルネサンスはギリシア、ローマの古典文化を模範とし、人間を封建的な束縛から解放していこうとする運動で、ヒューマニズムの復興をはかる運動でもあります。ルネサンスとは、もともと「再生」という意味です。単なる文芸復興にとどまらない、近代的な革新運動と考えておきましょう。

(1) イタリアのルネサンス

イタリア諸都市が発達して商業が盛んだったこと、古代遺跡に恵まれ古典文化を継承していたこと、ビザンツ帝国から古典学者らが亡命してきていたこと、フィレンツェのメディチ家などが学問を保護・奨励したことなど、すべての条件が重なり、イタリアでルネサンスがはじまりました。

当初はフィレンツェが中心でしたが、のちにローマ、ヴェネツィアへと広がっていきます。

イタリアの人文主義者	文芸	ダンテの『神曲』、ペトラルカの『叙情詩集』はルネサンスの先駆といわれている。ボッカチオの『デカメロン』も有名。
	政治学	マキャヴェリが『君主論』を著す。政治を宗教や道徳から切り離し、その本質は力であり、君主に必要なものは権力であると説く。きわめて現実主義的な政治論で、近代政治学の祖。中世的な価値観からの脱却、と理解することができる。
イタリアの芸術家	建築	ブルネレスキやブラマンテが代表。新たにルネサンス様式（巨大な円蓋の屋根、均整のとれた建築）が登場する。
	絵画・彫刻	ボッティチェリの「ヴィーナスの誕生」「春」、レオナルド・ダ・ヴィンチの「最後の晩餐」「モナ・リザ」、ミケランジェロの「ダヴィデ像」「最後の審判」など。

(2) 西ヨーロッパのルネサンス

16世紀には西ヨーロッパ諸国にもルネサンスが波及していきました。ネーデルラントではエラスムスが『愚神礼賛』を著し、教会や支配者層を痛烈に諷刺しました。フランスではモンテーニュの『随想録』、スペインではセルバンテスの『ドン・キホーテ』、イギリスではチョーサーの『カンタベリ物語』、シェークスピアの『ハムレット』、トマス・モアの『ユートピア』があります。

> ここは文学中心に確認しておいたほうがいいよ。

(3) 科学技術の発展

火薬、羅針盤、活版印刷術がルネサンス期の三大発明です。火薬で戦術が変化し、羅針盤で大航海時代が成立し、活版印刷術で新しい知識が社会に広がる、といった影響をもたらします。コペルニクス、ガリレオ・ガリレイらが地動説を唱えたのもこの時期です。

> 当時の理想的人間像は「万能人」だよ。なんでもできる、が最強だからね。まるで公務員みたいだ…。

❷ 大航海時代

十字軍への参加やマルコ・ポーロの『東方見聞録』などにより、東方世界に対す

る関心が高まります。加えて、造船技術・航海技術の発達、羅針盤の発明により遠洋航海が可能となって、大航海時代が到来しました。

インド航路	1488年、バルトロメウ・ディアスが喜望峰（アフリカ南端）に到達。1498年、ヴァスコ・ダ・ガマがインドのカリカットに到着。すべてポルトガルの功績。
新大陸発見	1492年、コロンブスが西インド諸島に到達。その後、アメリゴ・ヴェスプッチがこれを新大陸であると紹介。新大陸発見はスペインの功績。
世界周航	1519年に出航したマゼラン一行の世界周航により、トスカネリの唱えた地球球体説が実証され、いよいよヨーロッパによる世界支配が進むことになる。マゼランは、航海の途中で殺害される。

（1）教皇分界線の存在

　1494年のトルデシリャス条約で大西洋の中央に教皇分界線が設定され、西がスペイン、東がポルトガルの勢力範囲となりました。しかし、地球が球体であることが判明したため、1529年のサラゴサ条約で、太平洋にも線が引かれることとなりました。

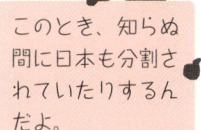

> このとき、知らぬ間に日本も分割されていたりするんだよ。

■教皇分界線と遠洋航路

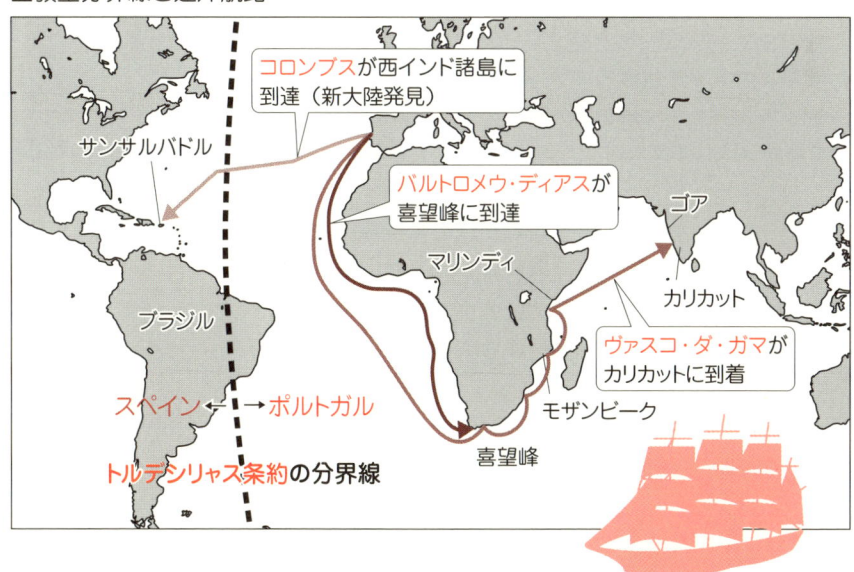

　コロンブスが西インド諸島に到達（新大陸発見）
　サンサルバドル
　バルトロメウ・ディアスが喜望峰に到達
　ゴア
　マリンディ
　カリカット
　ブラジル
　ヴァスコ・ダ・ガマがカリカットに到着
　モザンビーク
　スペイン←　→ポルトガル
　喜望峰
　トルデシリャス条約の分界線

重要度 B

#6 ─ ルネサンス・大航海時代・宗教改革

(2) 貿易の状況

ポルトガルはゴアやマカオなどを根拠地として、アジアで香料貿易を独占します。一方、スペインは新大陸で現地の住民に強制労働させ、大量の銀の採掘を続けました。

❸ 宗教改革

腐敗し堕落した教会に対する批判から、キリスト教の精神に立ち戻り、信仰を持つことによる救いをめざした運動が宗教改革です。近代精神の根源となり、ヨーロッパ近代化の基礎を築くことになりました。

(1) ルターの改革

ルターは教会の免罪符（贖宥状）販売に抗議し、1517年、95カ条の論題を発表します。そこで、信仰によってのみ救われると説きました。1519年にはライプツィヒ討論会で公会議の権威を否定し、その後、教皇からの破門状を公衆の前で焼き捨てます。1521年、ヴォルムス帝国議会でルターは自説撤回を拒絶し、聖書のドイツ語訳を進めます。ルターの主張は活版印刷術によって広がっていきますが、神聖ローマ皇帝はルターの著作の所持を禁止しました。

この頃から、宗教改革は政治闘争に結び付いていきます。1524年、ミュンツァーが指導するドイツ農民戦争が発生。ルターの説にもとづく暴力行為が表面化したため、ルターは戦争を厳しく非難。しかし、ルター派の諸侯はルター派の禁止に対して抗議（プロテスト）を行って1531年、シュマルカルデン同盟を結び、戦争に発展していきます。

1555年、アウクスブルクの宗教和議により、諸侯と都市に信仰の自由を認め、ルター派のみを承認する形で妥協します。

ルターの思想	
信仰義認説	人は信仰によって義（正義）と認められる、とする考え方。
聖書第一主義	信仰のよりどころはただ聖書だけである、とする考え方。だからこそ、聖書をドイツ語に翻訳した。
万人祭司主義	信仰においては万人が平等であり、すべてのキリスト者は祭司である、とする考え方。

(2) カルヴァンの改革

スイスではルターの影響を受けたツヴィングリの改革の後、フランス人のカルヴァンがジュネーヴで新たな教説を主張。禁欲と勤勉の結果としての営利蓄積を肯定したため、商工業階級の支持を受け、資本主義の発達につながることとなります。

カルヴァン派はイングランドではピューリタン、フランスではユグノー、オラ

ンダではゴイセン、スコットランドではプレスビテリアンとよばれました。

カルヴァンの思想	
予定説	すべての事象はあらかじめ神によって「予定」されている、という考え方。人が救われるかどうかはあらかじめ決定されている、とした。そのため、どれだけ寄進しても救済されるかどうかとは無関係、ということになる。すべては神が決定しているということなので、ルターより徹底的な神中心主義といえる。
職業召命観	職業は神の与えた使命であり、まさに天職である、という考え方。人は職業に励まなければならず、職業から富を得ることは、神の予定に沿っているため、やましいことではない、という考えが導かれた。M・ウェーバーは『プロテスタンティズムの倫理と資本主義の精神』を著し、このプロテスタントの職業倫理が資本主義につながったことを説明した。

(3) イギリスの宗教改革

ヘンリ8世が王妃との離婚問題で教皇と対立し、1534年に首長法を発布してイギリス国教会を創設、ローマ教会から独立しました。その後、エリザベス1世の時代の1559年に統一法が発布され、イギリス国教会の確立に至っています。

(4) カトリック側の動向

カトリック側は1545年からトリエント公会議を開き、教皇の権威や教義の正当性を再確認しました。ロヨラらがイエズス会を設立し、日本にはザビエルが布教に訪れます。

TRY! 本試験問題で一問一答

Q1 15世紀にスペイン女王イサベルは、コロンブスやヴァスコ・ダ・ガマらを新大陸への航路発見に送り出した。
×ヴァスコ・ダ・ガマはポルトガル
王の命により、1498年、インドのカリカットに到達しインド航路を開拓した
（×）
[総-26]改 cf. ❷

Q2 テューダー朝のエリザベス1世は、首長令を発してイギリス国教会を創設
×これをおこなったのは、ヘンリー8世である
し、ローマ教皇に代わって自らが首長になるなど絶対王政を確立した。
（×）
[国Ⅰ-21]改 cf. ❸

#7 絶対王政の到来

世界史7

ものすごく強い国王が登場、「朕は国家なり」だ

重要度 A

16～18世紀にかけて、国王が無限の権力を持ち、中央集権国家体制を構築していった絶対王政期について学びます。絶対王政の構造、各国の絶対王政の状況、宗教をめぐる戦い、の3点を中心に理解しておくと効果的です。主権国家の起源といえる時期ですので、いろいろな意味で頻出事項といえるでしょう。

ココを覚えれば ザ・ベスト！

絶対王政の柱として、官僚制、常備軍、重商主義について理解しておこう。思想的には王権神授説が国王の絶対性を支えることになる。そのうえで、フランスのルイ14世など、各国の国王の行動・言動を正しく確認してザ・ベスト！

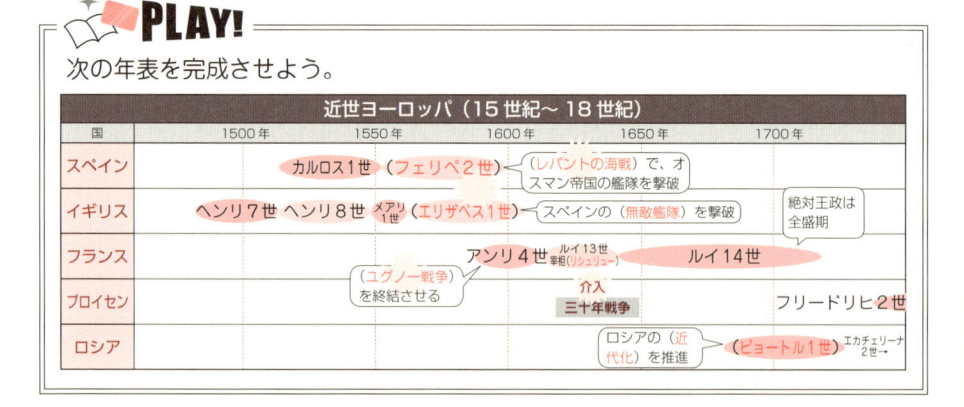

PLAY!

次の年表を完成させよう。

近世ヨーロッパ（15世紀～18世紀）					
国	1500年	1550年	1600年	1650年	1700年
スペイン		カルロス1世（フェリペ2世）	（レパントの海戦）で、オスマン帝国の艦隊を撃破		
イギリス	ヘンリ7世 ヘンリ8世 メアリ1世（エリザベス1世）		スペインの（無敵艦隊）を撃破		絶対王政は全盛期
フランス		（ユグノー戦争）を終結させる	アンリ4世 ルイ13世（宰相リシュリュー）	ルイ14世	
プロイセン			介入 三十年戦争		フリードリヒ2世
ロシア			ロシアの（近代化）を推進	（ピョートル1世）	エカチェリーナ2世→

① 絶対王政の展開

絶対王政を支えたのは、①官僚制、②常備軍、③重商主義、そして、④王権神授説です。国王は①王の官吏を使って中央集権体制を構築し、②直属の軍隊を持ち、③金銀の獲得（重金主義）から貿易による貨幣の獲得（貿易差額主義）へと動き、④王権は「絶対不可侵」である、と位置づけました。各国の絶対王政の状況をみていきましょう。

（1）スペイン

1516年、ハプスブルク家からカルロス1世がスペイン国王に即位し、また、カール5世として神聖ローマ帝国皇帝も兼任しました。退位に際して、弟に神聖ローマ皇帝位を、子のフェリペ2世にスペイン国王を譲り、ハプスブルク家はオース

トリア系とスペイン系に分裂。フェリペ2世はカトリックを根幹として絶対王政を推進します（宗教的専制政治）。1571年のレパントの海戦で、オスマン帝国の艦隊を破って地中海の覇権を握り、1580年、ポルトガルを併合して「太陽の沈まぬ国」を実現。植民地も自分のものにします。

その後、宗教的専制政治に不満を抱くネーデルラントで独立運動が発生します。

（2）イギリス

テューダー朝を開いたヘンリ7世が王権を強化していきます。次のヘンリ8世はイギリス国教会を創立。その後、カトリック信者であった女王メアリ1世がスペインのフェリペ2世と結婚、カトリックが復活します。メアリ1世はプロテスタントを迫害・処刑したため、「ブラッディ・メアリ」とよばれています。

エリザベス1世の時代になると絶対王政が確立。1559年、統一法を制定してイギリス国教会を定着させます。

1600年にはイギリス東インド会社を設立。スペインの無敵艦隊を撃破した後、海外へ進出し、1601年に救貧法を制定します。この法律は第一次囲い込みにより生じた貧民を救済するものでした。国力は充実し、シェークスピアなども登場して文化的にも発展する時代を迎えます。

> 「第一次囲い込み」は、牧羊のために小作人が農地をとりあげられ、土地を追われてしまうこと。英語でエンクロージャーというよ。トマス・モアは、「羊が人間を食う」と表現したんだ。

（3）フランス

カルヴァン派への抑圧が続いたため、1562年にユグノー戦争が発生し、戦争は30年にわたり続きました。1589年、ユグノーの盟主だったアンリ4世が王位についてブルボン朝を創始し、1598年にナントの勅令を出して信仰の自由を認めて戦争を終結させます。

その後、幼少期に即位したルイ13世時代の宰相リシュリューが、ユグノーの勢力をおさえて絶対王政を確立していきます。ドイツの三十年戦争にも介入し、ブルボン朝はハプスブルク家に対抗する力を持つようになっていきます。

1643年、ルイ14世（太陽王）が即位、幼少期は宰相マザランが絶対主義を強固なものとしていきました。「朕は国家なり」という有名な言葉にあらわされるように、ルイ14世の親政期に絶対王政は全盛期を迎えます。

ルイ14世の親政期（内政）	財務総監のコルベールが典型的な重商主義政策（コルベール主義）を実施。ヴェルサイユ宮殿（バロック式）を造営し、絶対君主として君臨。ナントの勅令を廃止したためユグノーが国外へ亡命、次第に財政が悪化することになる。

ルイ14世の親政期（外政）	侵略戦争を活発化、ネーデルラント継承戦争、オランダ侵略戦争、ファルツ戦争、スペイン継承戦争に参加する。
スペイン継承戦争	スペイン王位が断絶し、ルイ14世の孫がフェリペ5世として王位を継いだことから、フランスの強大化を恐れるイギリスなどとの間で戦争が発生。ユトレヒト条約により、スペインとフランスが合同しないことを条件にフェリペ5世の王位が承認された。

（4）ドイツ（プロイセン）とオーストリア

　1618年、ボヘミアの新教徒の反乱をきっかけに三十年戦争が発生。当初は宗教戦争でしたが、列国を巻き込み、覇権争いが激化して国際戦争となってしまいました。戦争後期には、旧教国フランス（ブルボン朝）がハプスブルク家打倒のため、新教側から参戦しています。

　1648年、ウェストファリア条約により、アウクスブルクの宗教和議の原則を確認するとともに、カルヴァン派も信仰の自由を認められました。フランスはアルザスを獲得するなど領土を拡大。ドイツ諸侯の主権が承認されたため、神聖ローマ帝国は形式だけの存在となり、事実上解体されます。

新教側		旧教側
デンマーク イギリス オランダ スウェーデン フランス	×	神聖ローマ帝国 スペイン

　その後、東ヨーロッパで土地貴族（ユンカー）が登場し、農奴制にもとづいた農場領主制度（グーツヘルシャフト）を確立します。ホーエンツォレルン家のブランデンブルク辺境伯領とドイツ騎士団のプロイセン公国が合併して、ブランデンブルク・プロイセン公国が成立。1701年のスペイン継承戦争に参加してプロイセン王国となり、フリードリヒ2世が啓蒙専制君主として全盛期を迎えました。

> 三十年戦争で混乱、その後はプロイセンとオーストリアが対立するよ。

オーストリア継承戦争	ハプスブルク家のマリア・テレジアによる神聖ローマ皇帝位継承をめぐる相続権問題が発生。フリードリヒ2世も参戦し、1748年のアーヘンの和約によってシュレジエンを獲得。

七年戦争	オーストリア王となったマリア・テレジアは失地回復のため、敵対していたフランスと結び（外交革命）、プロイセンと戦争を開始。1763年のフベルトゥスブルクの和約で、プロイセンはシュレジエン確保に成功。

> プロイセンとオーストリアの対立はドイツ史を考えるときにはとても重要なテーマだよ。マリア・テレジアはハプスブルクとブルボンを結ぶという、ものすごい外交革命を実現させた。このときフランス皇太子ルイ（16世）と自分の娘のマリー・アントワネットを結婚させたんだ。

(5) ロシア

1613年にロマノフ朝が成立。17世紀末にピョートル1世（大帝）がロシアの近代化を推進して、絶対王政を確立していきます。

内政	西欧文明の積極的な摂取、軍事改革、バルチック艦隊創設。首都としてサンクトペテルブルクを建設。
外政	北方戦争でスウェーデンに勝利、バルト海に進出。中国の清とネルチンスク条約を結び国境線を画定。

18世紀後半、エカチェリーナ2世が登場。当初は啓蒙専制君主でしたが、農民反乱であるプガチョフの反乱の発生以降は農奴制を強化していきます。領土の拡大をめざし、オーストリア、プロイセンとともにポーランドを3回にわたって分割、ポーランドは消滅しました。

TRY! 本試験問題で一問一答

Q1 17世紀の神聖ローマ帝国では、イタリアやオランダの支配をめぐってフランスやイギリスなどとの対立が激しくなり、三十年戦争とよばれる長期間の戦争が続き、領邦の多くが疲弊した。
×三十年戦争（1618年〜1648年）は、ボヘミアの新教徒が皇帝によるカトリックの強制に反抗して蜂起したのがはじまりで、その後、各国の介入により国際戦争へと発展した
（×）
[総-26]改 cf.❶

Q2 ユグノー戦争がおこったことにより、アンリ4世はナントの勅令を発し、ユグノーを徹底的に弾圧した。
×アンリ4世は、ナントの勅令により、ユグノーにも信教の自由を認めた
（×）
[市-16]改 cf.❶

重要度 A

#7 絶対王政の到来

#8 植民地抗争／ヨーロッパ文化
世界史8
ヨーロッパ諸国の海外進出進む。国内は文化が成熟

重要度 B

絶対王政の時代は、ヨーロッパ各国が植民地獲得に海外へ進出していった時代でもあります。特にイギリスとフランスの植民地をめぐる抗争はきわめて激しい戦いになりました。国内では絶対王政を基盤とした宮廷文化とともに、市民階級の文化も誕生、啓蒙思想も登場して、社会の成熟を実感できる時代になりました。

ココを覚えればザ・ベスト！

植民地獲得に向けての活動は、ポルトガル、スペイン、オランダ、イギリス、フランス、そして英仏抗争、という順序で確認すればいい。文化は思想での出題に配慮しつつ、美術と自然科学をしっかりと確認してザ・ベスト！

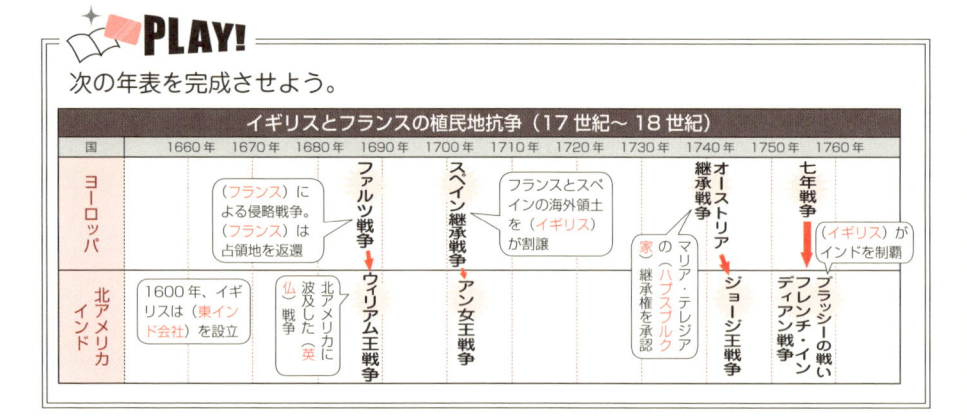

PLAY!

次の年表を完成させよう。

イギリスとフランスの植民地抗争（17世紀～18世紀）										
国	1660年	1670年	1680年	1690年	1700年	1710年	1720年	1730年	1740年	1750年	1760年
ヨーロッパ			（フランス）による侵略戦争。（フランス）は占領地を返還	ファルツ戦争	スペイン継承戦争		フランスとスペインの海外領土を（イギリス）が割譲		オーストリア継承戦争／マリア・テレジアの（ハプスブルク）家の継承権を承認	七年戦争／ジョージ王戦争	（イギリス）がインドを制覇
北アメリカ・インド	1600年、イギリスは（東インド会社）を設立		北アメリカに波及した（仏）（英）戦争	ウィリアム王戦争		アン女王戦争					プラッシーの戦い／フレンチ・インディアン戦争

1 ヨーロッパ諸国の植民地抗争

まずは、ポルトガルがアジアへ、スペインが新大陸へ進み、次にスペインから独立したオランダが積極的に活動します。そのオランダを英蘭戦争で破ったイギリスが覇権を握り、そこにフランスが出て行って激しい抗争を続けていくことになります。

（1）ポルトガル（16世紀）

ゴア、マラッカ、マカオなどを根拠地としてアジアで香料貿易を独占します。中継貿易での海外進出に終始したため、国内産業は進展していきませんでした。

アメリカ大陸では、新大陸唯一のポルトガル領となるブラジルを確保しています。

(2) スペイン（16世紀後半）

　マニラを根拠地として中国貿易を進めます。ラテンアメリカを幅広く領有、現地のインディオなどを使役し、鉱山の採掘を進めました。また、メキシコのアステカ帝国やペルーのインカ帝国を征服します。

1580年	スペインがポルトガルを併合、フェリペ2世が「太陽の沈まぬ国」をつくる。
1581年	オランダ（ネーデルラント）が独立宣言、海外進出にうってでる。
1588年	スペインの無敵艦隊（アルマダ）がイギリスに敗北する。

(3) オランダ（17世紀前半）

　1602年、東インド会社を設立、積極的にアジア進出を進め、香辛料貿易を支配しました。バタヴィア（現ジャカルタ）を根拠地としてアジア貿易を独占。オランダ領東インド（現インドネシア）を形成していき、日本とも長崎で交易をおこないます。1623年には、アンボイナ事件でオランダはイギリスを東南アジアから締め出したため、イギリスはインドに進出していきます。

　一方、オランダの航海者タスマンがオーストラリアなど南方水域を探検。1617年には、西インド会社を設立し、アメリカ大陸においてニューアムステルダムを建設します。

(4) イギリス（17世紀後半以降、覇権を握る）

　1600年、東インド会社を設立。マドラス、ボンベイ、カルカッタなどを根拠地として、インド経営を中心に活動を進めていきます。

　アメリカ大陸では1607年、ヴァージニア植民地を建設します。1620年、メイフラワー号でピルグリム・ファーザーズが大陸に渡り、植民地を建設。これが発展してニューイングランド植民地が形成されます。以降18世紀前半までに、13の植民地が建設されました。

> 1651年、イギリスのクロムウェルが航海法を出し、イギリス貿易からオランダを排除したことから、英蘭戦争（イギリス・オランダ戦争）が発生するよ。3回にわたる海戦でイギリスはオランダを破り、ニューアムステルダムを奪ってニューヨークとするなど、優位に立ったんだ。

(5) フランス（17世紀後半、イギリスと敵対）

　1604年、東インド会社を設立するも不振。アメリカ大陸では、カナダに進出し、ケベックを建設します。また、1682年にはルイジアナを領有します。

(6) 植民地での抗争

　ヨーロッパでの戦争と並行して、植民地ではイギリスとフランスの抗争が続い

ていましたが、北米、インドともにイギリスの勝利が確定的なものとなります。1763年、パリ条約により、イギリスはフランスからカナダ、ミシシッピ川以東のルイジアナを得て、広大な植民地帝国を築いていくこととなります。

ヨーロッパ	1688〜97年、	ファルツ戦争
	1701〜13年、	スペイン継承戦争
	1740〜48年、	オーストリア継承戦争
	1756〜63年、	七年戦争
北アメリカ	1689〜97年、	ウィリアム王戦争
	1702〜13年、	アン女王戦争
	1744〜48年、	ジョージ王戦争
	1755〜63年、	フレンチ・インディアン戦争
インド	1757年、プラッシーの戦い。イギリスは、東インド会社書記のクライヴの活躍により、フランスとベンガル太守の連合軍を破る。	

> 七年戦争に際して、フランスはヨーロッパでの戦争に主力を注入。それに対し、イギリスは植民地での戦いに全力をあげて取り組んだ結果、植民地抗争ではイギリスを勝利へと導くことができたのだよ。

❷ 17〜18世紀のヨーロッパ文化

絶対主義時代は、君主の絶大な権力を背景に宮廷文化、貴族的な文化が栄えましたが、市民階級の成長により、市民文化も成熟していく時代となりました。

(1) 17世紀の美術

豪壮で華麗なバロック美術の時代です。ルネサンス期の宗教性からは離れ、強大な王権を象徴する現実的な美術となりました。バロック様式を代表する建築物がヴェルサイユ宮殿で、ルーベンス、ベラスケス、レンブラントらの画家が活躍します。バロック音楽は、バッハ、ヘンデルが代表的な音楽家です。

(2) 18世紀の美術

繊細で優美、官能的なロココ美術の時代です。絶対王政の解体期にあたり、遊戯的、東洋的な美術で、代表する建造物はサンスーシ宮殿です。ワトー、フラゴナールらが代表的な画家です。音楽は古典派へと移っていきます。

(3) 文学

フランス古典主義文学が名高く、ラシーヌの悲劇、モリエールの喜劇が有名。イギリスではミルトンの『失楽園』など清教徒文学が栄え、18世紀にはデフォーの『ロビンソン・クルーソー』など市民層の文学が広がります。

(4) 思想

　イギリス経験論と大陸合理論の時代です。政治思想では、国際法理論を確立したグロティウス、国家主権の絶対性を主張したホッブズ、市民革命に大きな影響を与えたロック、三権分立を主張したモンテスキュー、一般意思への服従を説いたルソーらが登場します。

(5) 自然科学

　17世紀ヨーロッパは「科学革命」の時代といわれ、実験にもとづく実証的な科学知識が普及していった時代でした。物理ではニュートンが万有引力の法則を発見、化学ではラヴォワジェが質量不変の法則を発見し、医学ではジェンナーが天然痘のワクチンである種痘法を発見しました。

TRY! 本試験問題で一問一答

Q1 インドネシアでは17世紀初頭にイギリスがジャワ島のバタヴィアを根拠地として香辛料貿易の実権を握った。
×インドネシアを支配したのは、イギリスではなくオランダである
（×）
[総－24]改 cf. ❶

Q2 イギリスの国民産業となった綿織物業を背景に、1600年にはイギリス東インド会社を設立し、目覚ましく海外進出をおこなっていった。
×綿工業がイギリスの国民産業となるのは、18世紀以降である
（×）
[国Ⅱ－12]改 cf. ❶

Q3 イギリスは、スペイン継承戦争の間に、インドと北アメリカで決定的な勝利をおさめた。フランスはその結果、北アメリカのすべての植民地を失った。
×七年戦争である（1756～63年）。インドではプラッシーの戦い（1757年）、北アメリカではフレンチ・インディアン戦争（1755～63年）がおこなわれた　○のちにナポレオンがミシシッピ以西のルイジアナを取り戻す
（×）
[警－10] cf. ❶

#9 イギリス市民革命・産業革命

世界史9　市民の時代到来！ 産業も進展！

重要度 **A**

ついにヨーロッパ社会は市民革命の時代を迎えます。イギリスではいち早く、ピューリタン革命と名誉革命がおこり、立憲政治が確立していきます。その後、産業革命が進展して、労働問題や社会問題が顕在化、人々は権利を求めて立ち上がっていくことになります。この時期のイギリスの歴史を中心に概観してみましょう。

ココを覚えればザ・ベスト！

まずはピューリタン革命と名誉革命の流れを確認しよう。産業革命は発明された技術と各国の産業革命期の比較をしておこう。イギリス立憲政治の確立と市民の権利要求のプロセスを正しく理解してザ・ベスト！

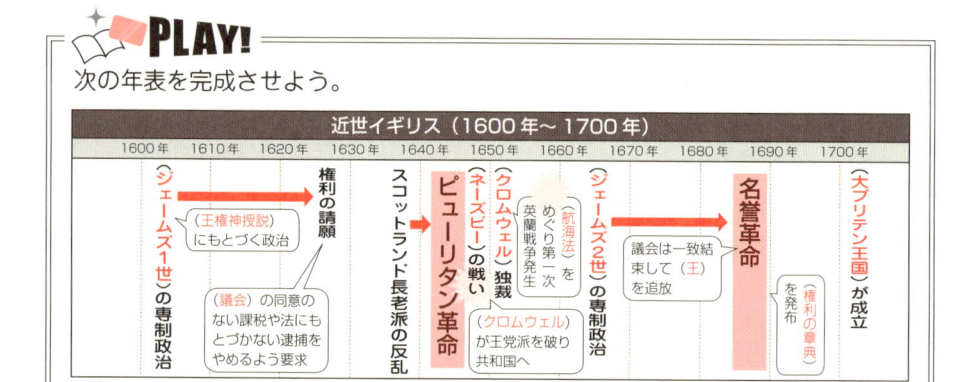

PLAY!

次の年表を完成させよう。

近世イギリス（1600年〜1700年）

1600年代前半	（ジェームズ1世）の専制政治 ／ （王権神授説）にもとづく政治
1620年代後半	権利の請願 ／ （議会）の同意のない課税や法にもとづかない逮捕をやめるよう要求
1640年	スコットランド長老派の反乱
1640年代	ピューリタン革命／（ネーズビー）の戦い／（クロムウェル）が王党派を破り共和国へ
1650年代	（クロムウェル）独裁／（航海法）をめぐって英蘭戦争第一次発生
1680年代前半	（ジェームズ2世）の専制政治
1680年代後半	名誉革命／議会は一致結束して（王）を追放／（権利の章典）を発布
1700年頃	（大ブリテン王国）が成立

1　ピューリタン革命と名誉革命

イギリスでは、ピューリタン（清教徒）革命と名誉革命を経て、市民的自由の保障、王権に対する議会の優位を確定して、議会政治が確立していきます。

(1) ピューリタン革命

エリザベス1世の死後、ステュアート朝に変わり、ジェームズ1世が王権神授説にもとづき専制政治を進めました。次のチャールズ1世もこの政策を継承します。
1628年、議会は権利の請願を提出し、議会の同意のない課税や法にもとづかない逮捕をやめるよう要求しましたが、王は議会を解散して無視、国教を強要してピューリタンを抑圧しました。1640年、国教強制に反発したスコットランド長老派の反乱を鎮圧するため、王は戦費調達を目的として議会を召集しましたが、

議会は課税を拒否して王を厳しく非難し、対立が深刻化します。1642年、ピューリタン（清教徒）革命が勃発し、内乱状態となります。

■王党派と議会派

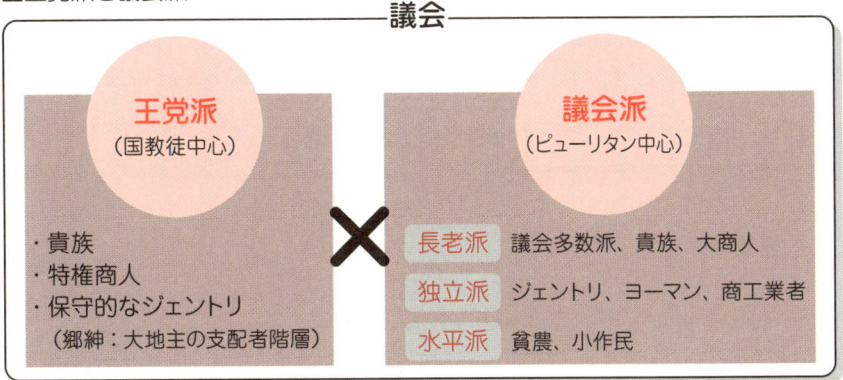

議会
- 王党派（国教徒中心）
  - 貴族
  - 特権商人
  - 保守的なジェントリ
  （郷紳：大地主の支配者階層）
- ×
- 議会派（ピューリタン中心）
  - 長老派　議会多数派、貴族、大商人
  - 独立派　ジェントリ、ヨーマン、商工業者
  - 水平派　貧農、小作民

　独立派のクロムウェルが鉄騎隊を組織して、1645年のネーズビーの戦いで王党派を破り勝利します。王は降伏したものの、脱出して再び内乱状態となります。独立派は王に寛容な長老派を追放して1649年に王を処刑、イギリスは共和国となりました。

> ピューリタン革命は王党派VS議会派、その後の内乱は独立派の独裁権確立、だね。

（2）クロムウェルの独裁

　クロムウェルが独裁権を握り、1651年に航海法を発布して重商主義政策を推進しました。その後、クロムウェルは終身の護国卿となります。1652年、航海法に反発したオランダとの間に第一次英蘭戦争（オランダ・イギリス戦争）が発生しますが、クロムウェルが死去。厳格な清教主義的独裁政治への反発が高まり、長老派により前王の子であるチャールズ2世が呼び戻され、王政復古が実現しました。

> 厳格な清教主義のおかげで国民の娯楽が何もなくなってしまったのだ。それはみんな怒るよなあ。

（3）名誉革命

　王は次第に専制化し、カトリックの復活をはかろうとします。議会は審査法（公職を国教徒に限定）や人身保護法（不当逮捕の禁止）を制定して対抗しました。

　　　王権に寛容な保守的地主や貴族　…　トーリ党。のちの保守党
　　　王権に批判的な新興市民階層　　…　ホイッグ党。のちの自由党

　チャールズ2世とトーリ党が、カトリック教徒のジェームズ2世を王位につけ

ましたが、ジェームズ2世は専制政治を推進し、絶対王政の復活をはかろうとします。

　1688年、名誉革命が勃発。議会は一致結束して王を追放、王はフランスに亡命します。そして、王女メアリと夫のオランダ総督ウィレムを共同統治の王に迎えます。議会が提出した「権利の宣言」を国王は承認し、1689年に「権利の章典」として発布されました。この章典では、市民の自由と議会の権利が確認され、議会政治の基礎が確立したのです。

> 名誉革命は無血革命、クーデタだと考えておこう。権利の章典は現在もイギリス不文憲法の根本法だよね。

(4) 立憲政治の発展

　1707年、イングランドとスコットランドが合併して大ブリテン王国が成立します。ステュアート朝が断絶して、ハノーヴァー朝が成立し、ホイッグ党のウォルポールが首班となり、責任内閣制度が確立します。国王は君臨するが統治しない体制となったわけです。

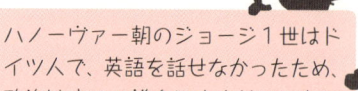

> ハノーヴァー朝のジョージ1世はドイツ人で、英語を話せなかったため、政治はすべて議会にまかせていたのだ。このおかげで議会政治が進むこととなるのだよ。ハノーヴァー朝はその後、ウィンザー朝と改名して、現在の王家になっている。

❷ 産業革命

　産業が発達し人口が増加したイギリスでは、農業改革により、中世以来の三圃式農法が輪作に変わります。この結果、地主たちは第2次囲い込みをおこなうことで耕地の集約を進め、仕事を失った独立自営農民(ヨーマン)は都市へ出て行き、産業革命推進のための労働力となっていきました。

(1) 産業革命の技術進展

　工場制機械工業が成立し、イギリスは「世界の工場」となりました。マンチェスター、バーミンガム、リヴァプールなどの大工業都市が出現して資本主義が確立していきました。

　一方で、都市に人口が集中し、長時間労働、低賃金、劣悪な生活環境などに労働者は苦しむこととなり、資本家階級と労働者階級が成立し、階級対立が表面化していきます。

> 綿工業の発展と動力源の開発が進んだことがポイントだね。

産業革命期の主な発明		
1709年	ダービー	コークス製鉄法の開発
1712年	ニューコメン	鉱山の排水用の蒸気機関を製作
1733年	ジョン・ケイ	飛び杼の発明
1764年	ハーグリーヴズ	ジェニー紡績機（多軸紡績機）の発明
1768年	アークライト	水力紡績機の発明
1769年	ワット	蒸気機関の改良
1779年	クロンプトン	ミュール紡績機の発明
1785年	カートライト	力織機の発明
1807年	フルトン	蒸気船の発明
1814年	スティーヴンソン	蒸気機関車の発明

(2) 市民の自覚と行動

　産業革命後、労働者は団結して労働条件の改善を要求していくことになります。1811年、生活の困窮の原因を機械にあると考えた労働者が、機械打ちこわし運動（ラダイト運動）をおこします。労働条件の悪化により生産効率が低下したことから、労働者の生活改善、健康保持の必要性が指摘されました。

　1832年、第一回選挙法改正により、産業資本家が選挙権を持ちました。以降、ヴィクトリア女王の治世には第二回、第三回の選挙法改正が実現し、選挙権拡大が進んでいきます。

　1833年には工場法が制定され、労働日や時間の短縮、児童や婦人の労働の制限など、労働条件が改善されていきました。

　1838年、成年男子の普通選挙、秘密投票の実施などを求めた人民憲章が掲げられ、チャーティスト運動が展開されます。政府の弾圧や指導層の分裂によって失敗したものの、組織的な政治運動でした。

　このように社会に対するさまざまな要求運動が発生し、市民社会が成長していったのです。この時代は東インド会社の中国貿易独占権が廃止（1833年）、地主を守るための穀物法が廃止（1846年）、航海法も廃止（1849年）され、自由貿易体制が成立した時期にあたります。

各国の産業革命の進展		
ベルギー	1830年代	石炭や鉄鉱石などの資源に恵まれる。1830年の独立後、急速に工業化。
フランス	1830年代	七月王政期に発展。資本の蓄積が遅れたため、労働力が不足。
アメリカ	19世紀中期	南北戦争（1861～65年）後に本格化していく。重工業が発達。
ドイツ	19世紀中期	1840年代より工業化が進展。保護政策により、ドイツ帝国成立（1871年）後に重化学工業が進む。
ロシア	19世紀後期	農奴解放令（1861年）が契機に。フランス資本と国家の保護により進展。
日本	19世紀末期	政府の殖産興業。日清戦争（1894～95年）の賠償金による進展。

TRY! 本試験問題で一問一答

Q1 チャールズ2世が絶対王政の復活に努めたため、1688年に議会はクロム
　　　×クロムウェルが戦ったのは、チャールズ2世ではなく、チャールズ1世である。これがピューリタン革命（清
ウェル率いる騎馬隊により対抗し、国民の生命・財産の保護などを定めた権
教徒革命）である　　　　　　　　　×議会がチャールズ2世に対抗するために制定したのが、審査法
利の章典を国王に受け入れさせ、これにより立憲王政が確立した。
（1673年）、人身保護法（1679年）である。権利の章典を受け入れたのは、メアリ2世とウィリアム3世

（×）
[裁−25] cf. ❶

Q2 イギリス産業革命は、大西洋の三角貿易で羊毛の需要が急増したことで、マ
　　　　　　　　　　　　　　　　　　　　　　　　×羊毛ではなく、綿工業である。インド産の綿布
ンチェスター周辺の羊毛工業で技術革新がはじまったことが契機である。
はイギリスの三角貿易に重要な役割を果たしていた

（×）
[地上−21]改 cf. ❷

Q3 王政復古後の議会は、王権と国教とを擁護するホイッグ党と、議会の権利を
　　　　　　　　　　　　　　　×ホイッグ党はブルジョワ的市民階級が支持し、新教徒を擁護、議会主義を主
守ろうとするトーリー党という二大政党によって支配された。
張した。これに対して、トーリー党は貴族や保守的地主が支持し、国教徒以外のピューリタンを排斥した

（×）
[警−27] cf. ❶

#10 アメリカ独立戦争・フランス革命

世界史10 近代社会の発展。アメリカの誕生とフランス革命の推移

重要度 **A**

世界史の中の世界史、ともいえる時代の登場です。のちに世界の盟主ともなるアメリカの誕生と、新しい時代の到来を決定づけるフランス革命の状況を確認しておきましょう。わずか数年の出来事なのですが、激動の時代で、次々と新たな出来事が展開していきます。出題の重要度はもちろん「特A」ですね。

ココ を覚えれば ザ・ベスト！

アメリカ独立戦争はイギリス本国との対立のプロセスを含めてチェック。フランス革命は革命が進むにしたがって、革命の主導権が社会の下層民へと移っていくことに注意しよう。とにかく、細かく理解してザ・ベスト！

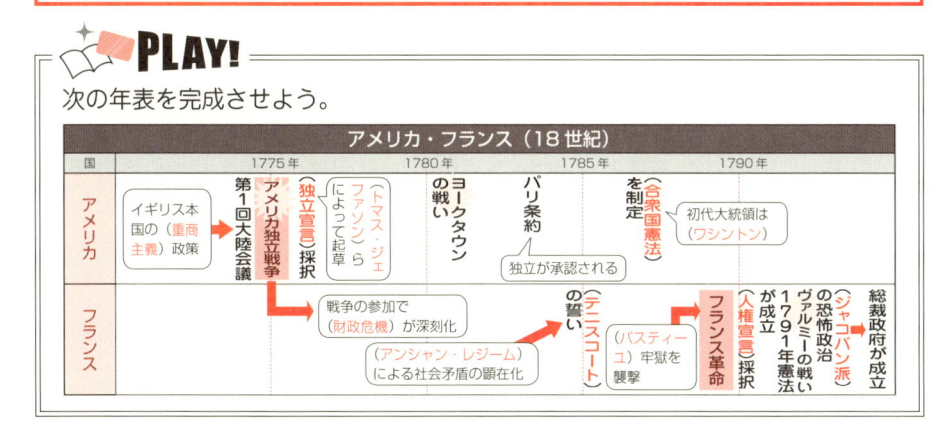

✨ PLAY!

次の年表を完成させよう。

アメリカ・フランス（18世紀）				
国	1775年	1780年	1785年	1790年
アメリカ	イギリス本国の（重商主義）政策 → 第1回大陸会議 → アメリカ独立戦争　（独立宣言）採択 〔（トマス・ジェファソン）らによって起草〕	ヨークタウンの戦い → パリ条約（独立が承認される）	（合衆国憲法）を制定　初代大統領は（ワシントン）	
フランス		戦争の参加で（財政危機）が深刻化　（アンシャン・レジーム）による社会矛盾の顕在化	（テニスコート）の誓い → （バスティーユ）牢獄を襲撃 → フランス革命　（人権宣言）採択	1791年憲法が成立 → （ジャコバン派）の恐怖政治　ヴァルミーの戦い → 総裁政府が成立

① アメリカ独立戦争

北米の東海岸部には13のイギリス植民地が成立し、宗教的および経済的自由、政治的自治を求めて本国から多くの人々が移住していました。七年戦争によって、フランス勢力の排除に成功したイギリス本国は、植民地の統制を強化したため、これに対する植民地側の反発は高まっていき、ついにアメリカ独立戦争となったのです。

(1)13植民地の状況

イギリス領北米13植民地は、北部では造船や製造業などが、南部では大農場（プランテーション）経営がおこなわれていました。七年戦争までは、植民地の自衛力強化が必要だという判断から、イギリスは重商主義政策を徹底せず、植民地

議会が成立し、自治制度が発達していました。

(2) 植民地とイギリス本国との対立

七年戦争によって、フランス勢力を排除した後から、イギリス本国は重商主義政策をとりはじめます。イギリス本国は戦費による財政難のために植民地への課税を強化、自治を圧迫する施策を進めたわけです。

> 植民地とイギリス本国との対立。無理難題が押しつけられていくんだね。

砂糖法（1764年）	外国産の砂糖への課税強化。
印紙法（1765年）	あらゆる印刷物に印紙を張らせて課税。植民地側は印紙法会議で「代表なくして課税なし」と主張、本国議会に代表を送っていない植民地に対する、同意のない課税は許容できないと抗議した。印紙法は翌年廃止される。
タウンゼント諸法（1767年）	ガラス・茶などに対する課税。本国製品の不買運動が発生。
茶法（1773年）	イギリス東インド会社が植民地へ輸出する茶の税を免除、独占権の付与。これに対して植民地側の最初の実力行使となるボストン茶会事件が発生、ボストンの急進派市民が東インド会社の船に積載された茶を海に投棄する。これに対して、イギリス本国はボストン港を閉鎖、マサチューセッツの自治権を剥奪。

このような施策に対して、第1回大陸会議（1774年）で植民地の代表が集結し、植民地人の権利と自由が議論されました。

(3) アメリカ独立戦争

1775年、ついに武力衝突（レキシントン・コンコードの戦い）が発生、アメリカ独立戦争がはじまります。第2回大陸会議で植民地側の総司令官にジョージ・ワシントンを任命。1776年には、トマス・ペインが『コモン・センス』を出版し、共和政の採用を主張しました。そして同年7月、トマス・ジェファソンらによって起草され、ロックの人民主権、革命権（抵抗権）の影響を受けたものである「独立宣言」が採択されます。

1777年、サラトガの戦いで植民地側が初勝利します。これを機にイギリスと敵対するフランス、スペイン、オランダが植民地側から参戦。ロシアのエカチェリーナ2世による武装中立同盟の結成により、イギリスは国際的に孤立します。1781年には、ヨークタウンの戦いで植民地側が勝利し、イギリスの敗北は決定的

なものとなります。

　1783年、パリ条約でアメリカ合衆国の独立が承認され、イギリスからはミシシッピ川以東のルイジアナの割譲を受けました。砂糖法から20年、ついに独立を達成しました。

(4) アメリカ合衆国憲法の制定

　1787年、民主主義、連邦主義、三権分立主義を基盤とするアメリカ合衆国憲法が制定されます。初代大統領はワシントンです。ただし、国内には中央政府の権限強化を支持する連邦派と、各州の自立を支持する反連邦派との対立が根深く残っていました。中央集権か、分権かという対立は、そのまま南北戦争につながっていきます。

❷ フランス革命

　アンシャン・レジーム（旧制度）、すなわち第一身分（聖職者）・第二身分（貴族）の特権身分と、第三身分（市民、農民）との区別による社会矛盾の顕在化、そして啓蒙思想の普及、アメリカ独立戦争の成功などが刺激となり、フランス革命が発生することになります。

(1) 財政窮乏と王政の危機

　ルイ14世時代からフランス財政は赤字を累積し、ルイ16世時代にはアメリカ独立戦争への参加で財政危機はますます深刻化します。経済学者のテュルゴーや銀行家のネッケルらが、特権身分への課税案を示して財政改革を進めようとしましたが、聖職者や貴族は反対し、三部会の召集を王に要求し、承認させます。

　1785年、175年ぶりに三部会が開かれますが、議決方法をめぐり、特権身分と第三身分が対立。ミラボーら自由主義貴族を含む第三身分は単独で国民議会の成立を宣言し、「テニスコートの誓い」によって憲法制定までこの議会を解散しないことを誓い、王はやむをえず議会を承認します。

　1789年、国王が軍隊をヴェルサイユに集結させて、財務長官ネッケルを罷免したことにより、パリ市民がバスティーユ牢獄を襲撃、フランス革命がはじまりました。

(2) フランス革命の展開

　国民議会は封建的諸特権の廃止を宣言、ラ・ファイエットらが起草した「人権宣言」を採択しました。人権宣言は、人間の自由、平等など、近代市民社会の基本原理を集約したものであるといえます。

> 最初はミラボーら自由主義貴族、次は中産市民層を代表するジロンド派、そして、下層市民層の急進派であるジャコバン派へと、革命の主導権は動いていくのだよ！

1789年、食糧難を機にパリ市民がヴェルサイユ行進をおこない宮殿に乱入、国王をパリに移して監視下におきます。1791年、ミラボーの死後、国王一家はオーストリアへの亡命をはかりましたが失敗（ヴァレンヌ逃亡事件）、王権は衰退し、立憲君主制を定めた1791年憲法が成立します。

　新憲法にもとづき立法議会が召集され、中産市民層を代表する穏健的共和派であるジロンド派が進出。革命の波及を恐れたオーストリア、プロイセンはピルニッツ宣言を出し、革命への干渉を告げましたが、ジロンド派内閣は宣戦布告して革命戦争を開始しました。立法議会は「祖国の危機」を宣言し、義勇軍が編成されましたが危機的な状況が続きます。

　その最中、急進的なジャコバン派が優勢となります。市民と義勇軍がテュイルリー宮殿を攻撃して国王を捕え（8月10日事件）、議会は王権を停止。議会は普通選挙による国民公会の招集を告げて解散します。同時期には、ヴァルミーの戦いでフランス革命軍がプロイセン軍を破り、初勝利をあげたことで、国内は高揚感につつまれ、沸き立ちました。

(3) ジャコバン派の恐怖政治とその終焉

　1792年、国民公会は共和政の樹立を宣言（第一共和政）、ジャコバン派が進出します。翌年1月には国王を処刑、英首相ピットの提唱で第1回対仏大同盟が結成され、フランス包囲網がしかれました。

> ジャコバン派といえばギロチン。フランスでは死刑が廃止されるまで、ギロチンは現役だったのだ。

　ジャコバン派は危機に対処するため、労働者や小市民などいわゆるサン・キュロット層の支持を基盤に、ジロンド派を国民公会から追放して独裁権を握り、恐怖政治を展開しました。しかし、1794年にテルミドールの反動（クーデタ）が発生し、ロベスピエールが処刑されて恐怖政治は終了します。

保安委員会	ロベスピエールの指導下に反対派を徹底的に弾圧。
革命裁判所	政治犯を審理して処刑。
ジャコバン憲法	男子普通選挙の実施などを定めていたが、実施されず。

　1795年、国民公会は穏健的な1795年憲法を定めて解散、制限選挙にもとづいて総裁政府（ブルジョワ共和政）が成立します。翌年には、共産主義的思想家のバブーフによるクーデタが発生するなど社会不安が続き、そこからナポレオンが台頭していくことになりました。

■フランス革命後の政治

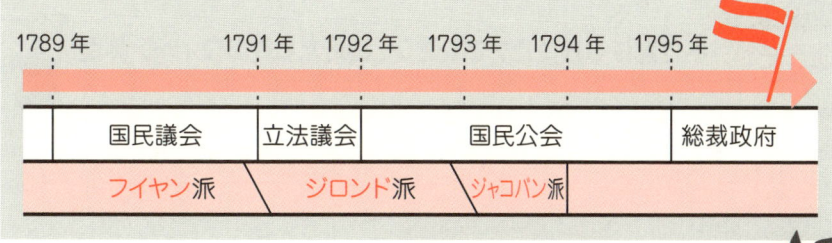

1789年		1791年	1792年	1793年	1794年	1795年
	国民議会		立法議会	国民公会		総裁政府
	フイヤン派		ジロンド派		ジャコバン派	

これらの動きはわずか5年ばかりの出来事。いかに激動の時代だったかよくわかるね。

TRY! 本試験問題で一問一答

Q1 アメリカ東海岸にあった13植民地による憲法制定会議で合衆国憲法が制定されたことにより、アメリカ合衆国が成立した。同国はその成立を認めないイギリスを戦争で打ち破った後、ジェファーソンやフランクリンらが起草した独立宣言を発表して、自国の正当性を主張した。

×独立の経緯は、独立戦争の勃発（1775年）→独立宣言（1776年）→ヨークタウンの戦い（1781年）→パリ条約で独立承認（1783年）→合衆国憲法制定（1787年）→初代大統領ジョージ・ワシントン就任（1789年）

（×）
［国Ⅱ-23］cf.❶

Q2 フランスでは、絶対王政に対する民衆の不満からフランス革命が勃発して、ルイ16世は革命勢力によって幽閉された。ロベスピエールは「国王は君臨すれども統治せず」であるべきだと主張してテルミドールの反動をおこし、ルイ16世を形式的元首とする統領政府を樹立した。

×「国王は君臨すれども統治せず」であるべきだと主張したのは、イギリスのウォルポール内閣である　×ロベスピエールは恐怖政治をおこなったが、テルミドールの反動で処刑された（1794年）

（×）
［国Ⅱ-19］cf.❷

Q3 国王の召集により三部会が開催されると、特権身分と第三身分は議決方法をめぐって対立し、改革を要求する第三身分の代表者たちは自らを国民公会と称したが、国王が弾圧をはかったため、パリ民衆は蜂起してテュイルリー宮殿を襲撃した。

×国民議会と称した　　×バスティーユ牢獄を襲撃した

（×）
［都-26］cf.❷

重要度 A

#10 アメリカ独立戦争・フランス革命

#11 ナポレオン時代とウィーン体制

世界史11 不可能はなかったナポレオン、制約だらけのウィーン体制

重要度 A

果てしなく続く混乱に対し、民衆が望んだのは安定でした。そこに登場したナポレオンはヨーロッパ大陸制覇の野望を実現しようとします。その後、フランス革命とナポレオン戦争によって混乱した国際秩序を再建するため、反動的な体制といえるウィーン体制が成立し、各国のナショナリズム高揚につながっていきます。

ココを覚えればザ・ベスト！

まずはナポレオンのやったことを時系列的に正しく確認。次にウィーン体制の動揺と崩壊のプロセスを、特にフランス七月革命とフランス二月革命を中心にチェックしておこう。近代の国民国家の発展として把握すればザ・ベスト！

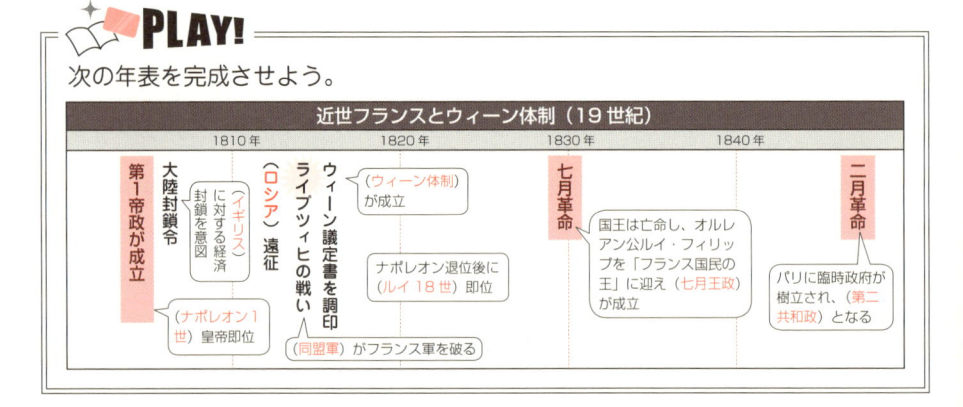

PLAY!

次の年表を完成させよう。

近世フランスとウィーン体制（19世紀）

1810年頃	第1帝政が成立（ナポレオン1世）皇帝即位
	大陸封鎖令（イギリス）に対する経済封鎖を意図
	（ロシア）遠征
	ライプツィヒの戦い（同盟軍）がフランス軍を破る
	ウィーン議定書を調印（ウィーン体制）が成立
1820年頃	ナポレオン退位後に（ルイ18世）即位
1830年	七月革命 — 国王は亡命し、オルレアン公ルイ・フィリップを「フランス国民の王」に迎え（七月王政）が成立
1840年	二月革命 — パリに臨時政府が樹立され、（第二共和政）となる

① ナポレオン時代の到来

総裁政府のもとで王党派の暴動を鎮圧し、弱冠27歳にして北イタリア遠征の軍司令官となったフランスのナポレオンは、名声を高め、ブリュメール18日のクーデタで事実上の独裁政権を樹立し、フランス革命を終結させます。

(1) フランス革命の終結

フランス革命終結まで	
オーストリア攻撃	1796年、ナポレオンはオーストリア軍を破り、翌年のカンポ・フォルミオの和約によって第1回対仏大同盟の解体に成功。名声を高める。
エジプト遠征	1798年、ナポレオンはエジプト遠征をおこなったが、フランス海軍はイギリス海軍に大敗して孤立。エジプトから動くことができなくなったナポレオンの状況を判断し、1799年に英首相のピット（小ピット）がオーストリアなどとともに第2回対仏大同盟を結成。
ブリュメール18日のクーデタ	1799年、本国に戻ったナポレオンはブリュメール18日のクーデタをおこし、総裁政府を打倒して統領政府をつくり、自ら第1統領に就任して事実上の独裁政権を樹立。このクーデタでフランス革命は終結。

(2) ナポレオンの政治

　内政では、革命期の混乱を収拾し、フランス銀行を創設します。さらにコンコルダート（宗教協約）による教皇との和解、私有財産不可侵を定めたナポレオン法典の発布など、安定とともに政権を確立していきます。

　外交では、オーストリア軍を攻撃。1802年にイギリスとアミアンの和約を結んで講和し、第2回対仏大同盟は解体します。

(3) ナポレオン、大陸制覇へ

　1804年、国民投票により皇帝ナポレオン1世となり（第1帝政）、1805年、第3回対仏大同盟が結成されます。アミアンの和約は破棄され、再びイギリスとフランスは開戦します。

　ナポレオンはイギリス侵攻計画を実行しましたが、フランス海軍がトラファルガーの海戦でイギリス海軍に敗北。イギリス本土上陸作戦を断念したナポレオンは、ヨーロッパ大陸の制圧へと進みます。アウステルリッツの三帝会戦でロシア・オーストリア連合軍を撃破し、プレスブルクの和約によってオーストリアはイタリアにヴェネツィアを割譲、第3回対仏大同盟が解体します。

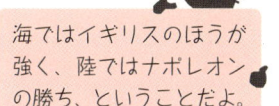

> 海ではイギリスのほうが強く、陸ではナポレオンの勝ち、ということだよ。

　1806年、イタリア、オランダを支配下としたナポレオンはライン同盟を形成し、兄をナポリ王、弟をオランダ王とします。これにより、神聖ローマ帝国は完全に消滅します。同年、ナポレオンを脅威に感じたプロイセンは、ロシアと同盟してフランスと開戦しましたが、ナポレオンは両国を撃破。1807年のティルジット

条約により、プロイセンは国土の半分を失い、多額の賠償金を支払うという屈辱的な講和となりました。

この領土割譲により、旧ポーランドにワルシャワ大公国、ウェストファリアを含む地域にウェストファリア王国を成立させ、傀儡国家とします。この時期、ヨーロッパ大陸のほぼすべてが、ナポレオンのものになりました。しかし、イギリスに対する経済封鎖を意図した大陸封鎖令は、反仏感情を高めていきます。

> イギリスに大苦戦したことが大陸封鎖令につながり、大陸諸国の貿易収入が激減。ナポレオンへの反発が強まっていくよ。

■ナポレオン全盛期のヨーロッパ

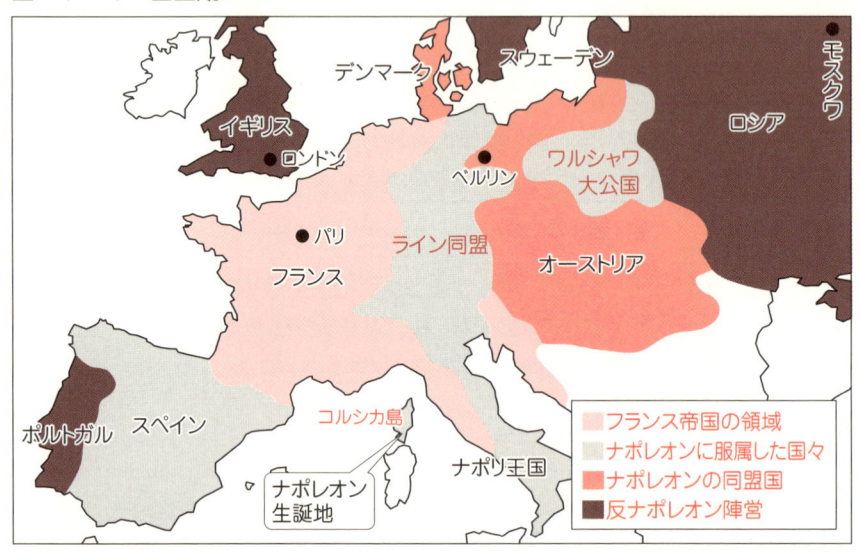

- フランス帝国の領域
- ナポレオンに服属した国々
- ナポレオンの同盟国
- 反ナポレオン陣営

❷ ナポレオン時代の終焉

大陸封鎖令を破ってイギリスとの貿易を再開したロシアに対し、ロシア遠征をするも失敗、ナポレオンに対する反感は急速に拡大していきます。

(1) ロシア遠征

1812年、ナポレオンはロシア遠征を開始。ロシア軍が焦土作戦により、侵入軍の必要とする物資を焼き払い、さらに冬の到来もあり、ナポレオンは侵攻の継続が不可能になって撤退することになります。

(2) 対仏大同盟とライプツィヒの戦い

1813年、第4回対仏大同盟（第6回と数えることもある）が結成され、解放戦争がはじまります。ライプツィヒの戦い（諸国民戦争）で、プロイセン、ロシアなどの

同盟軍がフランス軍を破ります。1814年にはパリを占領されてナポレオンは退位、フランスはルイ18世が王位についてブルボン朝が復活します。

(3) 百日天下
ウィーン会議において諸国の利害が対立している間に、ナポレオンはエルバ島を脱出して復位します。諸国は急ぎ対仏大同盟を結成、ワーテルローの戦いでナポレオンは敗北し（百日天下）、セントヘレナ島に流され、ようやくヨーロッパの動乱は終結へと向かいます。

❸ ウィーン体制とその破綻

ヨーロッパの秩序を再建するため、オーストリアの外相メッテルニヒの主導によってウィーン会議が開催されました。当初は紛糾しますが、ナポレオンの百日天下で各国は妥協して、ウィーン体制が成立しました。

> 反動的国際秩序だね。のちに自由主義とナショナリズムの風潮が高まる結果となるよ。

(1) ウィーン体制
フランス代表タレーランの唱える正統主義（自由主義、国民主義的な動きを抑圧する反動的な秩序。革命前の各国支配や領土を正統とする主張）が採用されます。1815年にウィーン議定書が調印され、各国君主間で体制を維持するための協力体制が築かれました。また、ロシア皇帝の提案で神聖同盟を結成。さらに、ロシア、オーストリア、プロイセン、イギリスが四国同盟を結び、のちにフランスも参加して五国同盟となります。

(2) ラテンアメリカ諸国の独立
スペイン、ポルトガルの支配を受けていたラテンアメリカ各地で、1810年代から独立運動が展開されます。メッテルニヒは独立運動がヨーロッパを刺激する革命的なものであるとして干渉しようとしましたが、イギリスは自国の経済的利益の観点から反対、アメリカも1823年にモンロー大統領がモンロー宣言を発し、ヨーロッパとアメリカ大陸の相互不干渉を提唱して反対します。このモンロー宣言は、その後のアメリカの基本姿勢になります。

(3) ギリシア独立戦争
オスマン帝国の支配下にあったギリシアでは、1821年に武力闘争に発展します。結果的にロシア、イギリス、フランスがギリシア独立を支援。1829年にアドリアノープル条約がロシアとトルコの間で結ばれ、1830年のロンドン議定書でギリシアの完全独立が認められました。しかし、このヨーロッパ本土の領土変更により、ウィーン体制は動揺します。

重要度 A

#11 ナポレオン時代とウィーン体制

（4）フランス七月革命

フランスはルイ18世が王位につきブルボン王朝が復活しましたが、1824年に即位したシャルル10世が反動政治を強化し、反発から目をそらすためにアルジェリア遠征などを実施。1830年の七月勅令で、国王は議会の解散、出版の自由の制限などを命じたため、これを契機にパリ市民が蜂起して七月革命が勃発します。国王は亡命し、オルレアン公ルイ・フィリップを「フランス国民の王」に迎え七月王政が成立します。

■七月革命の各国への影響

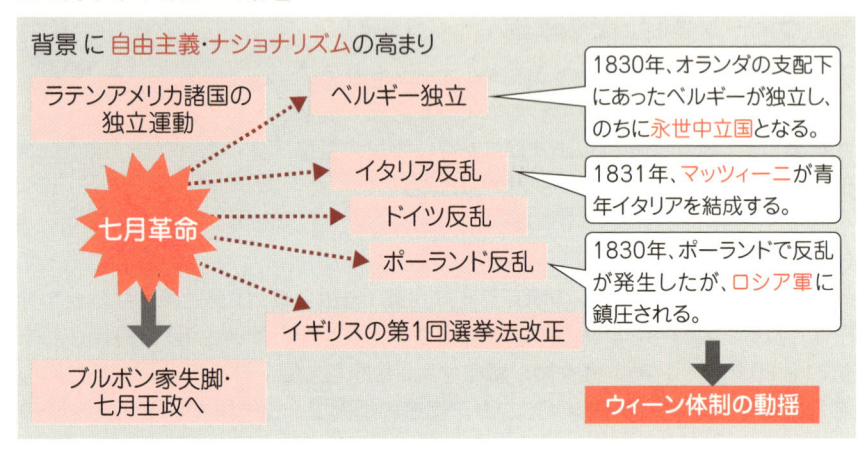

背景に自由主義・ナショナリズムの高まり

- ラテンアメリカ諸国の独立運動
- ベルギー独立 ― 1830年、オランダの支配下にあったベルギーが独立し、のちに永世中立国となる。
- イタリア反乱 ― 1831年、マッツィーニが青年イタリアを結成する。
- ドイツ反乱
- ポーランド反乱 ― 1830年、ポーランドで反乱が発生したが、ロシア軍に鎮圧される。
- イギリスの第1回選挙法改正

七月革命 → ブルボン家失脚・七月王政へ

→ ウィーン体制の動揺

（5）フランス二月革命とウィーン体制解体

七月王政下のフランスでは産業革命が進展し、空想的社会主義思想も普及して労働運動が発生しましたが、有権者が国民の1％以下であり、大資本家が利益を独占している状態でした。そのため、労働者の選挙法改正運動が展開され、各地で改革宴会が開催されます。改革宴会の全国大会での選挙法改正要求に対して、保守的なギゾー首相の内閣はこれを拒否して弾圧しました。

1848年、パリで二月革命が勃発します。ルイ・フィリップ王はイギリスに亡命し、パリに臨時政府が樹立され、第二共和政となります。臨時政府にはブルジョワ階級とともに労働者階級が参加し、男子普通選挙制の採用、労働者の地位改善のためのリュクサンブール委員会の設置、国立作業場の設立などを進めました。しかし、急進的な社会主義政策に対する不安から、選挙では労働者勢力が大敗。国立作業場も閉鎖されたため、労働者らが六月暴動をおこします。

そして、大統領選挙が実施され、政局の安定を求める農民の支持でナポレオン1世の甥ルイ・ナポレオンが大統領となります。1851年のクーデタによって独裁権を握ったルイ・ナポレオンは、翌年の国民投票で帝位につき、ナポレオン3世となりました。

これら出来事のおこった1848年は「諸国民の春」とよばれ、革命的な運動が欧州各国で展開されました。

オーストリア	ウィーンで三月革命が発生し、メッテルニヒが亡命し、ウィーン体制は事実上崩壊。
プロイセン	ベルリンで三月革命が発生。ドイツ統一に向けてフランクフルト国民議会が開催され、オーストリアを中心とする大ドイツ主義と、プロイセンを中心とする小ドイツ主義が対立。小ドイツ派が勝利したものの、プロイセン王がドイツ皇帝となることを拒否したため、ドイツ統一は実現しなかった。
イタリア	マッツィーニを中心とする青年イタリアがローマ共和国の樹立を宣言。フランスの干渉により、統一は実現しなかった。
イギリス	チャーティスト運動が最高潮に達した。

自由を求める国民主義的な動きを正しく理解しておこう。たくさんの愛国者が登場してくる時代なのだよ。

TRY! 本試験問題で一問一答

Q1 ナポレオンはイギリスに対して大陸封鎖令を出したが、これはヨーロッパ市場からのイギリス締め出しとヨーロッパ市場での自国産業の独占をめざしたものであった。しかし、オーストリアがイギリスに穀物を輸出するなど
×イギリスへ穀物を輸出したのはロシアである。これが、ナポレオン
徹底されない面があった。
のロシア遠征の理由となった
（×）
[地上-15]改 cf.❶❷

Q2 王政復古の下で、フランスでは立憲王政がとられていたが、ルイ・フィリップが即位すると、選挙資格の制限や出版の統制などを強行しようとしたた
×シャルル10世である
め、パリの民衆が蜂起して七月革命がおこり、王政が廃止され、臨時政府が
×1830年の七月革命では、王政は廃止されず、ルイ・フィリップが即位
樹立された。
して七月王政となった
（×）
[国Ⅰ-21] cf.❸

#12 自由主義の進展・各国の動向

世界史12　私たちは自由だ！だから自分たちの国は自分たちでつくる

重要度 B

ウィーン体制が崩壊して、各国は自分の国の在り方を自分たちで構築していくための努力を進めていきます。国別の課題と状況を理解することが何より大切なため、最初はアバウトでもいいので、それぞれの国が直面していた課題を把握し、どういう姿勢で何を進めたか把握しておきましょう。

ココを覚えればザ・ベスト！

イギリスは自由主義を推進、フランスは第二帝政が崩壊し第三共和政へ、イタリアとドイツは待ちに待った統一へ、そして、ロシアは南下政策を進める。それぞれの国のあるべき理想を確認できてザ・ベスト！

PLAY!

次の年表を完成させよう。

国	近世ヨーロッパ（19世紀後半）			
	1840年	1850年	1860年	1870年
イギリス	資本主義の進展	自由主義への改革（選挙法）の改正		帝国主義政策を推進
フランス	七月王政	第二共和政	第二帝政（ナポレオン3世）の対外進出	第三共和政
イタリア	諸国家が乱立（サルデーニャ王国など）		（イタリア統一戦争）で勝利	イタリア王国
ドイツ		（プロイセン）を中心とする関税同盟	普仏戦争で（フランス）からアルザス、ロレーヌ地方を獲得	ドイツ帝国
ロシア	ニコライ1世即位		アレクサンドル2世即位	露土戦争で（オスマン帝国）を破る

❶ イギリスの自由主義

　イギリスはいち早く産業革命を進め、経済的に台頭してきた市民層の政治的権利要求に対して、選挙法改正など自由主義的改革を進めていきました。ヴィクトリア女王の治世下で自由主義は黄金期を迎え、議会政治が確立していきます。

(1) イギリスの議会政治

　トーリ党とホイッグ党は、それぞれ保守党と自由党になり、二大政党として交互に政権を担当。ヴィクトリア女王の下で議会政治が確立し、第三回の選挙法改正で有権者数は国民の19％に達し、農業労働者も選挙権を持つようになりました。

イギリスの二大政党

保守党
- 貴族・地主の支持
- アイルランド自治反対・保護貿易
- ディズレーリ首相

自由党
- 産業資本家の支持
- アイルランド自治賛成・自由貿易
- グラッドストン首相

(2) アイルランド問題

　アイルランドに居住するカトリック教徒に対して、公職には国教徒しか就けないとする審査法を廃止し、カトリック教徒解放法を制定しました。しかし、アイルランド自治法案は保守党の反対によって成立せず、懸案として残ってしまいます。同時期には航海法が廃止されて自由貿易が実現し、穀物法廃止による経済改革も進んでいきます。

> これはイギリスにとって本当に重い課題だったのだよ。

	イギリスとアイルランド間での諸問題		
	民族問題	宗教問題	土地問題
イギリス	ゲルマン系	国教徒	イギリス人の不在地主（農地のある地域に居住していない地主）がアイルランドの土地を所有。
アイルランド	ケルト系	カトリック教徒	

(3) 植民地政策

　カナダ、ニュージーランド、オーストラリア、南アフリカ連邦（ケープ植民地）などには自治権が与えられ、イギリス本国との経済的共存が推進されていきました。一方、インドでは1833年以降、東インド会社がインド統治機関となったため、インド側はこれに抵抗します。南インドのマイソール王国を中心にマイソール戦争が発生しましたがこれを制圧。さらにマラーター同盟によるマラーター戦争にも勝利し、西インドのシク教徒がおこしたシク戦争にも勝利します。

　その後、1857年のシパーヒーの反乱を契機として、ムガル帝国を完全に滅亡させ、インドの直接統治を開始します。1877年にインド帝国が成立し、ヴィクトリア女王がインド皇帝に就任。また、ビルマ戦争にも勝利してビルマをインド帝国に併合、さらにはスエズ運河株を買収するなど、対外的な膨張政策を続けていきます。

> 保守党と自由党の二大政党制は、政治分野でも重要。アイルランド問題は民族の違いとかを確認してね。

重要度 B

#12 ― 自由主義の進展・各国の動向

❷ 社会主義思想の成立

　オーウェン、サン・シモン、フーリエらの空想的社会主義思想は、マルクスやエンゲルスの登場によって科学的社会主義となり、各国の労働運動に大きな影響を与えていきます。1848年、『共産党宣言』が発表され、「万国の労働者よ、団結せよ！」とよびかけました。1864年には国際的な労働者組織である第1インターナショナル（国際労働者協会）を設立。1867年、『資本論』が刊行され、階級闘争について説明しました。

❸ フランスの動向

　ルイ・ナポレオンが国民投票によってナポレオン3世となり、第二帝政が成立しましたが、国民の人気を維持し政権を確保するため、ナポレオン3世は積極的な対外進出を進めていきます。しかし、最後はビスマルクの外交政策に操られ、退位へと追い込まれていきました。

(1) ボナパルティズム

　国民投票など、民主的にみえる手段を含んで独裁政治を進めていく手法をボナパルティズムといいます。ナポレオン3世は、この手法で保守的な農民の支持を受けて自らの独裁権を確立していきました。つねに、資本家、労働者、農民の均衡を考えていた、ということです。

ナポレオン3世の対外進出策と挫折	
1853年	クリミア戦争に参加してロシアの南下を阻止する。
1856年	アロー戦争で中国に進出する。
1858年	インドシナ出兵。ベトナムとの間で戦争となる。さらにカンボジアを保護国化する。
1859年	イタリア統一戦争に参加。途中で単独講和し、翌年サヴォイア、ニースを獲得する。
1861年	メキシコ出兵に失敗し、権威が失墜。独裁への批判が高まる。
1870年	プロイセンと普仏戦争を開始する。ビスマルクの外交政策に操られたもので、ナポレオン3世は捕虜となって敗北し、第二帝政は解体した。

(2) パリ・コミューンと第三共和政

　ティエールを首班とする臨時政府がプロイセンと妥協したことに対して、パリ市民や労働者が反発し、世界最初の労働者政権であるパリ・コミューン（パリ自治

政府）が樹立されました。しかし、２カ月あまりで臨時政府軍などによって鎮圧されます。

その後、抗争の中で第三共和政が成立し、ブーランジェ事件（クーデタ未遂事件）やドレフュス事件（軍部と共和派の対立が激化したスパイ事件）などが相次ぎながら共和政が展開されていきました。

❹ イタリアとドイツの統一

重要度 B

ついに長年の宿願だったイタリアとドイツ、それぞれの統一が実現します。イタリアはマッツィーニ、カヴール、ガリバルディの「イタリアの三傑」の活躍、ドイツはもちろんビスマルクの登場です。

（1）イタリアの統一

イタリアの統一は、オーストリア支配からの解放と教皇領の存在が大きな課題になっていました。秘密結社カルボナリの統一運動はオーストリアに鎮圧されて失敗し、またマッツィーニら青年イタリアがローマ共和国の成立を宣言するもフランスに干渉されて失敗。しかし、統一運動はサルデーニャ王国が中心となって展開されていきます。

サルデーニャ王国は、宰相カヴールの指導の下で国力を高めクリミア戦争に参加し、ナポレオン3世とプロンビエール密約を結び、軍事的援助を約束させます。1859年にはイタリア統一戦争をおこし、オーストリアに宣戦布告をしましたが、途中でフランスはオーストリアと単独講和してしまいます。

しかし、フランスへのサヴォイア、ニース割譲を条件に、中部イタリアはサルデーニャ王国に併合され、イタリア南部ではガリバルディ率いる赤シャツ隊が両シチリア王国を征服してサルデーニャ王国に献上、イタリア王国が成立します。

プロセインとオーストリアの普墺戦争に際しては、プロイセン側から参戦し、ヴェネツィアを併合し、普仏戦争を機にローマ教皇領を併合します。結果、トリエステや南チロルなどの未解決の領土（未回収のイタリア）が残り、教皇との激しい対立を招くこととなります。

この後は、「未回収のイタリア」の回収がポイントになるんだ。

（2）ドイツの統一

ドイツでは1834年にプロイセンを中心とする関税同盟が成立し、経済的な統一が先行していました。プロイセン王ヴィルヘルム1世は、実質的なドイツ統一をめざして宰相ビスマルクを登用。ビスマルクは、鉄血政策を推進して軍事力を高め、オーストリア勢力を排除します。

1866年、シュレスヴィヒ、ホルシュタイン両州の管理問題から、普墺戦争（プロイセン・オーストリア戦争）が発生。プロイセンは圧勝して、プロイセン王を盟

主とする北ドイツ連邦が成立します。敗れたオーストリアは、ハンガリーを体制に組み込んで、オーストリア・ハンガリー帝国となりました。

　1870年、スペイン王位継承問題とエムス電報事件により、普仏戦争（プロイセン・フランス戦争）が発生し、プロイセンは勝利してフランスからアルザス、ロレーヌ地方を獲得します。

　1871年にはドイツ帝国が成立し、プロイセン王ヴィルヘルム1世がドイツ皇帝となります。連邦制国家であり、ユンカー（エルベ川以東の貴族層）出身の官僚が国家の中枢を占め、軍国主義的、国家主義的な国づくりが推進されます。

　そんなビスマルクに対抗して、反プロイセン的な南ドイツのカトリック政党は文化闘争を引き起こしましたが、ビスマルクは譲歩します。一方、マルクス主義を掲げるラッサールらのドイツ社会主義労働者党などに対しては、1878年に社会主義者鎮圧法を制定して対抗しました。また、資本主義発展のため、労働者の福祉増進に向けて、疾病保険法などを制定。このビスマルクの政策は「アメとムチ」といわれています。

　ビスマルクは普仏戦争で恨みをかったフランスの復讐を恐れ、フランスの孤立化を外交政策の根幹とし、三国同盟（ドイツ、オーストリア、イタリア）を軸に平和、均衡を維持しようと努めました。

■イタリアとドイツの近隣諸国への対応

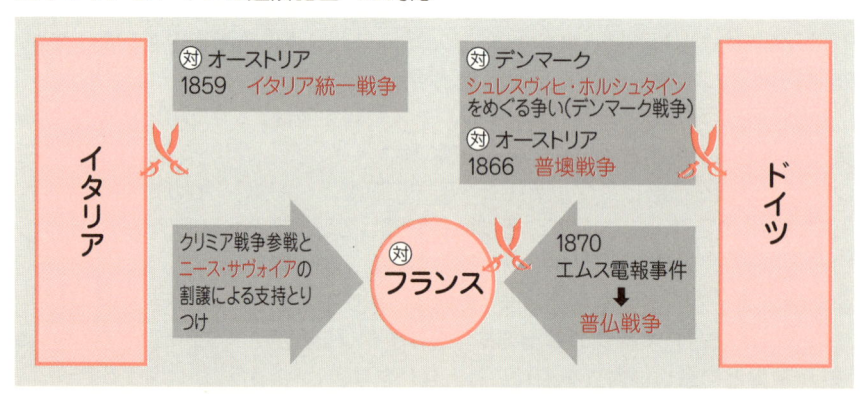

イタリア		ドイツ
対 オーストリア　1859　イタリア統一戦争	対 デンマーク　シュレスヴィヒ・ホルシュタインをめぐる争い（デンマーク戦争）	
	対 オーストリア　1866　普墺戦争	
クリミア戦争参戦とニース・サヴォイアの割譲による支持とりつけ	対 フランス	1870　エムス電報事件→普仏戦争

⑤ ロシアの南下政策

　ロシアでは農村共同体ミールを中心とした農奴制が残り、皇帝の専制支配（ツァーリズム）が維持されていましたが、西欧化を主張する人々が増加していきます。一方、国策である南下政策を進め、東方問題が発生することになりました。国内については農奴解放令がポイントで、中途半端な解放令だったため、資本主義が進むという、皮肉な結果となりました。

(1) ロシアの改革

　ニコライ１世の即位を機に、青年貴族将校らが デカブリストの乱 をおこしましたが鎮圧されます。以後も、西欧的近代化を主張する人々と国粋主義的な人々とが、それぞれの主張を説きました。

　1861年、アレクサンドル２世が 農奴解放令 を発布しましたが、土地分与が有償という、地主本位の改革であったため、農民の反発を招きます。土地を購入できない農民は賃金労働者となり、ロシアの資本主義化を進めることとなりました。

　1870年代に入ると社会運動家たちが「民衆の中へ（ヴ・ナロード）」をスローガンに、社会改革運動が展開され、彼らは ナロードニキ （人民主義者）とよばれました。この ナロードニキ の急進派により、アレクサンドル２世は暗殺されてしまいます。

(2) 東アジアへの進出

　1847年、ムラヴィヨフが東シベリア総督となり、積極的に東方へ進出。1858年、中国が太平天国の乱の最中に、アイグン条約 を結び、次いで 北京条約 を結んで沿海州を獲得。ウラジヴォストーク港を建設し、アジア進出の拠点としました。

(3) 東方問題の表面化

　オスマン帝国の支配下にあった諸民族の独立運動が発生し、強国がこれを援助。トルコ領へ進出しようとする東方問題が国際問題として表面化しました。特にロシアは、ギリシア独立の際のアドリアノープル条約の締結など、ピョートル大帝以来の国策である 南下政策 に熱心で、バルカン半島のスラヴ系民族独立を援助しながら、積極的に介入していきました。

重要度 B

#12 自由主義の進展・各国の動向

第一次東方問題	1831年、エジプト総督のムハンマド・アリーがシリア領有を要求して宗主国のオスマン帝国と開戦。ロシアのニコライ１世がオスマン帝国を助けて 南下 したため、イギリス、フランスがオスマン帝国に圧力をかけて、エジプトの要求をオスマン帝国に認めさせた。不満に思ったオスマン帝国はロシアと ウンキャル・スケレッシ条約 を結び、ボスフォラス、ダーダネルス両海峡の通航権をロシアに独占させる、という秘密協定を取り決めた。

| 第二次東方問題 | 1839年、ムハンマド・アリーがオスマン帝国からの独立をめざし、再び戦争が勃発する。フランスはエジプトに接近したが、イギリスは政策を転換してロシア、オーストリア、プロイセンと四国条約を結ぶ。エジプトは多くの領土を失い、オスマン帝国の宗主権のもと、総督の世襲権だけを得た。国際海峡協定が締結されたことで秘密協定は破棄され、ロシアは地中海に進出できなかった。 |

> イギリス外交の勝利だといえるね。イギリスはフランスの孤立化にも成功し、ロシアの南下も阻止したんだ。

(4) クリミア戦争

　1853年、南下を企てていたロシアは、フランスのナポレオン3世が聖地管理権を獲得したことをふまえ、ギリシア正教徒の保護権を要求。オスマン帝国との間に戦争が勃発します。イギリス、フランス、サルデーニャらがオスマン帝国を支援したため、セヴァストーポリ要塞の攻防は激戦となり、ロシアは敗北。1856年のパリ条約により、ロシアの南下は阻止されました。

> この戦争時にはナイチンゲールが活躍したよね。

(5) 露土戦争

　バルカン半島のスラヴ系諸民族の反乱をロシアが支援、オスマン帝国はこれを武力で弾圧し大虐殺をおこなったため、諸国から非難されます。
　1877年、ロシアは再びギリシア正教徒の保護を名目に、オスマン帝国との戦争を開始、オスマン帝国を破りサン・ステファノ条約を結びました。ルーマニア、モンテネグロ、セルビアが独立し、ロシアのバルカン半島進出とパン・スラヴ主義がついに現実化します。
　これに対してイギリス、オーストリアは反発します。ドイツのビスマルクはベルリン会議を開催し、仲介者となって、サン・ステファノ条約を破棄、ベルリン条約を締結しました。ロシアの南下はまたもや失敗し、挫折したのです。

> ドイツとロシアの関係が悪化し、パン・ゲルマン主義とパン・スラヴ主義との対立が第一次世界大戦へとつながっていくのだよ。

TRY! 本試験問題で一問一答

Q1 イギリスでは、資本主義の確立に対応して労働運動も発展し、労働者が人民憲章を掲げて普通選挙を要求するチャーティスト運動を展開した結果、21歳以上の男子による普通選挙権を獲得した。
×チャーティスト運動では、労働者の選挙権は獲得できなかった。議会の拒否と指導部の分裂で挫折した
（×）
［地上-21］改　cf. ❶

Q2 ユンカー出身のビスマルクは、ドイツ統一の主導権を握り、大ドイツ主義を支持して、プロイセンを中心としたドイツ帝国をつくった。
×ビスマルクは、プロイセンを中心にドイツ統一をはかる小ドイツ主義を支持した
（×）
［地上-17］改　cf. ❹

Q3 フランスでは、ナポレオン3世による殖産興業政策によって国内産業が成長した結果、アジアなどへの対外的進出には消極的になった。
×ナポレオン3世は、国内の不満をそらすために、クリミア戦争、アロー戦争、イタリア統一戦争、インドシナ出兵など対外出兵をおこなった
（×）
［市-26］改　cf. ❸

Q4 イタリアでは、サルディーニャ王国が中心となって統一が進められ、1861年、ローマ教皇より教皇領が寄進された結果、イタリア王国が成立した。
×イタリア王国の成立は、ガリバルディによる両シチリア王国占領がきっかけである。王国成立の際には教皇領は含まれていない。教皇領は1870年の普仏戦争の際に占領した
（×）
［市-26］改　cf. ❹

Q5 ロシアでは、クリミア戦争に勝利したアレクサンドル2世が、近代化を推進するためにナロードニキ運動とよばれる一連の改革を断行した。
×ロシアは、クリミア戦争でトルコ・イギリス・フランスに敗れた　×ナロードニキ運動は、都市の知識人階級が農民を啓蒙して社会改革をめざしたもの
（×）
［警-11］cf. ❺

重要度 **B**

#12 自由主義の進展・各国の動向

#13 アメリカの発展／19世紀ヨーロッパ文化
世界史13　新しい世界の盟主が登場！ ヨーロッパでは市民の文化が花開く

重要度 A

西部開拓をマニフェスト・デスティニー（明白な天命）として、進歩的な民主主義国家を築いていったアメリカの発展を確認していきましょう。また、ヨーロッパでは市民文化が栄え、文芸、美術、音楽には数多くの名作が登場。学問では、自然科学と経済学の発展はめざましいものがありました。

ココを覚えれば ザ・ベスト！

アメリカ史において南北戦争は必須事項。南部と北部にはどのような対立軸があったか、正しく確認しておこう。ヨーロッパ文化については、19世紀全体の流れを把握し、作品もきちんとインプットしてザ・ベスト！

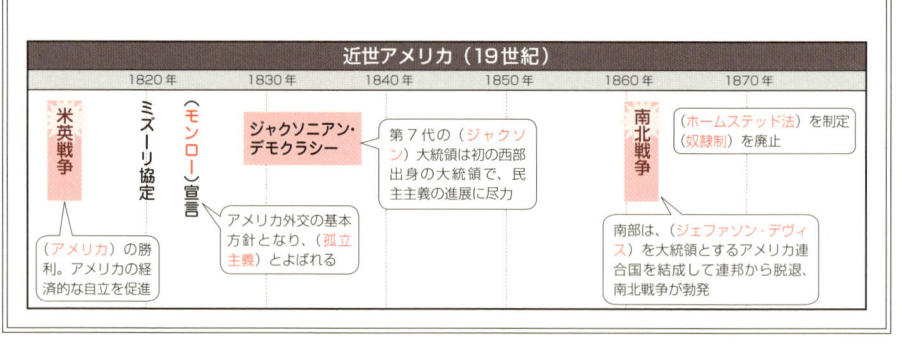

PLAY!

近世アメリカ（19世紀）

| 1820年 | 1830年 | 1840年 | 1850年 | 1860年 | 1870年 |

- 米英戦争：（アメリカ）の勝利。アメリカの経済的な自立を促進
- ミズーリ協定
- （モンロー）宣言：アメリカ外交の基本方針となり、（孤立主義）とよばれる
- ジャクソニアン・デモクラシー
- 第7代の（ジャクソン）大統領は初の西部出身の大統領で、民主主義の進展に尽力
- 南北戦争：南部は、（ジェファソン・デヴィス）を大統領とするアメリカ連合国を結成して連邦から脱退、南北戦争が勃発
- （ホームステッド法）を制定／（奴隷制）を廃止

❶ アメリカ合衆国の発展

　アメリカは独立当初、連邦派と反連邦派の対立が続いていましたが、米英戦争によって経済的自立が進み、その後は西漸運動が盛んになってゴールドラッシュの時代を迎えます。

（1）連邦派と反連邦派の対立
　ワシントン大統領の財務長官だったハミルトンは連邦派として国家の権限強化を主張します。一方、のちに大統領に就任するジェファソンは反連邦派として各州の権限確保を主張し、激しく対立しました。

(2) 米英戦争

1812年、ナポレオン戦争において、中立を確保して貿易で利益を得たアメリカに対して、イギリスが海上封鎖を実施したため、戦争となります。1814年にナポレオン戦争が終結した後も衝突が続きますが、アメリカが勝利しました。

> アメリカの経済的な自立を促進することとなったよ。

(3) モンロー宣言

1823年、ラテンアメリカ諸国の独立運動に対して、ウィーン体制下のヨーロッパ諸国の干渉を排除すると表明しました（モンロー宣言）。以後のアメリカ外交の基本方針となり、「孤立主義」とよばれます。

(4) ジャクソニアン・デモクラシー

第7代のジャクソン大統領は初の西部出身の大統領で、民主主義の進展に尽力しました。アメリカの領土拡大の中、西部における実力主義が反映され、自由平等の気風が広がりました。

(5) 領土の拡大

フロンティア（辺境）の西漸運動が進み、1848年のカリフォルニアでの金鉱発見により、ゴールドラッシュが発生。開発が進み、多くの移民が流入しました。

1803年	ミシシッピ川以西のルイジアナをフランスから購入。
1819年	スペインからフロリダ半島を購入。
1845年	テキサスを併合、マニフェスト・デスティニー（明白なる使命）という言葉が広がる。
1846年	イギリスとのオレゴン条約により、オレゴンを併合。
1848年	1846年からのアメリカ・メキシコ戦争（米墨戦争）に勝利、カリフォルニアなどを割譲。
1867年	アラスカをロシアから購入。

> アメリカの領土拡大は「天命」である、とされた。先住民のインディアンが犠牲になったわけだ。

重要度 A

#13 アメリカの発展／19世紀ヨーロッパ文化

❷ 南北戦争

新たに得られた領土において、奴隷制度の扱いに関して南部と北部は対立を深めていきます。対立は激化し、ついに南北戦争が発生しました。

(1) ミズーリ協定
南部と北部は新しい州の争奪をめぐって激化したため、ミズーリ州の南境界線にあたる北緯36度30分以北は奴隷制を認めない自由州にする、というかたちで妥協しました。

(2) その他の南部と北部の対立
南部と北部とでは、奴隷制の問題だけでなく、貿易に関する主張や支持政党の違いも生じていました。

	北部	南部
産業	商工業（資本主義発達）	プランテーション（綿花栽培など）
貿易	イギリス製品と競合していたため、保護貿易を主張	イギリスへの材料供給による利益のため、自由貿易を主張
奴隷制	奴隷制反対、『アンクル・トムの小屋』が出版される	奴隷制維持、労働力確保
政府権限	保護貿易のために中央政府の権限強化、連邦主義	中央政府の権限縮小、州の自治を尊重する州権主義
政党	共和党を支持	民主党を支持

(3) 南北戦争
1860年、共和党のリンカンが第16代大統領に当選すると、南部は翌年、民主党のジェファソン・デヴィスを大統領とするアメリカ連合国を結成して連邦から脱退、南北戦争が勃発します。

1862年、北部は、西部に5年間定住して耕作すれば160エーカーの土地を無償で提供するという、ホームステッド法を制定して西部の支持を得ます。さらに1863年、奴隷解放宣言を出し、北部は内外の世論の支持も得ました。そして、ゲティスバーグの戦いでは、1865年、南部の首府リッチモンドを北軍が占領して北部勝利で戦争は終結しました。

「奴隷解放宣言」は内外に北部の正当性をアピールしたものだね。

(4) 南部の再建

奴隷制が廃止され、多くの黒人たちが解放されたものの、分益小作人（シェア・クロッパー）として貧しい生活を余儀なくされていました。一方で南部白人層は、白人至上主義団体のクー・クラックス・クラン（K・K・K）を結成。黒人に対する政治、経済的な差別は続きましたが、アメリカの資本主義は飛躍的に発展します。また、1869年に大陸横断鉄道が完成し、西部はホームステッド法により自作農の創設が進み、農業が飛躍的に進展しました。

❸ 19世紀のヨーロッパ文化

19世紀のヨーロッパ文化は市民文化の成長を実感させるものと考えることができます。

(1) 文学・美術・音楽

最初は確固とした様式を求める格調の高い古典主義、次に主観的で情熱的なロマン主義です。その後、民族の伝統、歴史を重視し、ノスタルジアを表現する国民主義的な運動が広がっていきました。

> 文芸全体としては、古典→ロマン→写実→自然→世紀末、という流れを基本としておこうね。

19世紀中期以降は、深刻化した社会問題などから社会に対する批判が高まり、これを受けて、ありのままに観察する写実主義や自然主義が生まれてきます。

そして、19世紀末期においては、既存の価値の打破に向けて、様々な方法論が出現し、絵画では光と空気の効果を追求する印象派が登場してくる、というのがポイントです。

文学	古典主義（19世紀初期）	ゲーテ（独）、シラー（独）
	ロマン主義（19世紀前半）	グリム兄弟（独）、バイロン（英）、ハイネ（独）
	写実主義（19世紀中期）	スタンダール（仏）、ドストエフスキー（露）
	自然主義（19世紀後半）	ゾラ（仏）、モーパッサン（仏）
	象徴主義・耽美主義（19世紀末期）	ボードレール（仏）、ワイルド（英）
美術	古典主義（19世紀初期）	ダヴィド（仏）、アングル（仏）
	ロマン主義（19世紀前半）	ジェリコ（仏）、ドラクロワ（仏）
	写実主義・自然主義（19世紀中期）	コロー（仏）、ミレー（仏）
	印象派（19世紀後半）	マネ（仏）、モネ（仏）、ドガ（仏）、ルノワール（仏）
	後期印象派（19世紀末期）	セザンヌ（仏）、ゴーガン（仏）、ゴッホ（蘭）
音楽	古典派（19世紀初期）	ハイドン（墺）、モーツァルト（墺）、ベートーヴェン（独）
	ロマン派（19世紀中期）	シューベルト（墺）、ワグナー（独）、ショパン（ポ）
	国民楽派（19世紀中〜後期）	スメタナ（チェコ）、ドヴォルザーク（チェコ）
	印象派（19世紀末期）	ドビュッシー（仏）

(2) 物理学・生物学・哲学

産業革命や資本主義の進行にともない、自然科学の進歩と技術の発展とが影響しあうようになりました。19世紀後半には石油化学や電気などの技術革新、いわゆる動力革命により、第二次産業革命が成立します。また、交通網や通信網の発達により世界の一体化が進みました。

物理学	エネルギー保存の法則（マイヤーとヘルムホルツ）、電気分解の法則（ファラデー）、X線（レントゲン）、ラジウムの発見（キュリー夫妻）などが代表的な発見。
生物学	遺伝の法則（メンデル）、進化論（ダーウィンの『種の起源』）など。社会科学や人文科学分野にも影響を及ぼしていった。
哲学	カントがドイツ観念論の基礎を形成、ヘーゲルが弁証法を方法論としてとりいれることで確立していった。その後、マルクス主義が登場してくる。一方、イギリスではベンサムからJ.S.ミルが功利主義哲学を展開した。

TRY! 本試験問題で一問一答

Q1 南北戦争の背景には、奴隷制をめぐる立場の違いとともに、北部と南部の経済上の対立があった。工業化の進んだ北部はイギリスに対抗するために保護貿易を求める一方、南部では主に綿花が栽培され、綿工業の発達したイギリスに輸出する体制が整っていたので自由貿易を求めた。
○このまま覚えよう！

（○）
[国Ⅱ－23] cf.❷

Q2 リンカンは、南北戦争後に大統領に就任し、戦争で勝利した北部の主張を受けて、奴隷解放宣言を発表した。また、保護貿易と連邦制の強化に努めた。
×リンカンが大統領に就任したのは南北戦争前　　×奴隷解放宣言は、南北戦争中の1863年にリンカンが発表した

（×）
[都－25] cf.❷

Q3 トマス・ジェファーソンは、第3代大統領となったが、西部出身でははじめての大統領であり、農民や市民を重視する民主政治を展開した。
×初の西部出身の大統領は、第7代のジャクソン大統領で、ジャクソニアン・デモクラシーを展開した

（×）
[地上－18]改 cf.❶

#14 中国史（宋朝～清朝）

世界史14 中国王朝の変遷、宋・元・明・清の展開

重要度 **C**

唐の滅亡から清の初期までの中国史を概観していきます。北方民族に進出され、モンゴル民族に支配され、漢民族が王朝をつくっても、またまた満州族が進出するという、実にめまぐるしい展開です。異民族との関係、中国社会の変化を確認して、王朝の変遷を正しく理解していきましょう。列強の中国進出までを取り扱います。

ココを覚えればザ・ベスト！

やはり異民族の進出が最大のポイント。遼、西夏、金、モンゴルと、次々と漢民族を脅かしていきます。歴代の王朝はどのように対処したか、どのような苦難に直面することになったか、長きにわたるストーリーを確認してザ・ベスト！

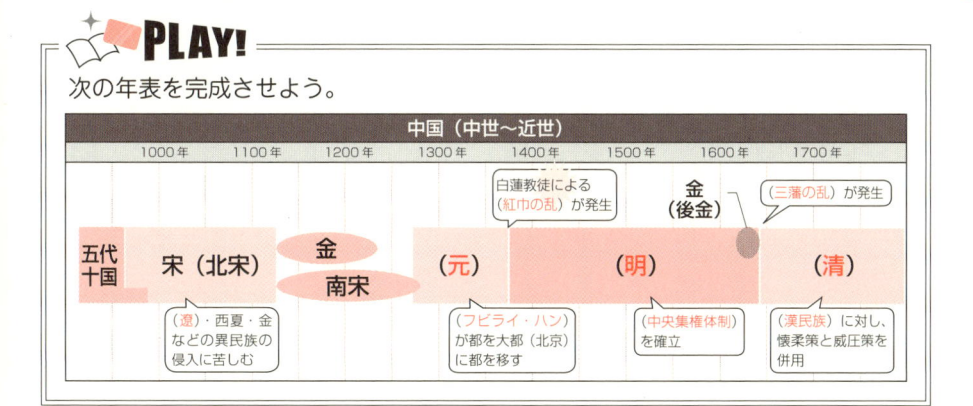

PLAY!

次の年表を完成させよう。

中国（中世～近世）

| 1000年 | 1100年 | 1200年 | 1300年 | 1400年 | 1500年 | 1600年 | 1700年 |

- 五代十国
- 宋（北宋） — （遼）・西夏・金などの異民族の侵入に苦しむ
- 金／南宋
- （元） — （フビライ・ハン）が都を大都（北京）に都を移す
- 白蓮教徒による（紅巾の乱）が発生
- （明） — （中央集権体制）を確立
- 金（後金）
- （三藩の乱）が発生
- （清） — （漢民族）に対し、懐柔策と威圧策を併用

❶ 宋と元の時代

唐の滅亡後、五代十国の武断政治の時代から、宋が成立し、徹底的な文地主義政策をとります。一方、北方民族が中国に進出して宋を圧迫し、その後、漢民族はモンゴル民族の支配を受けることになります。

(1) 五代十国時代

唐を滅亡させた朱全忠が後梁を建国するも、その後、後唐、後晋、後漢、後周と5王朝が交代して華北を支配していきます。一方、各地には節度使らが建てた十国（前蜀、後蜀、呉、南唐、閩、楚、荊南、南漢、呉越、北漢）が存在し、五代十国時代となりました。各国の君主は武人や低い階層の出身であり、武断政治を推進しました。この時代には、新たな支配階級として士大夫階級（地主）が登場します。

(2) 宋の統一

960年、後周の節度使だった趙匡胤が開封を都として宋（北宋）を建国します。太祖（趙匡胤）とその弟の太宗により、燕雲十六州以外はほぼすべてを統一し、文治主義政治を進めました。

> 燕雲十六州は北方異民族の遼が確保。異民族の侵入には当初から弱かったのだね。

宋では科挙制を整備して、皇帝が実施する殿試を創設、強固な官僚体制を築きます。合格者の家は官戸とよばれ、各種の特権が与えられました。

しかし、対外的に弱く、遼・西夏・金などの異民族の侵入に苦しみ、1004年には遼と澶淵の盟を、また、1044年には西夏と慶暦の和約を結び、莫大な歳幣（金品）を贈ることで和睦します。平和は確保できましたが、国家財政は危機的な状況となりました。財政危機に対応するため、神宗が王安石を宰相に起用して、新法とよばれる富国強兵策による改革を推進。農民や商工業者を救済するとともに、兵農一致の強兵策を進めます。

その結果、保守派との抗争が激化し、王安石は失脚。保守派の司馬光が宰相になり、新法はすべて廃止され、その後は新法党と旧法党とが争い、宋は衰退していきました。

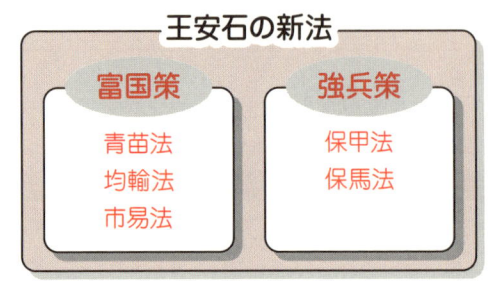

王安石の新法

富国策	強兵策
青苗法 均輸法 市易法	保甲法 保馬法

(3) 周辺の異民族

遼	契丹族 （モンゴル系）	耶律阿保機が建国。後晋の建国に際して燕雲十六州の割譲を受ける。宋と澶淵の盟を結び、優位に立つ。契丹人には部族制、漢人には州県制という二重統治体制をとる。1125年、金により滅亡。
西夏	タングート族 （チベット系）	李元昊が建国。宋と慶暦の和約を結び、優位に立つ。漢字を模倣した西夏文字をつくる。1227年、モンゴルにより滅亡。
金	女真族 （ツングース系）	完顔阿骨打が遼から自立して建国。猛安、謀克といわれる部族制度にもとづき、軍事、行政制度を整備する。1125年、宋とともに遼を攻撃し、滅亡させる。1234年、モンゴルにより滅亡。

(4) 遼の滅亡と北宋の滅亡

宋の徽宗が金とともに、燕雲十六州を奪回するため遼を滅ぼしましたが、金が占領した領土をめぐり、宋は金から攻撃されて敗北します。徽宗（上皇）、欽宗な

どが捕虜となり北方に連れ去られるという靖康の変が発生し、いったん宋は滅亡（1127年）します。一方、金は開封を都として華北を支配。滅亡した遼は、皇族の耶律大石が西遼（カラ・キタイ）を建国します。宋は江南に逃れ、欽宗の弟を高宗として立て、臨安を都として南宋を建国しました。

(5) 南宋と金

金との国境線を淮河として金と和睦し、多額の歳貢を贈ることになりました。

(6) 宋代の社会と文化

形勢戸とよばれる新興地主が勢力を持ち、佃戸制（小作制）が発達。茶や綿花の栽培が広がり、景徳鎮の陶磁器などの工業も発達し、行（商人の組合）、作（手工業者の組合）などの同業組合も結成されました。

また、江南が米作地帯として発展し、中国経済の中核的拠点となっていきます。思想では朱熹が朱子学を説き、絵画では院体画と文人画が発展しました。

(7) モンゴル帝国の成立

モンゴルではチンギス・ハンが登場して、中央アジア諸国を征服していました。しかし西夏を滅ぼし、金を征服する途上で病没。征服事業を継承した2代オゴタイ・ハンは、西北モンゴルにオゴタイ・ハン国を1225年に建国し、金を滅ぼします。

1227年には、チンギス・ハンの二男チャガタイが中央アジアにチャガタイ・ハン国を建国。ヨーロッパに遠征したバトゥ（オゴタイ・ハンの甥）は、1241年、ワールシュタットの戦いでドイツ諸侯連合軍を撃破し、その帰途の1243年、南ロシアにキプチャク・ハン国を建国します。

■モンゴル帝国の領域

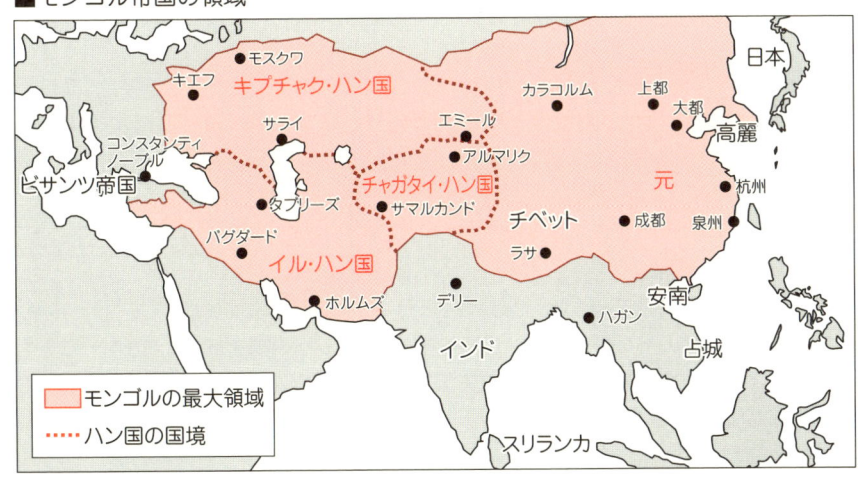

重要度 C

#14 中国史（宋朝〜清朝）

(8) 元の成立

5代フビライ・ハンの即位に際し、ハイドゥの乱が発生してモンゴル帝国は分裂。フビライ・ハンは都をカラコルムから大都（のちの北京）に都を移して元を樹立します。南宋を滅ぼし、朝鮮を属国化するも日本遠征には失敗しました。

(9) 4ハン国の動向

4ハン国は、イスラム化した国とロシアになっていった国に分かれます。オゴタイ・ハン国はチャガタイ・ハン国に併合され、チャガタイ・ハン国は早くからイスラム化しましたが内紛で分裂し、のちにティムールによって滅亡します。

キプチャク・ハン国は、ロシア諸侯に朝貢させて栄えましたが、モスクワ大公国の独立によって崩壊。イル・ハン国はガザン・ハンの時代にイスラム化し、イラン・イスラム文化を発展させましたが、のちにティムールに征服され滅亡します。

(10) 元の中国支配と衰退

モンゴル人第一主義により、要職はモンゴル人が独占しました。また、色目人（西域人）が財政面を担当し、漢人（金支配下の人々）、南人（南宋支配下の人々）は被支配階級として抑圧されました。漢文化を尊重せず、中国社会に寄生する存在であったことから、士大夫階級らが反発を強めます。さらに、ラマ教信仰による莫大な出費と交鈔（紙幣）の乱発によるインフレで社会不安が高まります。

こういった背景から、1351年、白蓮教徒による紅巾の乱が発生。1368年、朱元璋により明朝が成立します。

(11) 元の社会と文化

東西交通路の整備により東西文化の交流が進みました。マルコ・ポーロは、フビライ・ハンに仕えていました。また、庶民文化として『三国志演義』、『水滸伝』の原型が成立した時代でもあります。

❷ 明と清の時代

漢民族の王朝の明、満州族の王朝の清が成立します。明は漢民族による中国統一の復活、という位置付け、清は満州族が進出し、明の体制を継承するかたちで成立した王朝です。

(1) 明の成立と展開

1368年、紅巾の乱の一武将であった朱元璋が明を建国、洪武帝（太祖）となります。都は金陵（のちの南京）で、江南を根拠地として中国を統一した唯一の王朝です。さまざまな制度を設置して中央集権体制を確立。これらは明、以後の清の国家繁栄の基礎となっていきます。

明朝の政治体制	
六部	君主独裁による中央集権体制の確立を推進するため、宰相を設置せず、行政機関である六部を皇帝に直属させた。
里甲制	国家財政基盤確立のため、村落自治組織である里甲制を導入して、連帯責任を負わせることで農村を統治。
魚鱗図冊・賦役黄冊	土地台帳である魚鱗図冊、租税台帳である賦役黄冊を作成。
軍戸	軍人は軍戸として民間人の戸籍と区別し、身分を世襲させた。
衛所制	軍戸から徴発した軍人を衛所制によって編成。
明律、明令	律令体制が改められ、明律、明令を制定。

(2) 永楽帝の治世

洪武帝の死後、2代建文帝が諸王の権限の削減を進めたため、1399年、燕王が反乱をおこし、靖難の役が発生。燕王は帝位につき永楽帝(成祖)となります。永楽帝は北京に都を移し、六部の上に内閣大学士を設置して皇帝の顧問としました。また、宦官を重用しました。

対外政策も積極的に進め、北部のタタールやオイラトを撃退。また、南方にも進出してベトナムを支配下に入れます。宦官の鄭和に命じて南海遠征を進め、その結果、朝貢する国が増えて全盛期を迎えました。

(3) 明の衰退と滅亡

永楽帝の死後は、政治が乱れるとともに北虜南倭(北方や南方からの侵入)に苦しめられます。万暦帝(神宗)は張居正を内閣大学士として国家再建を進め、新税法として一条鞭法を施行し、税制を簡素化して銀納とします。その後、東林書院の出身者で形成される東林派と非東林派との抗争が激化して、明はますます衰退していきました。一方、中国東北部で金(後金)が建国されたため、軍事費確保のために新税を課したことから各地で反乱が発生。李自成が1644年に北京を占領し、明は滅亡しました。

> 南倭は「倭寇」だけど、後期の倭寇は明の貿易政策に不満を持った中国人が中心だよ。

北虜	オイラト部にエセン・ハンが登場し、1449年の土木の変で正統帝(英宗)が捕虜となってしまう。タタール部からもアルタン・ハンが毎年のように北から侵入。
南倭	倭寇が東南部の海岸を襲撃し、密貿易や海賊行為がおこなわれる。

(4) 後金から清へ

満州の女真族をヌルハチ（太祖）が統一して後金を建国、軍事・行政組織である八旗により部族を統率しました。2代ホンタイジ（太宗）は、内モンゴルのチャハル部を平定して国号を清と改称、李氏朝鮮に兵を出して服属させます。

> 清が中国にとっても入りやすかったことがポイントだね。

3代順治帝（世祖）の際に明が滅亡、明の武将の呉三桂が清を導き入れ、李自成を討ち北京に入城します。明の遺臣らは南に逃れて抵抗しましたが、ビルマ（ミャンマー）に逃れた永明王が捕えられ、1661年には華南も含め中国がほぼ清の支配下に入りました。

康熙帝（聖祖）が即位し、中国平定の際に利用した呉三桂ら漢人武将は藩王となっていましたが、彼らの軍事力が脅威だったことから、1673年に三藩の乱が発生。これを9年がかりで鎮圧したことで、支配権は完全に確立します。台湾を占拠していた鄭成功の一族も滅ぼして、台湾も領土としました。

(5) 清の制度

清は明時代の皇帝独裁体制を踏襲しながら、漢民族に対し、懐柔策と威圧策を併用しました。康熙帝（聖祖）、雍正帝（世宗）、乾隆帝（高宗）の時代が最盛期となります。

> 基本は明と同じ。満漢平等の原則がポイントだね。元との違いを理解しておこう。

軍機処の設置	内閣大学士を宰相として位置付け、六部を統轄。雍正帝（世宗）以後は軍事機密を取り扱う最高決定機関。
満漢併用制	科挙による中央高官を満漢同数とした。
辮髪の強制	古来アジア北方諸民族の間に行われていた男子特有の髪型を強制した。清の強硬策の一つ。
文字の獄や禁書令	排満思想を徹底的に弾圧して思想統制を進めた。
地丁銀制	税制は一条鞭法を継承したが、雍正帝（世宗）の時には人頭税である丁銀が地税である地銀に組み込まれ、土地のみに課税することとなった。
理藩院の設置	モンゴル、新疆、青海、チベットなどの藩部を統轄した。
ネルチンスク条約・キャフタ条約	1689年にロシアとネルチンスク条約を、また、1727年にキャフタ条約を結び、国境を画定。

(6) 清の衰退

乾隆帝（高宗）の末年からは白蓮教徒の乱が発生し、地方の自衛軍である郷勇が乱を平定していきました。清の正規軍の弱体化と巨額の戦費、西洋諸国の東洋進

出も盛んになったことから、清は衰退していくことになります。

(7) 明、清代の社会と経済

大土地所有制の中で、小作人である佃戸は貧困に苦しみ、抗租運動が発生して、鄧茂七の乱などがおこります。また、米の主産地が湖広地方に移り「湖広（湖北省と湖南省のこと）みのらば天下足る」といわれるようになります。この時代は、絹織物、綿織物、陶磁器生産もさらに発展しました。

また、明代のヨーロッパとの交易で大量の銀が流入したことで、貨幣経済が浸透。銀の流入は中国社会を大きく変えるきっかけとなりました。

外交では、1757年、乾隆帝が貿易港を広州だけに制限し、少数の特許商人である公行（広東十三行と総称される）が外国貿易を独占することになります。

> アヘン戦争は公行が邪魔だからこそ発生した戦争なんだよ。

中国へのキリスト教の布教もこの頃です。イエズス会宣教師マテオ・リッチらは、キリスト教の布教と西洋の学術を紹介、中国の伝統的儀礼（典礼）を尊重した布教活動を進めました。一方、のちに中国に来航したフランシスコ会やドミニコ会はイエズス会の布教活動を非難し、典礼問題が発生。ローマ教皇がイエズス会の布教活動を禁じたため、清の康熙帝は典礼を否定するすべての宗教伝道を禁止、雍正帝はキリスト教布教の禁止令を出します。

(8) 明・清代の文化

明代は朱子学が官学であり、永楽帝が『四書大全』、『五経大全』を編纂させます。一方、王陽明が実践を重視する陽明学を創始。『水滸伝』、『西遊記』、『金瓶梅』、『三国志演義』の四大奇書が有名です。絵画では、北宗画（院体画）、南宗画（文人画）が発展しました。

清代は、学問が漢民族への懐柔策となっており、『康熙字典』など各種の編纂事業が進められました。清末には実践を重んじる公羊学派が登場し、変法自強を推進した康有為らが知られています。庶民文学では『紅楼夢』があります。

(9) 周辺諸国の動向

朝鮮	1392年に李成桂が李氏朝鮮を建国、その後、訓民正音（ハングル）が制定された。
ベトナム	18世紀に西山（タイソン）朝が成立したが、阮福暎がこれを滅ぼしベトナムを建国。
タイ（シャム）	14世紀半ばにアユタヤ朝が成立して繁栄した。山田長政らが活躍し、日本町もつくられていた。その後、ビルマ軍によって滅亡し、のちにラタナコーシン（チャクリ）朝が成立する。

ビルマ（ミャンマー）	パガン王朝から、16世紀の中頃にトゥングー朝に変わり、その後、コンバウン（アラウンパヤー）朝に変わって領土を拡大し、アユタヤ朝を滅ぼした。
ジャワ島	ヒンドゥー教のマジャパヒト王国が成立したが、イスラム教勢力の侵入で衰退し、17世紀にはオランダがジャワを拠点に支配を確立することになる。

TRY! 本試験問題で一問一答

Q1 清朝は、中国を統治するにあたり、科挙・官制等においては、明の制度をほぼ受け継ぐとともに儒学を信仰した。軍制では、八旗の他に漢人による緑営を設け、各地に配備した。　（○）

○このまま覚えよう！

[国Ⅰ-22]改　cf.❷

Q2 趙匡胤によって建国された宋（北宋）は、五代十国の動乱の時代に台頭し、宋の国境を脅かしていた遼や西夏などの近隣諸国を滅亡させ、中国の統一をはかるとともに、皇帝直属の親衛軍を強化するなどの武断政治をおこない、皇帝の独裁体制を築いた。　（×）

○このまま覚えよう！
×遼を滅ぼしたのは金（1125年）、西夏を滅ぼしたのはモンゴル帝国のチンギス・ハン（1227年）である
×武断政治は五代十国の時代であり、宋は文治主義をとった

[国Ⅰ-19]　cf.❶

Q3 モンゴル帝国の皇帝フビライ・ハンは、都をサマルカンドから長安に遷して元王朝を開き、領内の駅伝制を整えて東西の交流を奨励した。マテオ・リッチらイエズス会の宣教師が元を訪れてヨーロッパの文化を伝えたので、郭守敬はユリウス暦をもとに授時暦をつくった。　（×）

×フビライ・ハンは、都をカラコルムから大都（北京）に遷都して元王朝を開き（1271年）、南宋を滅ぼして中国を統一した（1279年）
×マテオ・リッチは16世紀末の明の時代に訪れた。元の時代にはモンテ・コルヴィノやプラノ・カルピニが訪れた
×郭守敬の授時暦は、イスラム暦をもとにつくられた

[国Ⅱ-20]　cf.❶

Q4 明では、土地税である地税と成年男子の徭役である丁税の納入を銀でおこなう地丁銀制が導入され、清では丁税が廃止されて地税のみに一本化した一条鞭法が実施された。　（×）

×一条鞭法は明で実施され、土地税と人頭税など徭役を一括して銀納するもの。地丁銀制は清で採用された

[地上-23]改　cf.❷

#15 ヨーロッパのアジア進出とアヘン戦争

世界史15　ついにヨーロッパ史と中国史がひとつに結びついた　重要度 C

これまで別々に動いてきたヨーロッパ史と中国史とがひとつにつながり、ここからがいよいよ試験対策の要になります。清が衰退に向かっていた時期、ヨーロッパでは産業革命が進行し、経済力と軍事力を武器にしたイギリスなどの「列強」が中国への進出を開始しました。その最初の武力衝突がアヘン戦争でした。

ココを覚えればザ・ベスト！

なぜアヘン戦争が発生したか、そして、その後、中国はどうなっていくか。また、ロシアの東方進出、日本の近代化と日清戦争も確認しておくべき。西洋からの圧迫で揺らぐ中国を中心に、三角貿易の構造も正しく理解してザ・ベスト！

PLAY!

次の年表を完成させよう。

近代ヨーロッパ・中国（1830年～1900年）

- 1830年: イギリスから中国へと（銀）が流出
- 1840年: （アヘン）戦争 → 南京条約
- 1850年: 太平天国の乱
- 1860年: アロー戦争 / 天津条約 / 北京条約 → アイグン条約（ロシア）の東方進出
- 1870年: 中国の（半植民地化）が進む
- 1880年: 甲申事変 / イリ条約（ロシア）が新疆に進出
- 1890年: （日清）戦争 → 下関条約

① イギリスのアジア進出とアヘン戦争

イギリスは1588年にスペインの無敵艦隊を破り、1600年に東インド会社を設立。インド経営を進め、中国との貿易も拡大していきましたが、中国の一方的な貿易条件に不満が高まります。イギリスにとって銀の流出も大問題であり、ついにアヘン戦争が勃発します。

(1) イギリスと中国

清は海外貿易を広州一港だけに制限しており、しかもすべて朝貢貿易として取り扱っていました。また、広東十三行といわれる少数の特許商人との間でしか貿易ができず、不満が高まっていました。

貿易条件改善のため外交官のマカートニーやアマーストを派遣しましたが、単

なる朝貢使として扱われてしまい失敗。中国の茶・絹・陶磁器を購入し、代金を銀で支払うという一方的な貿易であったため、大量の銀が流出したことも北米植民地を失ったイギリスにとっては、大問題となったわけです。

(2) アヘン戦争

イギリスは貿易不均衡是正のため、インド産のアヘンを輸出して茶の代価にあてようと画策。中国から茶や絹がイギリスへ、イギリスから綿製品がインドへ、インドからアヘンが中国へ、という三角貿易が確立しました。一方、清はアヘン輸入禁止令を出すも効果はなく、密輸が増加します。

■イギリスと清の貿易変化

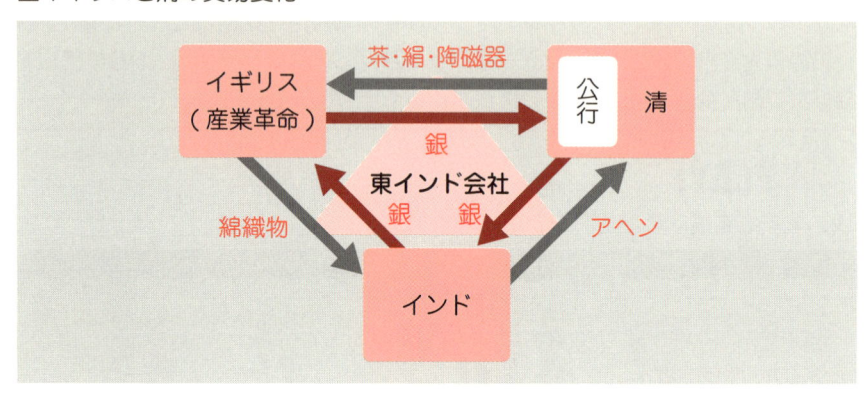

```
        茶・絹・陶磁器
イギリス ←――――――― 公行  清
(産業革命) ――――――→
           銀
         東インド会社
         銀    銀
  綿織物            アヘン
        インド
```

1830年代になると、アヘンの密輸が激増した中国は、茶の代価だけでは足りなくなり、今度は中国からイギリスへと銀が流出します。その結果、銀が高騰し、納付する税金が銀で定められていた地丁銀制（税制）を脅かすことになります。

欽差大臣（特命大臣）に任命された林則徐は、広東でイギリス商人のアヘンを没収して化学的に処分する、という強硬策を実行します。これを機会に武力を用いて自由貿易を実現しようとしたイギリスは遠征軍を送り、1840年にアヘン戦争をおこします。清は降伏し、林則徐を罷免、屈辱的な不平等条約である南京条約を締結しました。

同様にして、アメリカとは望厦条約を、フランスとは黄埔条約を結び、中国の半植民地化が進むこととなります。

南京条約	香港島割譲、広州を含む5港の開港、公行の廃止と貿易の自由化、賠償金支払い。虎門寨追加条約で、さらに治外法権、関税自主権喪失、最恵国待遇を認めさせられる。

清にとって、銀はとても重要だった。そして、茶の代価だけでは足りないくらいアヘンが密輸入されたことがポイントだね。

❷ ロシアの東方進出、東南アジアへの各国の進出

　ロシアは清の弱体化をみながら、ここぞとばかりに東方進出をはかっていくことになります。また、東南アジア諸国にも列強は次々と進出していきました。

(1) ロシアの進出
　シベリアに進出して清と衝突し、康熙帝のときに<u>ネルチンスク条約</u>を締結し、雍正帝のときに<u>キャフタ条約</u>を締結しました。この時はまだ清は強国でした。
　清が太平天国の乱に直面している際には<u>アイグン条約</u>を結び、続いて<u>北京条約</u>を結んで沿海州を獲得、ウラジヴォストークをアジア進出の拠点としました。また、日本と<u>樺太・千島交換条約</u>を結び、樺太を領有。さらに清と<u>イリ条約</u>を結び、新疆への進出をはかりました。

(2) 東南アジア諸国の動向
　列強が次々進出しましたが、<u>タイ</u>だけが独立を維持していることがポイントです。

フィリピン	スペインに支配されていたが、1898年の米西戦争（アメリカ・スペイン戦争）で<u>アメリカ領</u>となった。
ジャワ、スマトラ、ボルネオ	<u>オランダ領東インド</u>を形成。広大な植民地を確保する。オランダは原住民に、さとうきびやコーヒーなどを強制栽培させた。
マレー半島	イギリスが進出し、海峡植民地を形成。また、イギリスは<u>オーストラリア</u>、<u>ニュージーランド</u>も確保した。
ベトナム カンボジア	フランスが進出し、<u>フランス領インドシナ</u>を形成。ラオスも編入した。
タイ	ラタナコーシン（チャクリ）朝の<u>ラーマ5世</u>（チュラロンコン大王）が国家の近代化に努力。

> タイが独立を維持できたことは、もちろんチュラロンコン大王の姿勢もあるけど、やはり「場所」の問題が大きかった。右にフランス、左にイギリスの勢力範囲。真ん中がタイだったのだよ。

重要度 C

#15 ヨーロッパのアジア進出とアヘン戦争

❸ 太平天国の乱とアロー戦争

　清の衰退は国内にも大きな影響を及ぼします。アヘン戦争の敗北によりアヘンの輸入量はますます増加し、さらに多額の賠償金の支払いのために銀価が高騰し、民衆は重税に苦しみます。こうした状況の中で発生したのが太平天国の乱であり、

列強のさらなる貿易拡大要求により引きおこされたのがアロー戦争でした。

(1) 太平天国の乱

洪秀全はキリスト教の影響を受け、秘密結社である拝上帝会を組織して信徒を集め、「滅満興漢」を唱えて広西で挙兵。1851年には太平天国の建国を宣言、南京を占領し、天京と改称して首都とします。天朝田畝制度により、土地の均等配分と公平分配を示し、租税軽減、男女平等、悪習の撤廃などを掲げました。

> 清朝打倒の意図を示すため、辮髪にしなかったことから、長髪賊の乱とよばれることもあるんだ。

この頃、義勇軍として漢人地主を中心とする郷勇が組織され、弱体化した清の国軍に代わって反乱鎮圧の主力となります。曾国藩の湘軍や李鴻章の淮軍が太平天国の乱でも活躍します。

列強は中立を保っていましたが、天津条約や北京条約の締結により、このまま清の側についたほうが有利だと判断し、清を援助しました。ウォードなど欧米人の指揮する常勝軍が組織され、鎮圧に向けて活動、1864年に太平天国は滅亡してしまいます。

(2) アロー戦争

太平天国の乱の最中に、清の官憲がイギリス船籍のアロー号に乗り込み、船員を逮捕してイギリス国旗を引き降ろすというアロー号事件が発生します。また、フランス人宣教師殺害事件の発生も口実として、イギリスとフランスが清に対してアロー戦争をおこします。

英仏軍は広州を占領、天津に迫ったため、清は屈伏して1858年にロシア、アメリカも含めた天津条約を締結しました。しかし、この批准を交換する英仏使節を清が砲撃したため戦争が再開され、英仏軍は北京を占領。ロシアが仲介して1860年に北京条約が結ばれ、中国の半植民地化は一層進んでいくこととなりました。

> 第二次アヘン戦争ともいわれているよ。その後は洋務運動に努力するんだ。

清では、漢人地主や漢人官僚の勢力が強まることとなり、また、清朝内部は幼少の同治帝に代わって、実母の西太后らが洋務運動を進め、西欧の先進的な技術の導入、諸外国との和親に取り組みました。一時的に平和になったこの時代を同治中興とよびます。

天津条約	新たに10港の開港、外国公使の北京駐在、キリスト教布教・信仰の自由。
北京条約	イギリスへ九竜半島一部割譲、ロシアへ沿海州割譲、などを追加。

❹ 日清戦争

明治維新により、近代化と富国強兵を進めた日本は江華島事件を契機として日朝修好条規を結び、朝鮮半島に進出していきます。このことが李氏朝鮮の宗主国だった清との間に対立を生み、日清戦争へと発展していきました。

(1) 日清戦争の開戦と終結

リンク▶ #40

朝鮮で、日本と結び近代化をめざす独立党（開化派）と、李朝を守るために清とつながろうとする事大党との対立が激化します。1882年には保守派のクーデタである壬午軍乱、1884年には独立党のクーデタである甲申事変が発生。甲申事変後、日清両国は天津条約を結び朝鮮から撤兵します。

1894年に朝鮮南部で甲午農民戦争（東学党の乱）が発生し、日清両国が出兵します。日本は徹底鎮圧を主張して内政干渉を進め、両国は対立。同年に日清戦争が勃発します。清は降伏して、下関条約を締結。日本は大陸進出を進めていくことになります。その後、南下を進めていたロシアの利害と衝突することになり、日露戦争を招くことになります。

重要度 **C**

#15 ヨーロッパのアジア進出とアヘン戦争

下関条約の内容	遼東半島・台湾・澎湖諸島を割譲、賠償金の支払い

> 基本は日本史。しかし、清朝の話では日清戦争が世界史の問題として出てくることも多いから気をつけてね。

TRY! 本試験問題で一問一答

Q1 李鴻章の指導する太平天国は、1851年に「滅満興漢」を掲げて清朝に対して反乱をおこした。反乱の鎮圧に苦しむ清に対し、アロー号事件を口実にイギリスは出兵し、天津の開国を認めさせた。

×太平天国の乱（1851年～64年）は、洪秀全を指導者とし、「滅満興漢」を掲げて清朝打倒をめざした。これを鎮圧した漢人官僚の一人が李鴻章である

（×）
[国Ⅱ-22] cf. ❸

Q2 1843年には、清はイギリスとの間で、領事裁判権などの治外法権や最恵国待遇などを認める不平等条約である南京条約を結び、1844年にはアメリカと望厦条約を、フランスと天津条約を結び、イギリスと同じような権利を認めた。

×南京条約は1842年。この内容は1843年の虎門寨追加条約
×フランスと結んだのは、黄埔条約である

（×）
[地上-17]改 cf. ❶

#16 その後の中国・辛亥革命
世界史16
列強の進出により、ついに中国で革命が勃発！

重要度 B

列強は弱体化した清朝に次々と進出し、利権の争奪競争がはじまります。中国分割が進む中で、乗り遅れたアメリカは門戸開放宣言を出して、特定国の特殊権益は不公平だ、と主張し、中国進出をはかっていきます。一方、清朝では近代化を進めましたがうまくいかず、ついに辛亥革命の日を迎えることになります。

ココを覚えれば ザ・ベスト！

列強の進出状況の理解、アメリカの門戸開放宣言、清朝の変法運動、義和団事件、辛亥革命、が全体の流れ。まず流れを理解して、そのうえで余裕があれば日本の韓国併合の知識も加え、孫文の思想も十分に理解してザ・ベスト！

PLAY！

次の年表を完成させよう。

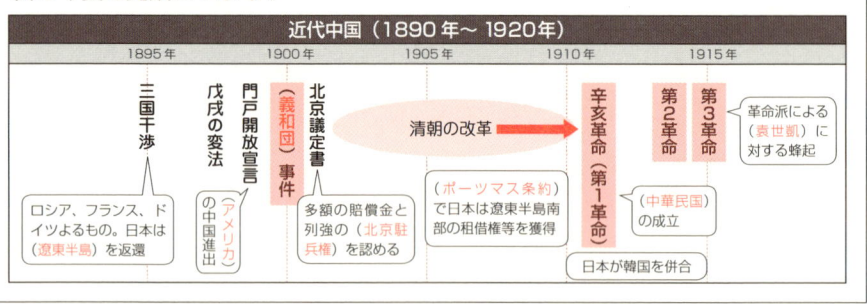

近代中国（1890年〜1920年）

- 1895年 三国干渉：ロシア、フランス、ドイツによるもの。日本は（遼東半島）を返還
- 戊戌の変法
- 門戸開放宣言（アメリカ）の中国進出
- 1900年 （義和団）事件
- 北京議定書：多額の賠償金と列強の（北京駐兵権）を認める
- 清朝の改革
- （ポーツマス条約）で日本は遼東半島南部の租借権等を獲得
- 日本が韓国を併合
- 1910年 辛亥革命（第1革命）：（中華民国）の成立
- 第2革命
- 第3革命：革命派による（袁世凱）に対する蜂起

① 列強の中国分割

日清戦争により、清朝の弱体化が明瞭なものとなったため、列強の利権争奪競争が激化し、各国は自らの勢力範囲を広げようとこぞって中国へと進出していきました。

(1) 三国干渉

リンク▶ #40

日本は日清戦争で遼東半島を獲得しましたが、ロシア、フランス、ドイツの三国干渉により、日本はやむなくこれを受け入れ、遼東半島は中国に返還されました。

(2) 列強の勢力範囲

日本が、台湾の対岸にあたる福建地方を勢力範囲としました。また、ロシアは旅

順・大連を租借、長年の夢だった不凍港を獲得します。租借地は、租借期間中は、租借国が全権を掌握するので事実上の領土割譲ともいえます。

ロシア	遼東半島南部の旅順・大連を租借、東清鉄道敷設権を獲得。	万里の長城以北に進出
ドイツ	膠州湾を租借、山東半島の鉄道敷設権を獲得。	山東半島に進出
フランス	広州湾を租借、安南鉄道の雲南延長権や広東・広西・雲南の鉱山採掘権を獲得。	広東・広西・雲南に進出
イギリス	威海衛・九竜半島を租借、海軍基地建設、鉄道敷設権も獲得。	長江流域に進出

(3) アメリカの進出

　アメリカは米西戦争でフィリピンとグアム島を獲得していましたが、中国への進出が遅れたため、国務長官のジョン・ヘイが1899年に門戸開放宣言を出し、門戸開放、機会均等、領土保全を提唱して列強を牽制しつつ、中国進出をはかりました。

> アメリカの動きに注目！機会均等は、オレにも進出させろっていう意味だよ。

② 変法運動と義和団事件

　日清戦争の敗北で洋務運動に挫折した清では、知識人の間に伝統的な専制体制を変革していこうとする動きが広がり、変法運動となります。また、列強の進出に対する反発から義和団事件が発生しました。

(1) 変法運動

　日清戦争の敗北などから、洋務運動の限界を悟った改革派が、日本の明治維新を意識し、議会政治や立憲君主政を樹立するべきであると考え、近代化運動が発生。これを変法運動（変法自強）といいます。

> 変法自強、なので法を変えて自分で強くならなくちゃ、というイメージだよ。

中心となったのは公羊学派の康有為で、1898年、光緒帝を動かして戊戌の変法といわれる改革を進めました。
　一方、西太后を擁する保守派はクーデタ（戊戌の政変）をおこし、康有為は日本に亡命、変法派は一掃されます。知識人にしか広がらなかったことが変法派の敗因といわれており、その後は保守派が実権を握り、排外主義政策をとります。

(2) 義和団事件

　列強に対する排外的な風潮の広がりから、反キリスト教運動（仇教運動）が高

まります。そんな中、白蓮教系で義和拳といわれる武術による護身を唱えた義和団が、「扶清滅洋」(清を助け、西洋を排斥する)を掲げて勢力を伸ばします。

1900年、義和団事件(北清戦争)が発生し、義和団は北京の外国公使館を包囲。清朝の保守派もこれを支持し、列強に宣戦布告します。しかし、列強が共同出兵し、義和団は粉砕されます。清は北京議定書(辛丑和約)を締結して、多額の賠償金と列強の北京駐兵権を認めざるをえませんでした。

❸ 日露戦争と韓国併合

李氏朝鮮は1897年に大韓帝国となり、独立を維持するための努力が続いていましたが、日本とロシアの干渉により混乱していきます。日露戦争によりロシアは極東への進出を断念しますが、日本は3次にわたる日韓協約の結果、1910年に韓国を併合します。

リンク▶ #40

(1) 日露戦争

ロシアの行動を危惧したイギリスと、ロシアと対立していた日本との利害関係が一致し、1902年、日英同盟が結ばれ、1904年に日露戦争がはじまります。日本は日本海海戦でバルチック艦隊を壊滅させるなど勝利しましたが財政難に苦しみ、一方ロシアは血の日曜日事件の発生や1905年の第一次ロシア革命などにより、戦争継続が困難となります。

そして、アメリカのセオドア・ローズヴェルト大統領の仲介で講和、ポーツマス条約が結ばれます。賠償金はありませんでしたが、日本の朝鮮に対する保護権が認められ、さらに日本は遼東半島南部の租借権、南満州鉄道、南樺太の領有権を獲得します。

その後、日本とロシアは日露協約を結び、互いに勢力圏を尊重しあうことになります。

> 日本史で確認することも大切だけど、世界史で全体の流れに位置付けてみると理解しやすくなるね。

(2) 韓国併合

日本は日韓協約を韓国と結び、韓国への干渉を強化。第2次日韓協約で統監府を設置して外交権を奪います。初代統監は伊藤博文です。

韓国の高宗(皇帝)は、韓国の危機を訴えようとしてハーグ密使事件をおこします。それを口実として、日本は高宗を退位させ、第3次日韓協約で韓国の内政に干渉、非公式の取り決めで韓国軍を解散させます。朝鮮の独立指導家である安重根に伊藤博文が暗殺された翌年の1910年に、日本は韓国を併合し、朝鮮総督府を設置します。

> 現在につながる日韓関係の問題の根源となる。

❹ 辛亥革命と中華民国の成立

ようやく清朝も改革の必要性を痛感しましたが、時すでに遅く、革命運動が進展します。三民主義を掲げた孫文が登場し、ついに辛亥革命が発生、清朝はその歴史に幕を閉じることになりました。

(1) 清朝の改革

義和団事件後、清朝は改革の必要性を痛感し、科挙の廃止、憲法大綱、国会開設の公約などを進めていきますが、いずれも単なる延命策にすぎず、社会不満が高まっていきます。

(2) 革命運動の進展

中国で台頭した民族資本家が諸外国からの利権回収運動を進めるとともに、清朝に対する批判を強めていきます。孫文は興中会を率いて革命勢力を結集し、民族主義、民権主義、民生主義の三民主義を目標に掲げ、1905年には中国同盟会を結成します。孫文の登場で、漢民族の国家樹立をめざしていくことになります。

三民主義	
民族の独立	民族主義。ここでいう民族とは「漢民族」のこと。
民権の伸長	民権主義。民主的な共和国を実現しよう、ということ。
民生の安定	民生主義。民衆の生活を安定する、ということ。

(3) 辛亥革命の発生

1911年、諸外国から借款を受けるため幹線鉄道国有化を宣言した清朝に対し、利権回収運動を進めていた人々が不満を爆発させて四川で暴動が発生、各地に広がり辛亥革命（第1革命）となります。

1912年、南京に革命派が結集し、臨時大総統に孫文を選出して中華民国の建国が宣言されます。清朝から革命鎮圧のため全権を委任され、内閣総理大臣に任命された北洋軍の袁世凱は、革命派と取引し、清朝の宣統帝（溥儀）の退位・共和政実現と引き換えに、自らが臨時大総統に就任する協定を結びます。この結

■辛亥革命の勢力図

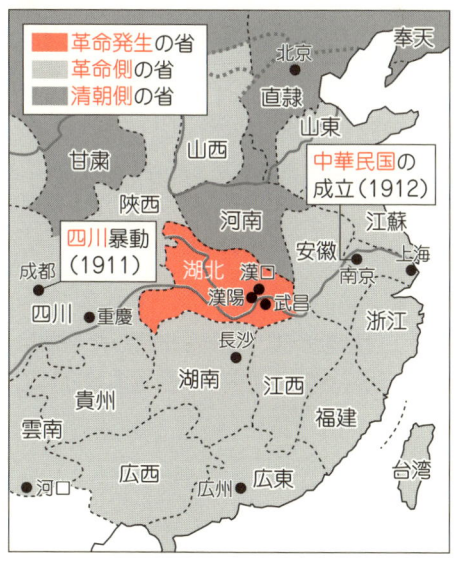

果、宣統帝は退位し、清朝は滅亡します。

革命派は臨時大総統に就任した袁世凱を警戒して臨時約法（暫定的な憲法）を公布するも、袁世凱は守らずに独裁権を強化していきます。

孫文の中国同盟会を中心として議会政党の国民党が結成され、国民党は初の国会選挙でも大勝します。しかし、袁世凱は列強から多額の借款を受けて独裁権を強化し、国民党を弾圧。これに対して革命勢力らが武装蜂起します（第2革命）。第2革命は失敗し、孫文は東京で中華革命党を結成します。

袁世凱は帝政を樹立しようとしましたが、反対派の武装蜂起により失敗。これが第3革命です。袁世凱の死亡後は軍閥の抗争が激化し、中国は混乱した分裂状態に陥ります。

> 辛亥革命は、孫文が中心となっておこすが、袁世凱が登場して独裁権を樹立しようとする。孫文の失敗は、袁世凱と結ぼうとしたこと、だよね。結果として中国は混乱・分裂状態に突入するわけだ。

TRY! 本試験問題で一問一答

Q1 帝国主義国の圧力にさらされた清朝支配下の中国では、日本の明治維新にならった根本的な制度改革を主張する意見が台頭した。その中心となったのは儒学者の康有為であるが、彼は西太后と結んで宣統帝（溥儀）を動かし、
　　　×公羊学の儒学者である康有為は、光緒帝と結んで近代化運動を行った
科挙の廃止、立憲制に向けた憲法大綱の発表と国会開設の公約などを実現
×康有為は、戊戌の変法とよばれる政治改革を断行するが、西太后ら保守派のクーデタにより失脚。また、科
させて、近代国家の建設に向けての改革に踏み切った。
挙の廃止、立憲制に向けた憲法大綱の発表と国会開設の公約は清朝末期の改革

（×）
[般－25] cf. ❷❹

Q2 辛亥革命は、広東における暴動をきっかけとして、武昌で軍隊が蜂起して起
　　　×広東ではなく、四川での暴動である
き、革命派は袁世凱を臨時大総統に選出して、中華民国が成立した。
　　　×臨時大総統に就任したのは、孫文である

（×）
[都－23] cf. ❹

Q3 日露戦争後、韓国を併合した日本は朝鮮総督府を設置した。1915年には、朝鮮総督府が中国の袁世凱政権に対して二十一ヵ条要求を突き付けた。
×二十一ヵ条要求を袁世凱政権に突き付けたのは、日本の大隈重信内閣である

（×）
[地上－13]改 cf. ❸

#17 帝国主義

世界史17　資本主義が発展し、国家は勢力の拡張を進める

重要度 **B**

生産と資本の集中、独占が進み、カルテル、トラスト、コンツェルンなどが成立し、国家は原料供給地や製品市場を求めて、激しく争いながら植民地の確保に動きはじめます。こうした対外膨張政策を帝国主義といい、列強は激しく争いながら、勢力拡張にしのぎを削る時代が到来しました。

ココを覚えればザ・ベスト！

帝国主義下の欧米列強の状況を国ごとに正しく把握しておくことが最大のポイント。もちろん、分割された側であるアフリカやアジア各国の状況も必須の確認事項。アジアの民族運動まで、すべてまとめてザ・ベスト！

PLAY!

次の年表を完成させよう。

国	帝国主義時代のヨーロッパ（1870年～1910年）				
	1870年	1880年	1890年	1900年	1910年
イギリス	（ディズレーリ）内閣時代に開始	積極的な植民地拡張政策・植民地議会		植民相（ジョゼフ・チェンバレン）	
フランス		（第三共和国憲法）が制定	（ドレフュス事件）発生	（社会主義運動）が活発化	
ドイツ		（ヴィルヘルム2世）が世界政策を推進	積極的な帝国主義政策・（三国同盟）締結		
ロシア		（ロシア社会民主労働党）や社会革命党が結成される	重工業が発展・（社会主義思想）の拡散		
アメリカ		（工業生産）で世界首位に	米西戦争	（パン・アメリカ主義）のもと中南米へ干渉	

❶ 欧米列強の状況

　世界分割をめぐり国際対立が激化する中で、欧米列強は自国の勢力拡張に向けて積極的な行動をとっていきます。イギリスは帝国主義政策に努力、フランスは社会主義運動が活発化、ドイツではビスマルクが退陣して世界政策がスタートします。ロシアでは革命勢力が行動しはじめ、アメリカは工業生産で世界首位となり海外進出に動いていくことになります。

(1) イギリスの動向

　長く世界経済を支配していたイギリスですが、アメリカなどに対抗するため、アフガニスタンの保護国化、エジプトの保護国化、ビルマのインド併合を進め、積極的な植民地拡張政策を打ち出します。ジョゼフ・チェンバレンが植民相となり、

植民地会議を開催して植民地との関係を強化。南アフリカ戦争（ブール戦争）により、トランスヴァール共和国とオレンジ自由国を併合します。一方、カナダ、オーストラリア、ニュージーランドなどの自治領が成立しました。

イギリス国内での動き	
1884年	選挙法改正により、労働者に参政権が拡大。
1906年	フェビアン協会ら漸進的社会主義の理論にもとづき労働党が成立。
1911年	議会法が制定されて下院の上院に対する優越が確立。
1914年	第3次アイルランド自治法が成立。しかしアイルランド独立を主張するシン・フェイン党が勢力を拡大し、自治法実施は延期。

(2) フランスの動向

1875年に第三共和政憲法が制定されて共和派が多数を占めましたが、陸相のブーランジェ将軍が右派とともにクーデタ未遂事件をおこします。また、ユダヤ系軍人のドレフュスにスパイ容疑がかかるドレフュス事件も発生して、共和派と右派の抗争が激化します。その後、社会主義運動が活発になり、フランス社会党（統一社会党）を結成。また、サンディカリズム（労働組合主義）の傾向の強い労働総同盟が誕生しました。

(3) ドイツの動向

フランスの孤立化と国際紛争の調停を進めたビスマルクが退陣して、皇帝ヴィルヘルム2世が新航路とよばれる帝国主義政策をとり、積極的に海外進出を進めました。このため、フランス、ロシア、イギリスと敵対することとなり、イタリア、オーストリアとの三国同盟を軸として対立しました。

国内では、ビスマルク退陣により社会主義者鎮圧法が廃止されてドイツ社会民主党が成立し、マルクス主義的なエルフルト綱領を採択。のちに右派と左派の対立が激しくなりましたが、ベルンシュタインらが修正主義を唱え、平和的な社会改良を進める社会民主主義の基礎となっていきました。

(4) ロシアの動向

1890年代からフランスなどの外国資本により重工業が発展、シベリア鉄道の建設により極東へ進出していくことになります。ツァーリズムの専制政治に対して、労働者階級に社会主義思想が広がり、レーニンらがマルクス主義的なロシア社会民主労働党を結成。農民を基盤とする社会革命党も成立しました。その後、社会民主労働党はボリシェヴィキ（厳格な組織性を主張）とメンシェヴィキ（ブルジョワ革命を主張）に分裂します。

翌年、憲法が発布されましたが、皇帝と政府が絶対的な権限を持っており、皇帝

が任命した首相ストルイピンは反政府者を弾圧。さらに農村共同体ミールを解体して自作農を創設しようとしましたが、逆に貧困農民が増え、混乱状態のまま第一次世界大戦に突入していきます。

第一次 ロシア革命	1905年、日露戦争を契機として社会不安が広がり、僧ガポンに率いられて皇帝のいる宮城へ行進していた民衆に軍隊が発砲し、多数の死傷者を出す血の日曜日事件が発生。各地でストライキが頻発し、戦艦ポチョムキン号の水平の反乱も発生した。こうした状況の中で、労働者と兵士の協議会であるソヴィエトが組織される。これに対して皇帝ニコライ2世は十月宣言を出して、立憲体制の確立と国会（ドゥーマ）の開設を約束した。

> ボリシェヴィキは多数派という意味だが、もともとはメンシェヴィキのほうが優勢だったんだ。血の日曜日事件は民衆に対する軍隊の発砲、許せないよね。しかもその後は反政府者が弾圧されるんだ。

(5) アメリカの動向

1890年代に工業生産で世界首位に立ったアメリカは、共和党のマッキンリー大統領の時代に米西戦争をおこし、キューバを保護国として、フィリピン、グアム島、プエルトリコを獲得します。カリブ海政策を遂行して、中南米への干渉を進めていき、パナマ運河が開通したことで、アメリカの圧力はさらに高まることとなりました。

共和党のセオドア・ローズヴェルト大統領は、資本主義の弊害を是正するため、社会的不公平を是正する革新主義を掲げて反トラスト法を強化。一方、対外的には積極的なカリブ海政策、門戸開放政策をとります。

民主党のウィルソン大統領も、新自由主義を掲げて、企業の独占による排他的な取り決めを禁止する反トラスト法（クレイトン法）の制定などを実施。第一次世界大戦勃発後は、当初中立を保っていましたが、のちに参戦することになります。

> 国内で急速な資本主義の進展と独占資本の支配が進み、これがアメリカの対外進出姿勢を後押ししたことになるよ。

2 列強のアフリカ分割

帝国主義諸国間の領土の奪い合いにより、アフリカで激しい対立が発生しました。イギリスの縦断政策、フランスの横断政策がぶつかり、ファショダ事件が発生することになります。

(1) ファショダ事件へ

スエズ運河株をエジプトから買収したイギリスは、エジプトの内政に干渉する

ようになります。1881年、干渉に反対したウラービーの反乱を鎮圧するために単独で出兵して、そのままエジプト全土を保護国化しました。

ケープ植民地を領有していたイギリスは、オランダ系のブール人の建国したトランスヴァール共和国とオレンジ自由国を南アフリカ戦争で併合し、ケープ植民地とともに南アフリカ連邦を結成。エジプトからの南下とあわせてアフリカ縦断政策を進めます。一方、フランスは西アフリカに広大な植民地を確保して、アフリカ横断政策(東進政策)をとっていました。

■列強のアフリカ分離

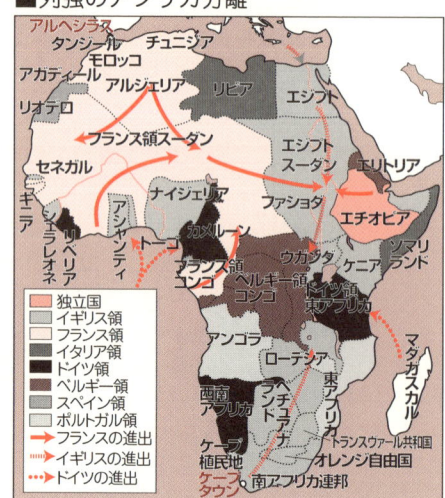

そして1898年、ついにスーダンでイギリスとフランスが衝突してファショダ事件が発生します。フランスが譲歩し、英仏協商を結び、イギリスがエジプト、フランスがモロッコの優越権を持つことを相互に確認。互いに妥協して協力しあうことになりました。

(2) モロッコ事件とその他の国々

遅れてアフリカに進出したドイツは、フランスとモロッコで対立し、第一次モロッコ事件(タンジール事件)および第二次モロッコ事件(アガディール事件)が発生します。これらの事件では、英仏は協力してドイツの進出を阻止しました。

また、イタリアはエチオピアに敗れたため、エチオピアは独立を確保。一方、イタリア・トルコ戦争(伊土戦争)でオスマン帝国と戦います。

ベルギーはコンゴ問題に介入し、コンゴ自由国を建国。その後、ベルギーの直轄植民地とします。

> ドイツのヴィルヘルム2世の帝国主義政策が、他の国の姿勢を大きく変えていったことがポイントだよ。

❸ 民族運動

欧米列強の進出に対して、アジア諸国では民族運動が激化。特にインドの民族運動とトルコの民族運動は、その後の歴史の推移を考えるうえで重要です。

(1) インドの民族運動

インド帝国成立後、国内の開発は進んだものの、カースト制度やヒンドゥー教とイスラム教の対立などの宗教的問題が存在していたため、近代化は進みません

でした。19世紀後半になると、ようやくインドに民族資本家が登場し、知識人らとともにイギリス統治に対する批判の声を高めていくようになります。

イギリスは反英感情を和らげるために1885年、インド国民会議を開催させましたが、穏健な知識人を対象としたものでした。しかし、イギリスの植民地支配強化に対する反発から、穏健な知識人らは反英の立場を表明して国民会議派となり、民族運動の中心となって活動するようになります。

そこで、1905年にイギリスはベンガル分割令を出し、ヒンドゥー教徒とイスラム教徒を分割して宗教対立を煽り、民族運動の矛先を変えようとしました。しかし、民族運動が高まる結果となって、インドで以下の4大綱領が採択されました。

重要度 **B**

#17 帝国主義

- スワラージ（自治獲得）
- 英貨排斥（ボイコット）
- スワデーシ（国産品愛用）
- 民族教育

民族運動が高まる中で、イギリスはイスラム教徒に全インド・ムスリム連盟を設立。1909年にはインド統治法でイスラム教徒に有利な制度を準備するなど、巧みに統治を続けました。

> スワデーシがポイント。インドはイギリスの世話にならなくても自分たちだけでやっていけるよ、という姿勢を打ち出したのだよね。

(2) トルコの民族運動

オスマン帝国では、アブデュル・ハミド2世が改革的なミドハト憲法を停止して、専制を続けてきましたが、知識人たちが専制の打倒を目的として青年トルコを結成。1908年に反乱をおこして、ミドハト憲法を復活させて第2次立憲政治を実現します（青年トルコ革命）。翌年にはアブデュル・ハミト2世が退位するも、政権は安定せず、その後、第一次世界大戦で敗戦へと向かいます。

TRY! 本試験問題で一問一答

Q1 ダイヤモンドと金の獲得をねらってイギリスは南アフリカ戦争をおこしたが、ブール人に敗れた。　　　　　　　　　　　　　　　　　　　（×）
×イギリスが勝利　　　　　　　　　　　　　　　　　　[消－20]改　cf.❶

Q2 フランスは、アフリカ横断政策を推進して、アフリカ縦断政策を掲げるイギリスとの間にモロッコ事件をおこして対立した。　　　　　　　　　（×）
×ファショダ事件をおこして対立　　　　　　　　　　　[国Ⅱ－19]改　cf.❷

#18 第一次世界大戦
世界史18 ついに総力戦がはじまってしまった…

重要度 **B**

イギリスの3C政策とドイツの3B政策がペルシア湾岸でぶつかり、ロシアのパン・スラヴ主義とドイツ・オーストリアのパン・ゲルマン主義とがバルカン半島でぶつかり、「未回収のイタリア」をめぐってイタリアとオーストリアがぶつかります。小競りあいは次第に激しさを増し、ついに「総力戦」となってしまったのです。

ココを覚えればザ・ベスト！

「三国協商」VS「三国同盟」だけでは知識不足。各国の思惑はもっと複雑なものだと意識しよう。まずは大国の動向を概略として把握し、さらに小国がどのように巻き込まれていったかを正しく理解してザ・ベスト！

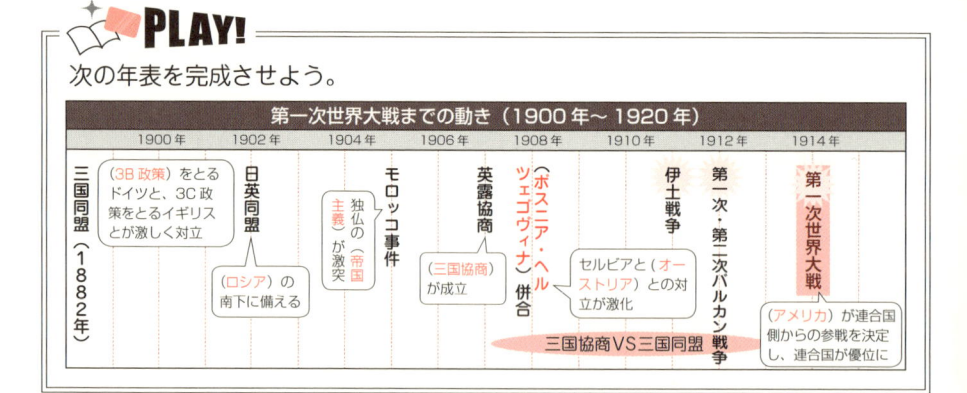

PLAY!

次の年表を完成させよう。

第一次世界大戦までの動き（1900年～1920年）

1900年	三国同盟（1882年）
1902年	（3B政策）をとるドイツと、3C政策をとるイギリスとが激しく対立／日英同盟（ロシア）の南下に備える
1904年	独仏の（帝国主義）が激突／モロッコ事件
1906年	英露協商（三国協商）が成立
1908年	（ボスニア・ヘルツェゴヴィナ）併合
1910年	三国協商VS三国同盟
1912年	伊土戦争／第一次・第二次バルカン戦争／セルビアと（オーストリア）との対立が激化
1914年	第一次世界大戦／（アメリカ）が連合国側からの参戦を決定し、連合国が優位に

1 ドイツの変化と国際情勢

フランスの孤立化と国際協調により、ヨーロッパの安定を確保しようとしたビスマルクが1890年に退陣すると、ドイツ皇帝ヴィルヘルム2世が新航路とよばれる帝国主義政策を進め、対外進出を活発化させたことで国際関係は大きく変化します。

（1）ビスマルク体制

フランスの孤立化と国際社会での調停役がポイントで、その姿勢は一貫しています。

1873年	オーストリア・ロシアと三帝同盟を締結。普仏戦争後のフランスの復讐が怖かったために締結したもの。
1879年	オーストリアと独墺同盟を締結。ベルリン会議でロシアとの関係が悪化したために締結したもの。
1882年	オーストリア・イタリアと三国同盟を締結。フランスに反発したイタリアを引き入れて締結したもの。
1887年	ロシアと再保障条約を締結。フランスの孤立化を維持する意図があった。

■第一次世界大戦前の各国の関係図

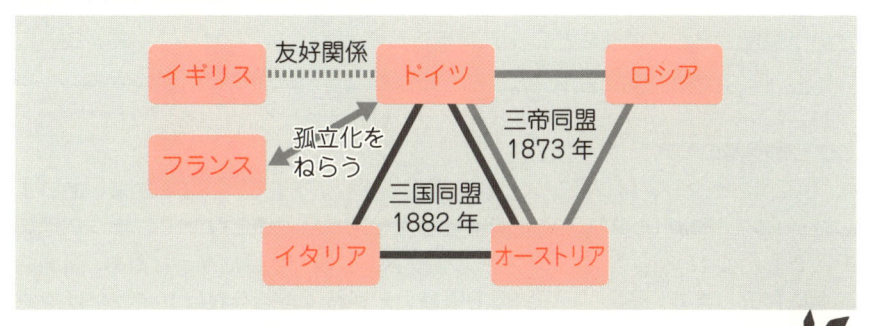

(2) ヴィルヘルム2世の登場

1890年にビスマルクが辞職し、ヴィルヘルム2世の帝国主義政策が進められます。ロシアとの再保障条約の更新をドイツが拒否したため、ロシアは孤立していたフランスに接近します。

> 攻めに出てくるヴィルヘルム2世、対応しようとする各国、という構図だよ。

(3) 国際情勢の変化

1891年、ロシアはフランスと接近して露仏同盟を締結し、ドイツ・オーストリア・イタリアの三国同盟と敵対します。一方、イギリスは「光栄ある孤立」政策をとっていましたが、ドイツのバグダード鉄道建設工事がイギリスのインド航路にとって脅威となり、3B政策をとるドイツと3C政策をとるイギリスとが激しく対立。その後、イギリスは「光栄ある孤立」政策を捨て、ロシアの南下に備え1902年、日本と日英同盟を結びます。

3B政策	ベルリン、ビザンティウム、バグダードを結ぶというドイツの政策。
3C政策	ケープタウン、カイロを結ぶアフリカ縦断政策にカルカッタをつなげるというイギリスの政策。

❷ 三国協商VS三国同盟

　日露戦争発生直後にイギリスとフランスは英仏協商を結び、ドイツのモロッコ進出に対して英仏は協力して対抗します。その後、イギリスとロシアが英露協商を結び、イギリス、フランス、ロシアの三国協商が成立、三国同盟と激しく対立することになりました。

(1) 三国協商の成立

　1904年にイギリスとフランスが英仏協商を結び、イギリスのエジプト優越権、フランスのモロッコ優越権を互いに確認しあいます。ドイツの２度にわたるモロッコ進出には、英仏が協力して対抗。1907年にはイギリスとロシアが英露協商を結びます。日露戦争後、極東におけるロシアの脅威が薄れ、「対ドイツ戦略」という意図から、イギリスとロシアが接近したものです。これによって、ついに「三国協商」が成立します。

(2) 三国同盟の動向

　1902年、イタリアはフランスと秘密裏に仏伊協商を結び、中立を約束しあいました。イタリアは、イタリア統一戦争後もオーストリア領となってしまった地域である「未回収のイタリア」を、オーストリアから取り返したかったため、三国協商側に接近します。結局、三国同盟で軍事力が期待できる存在はドイツだけであり、最初からきびしい状況だったわけです。

■三国協商と三国同盟

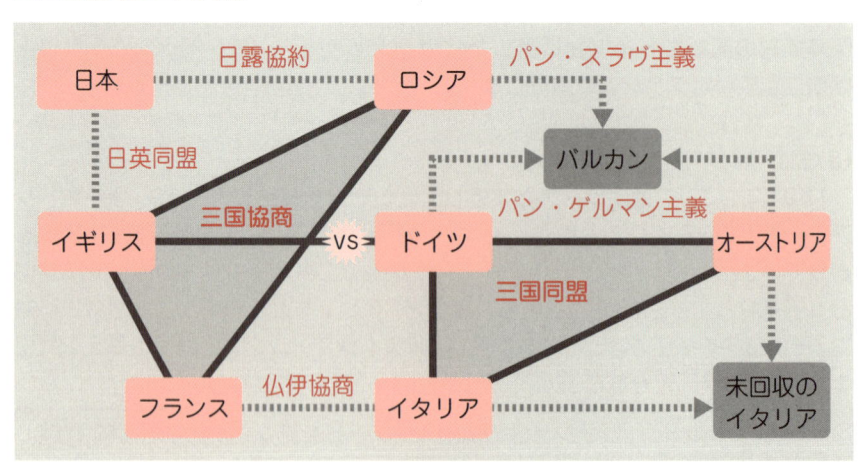

❸ バルカン問題

バルカン半島はヨーロッパの火薬庫とよばれ、ロシアを中心とするパン・スラヴ主義とオーストリア、ドイツを中心とするパン・ゲルマン主義の抗争が激化していきました。

(1) ボスニア・ヘルツェゴヴィナ併合

1908年、スラヴ系のボスニア・ヘルツェゴヴィナをゲルマン系のオーストリアが併合します。オスマン帝国の青年トルコ革命の混乱に乗じて強行したものですが、スラヴ系でロシアの支持を受けたセルビアとオーストリアとの対立が激化しました。

(2) イタリア・トルコ戦争

1911年、イタリア・トルコ戦争（伊土戦争）が発生します。勝利したイタリアはオスマン帝国からトリポリ・キレナイカ（現リビア）を獲得します。

(3) バルカン同盟

1912年、セルビア、ブルガリア、ギリシア、モンテネグロがバルカン同盟を結成します。オスマン帝国の弱体化をふまえ、ロシアが主導した反オーストリアの同盟です。

(4) 第一次バルカン戦争

1912年、第一次バルカン戦争が発生します。バルカン同盟とオスマン帝国とが戦い、オスマン帝国は敗北してバルカン半島の領土を割譲することになります。その後、オスマン帝国はドイツに接近します。

(5) 第二次バルカン戦争

1913年、第二次バルカン戦争が発生。第一次バルカン戦争で獲得した領土をどう分配するかで、ブルガリアと、セルビア、ギリシアとの間で戦争となり、オスマン帝国、モンテネグロ、ルーマニアがセルビア、ギリシア側から参戦してブルガリアは敗北します。

その後、ブルガリアはドイツに接近します。

❹ 第一次世界大戦

　1914年のサライェヴォ事件を機に各国が次々と参戦し、ドイツ・オーストリアを中心とした同盟国と、イギリス・フランス・ロシアの連合国との間に、ついに第一次世界大戦が勃発しました。戦況は膠着し、互いに消耗戦を続けていきましたが、1917年にアメリカが参戦、ロシアが革命勃発のため戦争から離脱したことで戦局は転換し、連合国側の勝利で終結しました。

リンク▶ #41

1914年	オーストリア	6月にサライェヴォ事件が発生し、オーストリア皇太子がセルビア人に暗殺される。7月にオーストリアがセルビアに宣戦布告し、これが連鎖的に拡大して第一次世界大戦が勃発する。
	ドイツ	シュリーフェン計画（まずフランスを破り、そのうえで東に進みロシアを倒す作戦）にもとづき、苦戦しながらベルギーを突破してフランスに侵入したが、マルヌの戦いでフランスの反撃にあい、膠着状態に陥る。一方、ロシア軍とは、タンネンベルクの戦いでは大勝したが、両面から敵に挟まれることになる。
	フランス	マルヌの戦いでドイツ軍を必死に食い止める。
	日本	日英同盟を理由に参戦する。中国のドイツ権益をねらったもので、ヨーロッパには興味がなかった。
1915年	日本	中国の袁世凱政府に二十一カ条要求をつきつける。中国民衆の反日感情が高まることとなる。
	イタリア	仏伊協商にもとづき、三国同盟を裏切り、連合国（三国協商）側から参戦する。
	アメリカ	ルシタニア号事件（ドイツの潜水艦がイギリス客船を撃沈し、多くのアメリカ人が犠牲となる）により、ドイツへの怒りが高まる。
1916年	ドイツ	フランスのヴェルダン要塞へ攻撃を続け、消耗していく。
	イギリスフランス	ソンムの戦いでドイツ軍と交戦。新兵器であった戦車が投入される。
1917年	ドイツ	すべての船舶を攻撃するという無制限潜水艦作戦を決断する。無謀な作戦に世論は激しく憤った。
	アメリカ	連合国側からの参戦を決定し、連合国の優位が決定的なものとなる。
	ロシア	ロシア革命が勃発し、単独でドイツと講和を進める。
1918年	ドイツ	キール軍港での水兵の反乱がきっかけとなりドイツ革命が発生する。ヴィルヘルム2世は退位してオランダに亡命し、ドイツは共和国となった。社会民主党のエーベルトを首相とする内閣が組織され、共和政府は休戦条約に調印し、4年にわたる長かった総力戦はようやく終結した。

■ 連合国と同盟国

連合国
イギリス、ロシア、フランス
セルビア、日本、アメリカ
など計27カ国

VS

同盟国
ドイツ、オーストリア・ハンガリー
オスマン帝国(トルコ)、ブルガリア
の4カ国

> 第1回万国平和会議において、ロシアのニコライ2世の提唱で国際仲裁裁判所が常設国際司法機関として成立していたけど、サライェヴォ事件に際してオーストリアはただちに宣戦を布告しているんだ。労働者も国際組織の第2インターナショナルで平和を求めていたが、大戦の勃発で第2インターナショナルは崩壊してしまったよ。

❺ ロシア革命

ロシアでは戦争の長期化による国民生活への圧迫から、1917年にロシア革命が勃発し、戦争から離脱しました。

(1) 三月(ロシア暦二月)革命

戦争の長期化で食料や燃料が不足し、労働者らの不満が高まります。一方、皇帝ニコライ2世は僧ラスプーチンを重用し、ロシア内は混乱状態が続いていました。

そして、首都ペトログラードでの大規模なストライキが契機となり、革命となります。労働者と兵士が各地でソヴィエト(労兵評議会)を組織、ニコライ2世は退位してロマノフ王朝が打倒されます。

> あっけなくロマノフ王朝は終焉してしまうよ。

(2) 二重権力の時代

成立した臨時政府は立憲民主党が中心となり、資本家・地主層の支持するブルジョア政権でした。一方でソヴィエトも併存するという二重権力構造となっていました。

社会革命党とメンシェヴィキも臨時政府を支持し、戦争継続を決定します。

■ロシア革命の歩み

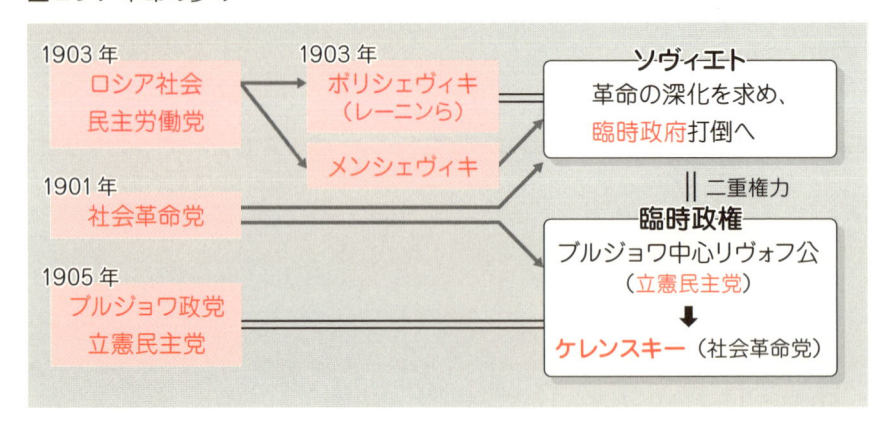

```
1903年              1903年
ロシア社会    →    ボリシェヴィキ         ソヴィエト
民主労働党         （レーニンら）          革命の深化を求め、
                                        臨時政府打倒へ
                   メンシェヴィキ
1901年                                    ‖ 二重権力
社会革命党                                臨時政権
                                        ブルジョワ中心リヴォフ公
1905年                                   （立憲民主党）
ブルジョワ政党                              ↓
立憲民主党                               ケレンスキー（社会革命党）
```

(3) 四月テーゼ

　臨時政府の戦争継続方針に対して民衆は失望、レーニンらボリシェヴィキは四月テーゼを発表して、戦争の即時中止、すべての権力をソヴィエトへ、と訴えて、臨時政府打倒運動を進めていきます。当初はソヴィエト内で少数派だったボリシェヴィキは、一貫した平和の約束により、民衆の支持を得て、急速に多数派となっていきました。

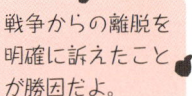

> 戦争からの離脱を明確に訴えたことが勝因だよ。

(4) 十一月（ロシア暦十月）革命

　レーニンはトロツキーらとともに武装蜂起して臨時政府（社会革命党のケレンスキーが首相）を打倒、社会主義革命が成功します。新政府として、人民委員会議が成立し、議長がレーニン、外務人民委員がトロツキー、民族人民委員がスターリンとなりました。

> その後、内戦時には、戦時共産主義とよばれる政策がとられることになったんだ。

(5) その後の経緯と戦時共産主義

　ドイツの苛酷な条件を受け入れ、ブレスト・リトフスク条約を結び単独で講和して、ロシアは戦争から離脱します。

　帝政ロシア軍隊は白軍を組織して内戦を展開します。また、各国はチェコ軍を救出するという名目で対ソ干渉戦争（シベリア出兵など）を進めましたが、日本以外の国は1920年までに撤退しました。

　当初、憲法制定議会では社会革命党が多数を占めましたが、レーニンらは武力で議会を閉鎖し、ボリシェヴィキはロシア共産党となってプロレタリア独裁（一党独裁制）が確立します。重要産業の国営化、地主の土地没収と農民への分配、赤軍の創設などを進め、反革命勢力はチェカ（非常委員会）を組織して取り締まりま

した。しかし、農民からの穀物の強制徴発や食料配給の実施など、戦時共産主義による経済統制のしすぎで、農民の生産意欲が減退し、社会不満が高まります。

1919年、各国共産党の統一的な協力機関として、コミンテルン（第3インターナショナル）を結成。1922年に旧体制派である白ロシア、ウクライナなどの各共和国の連邦としてソヴィエト社会主義共和国連邦が成立します。

TRY! 本試験問題で一問一答

Q1 大戦中、ドイツは連合国の海上封鎖に対抗して無制限潜水艦作戦を展開し、中立国の船舶にも攻撃を加えたため、イタリアの参戦を招いた。
×ドイツの無制限潜水艦作戦により、アメリカが参戦した
（×）
［区－23］cf. ❹

Q2 オーストリアは、トルコの混乱に乗じてセルビアを併合した後、パン・ゲルマン主義を唱えるドイツとバルカン同盟を結成し、ロシアを中心としたパン・スラヴ主義に対抗したため、バルカン半島の緊張が高まった。
×オーストリアは、ドイツ・イタリアとの間で三国同盟を結んだ
（×）
［地上－10］改 cf. ❸

Q3 ロシアは、国内の政情不安により、ブレスト・リトフスク条約をドイツと結んで講和したが、ドイツとの講和後に三月革命と十一月革命がおこり、ツァーリズムが打倒され、ソヴィエト政権が樹立された。
×ロシアの三月革命と十一月革命は1917年。ドイツと講和したブレスト・リトフスク条約はソヴィエト政権が1918年に結んだもの
（×）
［地上－10］改 cf. ❺

Q4 第一次世界大戦は、ドイツ・オーストリア・イタリアの三国同盟と、イギリス・フランス・ロシアの三国協商との戦いであり、セルビア人青年がドイツ皇太子夫妻を暗殺したサライェヴォ事件をきっかけにはじまった。
×1914年
6月のサライェヴォ事件で暗殺されたのは、オーストリア皇太子夫妻である
（×）
［市－20］改 cf. ❹

Q5 レーニンは、「一切の権力をソヴィエトへ」のスローガンを掲げて、臨時政府を倒して新政権の樹立を果たした。そして、ドイツとの間で自国に有利な条件で講和条約を結ぶことに成功した。
×レーニンが休戦のために結んだブレスト・リトフスク条約では、広大な領土をドイツに割譲した
（×）
［都Ⅰ－11］cf. ❺

重要度 B

#18 第一次世界大戦

#19 ヴェルサイユ体制

世界史19　民族自決？　それとも対ソ防波堤？

重要度 B

第一次世界大戦の戦後処理は、パリ講和会議で決定され、民族自決と国際協調を基本とするヴェルサイユ体制がスタートしました。また、アメリカ大統領のウィルソンが発表していた「十四カ条」にもとづき、国際連盟が設立されますが、提案したアメリカが不参加、ドイツ、ソ連も参加しないままの発足となりました。

ココを覚えればザ・ベスト！

ヴェルサイユ体制の基本は「民族自決」。とはいえ、ソ連への防波堤となるようなかたちで新たな独立国ができており、実際はかなり恣意的な民族自決だった。国際連盟は設立当初から弱体化が懸念されていたことも確認してザ・ベスト！

PLAY!

次の年表を完成させよう。

第一次世界大戦後の欧米（1918年～1930年代）

1918年	1920年	1922年	1924年	1926年	1928年	1930年
（ウィルソンの）「十四カ条」を発表 パリ講和会議	（ヴェルサイユ）条約 （国際連盟）設立	ワシントン会議 国際協調時代の条約を確認		ロカルノ条約 （ドイツ）の国際連盟加入が認められる	ジュネーヴ海軍軍縮会議 （補助艦比率）を会談したが失敗 （不戦）条約 違反国への規定は存在せず	ロンドン会議 イギリス10、アメリカ10、（日本）7の補助艦比率を定める

❶ ヴェルサイユ体制

パリ講和会議が開かれ、ウィルソン米大統領が1918年に発表していた「14カ条」にもとづく大戦処理がおこなわれました。講和条約はウィルソン、ロイド・ジョージ（英首相）、クレマンソー（仏首相）、が中心となって進められましたが、「14カ条」の原則を貫くウィルソンと、対ドイツ報復や自国を重視するクレマンソーとが激しく対立しました。

(1) ウィルソンの「十四カ条」

1918年に議会への教書として発表されたものには、秘密外交の禁止・海洋の自由・経済障壁の撤廃・軍備の縮小・植民地問題の公正解決（民族自決）・国際平和機構の設立などがあります。

(2) パリ講和会議

「十四カ条」の原則を貫くウィルソンと、自国の安全保障を重視するクレマンソーとが激しく対立します。結果、ドイツにはきわめて苛酷な条件が課せられることになり、これがのちの第二次世界大戦に大きく影響していくことになります。

(3) ヴェルサイユ条約

ドイツ領土削減、ドイツ海外領土の放棄、ドイツの軍備制限、巨額の賠償金支払いが主な内容であり、海外領土をすべて失うなどドイツにとって国家の存亡にかかわる致命的な打撃となりました。

■ヴェルサイユ条約の内容

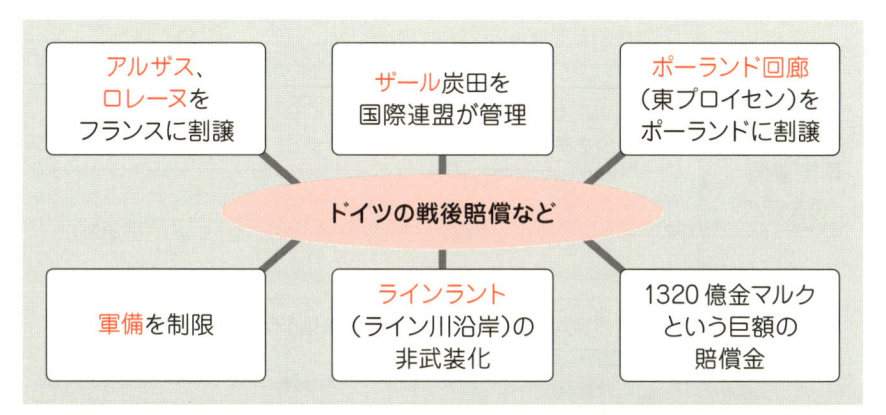

```
アルザス、ロレーヌをフランスに割譲    ザール炭田を国際連盟が管理    ポーランド回廊(東プロイセン)をポーランドに割譲
                    ドイツの戦後賠償など
軍備を制限    ラインラント(ライン川沿岸)の非武装化    1320億金マルクという巨額の賠償金
```

他の敗戦国との条約	
オーストリア	サン・ジェルマン条約が結ばれ、オーストリア・ハンガリー帝国は、オーストリア、ハンガリーなどに分離され、領土は戦前の4分の1に減少した。また、南チロル、トリエステなどがイタリアに割譲された(未回収のイタリア)。一方、フィウメが独立した自由市となったことから、イタリアの不満が高まることとなった。
他	ブルガリアとはヌイイ条約、ハンガリーとはトリアノン条約、オスマン帝国とはセーヴル条約が結ばれた。

(4) 民族自決

ロシア、オーストリア・ハンガリー、ドイツ、オスマン帝国が崩壊、解体したことで、その支配下にあった民族が独立して新たな独立国が誕生しました。ハンガリー、チェコスロヴァキアに加え、ユーゴスラヴィアも独立国となり、ポーランドも120年ぶりに独立国家となりました。ロシアの支配下にあったフィンランドや

エストニア、ラトヴィア、リトアニアのバルト3国も独立しました。
　これを北から並べていくと、フィンランド・エストニア・ラトヴィア・リトアニア・ポーランド・チェコスロヴァキア・ハンガリー・ユーゴスラヴィアとなり、一直線に並んで、西側の「対ソ防波堤」になっていたことが理解できます。その証にアジアには自決を認めていませんでした。

(5) 国際連盟
　ウィルソンの十四カ条の理想は、1920年の国際連盟設立となって実現します。画期的な国際組織ではありましたが、決めようと思っても決められない、というジレンマをはらむなどの欠陥も有していました。

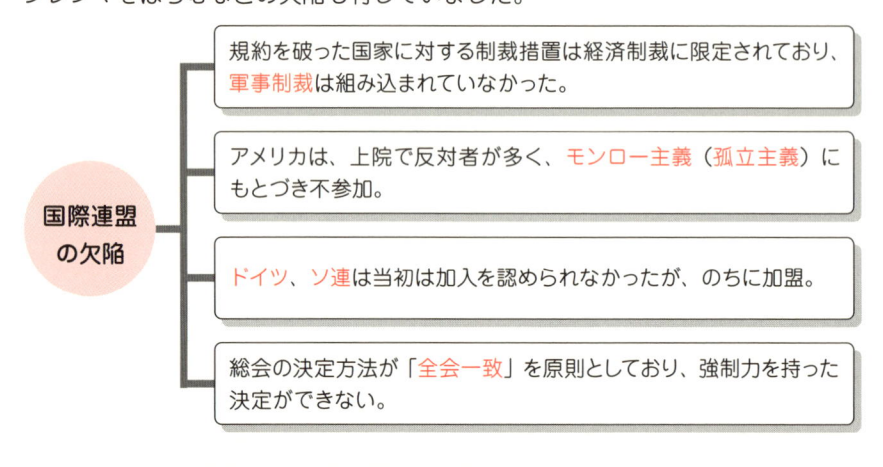

国際連盟の欠陥
- 規約を破った国家に対する制裁措置は経済制裁に限定されており、軍事制裁は組み込まれていなかった。
- アメリカは、上院で反対者が多く、モンロー主義（孤立主義）にもとづき不参加。
- ドイツ、ソ連は当初は加入を認められなかったが、のちに加盟。
- 総会の決定方法が「全会一致」を原則としており、強制力を持った決定ができない。

❷ 1920年代のヨーロッパと各国情勢

　ヴェルサイユ条約の実施をめぐり、ヨーロッパでは早くも混乱が発生します。賠償金支払いが不可能なドイツに対して、フランスはベルギーとともにルール工業地帯を占領し、圧迫します。その後、賠償問題ではアメリカが主導しながら、なんとか国際協調を進めていこうと努力をしていきます。

(1) ドイツ賠償金問題
　賠償金を支払えないドイツに対して、フランスがベルギーとともにルール工業地帯を占領します。圧迫されたドイツは1922年、孤立していたソヴィエトとラパロ条約を締結。ヨーロッパの大国として初のソ連承認となります。

1924年、賠償金の支払計画がアメリカの財政家ドーズを中心に作成されます（ドーズ案）。アメリカの援助により、右のような資金の流れでドイツの経済再建が進み、協調外交の時代を迎えました。

　1929年にはヤング案が採用され、賠償金総額は358億金マルクとなりました。

■ドーズ案の内容

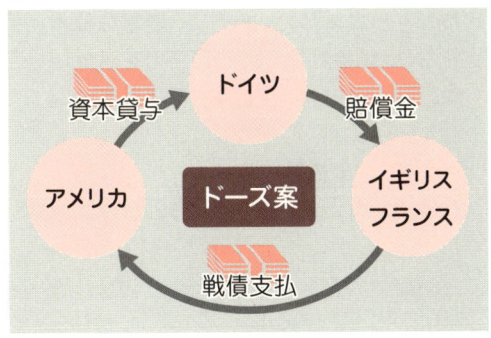

（資本貸与→ドイツ→賠償金→イギリス・フランス→戦債支払→アメリカ→資本貸与）中央：ドーズ案

(2) ワシントン体制

　ハーディング米大統領の提唱で、1921年にワシントン会議が開催されました。国際協調時代の条約が確認され、日本の中国進出が抑えられています。

ワシントン海軍軍備制限条約	英5・米5・日3・仏1.67・伊1.67の主力艦保有比率の決定。
四カ国条約	太平洋における各国領土の相互尊重確認、日英同盟は不必要となり廃棄される。
九カ国条約	中国の領土保全・主権尊重・機会均等・門戸開放の確認。

　また、1927年のジュネーヴ軍縮会議で補助艦比率を会談しましたが失敗。1930年のロンドン軍縮会議で英10、米10、日7の補助艦比率が定められます。

(3) 国際協調の進展

　1925年のロカルノ条約によりドイツは国際連盟加入が認められ、ヨーロッパの安定に貢献しました。1928年、パリで米国務長官ケロッグと仏外相ブリアンの提案により不戦条約（ケロッグ・ブリアン条約）が調印され、アメリカやソ連などが加入しましたが、違反国への規定は存在していませんでした。

> この不戦条約は日本の憲法9条の根源！

(4) アメリカの情勢

　第一次世界大戦後、国内を優先させる孤立主義が台頭し、大統領選ではハーディングがウィルソンに勝利します。アメリカ合衆国は債務国から債権国となり、共和党の3人の大統領（ハーディング、クーリッジ、フーヴァー）の下で空前の経済的繁栄の時代を迎えます。その結果、労働者賃金は上昇し、婦人参政権も実現させました。

しかし、ヴェルサイユ条約の批准は上院で否決され、国際連盟にも加盟しない政策がとられました。一方で、豊富な資本と債権によってヨーロッパとの関係は維持され、国際社会で強い発言力を確保したことから、ワシントン会議、ロンドン会議、不戦条約などを主導していきます。

(5) イギリスの情勢

　選挙法が改正され選挙権が拡大したことで、初の労働党内閣（マクドナルド首相）が成立しましたが、短命に終わります。しかし、のちに再び政権の座につくなど、保守党・労働党の二大政党時代となります。

　1922年、自治領としてアイルランド自由国が成立しましたが、完全独立を求めてその後も運動が続き、1937年に独立国家としてエール共和国が成立します。また、1931年、ウエストミンスター憲章により、イギリスの自治領は相互に対等・平等となります。自治領は、ほぼ完全な独立国となり、イギリス連邦が成立しました。

(6) フランスの情勢

　財政的な困難に直面していたため、ポワンカレ内閣の際にベルギーとともにドイツのルール地方を占領して、賠償の取り立てを強行します。その後、左派連合内閣となり、ロカルノ条約や不戦条約を結びます。国内では、ポワンカレは再び挙国一致内閣を成立させて、フランの切り下げにより、インフレーションを改善します。

> インフレは本当に大変だったんだ。

(7) ドイツの情勢

　社会民主党の臨時政府が、スパルタクス団（共産党）蜂起を武力鎮圧します。その社会民主党主導により、ヴァイマル（ワイマール）で国民議会が開催され、ヴェルサイユ条約を承認します。

　また、男女普通選挙、国民の社会権を承認するという、きわめて民主的なヴァイマル憲法を制定、ヴァイマル共和国が成立します。しかし、政治的にも経済的にも混乱状態にあり、カップ一揆などのクーデタ事件や、ヒトラーのミュンヘン一揆などの反乱が発生。破局的なインフレ状態となりますが、シュトレーゼマン首相が新通貨レンテンマルクを発行して、これを収束させます。

(8) イタリアの情勢

　戦勝国でしたが、多大な被害と財政難に苦しみます。ヴェルサイユ条約で「未回収のイタリア」を得たものの、希望していたフィウメ領有が認められず、骨抜きされた勝利といわれ、講和への反発が強まりました。それがファシスト党の一党独裁につながってしまいます。

1922年	ムッソリーニ率いるファシスト党が黒シャツ隊（行動隊）を組織して、ローマ進軍をおこない、国王はムッソリーニ内閣を組織。政権を握った後は、選挙法を改正してファシスト党が第一党となる。
1924年	フィウメを入手し、1926年にアルバニアを保護国化。
1926年	ファシスト党以外の政党を禁止して一党独裁制を樹立。
1928年	ファシズム大評議会を国家最高機関とする。
1929年	ローマ教皇とラテラノ条約を締結してヴァチカン市国を認め、長年にわたる教皇との対立を解消する。ムッソリーニはカトリック教会の擁護者として、個人としての権威を高めることになる。

> ヒトラーという名前とムッソリーニという名前が！いよいよ現代史に近づいてきたね。

(9) 日本の情勢

リンク▶ #41

　大正デモクラシーの下、1925年に普通選挙法と治安維持法を制定し、軍国主義化していきました。

(10) ソヴィエト連邦の情勢

　戦時共産主義体制から新経済政策（ネップ）へと移行。穀物の強制徴発を廃止し、小規模な私的経営、農民による余剰生産物の自由販売などを認めるようになります。

　また、孤立していたドイツとラパロ条約を締結するなど、資本主義国との接近を進め、国際的な地位の確立を進めていきます。

　レーニンの死後、世界革命論を主張するトロツキーと、一国社会主義を主張するスターリンとの闘争が激化。世界革命論は、世界の革命で社会主義の確立は可能になるという考えであり、一国社会主義はソ連だけで社会主義の確立は可能だという考えでした。1929年には、スターリンが対立するトロツキーを追放して独裁権を掌握します。

　経済面では、第一次五カ年計画で工業生産が拡大し、コルホーズ（集団農場）、ソフホーズ（国営農場）が建設され、農地の集団化が進みました。

TRY! 本試験問題で一問一答

Q1 第一次世界大戦後、ヴェルサイユ条約により国際連盟が設立され、提唱国のアメリカ、イギリス、フランス、日本の4カ国が当初の常任理事国となった。
×アメリカは不参加であった。当初の常任理事国は、イギリス、フランス、イタリア、日本である
（×）
[区－23] cf.❶

Q2 1919年に連合国とドイツとの間で結ばれたヴェルサイユ条約により、ドイツは多額の賠償金を支払うこととなったが、海外領土や植民地はそのままドイツ領とされた。
×すべての海外領土や植民地も失った
（×）
[市－20]改 cf.❶

Q3 アメリカ大統領ウィルソンは、国際平和機関である国際連盟を設立することを提唱したが、上院の反対で不参加となった。
○14カ条の平和原則。このまま覚える
（○）
[市－20]改 cf.❶

Q4 1921～1922年のワシントン会議における四カ国条約で、中国の領土保全・主権尊重・機会均等・門戸開放が決定された。
×この内容は、九カ国条約である。四カ国条約は、太平洋地域における属地や領土・権益の相互尊重を決定したもの
（×）
[警－17]改 cf.❷

Q5 フランスでは、人民戦線内閣のブルム首相が、賠償金を支払わないドイツに対抗するために、ルール地方の軍事占領を行った。ブリアン首相がドイツとロカルノ条約を結びルール地方から撤退したが、その後は国際平和の維持に努め、スペイン内乱ではフランコ側に対抗して、人民戦線内閣を支援した。
×1923年にベルギーとともにルール占領を行ったのは、ポワンカレ内閣である
×ルール占領の解消はドーズ案で盛り込まれた
×イギリスとフランスは不干渉政策をとった
（×）
[国Ⅰ－15] cf.❷

#20 中国の民族運動／各国の独立運動

世界史20　アジア諸国が目覚めるとき、国際社会が動く　重要度 **B**

第一次世界大戦をきっかけとして、日本は大陸進出を積極化していきます。民主的な近代国家実現をねらったものの失敗した中国では、反帝国主義運動が広がり、民族意識が高揚します。一方、インドではガンディーの非暴力・不服従運動が展開されていくことになります。アジアが目覚めた時期の歴史を確認しましょう。

ココを覚えれば ザ・ベスト！

中国は国共合作の実現、インドは一般大衆の運動に広がったことがポイント。できればアジア各国の独立運動もしっかり確認し、アジア全体の情勢を理解するつもりになってザ・ベスト！

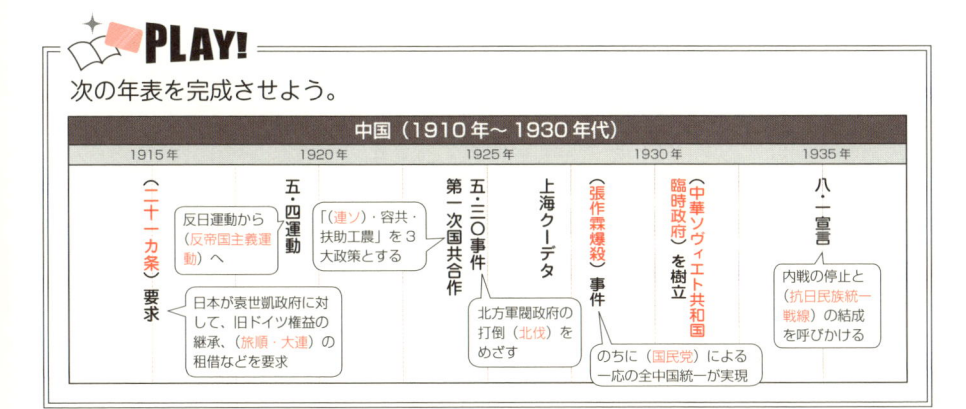

PLAY!

次の年表を完成させよう。

中国（1910年～1930年代）

- **1915年**：（二十一カ条）要求 — 日本が袁世凱政府に対して、旧ドイツ権益の継承、（旅順・大連）の租借などを要求
- **1920年**：五・四運動 — 反日運動から（反帝国主義運動）へ
- **1924年頃**：「（連ソ）・容共・扶助工農」を3大政策とする
- **1925年**：第一次国共合作／五・三〇事件 — 北方軍閥政府の打倒（北伐）をめざす
- **1927年**：上海クーデタ
- **1930年**：（張作霖爆殺）事件 — のちに（国民党）による一応の全中国統一が実現
- **1931年**：（中華ソヴィエト共和国臨時政府）を樹立
- **1935年**：八・一宣言 — 内戦の停止と（抗日民族統一戦線）の結成を呼びかける

① 中国の民族運動

第一次世界大戦中から「文学革命」運動がはじまった中国は、国民文学を求める知識人の声が啓蒙的な運動となって広がり、反日運動、反帝国主義・反封建主義運動となっていきました。

（1）二十一カ条要求　　リンク▶ #41

1915年、日本が袁世凱政府に対して、旧ドイツ権益の継承、旅順・大連の租借などを要求します。日本の強引な侵略活動に対して、中国国内で激しい反対運動が発生。欧米にも警戒が広がったため、日本はアメリカと石井・ランシング協定を結びます。

> ワシントン会議の九カ国条約も確認しておこう。

125

(2) 文学革命

中国の革命的知識人層が中心となり、啓蒙的文化運動が展開されました。欧米思想を紹介した陳独秀や白話文学（口語文学）を提唱した胡適、作家の魯迅などが有名です。

(3) 五・四運動

1919年、パリ講和会議で中国は日本の二十一カ条要求の撤廃を求めましたが、主要国によって拒否されます。そのため、北京大学の学生のデモをきっかけに全国に拡大して五・四運動が発生。反日運動から反帝国主義運動へと高まっていきました。結果的に、中国政府はヴェルサイユ条約への調印を拒否します。

(4) 第一次国共合作

中国国民党を結成していた孫文は、五・四運動から大衆の協調による国民革命を進める必要性を痛感します。一方、五・四運動の高まりを背景として陳独秀を委員長とする中国共産党が結成されます。

1924年、中国国民党と中国共産党による第一次国共合作が成立。「連ソ・容共・扶助工農」を3大政策としました。これは、国民党を国民的な大衆政党に発展させ、軍閥や帝国主義を打破する、ということ。ソ連がカラハン宣言を出し、民族解放運動を援助するとしていたことも影響しています。

■中国共産党と中国国民党の対立

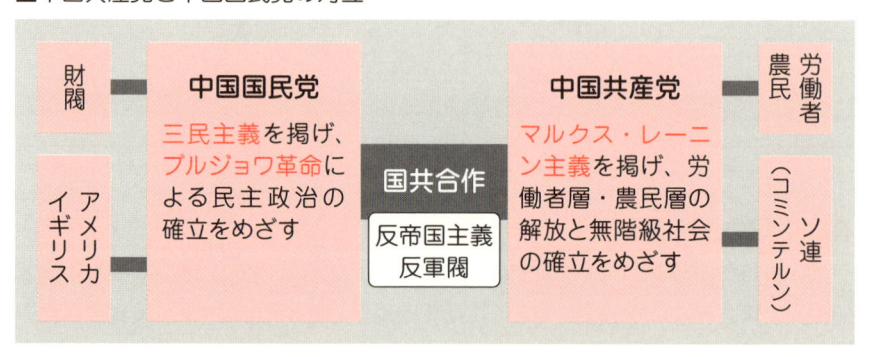

	中国国民党	国共合作	中国共産党	
財閥	三民主義を掲げ、ブルジョワ革命による民主政治の確立をめざす	反帝国主義 反軍閥	マルクス・レーニン主義を掲げ、労働者層・農民層の解放と無階級社会の確立をめざす	農民 労働者
アメリカ イギリス				ソ連（コミンテルン）

(5) 五・三〇事件と北伐の開始

1925年、上海での日本企業に対するストライキから発展し、五・三〇事件が発生します。多数の死傷者が出ましたが、これを契機に国民党は革命政府を樹立。1926年から蔣介石を総司令とする国民革命軍の北伐（北方軍閥政府の打倒）がはじまりました。

(6) 上海クーデターと北伐の完成

　国民党の左派と右派の対立が表面化。国民党左派と共産党を相手に、国民党右派の支持を得た蒋介石が1927年に上海クーデタをおこし、南京に国民政府を樹立して共産党を弾圧します。これにより国共合作は解消します。

　1928年、蒋介石は北伐を再開。日本は居留民保護を名目に山東出兵をおこない、張作霖爆殺事件（奉天事件）をおこしましたが、軍閥総帥の張作霖の子の張学良は国民政府に合流。こうして、国民党による一応の全中国統一が実現します。

(7) 中国共産党の動向

　国共分裂後、中国共産党は新たな革命軍として紅軍を育成し、労働者や農民を基盤としながら成長していきます。中国共産党の毛沢東は1931年、江西省瑞金に中華ソヴィエト共和国臨時政府を樹立しましたが、国民政府との内戦で危機に瀕し、翌年から拠点を陝西省延安に移動する「長征」をおこないます。長征中の1935年、内戦の停止と抗日民族統一戦線の結成をよびかける八・一宣言を発表します。

❷ インドの独立運動

　インドは第一次世界大戦に際して、当然のことながらイギリスに協力させられました。兵員や物資など、さまざまなかたちで協力したインドに対し、イギリスは戦後、徐々に自治権を与えていくことを約束していましたが、この約束が果たされなかったことから、反英独立運動が激化していくことになります。

(1) プールナ・スワラージと塩の行進

　イギリス政府は、インド統治法を修正するための委員会を発足しましたが、インド人が委員会に含まれていなかったため抗議活動が広がりました。そして1929年、国民会議派はネルーが議長となった大会で「プールナ・スワラージ」（完全なる独立）を決議します。

ローラット法	1919年にイギリスが制定。インド人に対する令状なしの逮捕、裁判なしの投獄、陪審員によらない裁判を認めるもの。
インド統治法	1919年にイギリスが制定。州政府に部分的な自治を容認しただけで、インドは約束違反であると抗議。非武装の抗議集会への発砲により、多数の死傷者が出る虐殺事件も発生し、ガンディーの非暴力・不服従運動が全国的に展開されることになる。

　1930年、ガンディーはイギリスの塩の専売に反対し、350km以上を徒歩で歩き、自ら海岸で製塩しました。このガンディーによる行進は、反英独立運動の象徴となりました。

独立運動の抑止のため、イギリスは英印円卓会議を３回にわたり開催しましたが成果はなく、1935年に新しいインド統治法が成立し、連邦制が導入されます。同時に自治制度が採用されていたものの、主要な権限はイギリスが確保しており、完全な自治からはほど遠い状況でした。インドはこのまま第二次世界大戦に向かうことになります。

❸ 各国の民族運動

アジア諸国の目覚めは、さまざまな国でもみられました。韓国の運動、トルコの革命、パレスチナ問題の発生は特に重要です。

(1) 韓国の独立運動

1910年に日本に併合されましたが、1919年に三・一運動（万歳事件）で民族独立運動が発生し、独立宣言が発表されます。しかし、朝鮮総督府との武力衝突となり、多数の死者を出す事態となりました。

(2) トルコ革命

第一次世界大戦に敗北したオスマン帝国では、ムスタファ・ケマル（アタテュルク）が祖国解放運動を進めていきます。1922年、スルタン制廃止を決議して帝政が廃止され、オスマン帝国は滅亡します。

> トルコの政教分離はきわめて重要だね。アタテュルクとは「トルコの父」という意味だよ！

1923年、新政権は連合国との間にセーヴル条約に代わり、新たにローザンヌ条約を結び、共和国を樹立します。ムスタファ・ケマルは大統領に就任。1924年、カリフ制も廃止され、新憲法が制定されます。脱イスラム国家化・世俗化を進め、政教分離、アラビア文字に代わりラテン文字を採用する文字改革などを推進していきました。

(3) パレスチナ問題の発生

第一次世界大戦中、イギリスはオスマン帝国でのアラブ民族の独立運動に接触するとともに、ユダヤ人が国家樹立を進めるシオニズム運動にも賛意を表して、矛盾した約束を次々と結びます。これらの約束により、のちにパレスチナ問題へと至ることになります。

なお、戦後にパレスチナは、イギリスの委任統治領となっています。

■イギリスによる多重外交

サイクス・ピコ協定
1916年、イギリス、フランス、ロシアの3国が、大戦後のオスマン帝国領の3分割統治、パレスチナを国際共同管理とする秘密協定。

```
           フランス・ロシア
                ↑
  ユダヤ人 ← イギリス → アラブ人
```

バルフォア宣言
1917年、イギリスの外相バルフォアが、パレスチナにユダヤ人の民族的郷土の建設を支持する書簡を示し、ユダヤ系のロスチャイルド家から資金援助を得る。

フセイン・マクマホン協定
1915年、アラブの指導者だったフセインとイギリスのエジプト高等弁務官マクマホンとが、アラブ地域のアラブ諸国独立承認と支援を合意。

いわゆる三枚舌外交、といわれているもの。さすがにこれは多重外交といわれてもしかたない。イギリスにしてみれば、アラブ人の協力も必要だったし、ユダヤ人のお金も必要だったし、でも領土は確保したいし、ということだね。

(4) その他の国の民族運動

イラン	イギリスやロシアの侵入で混乱していたが、1921年に軍人のレザー・ハーンがカージャール朝を倒してパフレヴィー朝を創設し、近代化を進める。1935年、国号をペルシアからイランに改称。
エジプト	民族主義政党であるワフド党による反英運動が広がり、1922年にイギリスから独立したが、イギリスの特権は残る。1936年のイギリス・エジプト条約により完全独立を達成。
イラク	イギリスの委任統治領だったが、1932年に独立を達成。
シリア	フランスの委任統治領で自治権は承認されたが、完全独立は第二次世界大戦後となった。
サウジアラビア	フセインの建てたヒジャーズ王国をイブン・サウードが倒し、1932年にサウジアラビア王国を建国。
トランスヨルダン	イギリスの委任統治領であるパレスチナに組み込まれ、ヒジャーズ王国の王族を迎え入れトランスヨルダン王国が成立。完全独立は第二次世界大戦後。現在のヨルダン。

ビルマ	インド連邦から分離され、イギリスからの独立運動が展開された。現在のミャンマー。
ベトナム	当時は仏領インドシナ。ホー・チ・ミンらがベトナム青年革命同志会を結成し、これがインドシナ共産党となって、フランスに対する独立運動が進む。ホー・チ・ミンは独立のための統一組織であるベトナム独立同盟会（ヴェトミン）を組織して、その主席に就任。
フィリピン	1934年、アメリカが10年後の独立を約束し、1935年に独立準備政府となる。自治獲得に尽力したマニュエル・ケソンが大統領となった。
インドネシア	当時はオランダ領東インド。スカルノらにより、インドネシア国民党が成立したが、オランダの植民地当局に弾圧され、解体させられた。民族運動はきびしく抑圧。

TRY! 本試験問題で一問一答

Q1 第一次世界大戦中にインドに自治権を約束していたイギリスは、大戦後にローラット法を制定して各州での議会設置を認めるなどの限定的な自治を
× 1919年のローラット法は、反英民族運動を取り締まるための法律である
認めた。国民会議派の指導者ガンディーは、完全独立を決議して、官憲の抑
×国民会議派が完全独立（プールナ・スワラージ）を決議したのは、
圧に対しては塩をまくなどの「塩の行進」とよばれる非暴力・不服従の抵抗
1929年、「塩の行進」は1930年である
運動を展開した。

（×）

［総-25］cf.❷

Q2 中国では、パリ講和会議で二十一カ条要求の撤廃が認められず、北京大学の
○このまま覚えよう！
学生を中心に五・四運動が全国に広まった。

（○）

［地上-22］改 cf.❶

Q3 第一次世界大戦で敗戦国となったオスマン帝国では、ムスタファ・ケマル
×ムスタファ・ケマルが組織
（アタテュルク）が「青年トルコ」を結成して、ミドハト憲法を復活させ政権
したのは、トルコ大国民会議である。ミドハト憲法の復活は青年トルコ人革命のときにおこなわれた
を握った。

（×）

［地上-22］改 cf.❸

#21 世界恐慌の発生と各国の対応

世界史21 あんなに繁栄してたのに…。世界恐慌がすべてのバランスを壊す

重要度 **B**

1929年、ニューヨークのウォール街で株式相場の大暴落が発生し、恐慌は世界中に広がりました。特に、アメリカ資本に依存して経済復興を進めていたドイツなどにとって、この影響は大きく、「持てる国」と「持たざる国」との違いが明瞭となり、その後の侵略活動へとつながっていくことになります。

ココを覚えればザ・ベスト！

各国がどのようにして世界恐慌を乗り越えようとしたか、特にアメリカのニューディール政策を中心に理解しておこう。持たざる国だったドイツ、イタリア、日本がどのように全体主義を進めていったかも確認してザ・ベスト！

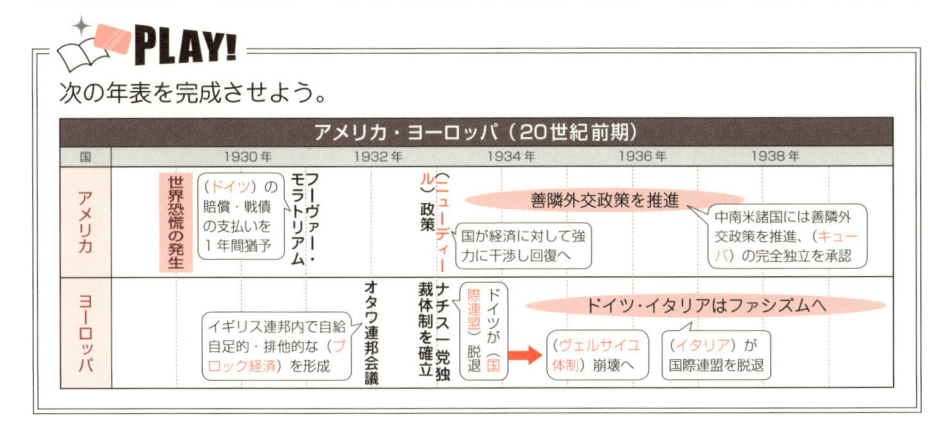

PLAY!

次の年表を完成させよう。

アメリカ・ヨーロッパ（20世紀前期）					
国	1930年	1932年	1934年	1936年	1938年
アメリカ	世界恐慌の発生	（ドイツ）の賠償・戦債の支払いを1年間猶予 フーヴァー・モラトリアム	ニューディール政策 国が経済に対して強力に干渉し回復へ	善隣外交政策を推進	中南米諸国には善隣外交政策を推進、（キューバ）の完全独立を承認
ヨーロッパ		イギリス連邦内で自給自足的・排他的な（ブロック経済）を形成 オタワ連邦会議	ナチス一党独裁体制を確立 ドイツが（国際連盟）脱退	ドイツ・イタリアはファシズムへ （ヴェルサイユ体制）崩壊へ	（イタリア）が国際連盟を脱退

1 世界恐慌と各国の対応

　世界恐慌の発生に際して、アメリカはニューディール、イギリスはブロック経済、フランスには人民戦線内閣が成立します。一方、ドイツではナチス・ドイツが力を持ちます。

（1）世界恐慌の発生と混乱

　アメリカの経済的繁栄、ヨーロッパの経済復興、植民地の工業化の進展により世界的な生産過剰状態となります。この結果として、ニューヨークのウォール街での株式相場大暴落が発生します。

　イギリスは金本位制を停止し、アメリカのフーヴァー大統領は賠償・戦債の支払いを1年間猶予するフーヴァー・モラトリアム（支払猶予）をおこないましたが、

有効な対策とならず、各国は閉鎖的なブロック経済政策をとります。
　有力な植民地市場を持たない、いわゆる「持たざる国」であった日本、イタリア、ドイツにとってはきわめて困難な事態となり、これが全体主義へ向かう契機となります。

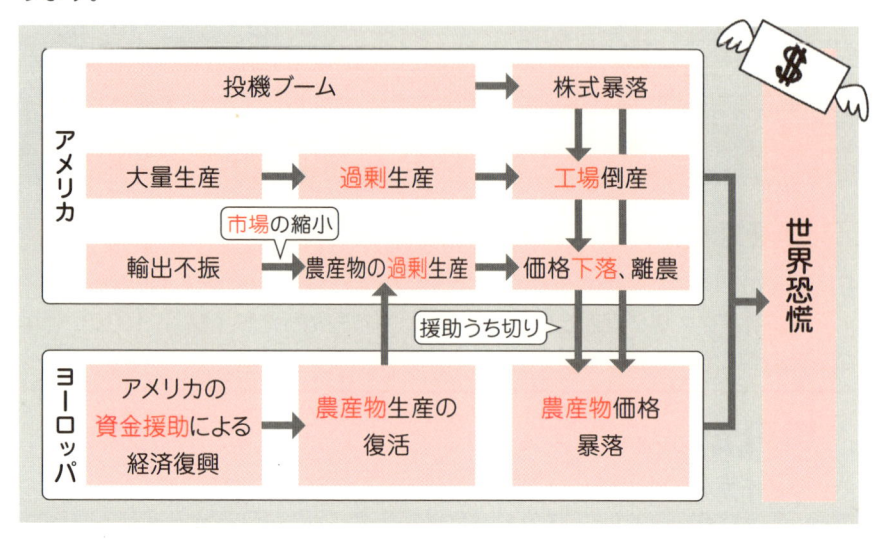

```
アメリカ
  投機ブーム → 株式暴落
  大量生産 → 過剰生産 → 工場倒産
           市場の縮小
  輸出不振 → 農産物の過剰生産 → 価格下落、離農
           援助うち切り
ヨーロッパ
  アメリカの資金援助による経済復興 → 農産物生産の復活　農産物価格暴落
→ 世界恐慌
```

(2) アメリカのニューディールと善隣外交

　アメリカでは民主党のフランクリン・ローズヴェルトが大統領に当選し、政策としてニューディールをとり、国家が経済に対して強力に干渉し、回復へと向かっていきます。これらの政策により労働組合が発展し、産業別組織会議（CIO）が成立しました。
　外交としては、1933年にソ連を承認、1934年にはフィリピンに10年後の独立を約束します。また、中南米諸国には善隣外交政策を推進し、キューバの完全独立を承認しました。

ニューディールの概要	
全国産業復興法（NIRA）	生産制限と価格調整、労働者保護など。
農業調整法（AAA）	過剰農作物の政府買い上げなど。
ワグナー法	全国労働関係法。最低賃金など労働条件の改善、労働者の団結権と団体交渉権の保障など。
TVAの設立	テネシー川地域開発公社。国家資本による公共事業の推進。

(3) この時期の各国の対応と状況

イギリスでは1931年、労働党から離れたマクドナルドが保守党、自由党とともに挙国一致内閣を組織します。金本位制を停止し、総選挙で勝利した保守党の要求により、保護関税政策をとりました。また、1932年にオタワ連邦会議（イギリス連邦経済会議）を開催して、連邦内で自給自足的・排他的なブロック経済を形成することになりました。

フランスでは反ファシズム勢力が結集し、1936年に人民戦線内閣が成立します。団体交渉権の確立、有給休暇制度導入など労働者に向けた政策を推進しましたが、資本家の対抗策に直面することになります。外交面ではイギリスとともにナチス・ドイツに対抗。仏ソ相互援助条約も締結しています。

ソ連では1936年にスターリン憲法が制定され、スターリンは周囲を粛清して独裁体制を確立します。ナチス・ドイツに対する危機感からフランスと相互援助条約を締結しましたが、西側諸国の対応への不信感から、独ソ不可侵条約を結び、世界中を驚愕させることになります。

❷ 全体主義国家の登場

世界恐慌により、もっとも危機に瀕した国であるイタリア、ドイツは全体主義（ファシズム）体制となり、極端な国家主義を掲げて対外的な侵略を進め、第二次世界大戦を引き起こすことになりました。

(1) イタリアのエチオピア侵略

ファシスト党党首のムッソリーニの独裁政権の中でイタリアは経済状態が悪化し、現状の打破のため、ドイツと接近していくことになります。1935年、イタリアがエチオピア侵略を開始したため、国際連盟は経済制裁を決議しましたが、イタリアは1936年にエチオピアを併合。1937年には国際連盟を脱退し、国際連盟の限界を露呈することになってしまいます。

(2) ドイツの全体主義

世界恐慌によって経済危機に直面し、ヴァイマル共和国は大統領の非常大権による大統領内閣を成立させました。しかし効果はなく、この社会不安を背景にして1932年、ナチス（国民社会主義ドイツ労働者党）が第一党となり、翌年にはヒトラー内閣が成立しました。

政権を握ったヒトラーは議会を解散し、選挙期間中に発生した国会放火事件を使って共産党を弾圧。選挙に圧勝した後で、政府が無制限の立法権を授権するという全権委任法を成立させたため、ヴァイマル憲法は効力

重要度 B

#21 世界恐慌の発生と各国の対応

> 権力を自分のものにした後の動きをみていると、あらゆるものを利用して、考えられることをすべてやろうとしていることがわかるね。

を失います。そして労働組合を解散させ、ナチス以外のすべての政党も解散させて、一党独裁体制を確立しました。

1933年	軍備の平等権が認められないとして、国際連盟を脱退する。
1934年	ヒトラーは首相と大統領を兼務する総統となり、独裁者としての地位を確立する（ドイツ第三帝国の成立）。秘密警察（ゲシュタポ）を組織して反対者を強制収容所に送り、人種論にもとづきユダヤ人を迫害して多数が海外に亡命することとなった。
1935年	住民投票でザール地方を併合し、再軍備を宣言。ヴェルサイユ条約の軍備条項を破棄したことになる。
1936年	ラインラントの非武装地帯に進駐してロカルノ条約を一方的に破棄。ヴェルサイユ条約の武装禁止条項も破ることとなり、ヴェルサイユ体制は崩壊した。

(3) スペイン内戦

スペインでは1931年に共和制が成立しましたが左右両派の対立が激化し、1936年に左派諸勢力による人民戦線内閣が組織されます。

これに反対するフランコ将軍ら右派・軍部が反乱をおこし、内戦に拡大。ソ連は人民戦線内閣を援助し、ドイツとイタリアがフランコ側を援助します。一方、イギリス、フランスはドイツとの戦争を恐れ、宥和政策として不干渉政策をとりました。また、反ファシズムの立場から、各国の知識人が国際義勇兵として人民戦線内閣側について戦いました。

一国の内乱から国際戦争へと変化していきましたが、結局、1939年にフランコ政権が樹立することになります。内乱により、ドイツとイタリアは急接近し、さらに軍部が台頭した日本も含めて、1937年に日独伊防共協定が締結されます。

> 1937年、スペイン北部の町をドイツが空爆し、大惨事となった。町の名は「ゲルニカ」、この惨事をピカソはあの絵にしたのだよ。

(4) 日本の中国進出　　　リンク▶ #42

日本は1931年、柳条湖事件をきっかけとして満州事変をおこし、中国東北地域を関東軍が制圧して1932年に満州国の独立を宣言、清朝最後の皇帝溥儀を執政とします。

これに対して、中国は侵略だとして国際連盟に提訴。派遣されたリットン調査団は満州国を承認しなかったため、日本は1933年に国際連盟を脱退します。

(5) 日中戦争

リンク▶ #42

　日本は満州事変の停戦協定として塘沽（タンクー）停戦協定を結びます。非武装地帯を設定して中国側に事実上、日本の占領を黙認させ、日本に親日的な冀東（キトウ）防共自治政府を成立させます。国民党は共産党との戦いを優先させており、日本との全面対立を避けたかったため、満州国を黙認したことになります。

　1937年、盧溝橋事件がおこり、日中戦争が開始されます。国民党の蒋介石は共産党との戦いを続け、共産党が抗日民族統一戦線結成をよびかけた八・一宣言には応じませんでした。しかし、国民党側の張学良が蒋介石を幽閉する西安事件をおこしたことを契機に、周恩来の仲介で第二次国共合作が成立、抗日民族統一戦線が結成されました。

重要度 B

日本史も理解していないとなかなか対応できない部分だよ。

TRY! 本試験問題で一問一答

Q1 アメリカ合衆国は、1929年のニューヨーク株式市場での株価の暴落により、深刻な不況に見舞われた。この間、企業の倒産が一挙に進んで工業生産は急落したが、<u>農業生産は堅調に拡大し、金融機関の経営の健全性も確保されていた</u>。
×農業生産も急落。1930年には金融機関まで恐慌に巻き込まれ、銀行の閉鎖や倒産がおこり、取り付け騒動が頻発した
（×）
［国Ⅱ－21］ cf.❶

Q2 フランクリン・ローズヴェルトは、恐慌対策としてニューディール政策を実施した。この他、ラテンアメリカ諸国に対する内政干渉を改めて、善隣外交政策を展開した。
○このまま覚えよう！
（○）
［都－25］ cf.❶

Q3 <u>世界恐慌により</u>、イタリアではファシスト党が進出し、ムッソリーニがローマ進軍を行った。
×世界恐慌は1929年に発生した。イタリアのファシスト党の結成は1919年、ローマ進軍は1922年である
（×）
［警－17］改 cf.❷

#22 第二次世界大戦

世界史22 再び世界大戦へ。人類はまた過ちをおかしてしまった

重要度 B

世界は再び大戦へと…。ヒトラー率いるドイツの侵略行動、世界中が驚いた独ソ不可侵条約、第二次世界大戦の開始、独ソ戦、日本の真珠湾攻撃と太平洋戦争の開始など、第一次世界大戦を上回る大戦争に突入してしまいます。大きくは、米・英・中・ソの連合国と、日・独・伊の枢軸国との戦いと考えておくべきでしょう。

ココを覚えれば ザ・ベスト！

ナチス・ドイツの侵略、第二次世界大戦の開始、独ソ戦、太平洋戦争の開始、連合国の会談、という5つのテーマを理解しておけばよい。特に戦後史を考えるうえで、連合国の各会談の内容を正しく理解しておくことがもっとも効率的でザ・ベスト！

PLAY!

次の年表を完成させよう。

第二次世界大戦（20世紀中期）

- 1938年：ドイツが（オーストリア）を併合　（ナチス）の大ドイツ主義による領土拡大政策
- 1939年：第二次世界大戦（独ソ不可侵条約）を締結　ドイツの（ポーランド）侵入
- 1940年：日独伊三国軍事同盟　ドイツがパリを占領
- 1941年：独ソ戦を開始　太平洋戦争開始
- 1942年：（ミッドウェー）海戦
- 1943年：（アイゼンハウアー）を総司令官とする米英軍
- 1944年：（パリ）を解放　ノルマンディー上陸
- 1945年：ドイツ・日本が無条件降伏

1 第二次世界大戦の推移

ヴェルサイユ条約を打破したドイツの侵略行動は、ますます激しさを増していきます。英仏の宥和政策に不信感を抱いたソ連は独ソ不可侵条約を結び、世界は驚愕することになりました。そして、ついにドイツは1939年、突如ポーランドに侵攻し、第二次世界大戦がはじまってしまいます。

(1)ドイツの侵略行動

1938年、ドイツはオーストリアを併合します。ナチスは大ドイツ主義を標榜しており、ついに領土拡大政策に出てきたわけです。

さらに、チェコスロヴァキアにズデーテン地方の割譲を要求。ズデーテン地方には多数のドイツ人が居住していたことが理由です。この要求に対し、ミュンヘ

ン会談が開かれ、英仏は対ドイツ宥和政策をとり、ヒトラーと妥協して要求を認めます。会談に招かれなかったソ連は、英仏への不信感を強めることになります。

　ドイツは会談でズデーテン地方を最後の領土要求としていたにもかかわらず、1939年、スロヴァキア自体をドイツの保護国とし、チェコスロヴァキアを崩壊させます。これにより、英仏の対ドイツ宥和政策は転換。イタリアはこの動きに便乗してアルバニアを併合しました。

　さらに、ドイツはポーランド領のダンツィヒの割譲とポーランド回廊の通行を要求しますが、ポーランドは英仏と結んでドイツに対抗します。1939年8月、ドイツはソ連と独ソ不可侵条約を締結。ソ連は英仏への不信感と自国の安全を考慮し、ドイツと結んだわけです。条約には秘密の議定書が付属しており、ポーランドを独ソで分割支配するなど、両国の勢力範囲が取り決めてありました。

> 英仏はドイツとの戦争を恐れて宥和政策をとる。ソ連は英仏への不信感を強め、独ソ不可侵条約を結び、ついに世界大戦がはじまる状況がそろってしまった。

(2) 第二次世界大戦の勃発

　1939年9月、ドイツは突如ポーランドに侵入、英仏は宣戦布告し、第二次世界大戦がはじまります。ソ連もポーランドに侵入して、ポーランドはドイツとソ連で分割されます。

　ソ連はバルト三国（エストニア・ラトヴィア・リトアニア）にも進出してフィンランドへ侵入、ソ・フィン（ソ連・フィンランド）戦争をおこします。これによりソ連は、国際連盟を除名されます。

　1940年、ドイツは鉄鉱石の輸送をめぐる戦略からデンマーク、ノルウェーを占領、さらにオランダ、ベルギー、ルクセンブルクに侵攻します。これによりオランダ、ベルギーが降伏、ドイツ軍は西部戦線での攻撃を開始し、英仏軍は撤退します。そして、ドイツ軍はほぼ戦闘をせずにパリを占領し、フランスは降伏します。イタリアは、このようなドイツ優勢を確認して、枢軸国側として参戦しました。

　ペタン元帥を首班とするフランスの新政府はドイツと休戦協定を結び、フランス北中部はドイツに占領されました。ペタン政権は南部のヴィシーに首都を移動してヴィシー政権を成立、ドイツに協力させられます。これにより第三共和政が終了します。

　一方、ドイツに対する徹底抗戦を主張するド・ゴールはロンドンに亡命し、自由フランス政府をつくりドイツと戦います。この動きを受けて、フランス国内でもレジスタンスが組織されます。

　また、日本は北部仏領インドシナに進駐、米英との対決にそなえて1940年に日独伊三国軍事同盟を成立させます。

> 1940年までは、ドイツの侵攻と英仏の撤退、日独伊三国軍事同盟がポイントだね。

重要度 B

#22 第二次世界大戦

■第二次世界大戦の各国の関係

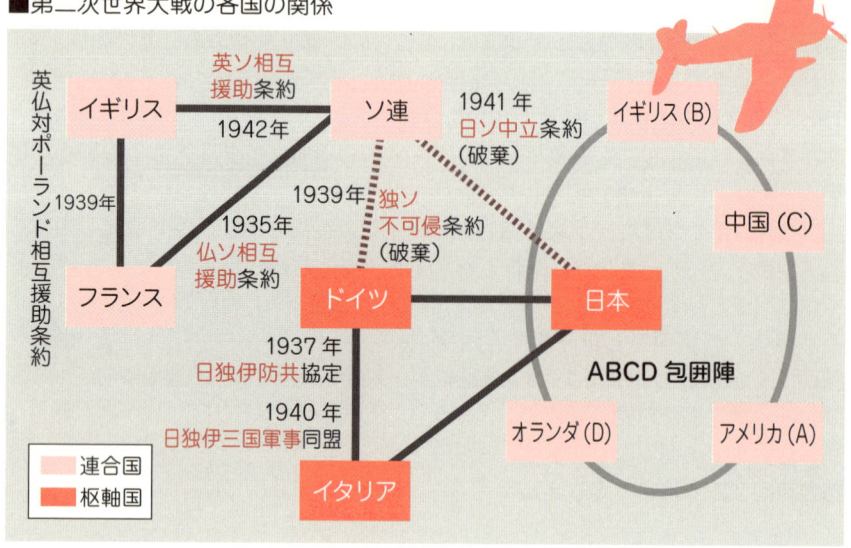

図中のラベル:
- 英仏対ポーランド相互援助条約
- イギリス ― ソ連: 英ソ相互援助条約 1942年
- 1941年 日ソ中立条約（破棄）
- イギリス(B)
- 1939年
- 1939年 独ソ不可侵条約（破棄）
- 1935年 仏ソ相互援助条約
- 中国(C)
- フランス
- ドイツ ― 日本
- 1937年 日独伊防共協定
- ABCD包囲陣
- 1940年 日独伊三国軍事同盟
- オランダ(D)
- アメリカ(A)
- イタリア
- 連合国／枢軸国

（3）独ソ戦へ

　ドイツはイギリス本土上陸作戦のためロンドン空襲をおこないましたが、チャーチル首相のもとでイギリスは徹底抗戦し、上陸作戦は実現しませんでした。アメリカでは武器貸与法が成立し、連合国への支援を開始します。

　1941年、ドイツは新たにバルカン侵攻を開始し、ルーマニアの石油資源を確保しようとしましたが、これによりルーマニアに進出していたソ連と対立することになります。

　同年6月、ドイツはソ連領内に侵攻して独ソ戦争を開始します。当初は優勢でしたが、ソ連軍は徹底抗戦します。イギリスは英ソ相互援助条約を結んでソ連を支援、アメリカもソ連を支援し、三国の結束が高まっていきます。

　さらに8月、ローズヴェルト米大統領とチャーチル英首相が大西洋上会談をおこない、大西洋憲章を発表、民主主義諸国の戦争目標を明確化して、領土不拡大、将来の安全保障機構の再建などを示しました。

> この独ソ戦が戦争の大きな転換点になった。米英ソの結束が大きなポイントになるね。

（4）太平洋戦争

リンク▶ #42

　1941年4月、日本は日ソ中立条約を結び、北からの脅威をおさえて、南部仏領インドシナに進駐します。資源が豊富に存在する地域だったことが大きな要因です。そんな日本に対し、ABCD（アメリカ、イギリス、中国、オランダ）包囲陣が形成されます。アメリカの対日資産凍結と石油輸出禁止の措置は、日本にとって大きな打撃となります。

1941年12月、日本はハワイ真珠湾攻撃を決行し、太平洋戦争が開始されます。日本としては、欧米に対抗して、大東亜共栄圏の建設をめざしたものでした。これにより、米・英・中・ソの連合国と、日・独・伊の枢軸国との戦いという構図が明確なものとなったわけです。

当初は日本側が勝利を収めて占領地を拡大しましたが、1942年6月のミッドウェー海戦での敗北から、後退をはじめることになります。

> 詳しくは日本史で確認しよう。ここでは、ヨーロッパの戦争と太平洋での戦争がひとつになった、とイメージしておくことが大切だよ。

(5) 戦争終結へ

1942～43年にかけて、戦局は転換期を迎え、連合国が反撃を進めていきます。

ヨーロッパ	・スターリングラードの戦いでドイツはソ連に大敗、ソ連は東欧に進出していく。 ・米英軍は北アフリカに上陸、シチリア島からイタリア本土にも上陸して、ムッソリーニが失脚する。イタリアはバドリオ政権となり、連合国に降伏した。 ・幽閉されたムッソリーニは救出され、北イタリアでイタリア社会共和国の樹立を宣言する。一方、バドリオ政権はドイツに対して宣戦布告した。
太平洋	・日本はガダルカナル島で敗北し、南方からの退却を開始する。

1944年6月、アイゼンハウアーを総司令官とする米英軍がフランスのノルマンディー上陸に成功し、ドイツに対する西側からの攻撃（第二戦線）が本格化します。ソ連軍とともにドイツ軍を挟撃し、ド・ゴールの自由フランス政府軍も加わって8月にパリを解放。ドイツに協力していたヴィシー政権は崩壊します。

太平洋では、日本の拠点が次々と攻略され、1944年、サイパン島が陥落して東条英機内閣が倒れます。その後もビルマでのインパール作戦の失敗、米軍の硫黄島上陸・沖縄作戦と続き、敗戦に向かうことになります。

1945年4月にヒトラーが自殺し、5月にベルリンが陥落。ドイツは無条件降伏します。1945年8月には、日本に原子爆弾が投下され、日本はポツダム宣言を受け入れて無条件降伏します。

> 当初は枢軸国側が優勢だったが、42～43年に戦局が大きく転換。44年は勝敗の決する戦いとなった。

（6）大戦中の会談

第二次世界大戦中には、さまざまな会談がおこなわれており、試験でもよく出題されています。

会議名	開催年月	参加者	内容・決議
カサブランカ会談	1943.1	ローズヴェルト（米） チャーチル（英）	アフリカ作戦後、イタリア上陸作戦をとることの確認、枢軸国に対する無条件降伏の要求方針を確認。
カイロ会談	1943.11	ローズヴェルト（米） チャーチル（英） 蔣介石（中）	日本の無条件降伏、太平洋上の島々の放棄、満州・台湾などの中国への返還、朝鮮独立などを示したカイロ宣言が出される。
テヘラン会談	1943.11	ローズヴェルト（米） チャーチル（英） スターリン（ソ）	ドイツに対する第二戦線（西部戦線）形成についての作戦決定。ドイツ降伏後のソ連の対日参戦について協議。
ヤルタ会談	1945.2	ローズヴェルト（米） チャーチル（英） スターリン（ソ）	ドイツの戦後処理（米英仏ソ4カ国の分割統治）、ポーランドの国境策定などがヤルタ協定となる。また、ドイツ降伏後3カ月以内のソ連の対日参戦と、千島列島、南樺太のソ連取得がヤルタ秘密協定として結ばれた。また、国際連合設立について議論、常任理事国の拒否権を認めた。
ポツダム会談	1945.7	トルーマン（米） チャーチル →アトリー（英） スターリン（ソ）	ドイツの占領政策について協議。中国の蔣介石の同意を得て、日本の無条件降伏を求めるポツダム宣言が示される。

蔣介石が出てくると日本の話、スターリンが出てくるとヨーロッパとソ連の話、というイメージで覚えておくと効果的。覚えるものがかなり多い印象があるが、一番大切なのは大戦中の会談の推移。何が話しあわれたかを理解すれば戦争の推移も同時に把握できるはずだよ。

2 国際連合の成立

第二次世界大戦後の国際秩序の再建のため、新たな国際平和維持機構として国際連合が設立されました。戦後、国連がきちんと動けたかどうか、戦後史では大きなテーマとなっています。

(1) 設立の経緯

1941.8	大西洋憲章	ローズヴェルト（米）とチャーチル（英）が会談し、戦後の国際秩序、一般的安全保障のための恒久的な制度の必要性などについて、8項目が示される。
1942.1	連合国共同宣言	第二次世界大戦の戦争目的を示し、大西洋憲章にソ連も賛同する。
1943.10	モスクワ宣言	米英ソの外相会談で国際的平和機構樹立に合意する。
1944.7	ブレトン・ウッズ会議	国際通貨基金（IMF）、国際復興開発銀行（世界銀行・IBRD）の発足を決定、世界経済の安定化を進める。
1944.8	ダンバートン・オークス会議	米英ソ中が参加した、国際連合憲章の草案作成のための会議。拒否権についてはヤルタ会談で決定する。
1945.4	サンフランシスコ会議	国際連合憲章を採択し、国際連合の設立を決定する。会議参加国は50カ国、のちにポーランドが加わり、原加盟国は51カ国となる。
1945.10	国際連合発足	国際連合憲章にもとづき、国際連合発足。

(2) 国際連合の特徴

安全保障理事会が国際の平和と安全に主要な責任を負います。5大国（米英仏中ソ）が常任理事国となり、拒否権を有します。経済制裁に加え、武力制裁（軍事的措置）もおこなうことができるのが特徴で、表決は原則として多数決。国際連盟が全会一致だったため、機能しなかったことに対する反省があります。

TRY! 本試験問題で一問一答

Q1 イギリスは、ドイツの第一次世界大戦後の復興には協力的であったが、オーストリア併合などの領土要求に対してはフランスとともに拒否し、ミュンヘン会談では対独強硬策をとるに至った。
× 1938年のミュンヘン会談では、対独宥和政策がとられた
（×）
[国Ⅰ－元] cf. ❶

Q2 フランスは、世界恐慌がおこると対独復讐心も手伝ってルール地方を占領し、さらにソ連と軍事同盟を結んでドイツに備え、第二次世界大戦がはじまるとド・ゴールが政府をヴィシーに移してドイツに対抗した。
×ルール占領は1923年、世界恐慌は1929年からはじまった
× 1940年7月に対独降伏内閣としてヴィシーにペタン内閣が成立した。ド・ゴールは同年に、ロンドンに自由フランス政府を樹立し、ドイツに対抗した
（×）
[国Ⅰ－元] cf. ❶

Q3 ドイツはソ連と不可侵条約を結び、ソ連は中立の立場からドイツ軍の東欧侵入を黙認し、ドイツ軍とソ連軍は大戦中に直接対戦することはなかった。
×ナチス・ドイツは一方的に不可侵条約を破棄し、1941年6月に独ソ戦がはじまった
（×）
[市－7]改 cf. ❶

Q4 1945年2月のカイロ会談で、対独作戦、ドイツの戦後処理、ソ連の対日参戦が決定され、ドイツ降伏後、日本に無条件降伏を要求するポツダム宣言が発表された。また、同年4月～6月のダンバートン・オークス会議で国際連合憲章が採択された。
×ヤルタ会談である。カイロ会談は1943年11月、対日戦の基本方針を決定したもの
×サンフランシスコ会議である。ダンバートン・オークス会議は1944年8月～10月、国際連合憲章の草案を作成したもの
（×）
[市－7]改 cf. ❷

#23 戦後の国際状況

世界史23 冷戦がはじまり、ギリギリの攻防が続く

重要度 **B**

国際連合が設立され、IMFなど国際経済における協力体制が成立したことで、国際協調の時代を迎えると思われましたが、世界は「東西冷戦」に直面してしまいます。米ソ両大国を中心として対立は激化していき、ヨーロッパはベルリン封鎖で、アジアは朝鮮戦争で大きく動揺することになります。

ココを覚えればザ・ベスト！

冷戦の構造を正しく理解しよう。互いに対抗策を出しながら対立を深めていくプロセスを確認することが最重要。ベルリン封鎖と朝鮮戦争を中心として、全体の対立の構図を、「時事問題」も意識しつつ把握ができればザ・ベスト！

PLAY！

次の年表を完成させよう。

冷戦（1940年〜1960年代）

年	出来事	補足
1946年	トルーマン・ドクトリン／マーシャル・プラン	（アメリカ）の支援によるヨーロッパ復興計画
1948年	北大西洋条約機構（NATO）	
1950年	（東西ドイツ）の分裂／朝鮮戦争	（ソ連）が西ベルリンへの陸路を完全封鎖したことが契機に
1952年		北部が（ソ連）軍、南部が（アメリカ）軍に分割占領される
1954年	ジュネーヴ4巨頭会談	米英仏ソの首脳会談による「雪解け」を象徴する会談
1956年	ワルシャワ条約機構	
1958年	米ソ首脳会談	（戦後）初の米ソ首脳会談
1960年	米軍機が撃墜される事件発生	（ソ連）領空で撃墜される

❶ 冷戦の成立

第二次世界大戦において、米英とソ連は、連合国を構成し、協力して戦いましたが、第二戦線の形成の遅れやドイツの処理問題などをめぐり、ヤルタ会談の頃から対立を深めていきます。東欧を支援しつつ自国の安全保障を確固たるものとしようとするソ連と、広島・長崎に原爆を投下して軍事力を誇示しつつ西側をリードするアメリカとが、激しく対立することになりました。冷戦の結果、ドイツ、朝鮮半島、ベトナムは分断されてしまいます。

(1)「鉄のカーテン」演説

1946年、イギリスのチャーチル元首相が、アメリカのミズーリ州フルトンで「バルト海のシュテッティンからアドリア海のトリエステまで鉄のカーテンが降

143

ろされた」と演説して、ソ連が東欧に勢力圏を築いていることを牽制し、アメリカの注意を喚起しました。

(2) トルーマン・ドクトリン
　1945年にローズヴェルト米大統領が急死し、副大統領から昇格したトルーマン大統領は、日本への原子爆弾投下を最終決定して戦争を終結させます。ソ連に対して核戦力を誇示し、1947年にトルーマン・ドクトリンを発表。外圧に抵抗している政府への支援を表明し、ギリシアとトルコへの援助を開始します。
　この表明は、共産主義に対する封じ込め政策とされます。すなわち、ギリシアとトルコで食い止めないと、ヨーロッパ各地が共産主義化していく危険性がある、と考えたわけです。

(3) マーシャル・プラン
　1947年、マーシャル米国務長官が発表した、アメリカの支援によるヨーロッパ復興計画です。計画にあわせてヨーロッパ経済協力機構（OEEC、現在のOECD）が成立し、為替と貿易の自由化が推進されます。経済復興による共産化の阻止ともいえ、のちの欧州統合につながっていくことになります。

(4) コミンフォルム
　1947年、マーシャル・プランに対抗し、ソ連、東欧諸国、フランス、イタリアの共産党により設立された、共産党情報局です。ユーゴスラヴィアは独自構想を示してソ連と対立し、1948年に追放されます。コミンフォルムは、スターリン批判が起きた後、1956年に解散しました。

(5) 経済相互援助会議（コメコン・COMECON）
　1949年、マーシャル・プランに対抗し、ソ連の主導で設立された経済協力機構です。のちに、東欧以外のモンゴル、キューバ、ベトナムが加盟。冷戦の終結により、1991年に解散します。

(6) 北大西洋条約機構（NATO）
　1949年の北大西洋条約により、西側諸国の集団安全保障機構として北大西洋条約機構（NATO）が設立されました。共産圏に対抗する西側の多国間軍事同盟であり、当初は、米・英・仏・伊・カナダ・オランダ・ベルギー・ルクセンブルク・デンマーク・ノルウェー・アイスランド・ポルトガルの12カ国が加盟していました。1952年にギリシアとトルコ、1955年に西ドイツ、1982年にスペインが加盟しましたが、1966年にフランスが軍事機構から脱退（現在は復帰）します。
　冷戦終結後は、1999年にチェコ、ハンガリー、ポーランドが加盟するなど東方

拡大が進み、2002年にはNATOロシア理事会が結成されてロシアも準加盟国扱いとなりました。

(7) ワルシャワ条約機構

1955年の西ドイツのNATO加盟に対抗し、ソ連・東欧諸国の軍事同盟として設立されます。ソ連・ポーランド・東ドイツ・ブルガリア・チェコスロヴァキア・ハンガリー・ルーマニア・アルバニアの8カ国が加盟しましたが、1968年に中国寄りの路線をとるアルバニアが脱退。1991年に解散します。

■戦後の各国の状況

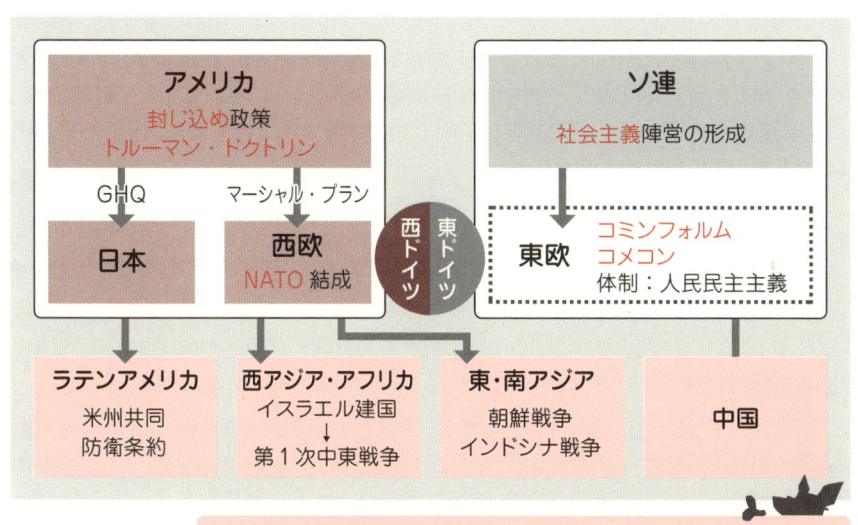

```
アメリカ                          ソ連
封じ込め政策                       社会主義陣営の形成
トルーマン・ドクトリン
   │GHQ  │マーシャル・プラン   西東                コミンフォルム
   ▼     ▼              ド ド   東欧           コメコン
  日本    西欧            イ イ                体制：人民民主主義
         NATO結成         ツ ツ

ラテンアメリカ   西アジア・アフリカ   東・南アジア        中国
米州共同       イスラエル建国      朝鮮戦争
防衛条約        ↓              インドシナ戦争
             第1次中東戦争
```

何かやれば必ず対抗策が提示される、という米ソの状況。互いにやりつくしてしまうと、いつかは「手詰まり」となってしまう…。

② ドイツの分裂・朝鮮戦争の発生

冷戦による対立が激化するにともない、クーデタや戦争が発生する事態となります。特にベルリン封鎖とドイツの分裂、朝鮮戦争は大規模な国際対立となり、国際社会の緊張が高まっていくことになりました。

(1) チェコスロヴァキア・クーデタ（チェコ革命）

1948年、チェコスロヴァキアで共産党によるクーデタが発生します。マーシャル・プランの受け入れをめぐり閣内対立し、共産党がクーデタをおこして共産党の独裁政権が樹立されます。もともと西側に近い路線をとっていたチェコスロヴァキアの共産党政権樹立は、大きな衝撃となりました。

(2) ベルリン封鎖と東西ドイツの分裂

　第二次世界大戦後、ドイツは米・英・仏・ソの4カ国により分割占領され、首都であったベルリンも米・英・仏・ソの4カ国の共同管理下におかれます。1948年、西側と東側のそれぞれの占領地域で通貨改革が実施され、マーシャル・プランに保障されている西側通貨が優勢となります。

　反発したソ連は、西ベルリンへの陸路を完全封鎖します。ソ連占領地域の中にあった西ベルリンは封鎖により陸の孤島の状態に陥りますが、西側は大空輸作戦を展開して、西ベルリンに物資を輸送し続けました。

　1949年5月、ソ連は封鎖を解除しましたが東西ドイツの分裂は決定的なものとなり、ドイツ連邦共和国（西ドイツ）が、同年10月にドイツ民主共和国（東ドイツ）が建国されました。

　ドイツ連邦共和国ではアデナウアーが初代首相に選ばれ、西側陣営として西ドイツを国際社会へ復帰させ、奇跡の経済復興を実現していきます。1954年には、パリ協定で西ドイツの占領の終了、主権の回復、西ドイツのNATO加盟と再軍備などが決められました。

　東ドイツは、自国民の西ベルリンへの脱走を防止するために1961年、ベルリンの壁を建設。東西冷戦の象徴となりました。ベルリンの壁は、1990年の東西ドイツの統一後に撤去されました。

> ソ連は封鎖に動き、西側諸国は大空輸で対抗する。東西冷戦期を代表する出来事のひとつだね。

(3) 朝鮮戦争

　1945年、ソ連軍は朝鮮半島に上陸し、アメリカは北緯38度線を境とした分割占領を提案。北部がソ連軍、南部がアメリカ軍に分割占領されます。独立国家の建設を準備するための米ソ共同委員会が決裂し、南半分では李承晩が同年8月に大韓民国の成立を宣言します。一方、北半分ではソ連の支援を得て金日成が同年9月に朝鮮民主主義人民共和国（北朝鮮）を成立させます。これにより、占領境界線は国境となりました。

　1950年、北朝鮮軍は北緯38度線を越えて軍事進攻を開始し、ソウルが北朝鮮軍に占領されます。これに対応すべく、国連は安全保障理事会を招集。ソ連が欠席している中で、アメリカの提案より北朝鮮軍の行為を侵略であると断定し、国連軍が組織されます。ただし、国連憲章に規定された国連軍とは異なる手順での派兵決定だったため、厳密には米軍主体の多国籍軍であるとされています。

> 北朝鮮が武力統一をめざして侵入、アメリカと国連は侵略行為とみなして軍事介入、中国は北朝鮮側に義勇軍を送る、という国際的な紛争となってしまったね。

マッカーサーを総司令官とする国連軍は、仁川に上陸し、ソウルを奪回して平壌を占領した後も北上を続け、中国国境付近にまで進出します。自国の安全保障を憂慮した中国の毛沢東主席らは、北朝鮮軍を援助する人民義勇軍を送ることを決定。再び戦線が押し戻され、北緯38度線付近で膠着状態となります。

1951年、中華人民共和国国内への攻撃や原爆使用について発言したマッカーサーが解任され、ソ連側からの提案により板門店で休戦会談がはじまります。1953年には朝鮮休戦協定が締結され、北緯38度線を境とした停戦ラインで朝鮮の南北分断が確定しました。

国連軍の最北戦線
朝鮮民主主義人民共和国
ピョンヤン
停戦ライン
38度線
板門店
ソウル
大韓民国
北朝鮮軍の最南戦線

重要度 B

#23 戦後の国際状況

(4) インドシナ戦争

第二次世界大戦中、日本はベトナムに進駐しましたが、ホー・チ・ミンが大衆組織であるベトナム独立同盟(ベトミン)を組織して抵抗し、日本の敗戦後にベトナム民主共和国の独立を宣言します。

これに対してフランスは1946年から軍事行動をおこし、第一次インドシナ戦争が開始されます。冷戦の進行により、ベトミンはソ連と中国の支援を受け、一方、共産化が進むことを恐れたアメリカはフランスを支援します。

1954年、ディエンビエンフーの戦いが発生し、ベトミン軍に包囲された仏軍は大敗し、ジュネーヴ休戦協定で停戦に合意。仏軍の撤退と、ベトナムの北緯17度線を境とした南北分断が定められます。

その結果、北側には独立宣言をしていたベトナム民主共和国が確立し、ホー・チ・ミンが主席となり、南側には1955年にベトナム共和国が成立して、アメリカが支援するゴ・ディン・ジエム政権が発足します。

> 国家の分断という、もっともきびしい状況に直面した歴史。経緯を正しく確認しておこう。

❸ 冷戦の進行

中華人民共和国の成立や朝鮮戦争により、アメリカは反共主義的傾向を強め、アイゼンハウアー大統領は巻き返し政策をかかげて強硬路線を鮮明にします。ソ連の核兵器開発も進みましたが、米ソの外交は次第に戦略的に手詰まりな状況に至っていくことになります。

(1) 中華人民共和国の成立

第二次世界大戦後、中国では国民党の蔣介石と共産党の毛沢東が双十協定を結んで民主的政権の樹立で合意しましたが、対立が続きます。アメリカの調停・停戦協定もありましたが機能せず、中華民国政府（国民党）率いる国民革命軍と中国共産党率いる中国工農紅軍（紅軍）との間で内戦が発生します。

国民党はアメリカの支援を受けていましたが、インフレにより国民の生活を圧迫。一方、共産党は毛沢東が新民主主義を主張し、農民に耕地を分配したため、農民は共産党側に参加していくようになります。共産党の紅軍は人民解放軍と呼称されるようになり、毛沢東は1949年10月に中華人民共和国の建国を宣言。毛沢東は国家主席となり、周恩来は首相となります。

国民党の蔣介石は、台湾に逃れて同年12月に中華民国政府を樹立、国共内戦は終了します。

> 農民は内戦を地主に対する戦いだ、と位置づけたから、共産党側についたんだよね。

(2) 巻き返し政策

共和党政権であるアイゼンハウアー米大統領が就任演説で提唱した政策です。トルーマン政権の封じ込め政策を批判して、ソ連の勢力圏を巻き返そうとする政策で、ダレス国務長官とともに対ソ強硬路線を進めていきます。

(3) 大量報復戦略

1954年にダレス国務長官が発表した戦略で、アメリカの核抑止戦略の原型といわれています。核の優位を背景に、大量報復能力を持つことにより、ソ連側からの侵略を抑止しようとする考え方です。

(4) スターリンの死

スターリンが1953年に死去し、後継者となったのはマレンコフでしたが失脚します。のちに首相となったブルガーニンも失脚、フルシチョフが実権を掌握し、外交戦略を転換して平和共存路線を打ち出していきます。

(5) ジュネーヴ4巨頭会談

1955年、米英仏ソの首脳会談が開催され、アメリカからアイゼンハウアー大統領とダレス国務長官、ソ連からブルガーニン首相とフルシチョフ共産党第一書記らが出席。朝鮮戦争とインドシナ戦争の終結による緊張緩和をふまえ、雪解けの象徴とされましたが、翌年のハンガリー反ソ暴動で緊張が高まってしまいます。

(6) スターリン批判と東欧の動揺

1956年2月、ソ連共産党のフルシチョフ第一書記が、ソ連共産党第20回大会

においてスターリン時代の個人崇拝や粛清を否定し、スターリン批判をおこないます。東欧の自由化要求も高まり、中ソ対立がはじまることになります。

同年6月には、ポーランドのポズナニで生活改善を求めた労働者暴動が発生。ソ連は軍を国境地帯に移動させるなどして圧力をかけましたが、ポーランドはスターリン時代に対立していたゴムウカが第一書記に復帰し、改革を推進していきます。

同年10月、ハンガリーで共産党の改革を求めた学生・労働者らによる暴動が発生し、ソ連軍と衝突します。混乱収拾に向けて改革派のナジ・イムレが首相に復帰し、ワルシャワ条約機構からの脱退と中立化を宣言すると、ソ連軍が2度目の軍事介入を実施して政権は打倒されます。

これにより、多くのハンガリー国民が殺され、約20万人が西側に亡命、ナジ・イムレは処刑されました。

■社会主義への影響

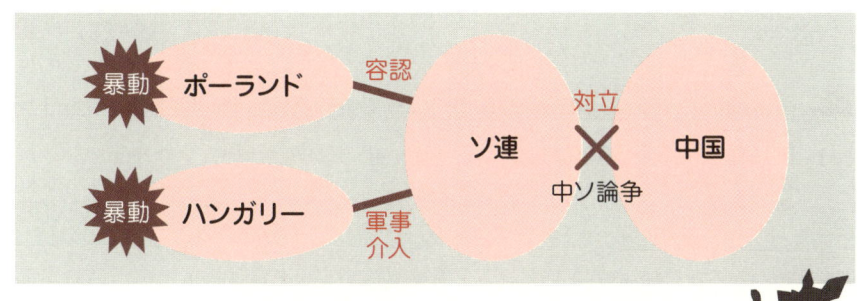

| 暴動 | ポーランド | 容認 | ソ連 | 対立 × 中ソ論争 | 中国 |
| 暴動 | ハンガリー | 軍事介入 | | | |

> ポーランド反ソ暴動、ハンガリー動乱が発生し、東欧は危機を迎えてしまう。たがが外れてしまった、というイメージだね。

(7) スプートニク・ショック

1957年、ソ連が世界ではじめて人工衛星「スプートニク1号」の打ち上げに成功し、西側諸国に衝撃を与えました。アメリカに先駆けての開発成功は軍事的な緊張を高めることとなり、以後、アメリカとソ連は宇宙開発競争に積極的に取り組んでいきます。

> 緊張状態の中、ひとつの事件で情勢が大きく変わっていく。大変な時代だったね。

(8) フルシチョフの平和共存路線と訪米

1955年に西独とソ連が国交を回復し、1956年に日本とソ連が日ソ共同宣言により国交を回復します。また、1959年にはフルシチョフが訪米し、アイゼンハウアー米大統領と戦後初の米ソ首脳会談がおこなわれ、翌年のアイゼンハウアー大統領の訪ソが約束されます。

(9) U2型機事件の発生

1960年、米軍のU2型偵察機がソ連領空で撃墜される事件が発生し、ソ連はアメリカのスパイ行為であると激しく非難。アイゼンハウアー大統領の訪ソとパリで予定されていた4巨頭会談は中止されます。平和共存路線は暗礁に乗り上げ、この流れが<u>キューバ危機</u>につながっていくことになります。

TRY! 本試験問題で一問一答

Q1 中国では、国共内戦が再開された。当初は<u>孫文</u>率いる国民党軍が農民や民族
　　×孫文ではなく、蔣介石である
資本家などの支持を集めて優勢であったが、<u>共産党がソ連の支援を受けて</u>
　　　　　　　　　　　　　　　　　○この論旨は正しい。
から形勢が逆転した。1949年には共産党が中国本土を制圧し、毛沢東を主席、周恩来を首相とする中華人民共和国が成立した。
　　　　　　　　　　　　　　　　　　　　　　　　　　　　（×）
　　　　　　　　　　　　　　　　　　　　　　　　　　[裁－26] cf.❸

Q2 敗戦国のドイツは、<u>米英ソの3国によって分割占領され</u>、旧首都のベルリン
　　　　　　　　　×米英ソ3国によるポツダム協定で、フランスを含む4国でドイツを分割占領・共同管理することになった。ベ
はソ連の管理下におかれた。
ルリンも4国の分割管理下におかれた
　　　　　　　　　　　　　　　　　　　　　　　　　　　　（×）
　　　　　　　　　　　　　　　　　　　　　　　　　　[地上－25]改 cf.❷

Q3 1948年2月にチェコスロヴァキアで政変がおき、共産党の一党支配が成立
すると、同年3月、<u>アメリカは北大西洋条約機構（NATO）を結成して</u>、東欧
　　　　　　×このときに締結されたのは、英・仏・ベネルクス3国による西ヨーロッパ連合条約（ブ
に対する軍事的結束を固めた。
リュッセル条約）である
　　　　　　　　　　　　　　　　　　　　　　　　　　　　（×）
　　　　　　　　　　　　　　　　　　　　　　　　　　[地上－25]改 cf.❶❷

Q4 トルーマン・ドクトリンとマーシャル・プランは、<u>東欧諸国への経済援助を</u>
　　　　　　　　　　　　　　　　　　　　×トルーマン・ドクトリンは、ギリシア・
<u>目的としておこなわれたものである。</u>
トルコへの経済援助、マーシャル・プランは西ヨーロッパ諸国への経済援助である　　（×）
　　　　　　　　　　　　　　　　　　　　　　　　　　[警－27]改 cf.❶

Q5 インドシナでは、ベトナム民主共和国が建国されたが、<u>オランダ</u>がこれを認
　　　　　　　　　　　　　　　　　　　　　×オランダではなく、フランス
めなかったのでインドシナ戦争がはじまった。デイエンビエンフーの戦いで
　　である
敗北した<u>オランダ</u>は、ベトナム民主共和国とジュネーヴ休戦協定を結んだ。
　　　　　　　　　　　　　　　　　　　　　　　　　　　　（×）
　　　　　　　　　　　　　　　　　　　　　　　　　　[裁－26] cf.❷

150

#24 キューバ危機と多極化

世界史24　世界が核戦争発生に直面した日。冷戦は多極化していく

重要度 B

ソ連が平和共存路線に転換し、アメリカに接近する、という状況は、中国にとっては許容しがたいものであり、中ソ対立が激化していきます。一方、ソ連がキューバにミサイル基地を建設していることを確認したアメリカは、世界核戦争発生の危機に直面。まさに緊迫の歴史といえる世界情勢を確認していきましょう。

ココを覚えればザ・ベスト！

中ソ対立の原因、**キューバ革命**と**キューバ危機**、第三勢力の結集と**非同盟主義**、の3点をしっかり確認していくこと。単なる米ソ対立ではないことに留意し、さまざまな国の動向や立場を正しく理解しておくことでザ・ベスト！

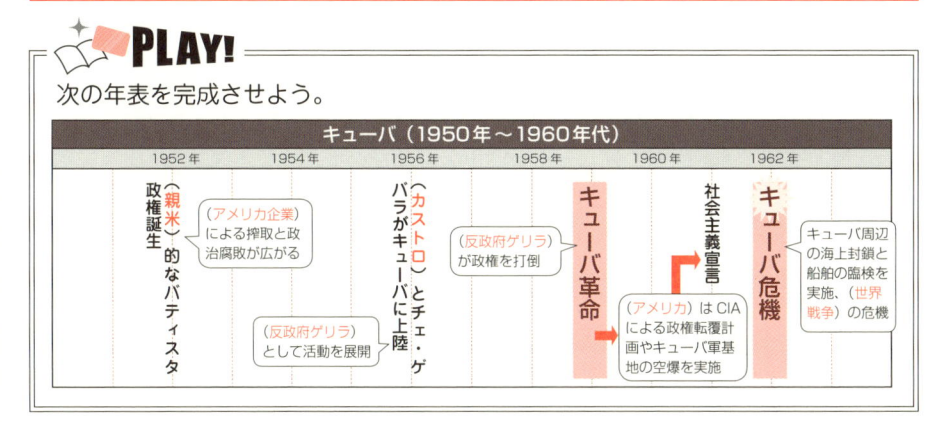

PLAY!

次の年表を完成させよう。

キューバ（1950年〜1960年代）

- 1952年：（親米）的なバティスタ政権誕生 ←（アメリカ企業）による搾取と政治腐敗が広がる
- 1954年：（反政府ゲリラ）として活動を展開
- 1956年：（カストロ）とチェ・ゲバラがキューバに上陸
- 1958年：（反政府ゲリラ）が政権を打倒
- 1960年：**キューバ革命** → 社会主義宣言 ←（アメリカ）はCIAによる政権転覆計画やキューバ軍基地の空爆を実施
- 1962年：**キューバ危機** ← キューバ周辺の海上封鎖と船舶の臨検を実施、（世界戦争）の危機

❶ 中ソ対立とその後の経緯

フルシチョフによるスターリン批判に対して中国が反発したことから、中ソ対立が深まっていきます。中国はソ連の平和共存路線を「修正主義」だとして批判し、ソ連は中国を原則に固執する「教条主義」だとして批判しました。両国の対立は武力衝突に発展してしまいます。

(1) 大躍進運動の失敗

1958年、毛沢東指導下の中国共産党が打ち出した大躍進運動は、社会主義建設の「総路線」であり、農村では**人民公社**が設立され、集団化を推進していきました。また、重工業優先政策にもとづき、急激な**大増産政策**が進められました。

しかし、1959年から61年にかけ、中国は自然災害と凶作で食糧難に陥ります。

生産力の基盤が弱いまま大躍進政策を進めたことを非難された毛沢東は、国家主席を退きます。そして劉少奇が国家主席となり、大躍進失敗後の経済の立て直しに努力することになります。

> 急激な増産政策が、資源の大量浪費と農村の疲弊をもたらしてしまうよ。

(2) 中印国境紛争と印パ戦争の経緯

1959年のチベット反乱により、中国共産党の支配下にあったチベットのダライ・ラマ14世がインドに亡命し、チベット臨時政府の樹立を宣言します。1962年には、中国とインド国境で大規模な武力衝突事件が発生し、ソ連がインドを援助。しかし中国が勝利して、国境をインド側に動かします。

一方、カシミール地方をめぐる領土紛争により生じたインド・パキスタン戦争（印パ戦争）で、中国はパキスタンを支援し、中ソ対立が反映されるかたちとなりました。

> ソ連がインドを支援したことが、何よりも大切なポイントだね。

(3) 文化大革命

文化大革命は、1966年から70年代初頭にかけて、毛沢東により進められた思想・権力闘争です。社会主義でも階級闘争の継続が必要だとの考えから、資本主義的な道を歩もうとする実権派（走資派）を追放する権力闘争となりました。劉少奇や鄧小平らも修正主義者として批判され、失脚させられました。この時期、毛沢東の権力を背景にして、反対派を抑圧した毛沢東夫人の江青ら四人組が実権を握り、中国は混乱の時代を迎え、経済も停滞してしまいます。

首相の周恩来は復権した鄧小平とともに、農業・工業・国防・科学技術の「四つの現代化」を提唱しましたが、周恩来が死去。四人組批判の騒乱である第一次天安門事件が発生し、鄧小平は再度失脚することになりました。

1976年に毛沢東が死去。四人組が逮捕されて、ようやく文化大革命は終息します。その後、中国ではまたも鄧小平が復権し、改革開放政策へ転換していくことになります。

> 集団虐殺事件などが発生し、中国は破壊と混乱の時代を迎えてしまったわけだ。鄧小平が不死鳥のように復権することにも注目しておこうね。

❷ キューバ革命とキューバ危機

1959年、キューバで社会主義革命が発生し、アメリカがキューバに有していた権益に反する改革が進み、両国は対立を深めていきます。アメリカに対抗しようとしたキューバはソ連に接近し、キューバ危機が発生して、世界は核戦争の危機に直面します。

(1) キューバ革命

米西戦争によりキューバは独立して、事実上、アメリカの保護国となっていました。1952年にクーデタで再任された親米的なバティスタ政権は、独裁を強め、アメリカ企業による搾取と政治腐敗が広がっていました。1956年に、メキシコに亡命していたカストロがチェ・ゲバラとともにキューバに上陸し、反政府ゲリラとして活動を展開。バティスタ政権の打倒に成功します。

革命政府は、小作人への農地分配と基幹産業の国有化を発表し、アメリカの権益と対立することになります。アメリカはCIAによる政権転覆計画やキューバ軍基地の空爆などを実施したため、カストロは社会主義宣言を出してソ連に接近。その後、ソ連製ミサイルの配備をめぐりキューバ危機が発生することになります。

(2) アメリカのケネディ政権

1961年、民主党のケネディが史上最年少で第35代米大統領に就任、ニューフロンティア政策を掲げて、内政・外交の諸問題に積極的に取り組み、経済成長や教育改革を推進していきます。

進歩のための同盟と称し、ラテンアメリカへの援助を進めてキューバの孤立化をはかり、1962年のキューバ危機の発生に際しては危機回避に尽力。1963年にはイギリス・ソ連との間で部分的核実験停止条約を成立させます。また、人種差別問題に際して公民権拡大の法案を提案していましたが、1963年、遊説先のダラスで暗殺されてしまいます。

(3) キューバ危機

1962年、アメリカの偵察機により、キューバでミサイル基地が建設されていることが判明。ソ連製ミサイルが搬入され、核兵器での攻撃が危惧される状況でした。

> 世界は核戦争の恐怖に直面したが、回避できた。まさに英断であったのだよ。

キューバ周辺の海上封鎖	ケネディ米大統領は空爆を主張した国防総省らの意見を抑えて、キューバ周辺の海上封鎖と船舶の臨検を実施。
キューバへのミサイル持ち込み	テレビ演説でキューバにミサイルが持ち込まれたことを発表して、ソ連を非難。
世界核戦争の危機回避	米軍偵察機がキューバ上空で撃墜される事件が発生したが、アメリカがキューバに侵攻しないこととソ連がミサイルを撤去することを決定し、世界核戦争の危機は回避。
ホットラインの創設	この事件を教訓として、米ソ両首脳間にはホットラインが創設され、デタント(緊張緩和)が進展。また、部分的核実験停止条約が成立。

重要度 B

#24 キューバ危機と多極化

❸ 第三勢力の結集と非同盟主義

　ソ連の平和共存路線への転換と冷戦構造の変化は、アジアやアフリカにおいて新たな連帯の動きとなっていきます。第三勢力の結集、東西のどちらの陣営にも与しない非同盟主義として、各国は積極的中立の立場をとって行動をしていくことになりました。

(1) 平和五原則

　1954年に中国とインドが締結した、チベット・インド間の通商・交通協定の前文にあたり、領土主権の相互尊重、相互不侵略、内政不干渉、平等互恵、平和的共存の5つの原則を提案します。同年6月に中国の周恩来首相とインドのネルー首相の共同声明（周・ネルー共同声明）というかたちで、すべての国家間に広く適用されるべき原則として発表されました。しかし、その後、両国の間には中印国境紛争が発生することになります。

(2) アジア・アフリカ会議（ＡＡ会議・バンドン会議）

　1955年、インドネシアのバンドンで、アジアおよびアフリカの首脳会議が開催されました。史上初の新興国だけの大きな会議で、日本を含む29カ国の代表が参加。平和五原則は、反植民地主義、経済協力、平和共存を掲げる「平和十原則」となりました。

　また、植民地の独立や非同盟主義に大きな影響を与える会議となり、冷戦下での大国の行動への批判にもつながりました。

(3) 非同盟諸国首脳会議

　非同盟主義を掲げる諸国の国際会議であり、第1回の会議はユーゴスラヴィアのティトー大統領、エジプトのナセル大統領、インドのネルー首相のよびかけにより、1961年、ユーゴスラヴィアのベオグラードで開催されました。現在も続いており、参加国は120カ国にまで達しています。

> ティトーは、1948年にユーゴスラヴィアがコミンフォルムから除名された後、独自の社会主義路線を推進し、非同盟主義の立場から外交で大きな影響力を持った大統領だった。彼の死後、カリスマを失ったユーゴスラヴィアは崩壊してしまうよ。

(4) フランスのド・ゴール大統領の政治

　植民地だったアルジェリアの独立をめぐる問題から、内乱の危機に至ったフランスでは、大戦の英雄ド・ゴールを待望する世論が広がります。1958年、ド・ゴールは大統領の権限を強化した第五共和政を発足させ、翌年、大統領に就任。のちにアルジェリアは独立が認められることになります。

　ド・ゴールは「フランスの栄光」を追求し、1960年に核保有国となり、1964年

に中国を承認、1966年にはNATOの軍事機構から脱退します。
　また、1968年には国内で反体制運動である五月危機が発生し、1969年の国民投票で改革案が否決されて大統領を辞任します。

TRY! 本試験問題で一問一答

重要度 B

#24 キューバ危機と多極化

Q1 1950年代、毛沢東の指導により農業・工業・国防・科学技術の「四つの現代化」が進められ、人民公社の解体や外国資本・技術の導入などの経済の改革・開放政策が実施された。この大躍進運動により、中国の経済状況は好転し、国民の生活水準も向上した。
×毛沢東が推し進めた大躍進運動は1958年より開始。工業化と農業の集団化をめざす生産向上運動
×改革・開放政策は、鄧小平が主導して1980年から順次実施したもの
×大躍進運動は失敗し、2000万人以上の餓死者を出した
（×）　［国Ⅱ-22］cf.❶

Q2 インドは、英国からの独立が認められたが、ヒンドゥー教徒の国民会議派とムスリム連盟の対立が高まり、ヒンドゥーのインド連邦とムスリムのアフガニスタンの2国に分離して独立した。両国の間では、カシミール地方の帰属をめぐる対立が激化し、戦争が勃発した。
×アフガニスタンではなく、パキスタンである
（×）　［裁-26］cf.❶

Q3 キューバでソ連によるミサイル基地の建設が発覚すると、アメリカのアイゼンハウアー大統領は海上封鎖を断行して、ソ連と対立した。
×ケネディ大統領である
（×）　［警-26］改 cf.❷

Q4 1955年に、インドネシアのバンドンで史上初のアジア・アフリカ会議が開催され、非同盟主義を掲げるいわゆる第三勢力が現れた。
○このまま覚えよう！
（○）　［市-4］改 cf.❸

Q5 社会主義建設の方針をめぐって、ソ連と中国の対立が表面化すると、ソ連は毛沢東による市場経済的な手法の導入を資本主義への道を歩む修正主義であるとして非難し、両国の対立は国境紛争にまで発展した。
×スターリン批判をおこない、平和共存路線を歩みはじめたソ連を、毛沢東が修正主義であるとして非難した
（×）　［警-17］改 cf.❶

155

#25 ベトナム戦争と社会主義国の疲弊

世界史25　アメリカはベトナム戦争で動揺、ソ連も疲弊していく

重要度 B

ベトナム戦争が泥沼化し、反戦運動も高まった結果、米軍は撤退してベトナム社会主義共和国が成立することになりました。アメリカの繁栄にとって大きな打撃となる戦争になったわけです。一方、ソ連ではフルシチョフが解任され、ブレジネフ体制に変わりますが、社会の停滞に苦しんでいくことになります。

ココを覚えればザ・ベスト！

まずはベトナム戦争の推移を確認。ニクソン訪中のタイミングを理解しつつ、この時期のアメリカについて広い視点で確認しておく。ソ連については、ゴルバチョフ登場の背景となった社会主義の行き詰まりについて理解しておけばザ・ベスト！

PLAY!

次の年表を完成させよう。

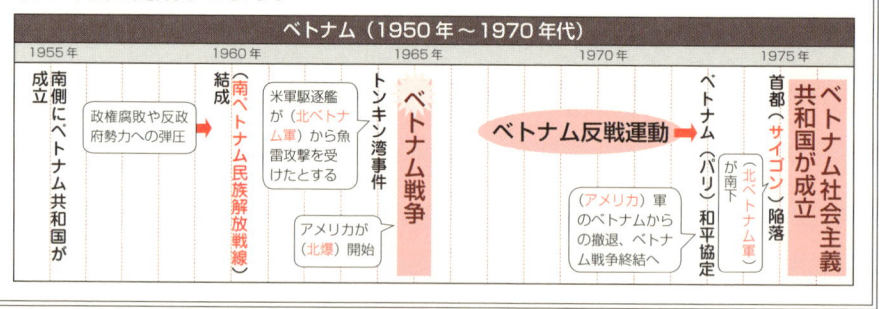

ベトナム（1950年～1970年代）

1955年	1960年	1965年	1970年	1975年
南側にベトナム共和国が成立	政権腐敗や反政府勢力への弾圧 → （南ベトナム民族解放戦線）結成	米軍駆逐艦が（北ベトナム軍）から魚雷攻撃を受けたとする／トンキン湾事件／アメリカが（北爆）開始／ベトナム戦争	ベトナム反戦運動／（アメリカ）軍のベトナムからの撤退、ベトナム戦争終結へ／ベトナム（パリ）和平協定／（北ベトナム軍）が南下	首都（サイゴン）陥落／ベトナム社会主義共和国が成立

① ベトナム戦争と周辺の状況

ベトナムは北緯17度線を境として南北に分断されてしまいましたが、南部のゴ・ディン・ジエム政権腐敗に対し、南ベトナム民族解放戦線が結成され、反政府運動が展開されていきます。アメリカは北ベトナムの共産主義に対抗するため軍事介入を決意し、北爆が開始されました。

(1) ベトナム戦争とアメリカの状況

ジュネーヴ休戦協定後、北側にベトナム民主共和国、南側にベトナム共和国が成立します。アメリカは共産主義への対抗から、南ベトナムのゴ・ディン・ジエム政権を支援しました。しかし、ゴ政権の政権腐敗や反政府勢力への弾圧に対し、1960年にさまざまな国民勢力が結集して南ベトナム民族解放戦線が結成され、

北ベトナムの支援を受けます。アメリカのケネディ政権は、南ベトナム民族解放戦線に対抗するため、軍事顧問団と称する部隊を派遣し、軍事介入を拡大していきます。

1963年	ゴ・ディン・ジエム政権がクーデタにより打倒される。
1964年	ケネディ大統領暗殺後、副大統領から昇格したジョンソン大統領は、米軍駆逐艦が北ベトナム軍から魚雷攻撃を受けたとするトンキン湾事件を口実に、議会からあらゆる措置をとる権限を認められる。
1965年	アメリカは、大規模な軍事行動を開始し、北ベトナムへの組織的な爆撃（北爆）を進める。アメリカは大量の兵力を派遣するが、北ベトナムと解放戦線はソ連と中国が支援したため、戦争は泥沼化。解放戦線のゲリラ戦術に対し、米軍は枯葉剤などを使用、健康被害や後遺症を発生させる原因となった。
1968年	北ベトナムと解放戦線の攻撃（テト攻勢）により、米軍は劣勢に立たされ、さらに米軍によるソンミ村集団虐殺事件が報道されて、ベトナム反戦運動が広がっていく。そんな動きに抗しきれず、ジョンソン大統領は北爆を停止し、次期大統領選に出馬しないことを表明。反戦運動にも多大な影響を与えた公民権運動指導者のキング牧師が暗殺されるなど、アメリカ国内も混乱の度を深めていく。

北爆のきっかけになったトンキン湾事件は、実は捏造されていることが、のちに明らかになった。最初はアメリカもこの戦争が泥沼化するとは考えてもいなかったんだ。

(2) ニクソン政権とベトナム戦争の終結

1969年、アメリカでニクソン政権が誕生します。ニクソン大統領はベトナム戦争のベトナム化（ベトナム自身での解決）を唱えて、米軍の撤退を開始します。しかし、ニクソン大統領は、共産圏から北ベトナムへの軍事物資支援ルートを遮断して有利な条件で講和することを意図し、クーデタで親米政権が誕生したカンボジアに侵攻します。また、ラオスにも侵攻し、北爆も再開します。

戦費支出や財政赤字、貿易収支の赤字などにより低迷したアメリカ経済への影響から、1971年、ニクソン大統領はドルの金との交換を停止します（ニクソン・ショック）。これにより、ドルを基軸通貨とするブレトン・ウッズ体制が崩壊し、ドルの切り下げがおこなわれます。

1972年には、ニクソン大統領が中国を訪問。これは、ベトナム戦争の終結、中国との和平、中ソ対立をふまえ、ソ連を牽制することなどが意図だったとされます。また、同年5月にニクソン大統領はモスクワを訪問し、第一次戦略兵器制限交渉（SALTI）に合意します。

1973年、パリ和平会談の結果、ベトナム（パリ）和平協定が成立し、米軍は撤退。その後は北ベトナム軍が南下し、1975年には南ベトナムの首都サイゴン（現ホーチミン市）が陥落、戦争は終結します。そして1976年に、ベトナム社会主義共和国が成立します。
　一方、1972年の米大統領選挙の際に民主党事務所に盗聴器の設置をしたというウォーターゲート事件が発覚、下院で大統領弾劾が決議され、1974年、ニクソン大統領は任期中に辞任することになります。

(3) ベトナム戦争に巻き込まれた国々

　カンボジアでは、シハヌーク元首とポル・ポト率いるクメール・ルージュがカンプチア民族統一戦線を結成して内戦となり、ポル・ポト政権が成立。反対派を弾圧し、大量虐殺が発生します。
　ラオスでも内戦が発生し、王国政府とラオス愛国戦線が争いましたが、王政が廃止され、1義国であるラオス人民民主共和国が成立します。
　ベトナムはカンボジアをめぐり中国と対立。ベトナムの侵攻でカンボジアのポル・ポト政権が崩壊し、親ベトナムのヘン・サムリン政権が誕生します。中国はベトナムに対して懲罰を与えるべく、ベトナムに侵攻して中越戦争が発生します。戦争は短期間で終結し、その後、中国は鄧小平の改革・開放政策、ベトナムはドイモイ（刷新）路線へと進んでいくことになります。

❷ ソ連の状況

　アメリカがベトナム戦争で苦しんでいる中、ソ連ではフルシチョフが解任され、ブレジネフ体制へと移行していきます。東欧諸国は自立をめざしはじめ、ソ連は経済の行き詰まりに苦しむことになりました。

(1) ブレジネフ体制の成立

　1964年、フルシチョフが解任され、ブレジネフが第一書記（のちに書記長）となります。フルシチョフが改革を推進したのに対して、ブレジネフは改革には慎重な姿勢を維持しており、結果としてソ連の経済停滞を招くこととなります。

(2) プラハの春とチェコ事件

　1968年、チェコスロヴァキアでドプチェク第一書記によるプラハの春（改革運動）が発生し、「人間の顔をした社会主義」を標語に改革を推進していきましたが、ソ連主導のワルシャワ条約機構軍が侵攻してドプチェクは失脚（チェコ事件）。
　ブレジネフはこの軍事介入についてブレジネフ・ドクトリンを発表し、社会主義全体の利益のためには、一国の主権が制限されてもやむをえず、共同で介入して全体利益を守ることが社会主義国の責務である、としました。「制限主権論」と

もいわれています。

> 主権を制限してもいい、という主張はソ連の覇権主義を象徴しているよね。

(3) 中ソ国境紛争

　1969年、中国とソ連の国境線で紛争が発生します。アムール川（黒竜江）の支流であるウスリー川の中州を形成している**ダマンスキー島（珍宝島）**の領有権を争って、大規模な軍事衝突が発生。さらに新疆ウイグル自治区でも軍事衝突が発生して、緊張が高まります。

　中国は文化大革命の最中であり、中ソ間のイデオロギー的対立が激化している状況だったため、全面戦争となる危険性もありましたが、ソ連のコスイギン首相と中国の周恩来首相の会合により、危機を回避しました。

> 同じ社会主義国でも、国境紛争は発生するよ。しかもブレジネフは「制限主権論」だもんね。

(4) アフガニスタン侵攻

　アフガニスタンは、共産主義の**アフガニスタン人民民主党**による政権が成立していましたが内戦が激化して、ソ連に軍の派遣を要請。その後、革命評議会議長となったアミーンの政治姿勢に対し、ソ連は不信感を高めます。

　また、人民民主党政権に対して反乱をおこしたムジャーヒディーン（ジハード・聖戦を遂行する戦士）に、アメリカが活動資金を提供していたこと、イランで**イラン革命**が発生してイスラム原理主義の活動が活発化するとソ連にとって悪影響だと判断したことから、ソ連は軍事介入を決定します。

　1979年、軍事介入は開始されましたが、政権が事態を収拾できなかったためソ連軍はアミーンを殺害し、イスラム原理主義系のゲリラ組織との長期にわたる戦闘が続きます。ソ連軍の駐留は10年にわたり、その後のソ連崩壊への流れを決定的なものとする事件になります。

　アメリカなど西側諸国はこの侵攻に猛反発し、70年代の**緊張緩和**（デタント）の時代は終わり、第二次冷戦（新冷戦）とされる緊張状態に戻ってしまいます。

アメリカの対応	
カーター大統領	ブレジネフ書記長との間で第二次戦略兵器制限交渉（SALT Ⅱ）に合意していたが、議会が批准を否決して実現せず。
レーガン大統領	ソ連を「悪の帝国」と非難して、SDI（戦略防衛構想）を提唱。

> この軍事侵攻がその後のソ連の運命を決定づけてしまった。もちろん、今のアフガニスタンの混乱の要因ともなっている。さらに、イスラム原理主義の活動の活発化は、ここからはじまるといってもよい。本当に罪の重い侵攻だったのだよ。

❸ 米ソの核兵器交渉

　冷戦期は核兵器の開発競争の時代でもあり、人類にとって大きな脅威となっていきました。米ソ両大国を中心に核戦争の回避、核軍縮の実現が検討されていきます。核拡散防止条約（NPT）など、現在につながる体制が成立していく時代として、確認しておきましょう。

ラッセル・アインシュタイン宣言	1955年、哲学者バートランド・ラッセルと物理学者アインシュタインが中心となって、核兵器の廃絶を訴えた。1957年にカナダのパグウォッシュで会議が開催され、世界の科学者が集会を開催した。
部分的核実験停止条約（PTBT）	1963年、米英ソの3国によって締結された、地下を除き、核実験を禁止する条約。発効までに3国以外に108カ国が調印。地下核実験は許容されているので「部分的」といわれている。キューバ危機の脅威を実感した米ソが合意したもの。フランスと中国は条約に参加せず、大気圏内での核実験を続けた。
核拡散防止条約（NPT）	1968年に調印、70年に発効した条約で、核兵器保有国を制限して、核兵器の譲渡禁止、核軍縮交渉をおこなう義務を規定。核兵器非保有国は核兵器の製造・取得を禁止し、国際原子力機関（IAEA）の保障措置を受け入れることを取り決めた。 核兵器保有国として認められたのはアメリカ、イギリス、ソ連（現ロシア）、フランス、中国で、フランスと中国は1992年に条約に加盟。インド、パキスタンは核兵器保有国だが加盟していない。またイスラエルも加盟していない。さらに、北朝鮮は脱退して核実験を強行。本条約は1995年に無期限で延長されたが、保有国と非保有国の対立などの問題を抱えたままである。
第一次戦略兵器制限交渉（SALT Ⅰ）	米ソの戦略兵器の制限に関する交渉で、1972年に合意。緊張緩和（デタント）を具体化するものとして位置付けられるが、あくまでも目的は相互の軍事バランスの確保だった。
第二次戦略兵器制限交渉（SALT Ⅱ）	1979年に米ソ間で調印されたが、ソ連のアフガニスタン侵攻により実現しなかった。

やはり、かんたんに軍縮はできない。特に冷戦期はハードルが高すぎたよね。

TRY! 本試験問題で一問一答

Q1 ベトナムでは、<u>インドシナ支配の回復をめざすアメリカ</u>が、ゴ・ディン・ジ
×インドシナの支配回復をめざしたのは旧宗主国のフランスである　○この論旨は正し
エムを擁立して<u>ベトナム共和国を樹立したため、ホー・チ・ミンのベトナム</u>
い。なお、ゴ政権が樹立したのは、ジュネーヴ協定後の1955年である
<u>民主共和国と対立</u>した。

(×)　　　　[地上－24]改　cf.❶

Q2 <u>ハンガリーでは、1968年に改革派により、プラハの春とよばれる民主化要</u>
×ハンガリーではなく、チェコスロヴァキアである
<u>求がおこった</u>。これに対してソ連軍が侵攻し、改革の動きを抑圧した。

(×)　　　　[警－26]改　cf.❷

Q3 カンボジアに社会主義政権が成立すると、<u>アメリカはベトナム軍を支援し</u>
×親ベトナムのヘン・サムリンがベトナムの支
<u>てカンボジアに侵攻させ、ソ連・中国の支援を受けたカンボジア軍との間で</u>
援を受けて、親中のポル・ポトを攻撃し、勝利
<u>戦争がおこった</u>。この戦禍で、大量のカンボジア難民が海外に逃れ、大きな
国際問題となった。

(×)　　　　[警－17]改　cf.❶

重要度 **B**

#25 ベトナム戦争と社会主義国の疲弊

161

#26 中東問題
世界史26
ついにイスラエル建国。ユダヤ人とアラブ人の対立は深刻化

重要度 B

1947年、国連はパレスチナ分割案を作成して、パレスチナをユダヤ人国家とパレスチナ人国家に分割する案を提示します。ユダヤ人側はイスラエルの建国を進めていきますが、パレスチナ人やアラブ連盟は認めず、1948年にパレスチナ戦争が発生。中東問題は現在も重大な国際問題として位置付けられています。

ココを覚えればザ・ベスト！

イギリスが矛盾した約束を結び、問題が深刻化した中東問題の根本を理解しておこう。中東戦争とその経緯、そして、現在の対立につながるだけの十分な知識を得ておくことでザ・ベスト！

PLAY!

次の年表を完成させよう。

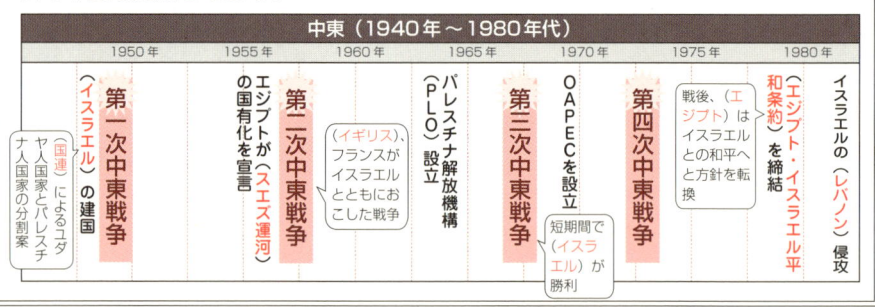

中東（1940年～1980年代）

1950年頃	（国連）によるユダヤ人国家とパレスチナ人国家の分割案
	（イスラエル）の建国
	第一次中東戦争
1955年頃	エジプトが（スエズ運河）の国有化を宣言
	第二次中東戦争／（イギリス）、フランスがイスラエルとともにおこした戦争
1960年頃	パレスチナ解放機構（PLO）設立
1970年	第三次中東戦争／短期間で（イスラエル）が勝利
	OAPECを設立
1975年頃	第四次中東戦争／戦後、（エジプト）はイスラエルとの和平へと方針を転換
1980年	（エジプト・イスラエル平和条約）を締結
	イスラエルの（レバノン）侵攻

① パレスチナ分割決議と第一次中東戦争

パレスチナはイギリスの委任統治領になっていましたが、ユダヤ人とパレスチナ人の対立が続き、第二次世界大戦後になるとユダヤ人の反英運動が高まり、テロ事件が頻発したため、イギリスはパレスチナの委任統治を終了。解決は国連の場に持ち込まれることになります。

(1) パレスチナ分割決議

イギリスがパレスチナの委任統治を断念したことをふまえて、1947年、国連はユダヤ人国家とパレスチナ人国家に分割し、イェルサレムは国際管理とする案を提示、採択されます。この案は、人口では約3分の1にすぎないユダヤ人に、パレスチナの56.5%を与えるものであり、ユダヤ人は分割案を受け入れてイスラエル

建国を進めますが、パレスチナ人およびアラブ連盟（エジプトが提唱して1945年に結成されたアラブ諸国による組織）側は分割案を拒絶しました。

> ユダヤ人はバルフォア宣言の実現だとして歓迎したが、アラブ側は許せなかったわけだ。

(2) イスラエルの建国と第一次中東戦争

分割決議を受け入れたユダヤ人側は1948年、イスラエルの独立を宣言します。しかし、イスラエルを認めないエジプトやシリアなどアラブ連盟5カ国は軍事行動をおこし、第一次中東戦争（パレスチナ戦争）が発生。イスラエル軍に対してアラブ諸国は大敗し、イスラエルは国連の分割決議の1.5倍にあたる地域を占領します。さらにエジプトがガザ地区を、ヨルダンがヨルダン川西岸地区を獲得したため、パレスチナ人難民が多数発生して国際問題となりました。

アラブ諸国は大敗を受けて、強固な国家創造をめざすことになります。エジプトではナギブとナセルが指導する自由将校団によりエジプト革命が発生し、ファルーク国王が追放され、1953年にエジプト共和国が成立します。その後、ナセルがナギブを追放して首相に就任し、1956年からは大統領となって、第二次中東戦争を戦うことになります。

> イスラエルにしてみれば第一次中東戦争は独立戦争ということになる。

❷ 第二次中東戦争

スエズ運河国有化をめぐり、イギリス、フランスがイスラエルとともにおこしたのが第二次中東戦争です。この戦争はイギリスの凋落を強く世界に印象づけ、フランスはド・ゴールによる新たな路線を歩んでいくことになりました。

(1) 第二次中東戦争

ナイル川上流にアスワン・ハイダムを建設することを計画したエジプトですが、非同盟主義に立ち、東側陣営であるチェコスロヴァキアから武器を購入したことに対して、資金援助を予定していたアメリカが融資を撤回します。

1956年、エジプトのナセル大統領がスエズ運河国有化を宣言し、この利益をダム建設にあてることを計画します。これに対し、運河会社の株式を保有していたイギリスと、アルジェリア戦争の背後にナセル政権の存在を疑っていたフランスがイスラエルに働きかけ、イスラエルがエジプトに侵攻して第二次中東戦争（スエズ戦争）が発生します。

イスラエル軍はシナイ半島を制圧、英・仏軍もスエズに進出しましたが、アメリカのアイゼンハウアー大統領はソ連とともにイギリス、フランスの軍事行動に反対します。安全保障理事会はイギリス、フランスが拒否権を行使しましたが、緊急

特別総会が開催され、即時停戦を求める総会決議が採択され、結局、全軍が停戦することになります。その後、第一次国際連合緊急軍（UNEFI）が設立され、現在の国連平和維持活動につながっていくことになります。

　スエズ運河の国有化を宣言したことで、威信を高めたエジプトのナセル大統領は、アラブの大同団結を提唱。1958年にシリアを合併して、アラブ連合共和国を建国して初代大統領に就任しました。

❸ 第三次中東戦争

　第三次中東戦争は、イスラエルがわずか6日間で圧勝した戦争でした。イスラエルは支配地域を拡大し、パレスチナ難民がヨルダンなどに逃れることとなりました。

(1) 第三次中東戦争

　1964年、パレスチナ解放機構（PLO）が成立し、緊張が高まります。エジプトはシナイ半島に進出し、第一次国際連合緊急軍も撤退。のちにPLOではアラファト議長の指導体制が確立します。

　1967年、エジプトがティラン海峡の封鎖を宣言したことを受けて、イスラエル軍がエジプトに侵攻し、「六日戦争」とよばれる短期間の戦争で大勝利を収めます。そしてイスラエルは、ヨルダン川西岸地区（ヨルダン領）、ガザ地区とシナイ半島全域（エジプト領）、ゴラン高原（シリア領）を占領。イスラエルの占領地域は戦前の4倍以上に達しました。

　国連安全保障理事会は、イスラエルの占領を無効とする安保理決議を全会一致で可決しましたが、イスラエルは決議を完全に無視して、占領地を支配し続けます。

(2) OAPEC設立

　六日戦争後も、エジプトとイスラエルはスエズ運河を挟んで対峙し、互いに砲撃しあう消耗戦争となり、スエズ運河は実質的に通航できなくなりました。ナセル大統領は指導力を低下させたまま、1970年に急死し、サダトが大統領に就任します。

　また、サウジアラビア、クウェート、

■イスラエルの占領地

国連の分割案（1947年）
第1次・第2次中東戦争での占領地
第3次中東戦争での占領地

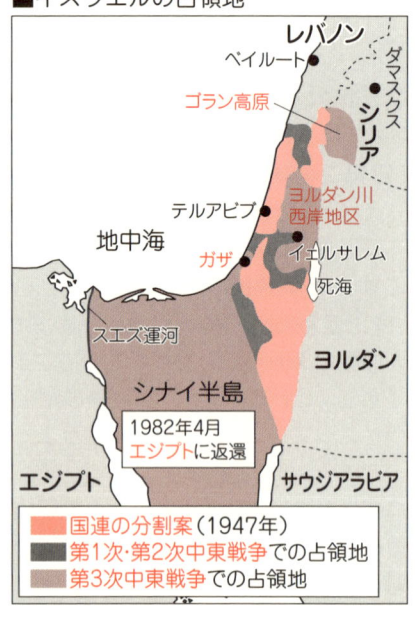

リビアの3カ国が1968年に「OAPEC」を設立し、資源ナショナリズムの姿勢を示すことになります。これがのちのオイルショック発生につながります。

> イスラエルは大勝し、占領地を広げたが、この大勝で油断したことが、次の第四次中東戦争に結果となってあらわれてしまうよ。

❹ 第四次中東戦争

　エジプトがイスラエルに奇襲攻撃をしかけ、アラブ諸国の石油戦略もあって、政治的に勝利することができた戦争です。その後、エジプトはイスラエルとの和平へと方針を転換していくことになります。

(1) 第四次中東戦争

　エジプト大統領に就任したサダトは、国名をエジプト・アラブ共和国に変えます。シリアではバース党指導者のアサドが大統領となって独裁体制を樹立、ヨルダン政府とPLOが戦ったヨルダン内戦では、PLOに加勢してヨルダンに侵入します。

　1973年のユダヤ教最大の休日ヨム・キプール（贖罪の日）に当たる日、エジプトとシリアはそれぞれシナイ半島、ゴラン高原でイスラエルへの奇襲攻撃を開始します。この戦争は十月戦争ともいわれます。

　戦争にあわせて、石油輸出国機構（OPEC）加盟国のうち、ペルシア湾岸の6カ国が原油価格の大幅な引き上げを発表。また、アラブ石油輸出国機構（OAPEC）は原油生産削減と、イスラエルの占領地返還を条件としたイスラエル支援国への石油禁輸を決定します。こうした資源ナショナリズムにもとづく石油戦略により、第一次オイルショックが発生します。

　イスラエル軍は苦戦しましたが、のちに反撃に転じ激戦となります。国連安全保障理事会が停戦決議を採択しましたがイスラエルは軍事行動を続け、第二次国際連合緊急軍（UNEF Ⅱ）が停戦を監視することになります。この時、米ソの対立もあり、第三次世界大戦の発生が危惧されます。危険を回避すべく、アメリカのキッシンジャー国務長官が和平交渉を仲介し、エジプト軍、シリア軍、イスラエル軍の兵力引離しを進めました。

> 軍事的にはイスラエルの勝利といわざるをえないだろうが、政治的にはアラブ側の勝利といえるだろうね。

(2) エジプト・イスラエル平和条約

　1977年、エジプトのサダト大統領がイェルサレムを訪問、イスラエルとの関係改善とアメリカへの接近という、外交政策の大きな転換をはかります。

　1978年、アメリカのカーター大統領の仲介により、エジプトのサダト大統領とイスラエルのベギン首相が、キャンプ・デーヴィット合意に達します。この合意

で、平和条約締結に向けての協議の開始、シナイ半島のエジプトへの返還などを取り決めます。

　1979年、エジプト・イスラエル平和条約を締結。アラブ諸国はエジプトがパレスチナ人を裏切って自国領を回復したと非難し、エジプトはアラブ連盟の加盟資格を停止され、多くのアラブ諸国やパレスチナ解放機構（PLO）から断交されます。サダト大統領はイスラム過激派の軍人によって1981年に暗殺され、後任にはムバラクが就任します。

> アラブ諸国からは激しく批判されたが、サダト大統領は中東戦争を終わらせることを選んだ、というわけだね。

(3) イスラエルのレバノン侵攻とその後の動向

　イスラエルはエジプトと和平し、南部での安定を確保したうえで、北部のレバノンへの侵攻を進めていきました。

1976年	シリア軍がレバノン政府の要請にもとづき侵攻し、内戦は沈静化。
1982年	イスラエル軍がレバノンに侵攻し、PLOはベイルート（レバノンの首都）からチュニジアへ退去させられる。イスラエルはキリスト教勢力と結び、レバノンを親イスラエル国家にしようとするが、暗殺事件の発生により失敗。この報復として、キリスト教マロン派の民兵組織がパレスチナ難民キャンプを襲撃。イスラエルはこれを傍観したとされ、国際社会から強く非難される。その後、レバノン内戦は泥沼化し、1990年にようやく終結。
1987年	イスラエル国防軍の交通事故でパレスチナ人が死亡したことがきっかけとなり、民衆の抵抗運動（第一次インティファーダ）が発生。投石などによるパレスチナ人の抵抗運動だったが、イスラエルが武力で弾圧する状況が報道され、国際世論がパレスチナ自治に共感していく。
1993年	PLOのアラファト議長とイスラエルのラビン首相がパレスチナ暫定自治協定（オスロ合意）に調印。
1995年	ラビン首相は和平反対派に暗殺される。

> エジプト・イスラエル平和条約では中東和平は実現できなかったことになるね。

TRY! 本試験問題で一問一答

Q1 国連が、アラブ国家にパレスチナを返還する決定をすると、ユダヤ人はイス
×国連の決定は、パレスチナをユダヤ人国家とアラブ人国家に分割するというもの
ラエルを建国してこれに対抗したため、アラブ側と戦争になった。

（×）

[地上－24]改　cf.❶

Q2 第三次中東戦争は、イスラエルが電撃的にエジプトに侵攻し、イギリス・フ
×イギリス、フランス軍がイスラエル側に味方したのは、1956年の第二次中東戦争
ランス軍もイスラエル側に味方して出兵したが、国連の即時停戦決議が出され、ソ連の警告もあって撤兵した。

（×）

[市－17]改　cf.❷❸

Q3 第一次世界大戦のさ中、イギリスはバルフォア宣言を出して、パレスチナにユダヤ人の国を建てる運動への協力を約束した。しかし、他方では、フラン
×フセイ
スがアラブの指導者フセインに、戦後のアラブ人国家建設を約束しており、
ン・マクマホン協定（1915年）も、バルフォア宣言（1917年）も、どちらもイギリスが約束したもの
この両者の衝突がパレスチナ問題の原因となった。

（×）

[警－16]改　cf.❶

重要度 **B**

#26 中東問題

#27 冷戦終了へ
世界史27 冷戦が終了、ソ連はロシアへ

重要度 B

ソ連にゴルバチョフ政権が誕生して新思考外交を打ち出し、ブレジネフ・ドクトリンを否定したことで、東欧諸国は民主化を進めていきます。ベルリンの壁も開放され、1989年12月、米ソ両首脳はマルタ会談で冷戦の終結を宣言しました。そしてその2年後、1991年にソ連は解体され、独立国家共同体になりました。

ココを覚えればザ・ベスト！

米ソの関係改善、核軍縮、東欧革命、冷戦の終結、ドイツ統一、中国の天安門事件、湾岸戦争、と覚えることが満載！ 効率よく、端的に確認しておきたいが、国際時事にもつながる大切な部分なので手を抜かないようにしてザ・ベスト！

PLAY!

次の年表を完成させよう。

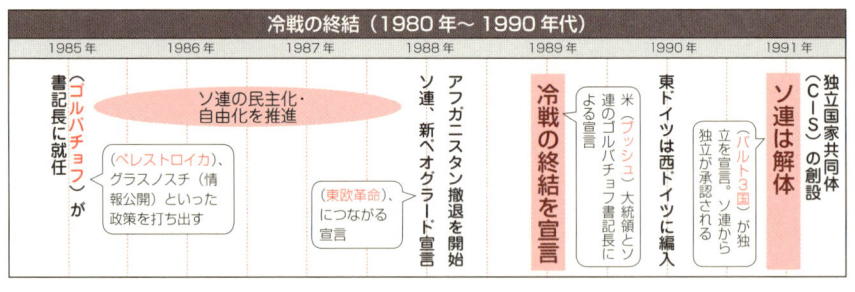

冷戦の終結（1980年～1990年代）

- 1985年：（ゴルバチョフ）が書記長に就任
- ソ連の民主化・自由化を推進（ペレストロイカ）、グラスノスチ（情報公開）といった政策を打ち出す
- 1987年：ソ連、新ベオグラード宣言
- 1988年：アフガニスタン撤退を開始
- （東欧革命）、につながる宣言
- 1989年：米（ブッシュ）大統領とソ連のゴルバチョフ書記長による宣言　**冷戦の終結を宣言**
- 1990年：東ドイツは西ドイツに編入
- 1991年：（バルト3国）が独立を宣言。ソ連から独立が承認される　**ソ連は解体**　独立国家共同体（CIS）の創設

1 第二次オイルショックとイスラム世界の混迷

1979年に発生したイラン・イスラム革命により、原油価格が値上がりして第二次オイルショックが発生します。欧米諸国では財政負担の増大により、「小さな政府」を志向する政権が登場しました。一方、イスラム世界は、エジプトとイスラエルの和平の後は混迷をきわめていきます。

（1）イラン革命とイラン・イラク戦争

冷戦下でアメリカと結びついたパフレヴィー朝の強権的な改革を白色革命といいますが、この改革に対してイラン国民の不満が高まり、シーア派の宗教指導者ホメイニ師が亡命先から反政府活動を指導します。国王は1979年に亡命し、ホメイニが帰国して国号をイラン・イスラム共和国に改め、新政権を樹立。厳格なイ

スラム法の施行を掲げ、イスラム原理主義を理念とした政治を推進しました（イラン革命）。亡命した国王の身柄引き渡しを求め、イランのアメリカ大使館占拠事件も発生しました。

革命発生に際してイランの石油輸出が停滞し、原油価格が急上昇して第二次オイルショックが発生します。1980年には、イラクのフセイン大統領がイラン革命の影響がイラクに波及することを嫌い、イラン・イラク戦争が勃発。戦争は8年にわたり、イラン革命の波及を懸念したアメリカはイラクに軍事支援を実施しました。

重要度 B

#27 冷戦終了へ

(2) 湾岸戦争とイラク戦争

1990年、イラクのフセイン大統領がクウェート侵攻を開始し、イラクはクウェート全土を制圧。国連安全保障理事会はイラクに対してクウェートからの無条件撤退と、拒否した場合には国連加盟国に武力行使を容認する決議を採択します。イラクはクウェートから連行した外国人を「人間の盾」として監禁、アメリカのブッシュ大統領は米軍主体の多国籍軍を結成し、1991年に湾岸戦争が発生しました。

多国籍軍は「砂漠の嵐作戦」とよばれるイラクへの爆撃を進めました。一方、イラクはイスラエルにスカッドミサイルを発射し、アラブとイスラエル支持者との戦争という構図をつくりだそうとしましたが、イスラエルはアメリカや国連の説得に応じて動かず、失敗に終わります。イラクは敗北と同時に停戦しましたが、フセイン政権は存続します。

■湾岸戦争

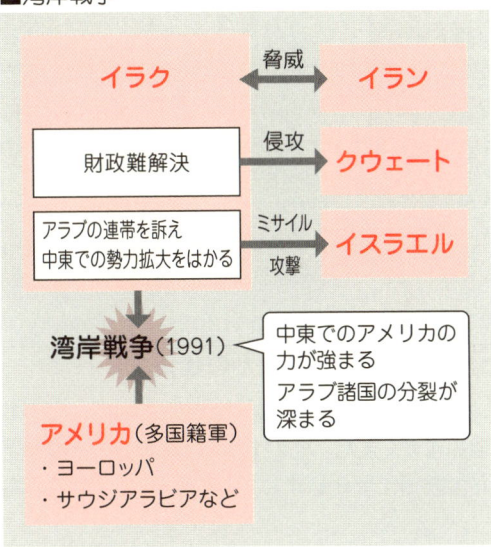

イラク ←脅威→ イラン
財政難解決
アラブの連帯を訴え中東での勢力拡大をはかる →侵攻→ クウェート
→ミサイル攻撃→ イスラエル
↓
湾岸戦争（1991）— 中東でのアメリカの力が強まる／アラブ諸国の分裂が深まる
↑
アメリカ（多国籍軍）
・ヨーロッパ
・サウジアラビアなど

のちに大量破壊兵器の破棄においてイラク武装解除問題が発生。2003年に武装解除の進展義務違反によるイラク戦争が勃発、アメリカ軍を中心に「イラクの自由作戦」が展開され、フセイン政権は崩壊します。

> 日本政府は湾岸戦争の際に、130億ドルの資金協力をしたが、金しか出さない、と批判され、国際貢献のあり方について議論になったよ。その結果、国連平和維持活動への参加を可能にするPKO協力法が成立したんだ。

(3) 欧米諸国の情勢

2度にわたるオイルショックにより欧米諸国は不況に苦しみ、小さな政府を主張する保守政権が各国で登場しました。また、外交面では対ソ強硬路線をとっていくことになります。

アメリカ	共和党のレーガン大統領は「強いアメリカ」の復活を唱え、ソ連に対抗して軍拡を進めた。一方で、企業減税、規制緩和、緊縮財政、福祉削減などもおこなった。しかし、軍事費による財政赤字とドル高による貿易赤字の「双子の赤字」に苦しみ、債権国から債務国に転落。
イギリス	保守党のサッチャー首相が国有企業の民営化や減税を進めた。また、1982年には、アルゼンチンとの間にフォークランド戦争（フォークランド諸島をめぐる領土紛争）が発生し、勝利に導く。
フランス	社会党のミッテラン大統領が中道路線をとり、コアビタシオン（保革共存政権）が成立しながら、長期政権を維持した。
西ドイツ	キリスト教民主同盟のコール首相が長期政権を維持し、1990年に東西ドイツ統一を成し遂げる。
EU	マーストリヒト条約（欧州連合条約）が1993年に発効。単一通貨の導入、共通の外交・安全保障政策の導入などが定められ、通貨統合、政治統合が具体化した。

> レーガン米大統領、サッチャー首相の政策は基本的に同じ。日本でもこの時期に中曽根政権が同様の政策をとっているよね。

❷ アジア・アフリカの状況

朝鮮半島では南北の分断が続く中で、1991年に南北朝鮮の同時国連加盟が実現します。また、アフリカでは南アフリカのアパルトヘイトが撤廃され、マンデラが大統領に就任しました。もちろん、中国の経済発展も見逃すことができません。

(1) 韓国の情勢

1961年、朴正煕（パクチョンヒ）が軍事クーデタで政権を樹立し、1963年に大統領に就任します。朴政権は、アメリカのベトナム戦争に協力して韓国軍を派兵し、1965年に日韓基本条約を締結しました。

1972年には、北朝鮮の金日成（キムイルソン）と南北共同宣言を発表しましたが、その後は独裁体制を強化していきます。開発独裁（経済発展のため国民の政治参加を著しく制限する独裁）による工業化の進展は「漢江（ハンガン）の奇跡」とよばれましたが、1973年には民主化運動指導者の金大中（キムデジュン）を拉致する金大中事件が発生し、1979年に朴大統

領は暗殺されます。

　朴大統領暗殺後、ソウルの春とよばれる民主化ムードが広がりましたが、全斗煥（チョンドゥファン）が粛軍クーデタで実権を掌握します。戒厳令を広げて野党指導者の金大中らを逮捕、軟禁したことから、光州事件が発生。民主化を求める学生や市民を軍が鎮圧して多数の犠牲者を出します。

　その後、盧泰愚政権において、ソウルオリンピックが開催され、1991年に南北朝鮮が同時に国連に加盟します。また、1990年にソ連と、1992年には中華人民共和国と国交を回復しています。

他のアジア諸国の動向	
フィリピン	1986年、マルコス大統領の独裁体制が崩壊し、コラソン・アキノ政権が成立した。
ビルマ	ソウ・マウンが軍事政権を樹立して国名をミャンマーに改称。民主化運動を弾圧して民主化運動家のアウン・サン・スー・チーを自宅に軟禁した。
バングラデシュ	東パキスタンの独立をインドが支援し、1971年にバングラデシュとしてパキスタンから独立した。

> 韓国は軍人出身の大統領が続いているのがポイントだね。盧泰愚大統領の後は、金泳三（キムヨンサム）大統領で、ここではじめて文民大統領が登場する。そして、その後が金大中大統領、だね。

重要度 B
#27 ─ 冷戦終了へ

(2) 南アフリカの人種差別政策撤廃

　1960年は「アフリカの年」といわれ、17カ国が独立を達成しました。1963年にはアフリカ統一機構が創設され、アフリカの連帯、団結が確認されます。

　南アフリカでは人種隔離政策（アパルトヘイト）がとられていましたが、1980年に隣接する南ローデシアで白人政権が崩壊してジンバブエ共和国が成立し、国内の反体制運動が激化します。国連も経済制裁の実施を加盟国に要請。1990年には委任統治領として占領していたナミビアの独立を認めました。

　南アフリカのデ・クラーク大統領は、アフリカ民族会議（ANC）などを合法化して、ANC指導者のマンデラを釈放します。そして、1991年にすべてのアパルトヘイト関連法を廃止しました。そして、全人種が参加する総選挙の結果、アフリカ民族会議（ANC）が勝利し、マンデラが大統領に就任します。

> 西側諸国は南アフリカの鉱物資源への関心から、アパルトヘイトに対して消極的な対応を取り続けていたことが、解決を遅らせる一因となったのだよ。

(3) 中国の改革開放

　中国では、鄧小平が実権を掌握し、人民公社の解体、社会主義市場経済の導入を

推進し、中国の経済成長の礎を築きました。

第二次天安門事件	1989年4月、改革派だが失脚していた胡耀邦元総書記の死去をきっかけに、学生を中心とした市民の民主化要求デモが発生。中国人民解放軍がこれを武力で弾圧し、多数の犠牲者を出した。趙紫陽総書記が解任され、後任は江沢民となった。中ソ対立を終結するため、ゴルバチョフが訪中する最中での事件だった。

台湾では国共内戦に敗れた中華民国の国民政府が統治していましたが、蔣介石の死後、息子の蔣経国が総統となり政党結成の容認、戒厳令の解除など民主化を進めました。後継の李登輝総統の時代には、初の総統直接選挙が実現し、2000年には民進党の陳水扁政権が誕生し、政権交代が実現します。

> 今の中国の繁栄の基礎を築いたのは鄧小平体制。鄧小平のいう「先富論…富める者から先に富め」というのは社会主義としてどうだろうかと思うけどね……。

❸ 冷戦の終結とソ連の終焉

ついに冷戦が終結、そしてソ連も解体することになります。世界史の出題範囲としては、ほぼこのあたりまでを想定しておけば大丈夫でしょう。

(1) ゴルバチョフ政権

1982年にブレジネフが死去、続くアンドロポフ政権、チェルネンコ政権は短命に終わり、1985年、ゴルバチョフが書記長に就任します。ゴルバチョフは、1988年にアフガニスタン撤退を決定し、1989年に完全撤退を完了します。

ペレストロイカ（立て直し・改革）	再建、再構築を意味するロシア語で、ソ連の政治・経済体制の改革を進めた。市場経済の導入、選挙の複数候補者制度の導入から、複数政党制の導入（共産党一党独裁制の廃棄）、大統領制の導入、と進んでいった。
グラスノスチ（情報公開）	1986年、チェルノブイリ原子力発電所事故がおこり、セクショナリズムや秘密主義の弊害を痛感したゴルバチョフは、言論、思想、集会、報道などの自由化を推進した。
新思考外交	西側諸国との経済的な相互協力、世界市場の一体性の認識、中国との関係の正常化、ヨーロッパ・日本・NIEs諸国などとの関係重視、環境問題などグローバルな問題への対応といった戦略を打ち出す。この結果、核抑止論は否定されることになり、緊張緩和（デタント）の時代を迎えた。

(2) 冷戦の終結

1989年、地中海のマルタ島でアメリカのブッシュ大統領とソ連のゴルバチョフ書記長とが、冷戦の終結を宣言。ここで東西冷戦は終焉を迎えます。

核軍縮の進展	
中距離核戦力 (INF)全廃条約	1987年、アメリカのレーガン大統領とソ連のゴルバチョフ書記長とが、中距離核戦力(射程500kmから5500km)の全廃で合意する。
第一次戦略兵器 削減条約 (START I)	1991年、アメリカのブッシュ大統領とソ連のゴルバチョフ大統領とが、保有する戦略核弾頭数を6000発、戦略核の運搬手段を1600機に削減することで合意する。
第二次戦略兵器 削減条約 (START II)	1993年、アメリカのブッシュ大統領とロシアのエリツィン大統領とが、2003年までに戦略核弾頭を3000～3500発の間にまで削減することで合意する。

(3) ソ連邦消滅へ

1988年、新ベオグラード宣言を出し、ブレジネフ・ドクトリンを否定して、東欧諸国の民主化の契機となります。そして東欧諸国の民主化は、バルト3国の独立要求につながっていきます。

1990年3月にリトアニアが独立を宣言、ラトビア、エストニアもこれに続き、同年8月のソ連保守派クーデタの後にそろってソ連から独立が承認されます。ソ連崩壊の大きなポイントとなった三国は、現在はともEUに加盟しています。

> ゴルバチョフは連邦の維持に奔走したが、クーデタ以降はエリツィンの力が勝る結果になったわけだね。どんな大国でも、ひとつの出来事が大きく国家の運命を変えることになるのだよ。

ソ連大統領に就任したゴルバチョフですが、保守派との妥協によって政治運営を続けざるえませんでした。そんな姿勢に反発したエリツィンが台頭してきます。ゴルバチョフがソ連を緩やかな主権国家の連合へと再編する新連邦条約をまとめ、調印を翌日に控えた1991年、ソ連の保守派が反ゴルバチョフの立場でクーデタをおこします。

ヤナーエフ副大統領ら保守派が、国家非常事態委員会を名乗ってゴルバチョフを軟禁。ロシア共和国大統領のエリツィンは、市民にゼネスト(大規模なストライキ)を訴え、市民も抵抗したため、クーデタは短期間で失敗します。

エリツィンはロシア共産党の活動を停止し、ゴルバチョフは共産党書記長を辞任して党中央委員会解散を勧告します。その後、ソ連共産党は解党し、ゴルバチョフの求心力は失墜していきました。

ロシア、ウクライナ、ベラルーシは、ソ連からの離脱と独立国家共同体(CIS)の

創設を合意し、CISの指導者には、ロシアの初代大統領となったエリツィンが兼務。同年12月、既に独立したバルト3国などを除く各共和国の元首がソ連解体とCIS発足とを決議します。ゴルバチョフはソ連大統領を辞任し、ソ連最高会議が連邦の解体を宣言して、ソ連は解体されることになりました。

> 途中から主役がロシアのエリツィン大統領になっていることがポイントだね。

■ソ連解体までの流れ

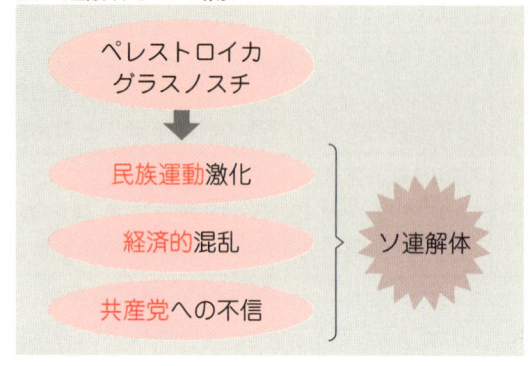

```
ペレストロイカ
グラスノスチ
   ↓
民族運動激化  ┐
経済的混乱   ├→ ソ連解体
共産党への不信 ┘
```

(4) 東欧の社会主義圏

　ポーランドは東欧諸国でも先駆的な役割を果たし、東ドイツは西ドイツに編入されます。ハンガリーはドイツ統一のきっかけをつくり、チェコスロヴァキアはビロード革命で民主化へと移行し、ブルガリアは旧共産党系が過半数を維持。ユーゴスラヴィアは6つの共和国へとバラバラになりました。もっとも悲劇的だったのがルーマニアで、チャウシェスク大統領の処刑の様子は世界中に配信されました。

ポーランド	自主管理労組「連帯」のワレサが中心となって民主化が進む。1989年からの円卓会議で大統領制と二院制議会の導入を決定し、東欧初の複数政党制による選挙を実施。「連帯」系の内閣が成立し、国名がポーランド共和国になる。1990年にワレサが大統領に就任。その後の東欧革命の先駆的存在といえる。
東ドイツ	ハンガリーの民主化が進み、1989年、オーストリアとの国境が開放され、東ドイツ市民がオーストリア経由で西ドイツへの出国を開始。東ドイツ政府はチェコスロヴァキアとの国境を閉鎖したため、ライプツィヒなどで大規模な抗議デモが発生、ホネカー書記長が解任される。その後、東ドイツ政府が国民の西ドイツへの出国の自由を認める発表をしたことで、多くの市民がベルリンの壁に殺到し、崩壊

	させる。通貨は暴落して、東ドイツ経済は崩壊に向かった。 一方、党や各組織の新旧メンバーの代表が参加した円卓会議で、政治の民主化が話しあわれ、ドイツ統一を訴える声が高まっていく。そんな中、西ドイツのキリスト教民主同盟の支援を受けた政党が、人民議会の自由選挙で勝利し、東ドイツの各州を西ドイツに編入することを決定。1990年に通貨・経済の統合条約が発効、そして統一条約が調印された。その後、東ドイツは西ドイツに編入され、ドイツ統一が実現した。
ハンガリー	ハンガリー動乱を再評価し、処刑されたナジ・イムレの名誉回復と改葬式を実施。複数政党制を導入して、1989年、ハンガリー共和国となった。
チェコスロヴァキア	1989年、反体制組織「市民フォーラム」が結成され、民主化を要求する大規模デモが発生。わずかな期間で共産党政権が崩壊することとなり、ビロード革命とよばれている。その後、1993年にチェコとスロヴァキアに分離することが決定。
ブルガリア	1989年、ジフコフ共産党書記長が辞任、共産党独裁体制が崩壊。1990年、新たな憲法を制定するための大国民議会の議員選挙が実施され、旧共産党系のブルガリア社会党が過半数を獲得、国名もブルガリア共和国になった。
ユーゴスラヴィア	1980年にティトーが死去し、連邦内での民族対立が発生。1991〜1992年にかけて、クロアティア、スロヴェニア、マケドニア、ボスニア・ヘルツェゴヴィナが独立を宣言。これに対して分離独立に反対したセルビアとの間でユーゴ内戦（クロアティア紛争やボスニア紛争など）が発生。また、セルビアはモンテネグロとともに新しいユーゴスラヴィア連邦を形成。さらにセルビア国内ではコソヴォ自治州が独立をめざし、コソヴォ紛争が発生した。その後、モンテネグロも独立し、結局ユーゴスラヴィアの6共和国は完全に独立した。
ルーマニア	チャウシェスク大統領の独裁体制が続いていたが、暴動が発生、当局が鎮圧に乗り出したことでチャウシェスク独裁への不満が爆発し、国軍も国民に合流。チャウシェスク夫妻は拘束されて、銃殺刑に処せられた。東欧の民主化革命の中で唯一の流血革命。

重要度 B

#27 冷戦終了へ

TRY! 本試験問題で一問一答

Q1 <u>ソ連のアフガニスタンからの撤退後、東西の緊張が緩和する中でソ連共産</u>
×ゴルバチョフの書記長就任は1985年、ソ連のアフガニスタン撤退の完了は1989年である
<u>党の書記長になったゴルバチョフ</u>は、ペレストロイカ（経済の立て直し）やグラスノスチ（情報公開）等に着手し、ソ連の改革・再生をめざした。ゴルバチョフはアメリカ合衆国との軍縮交渉を進め、中距離核戦力全廃条約に調印し、<u>1989年にアメリカ合衆国のレーガン大統領とマルタで会談した</u>。
　　　　　　　×マルタ会談は、ゴルバチョフとアメリカのブッシュ大統領（父）である（1989年）

（×）

[国Ⅰ-22] cf.❸

Q2 ソ連では、ゴルバチョフがペレストロイカを掲げて全面的な体制改革を開始すると、これに反発する共産党保守派はクーデタをおこし、<u>ゴルバチョフを失脚させた</u>。
　　　　　　　　　　　　　　　　　　　　　　　　　　×エリツィンを
中心とする反共産党勢力によりクーデタは失敗した。

（×）

[地上-24]改 cf.❸

Q3 <u>東西ドイツ分断の象徴であったベルリンの壁が解放されたことを契機とし</u>
× 1989年の国境開放により西側への大量脱出がおこりホネカー書記長は退陣。ベルリンの壁が解放され、
<u>て、東ドイツでは民衆の武装蜂起がおこり、政権を獲得したホネカーは西ド</u>
1990年、東西ドイツは統一された
<u>イツと合併した</u>。

（×）

[地上-24]改 cf.❸

Q4 1981年に大統領となったレーガンは、<u>不況克服のためにレーガノミクスを</u>
　　　　　　　　　　　　　　　　　　×レーガノミクスでは、大幅減税や規制緩和がおこ
<u>実施し、増税による需要喚起を促したが、経済回復は成功せず、「双子の赤</u>
なわれたが、その結果、財政赤字と貿易赤字のいわゆる「双子の赤字」が拡大した
<u>字」が拡大</u>した。

（×）

[警-27]改 cf.❶

Q5 <u>1980年代</u>には、パフレヴィー朝の独裁政治に対して、シーア派の指導者で
×イラン革命は、1979年である
あるホメイニ師が、イスラム教にもとづく共和国を樹立する革命を実現した。

（×）

[市-25]改 cf.❶

Challenge! もう1点get!

問題 13～17世紀頃のユーラシア大陸について述べた次の記述について、下線部分が正しいものの組合せとして妥当なものはどれか。　[地上－27]改

　モンゴル帝国は、13世紀後半にはヨーロッパとアジアにまたがる史上最大の領域を形成し、ユーラシア大陸を支配下におさめた。ₐモンゴル族により、陸と海の交通路が整備され、東西交流が活発化した。　○モンゴル帝国の成立は、ユーラシア大陸に政治的な安定状態をもたらし、東西における経済・文化交流が進んだ　ᵢ東西の交通路はモンゴル人が独占し、ムスリム商人は交易を許されなかった。×ムスリム商人はイスラム教徒の商人のことであり、モンゴル帝国支配後のユーラシア大陸において、交易を活発におこなっていた　のちにモンゴルが衰えると、各地に新しい勢力が成長することになり、東西文化の交流は引き続き盛んになった。

　東アジアの中国では、14世紀後半に中国統一を果たした明が17世紀まで続いた。ᵤヨーロッパから火薬や羅針盤が伝わり、中国からは当時世界で最も進んで×火薬と羅針盤は中国から西方へ伝わり、天文学はギリシャ文化、イスラム文化から中国に流入したいた天文学が西アジアに伝わった。

　西アジアでは、オスマン・トルコ帝国が成長し、14世紀にはヨーロッパへの進出もはかったが、ₑビザンツ帝国との戦いに敗れ、ヨーロッパ進出は断念すること×1453年にコンスタンティノープルを占領してビザンツ帝国を滅ぼしたになった。

　南アジアでは、ₒ15世紀に建てられたマラッカ王国が海上貿易の中心として繁栄し、ムスリム商人たちとの通商をおこなった。　○東南アジア最初のイスラム国家である

1　ア、イ
2　ア、オ
3　イ、ウ
4　イ、オ
5　ウ、エ

正答　2

Challenge! もう1点get!

問題 冷戦に関する記述として、妥当なのはどれか。　　　　　　　［区－28］

1. 戦後ヨーロッパの経済的困窮が共産党拡大の原因とみて、1947年にアメリカのアイゼンハウアー大統領はヨーロッパ経済復興援助計画を発表したが、ソ連、東欧諸国はこれを拒否し、以降、冷戦とよばれる緊張状態が米ソ間で激化した。
   ×ヨーロッパ経済復興援助計画（マーシャル・プラン）の発表は、トルーマン大統領の時代である。ソ連・共産圏のヨーロッパへの勢力拡大防止を意図した

2. 1948年、チェコスロヴァキアではクーデタがおこり、共産党が実権を握ったが、ティトーの率いるユーゴスラヴィアは、ソ連に対して自主的な姿勢をとったため、同年、コミンフォルムから除名された。
   ○このまま覚えよう！

3. ハンガリー、ルーマニア、ブルガリア、アルバニアが、ソ連型の社会主義を採用し、東欧諸国へのソ連の影響が強化されたのに対抗して、1848年、イギリス、フランス、イタリア、ベルギー、オランダは、西ヨーロッパ連合条約を結んだ。
   ×イタリアでなくルクセンブルク。NATOの雛形となった条約である

4. ドイツでは分断が進み、1948年、ソ連は西側地区の通貨改革に反対し、西ベルリンの境界線にベルリンの壁を築いてベルリンを封鎖したが、ドイツ連邦共和国はアデナウアー首相の指導で経済復興に成功し、サンフランシスコ講和条約で主権を回復した。
   ×ドイツ連邦共和国（西ドイツ）の主権回復は、パリ協定によるもの。NATOへの加盟も承認された

5. ソ連では1956年、フルシチョフ第一書記が、スターリン体制下の個人崇拝、反対派の大量処刑を批判し、資本主義国との平和共存を唱え、コミンフォルムを解散したが、この転換はペレストロイカとよばれた。
   ×ペレストロイカはゴルバチョフがおこなった政治体制の改革

正答　2

日本史の学び方

　日本史の学習においても世界史同様に、必ずしも本書を最初から読み進める必要はないでしょう。古代から進めていくと、最頻出の近現代史に時間が取れず、手薄になってしまうこともあります。ですから、出題傾向をもとに学習を進めるのが効率的といえます。

　近現代史では、明治から第二次世界大戦後までしっかりと押さえてください。時代の流れとともに、その出来事の背景や影響なども流れ図や見取り図などを活用して整理しましょう。また、江戸時代では、三大改革や幕政の展開を時系列的にしっかりと整理し、人物やその政策もまとめましょう。

　日本史でよく出題されるのがテーマ別の通史です。外交、経済、宗教、交通、戦乱、文化などそれぞれについて時代ごとの特徴やキーワードを整理して、全体的な流れをつかむことも大切です。

#28 石器時代～飛鳥時代

日本史1 まずは日本史のはじまりをザッと復習！

重要度 **E**

出題数は少ないですが、日本史のいちばん最初の部分として、概要を確認しておきましょう。聖徳太子から大化の改新、中大兄皇子が天智天皇となって、壬申の乱があって、天武天皇が登場する、といったアバウトなつながりを理解するつもりで進めていくと、抵抗感なく学習することができます。

ココを覚えればザ・ベスト！

古墳時代は、「古墳の移り変わり」、飛鳥時代は「政争の歴史」を確認すれば大丈夫。仏教伝来や文化についても理解しておきたいところ。出題は文化史が中心。全体を大づかみに、必要事項をピックアップしていくことでザ・ベスト！

PLAY!

次の年表を完成させよう。

旧石器時代	縄文時代	弥生時代	古墳時代			飛鳥時代
－200万年	－1万年	－500年　300年	400年	500年	600年	700年

打製石器 → 磨製石器 → 青銅器　ヤマト政権成立　渡来人の来日　磐井の乱　推古天皇の誕生　（遣隋使）の派遣

先土器文化 → 縄文土器 → 弥生土器

（大陸の文化）が日本に伝わる

邪馬台国の卑弥呼が（親魏倭王）の称号を得る

聖徳太子による（中央集権国家）体制の確立

① 旧石器時代～古墳時代

旧石器時代、縄文時代、弥生時代、そして古墳時代までの流れを概観してみましょう。特に古墳時代を前期・中期・後期に分けて確認し、埴輪の種類や埋葬方法などを理解しておくと効果的でしょう。また、仏教の伝来はとても大切ですから、理解を深めておいてください。

(1) 旧石器時代

1946年、群馬県の岩宿遺跡の関東ローム層から岩を打ち砕いただけの打製石器が発見され、土器を伴わない先土器文化が確認されました。黒曜石が広範囲に行

弥生という名前は、土器が発見されたのが東京の文京区弥生町だったからだよ！

きわたり、交換のしくみがあった可能性があります。

（2）縄文文化と弥生文化

	縄文文化	弥生文化
道具	主に石器…打製石器に代わって磨製石器の時代。骨角器も使用。	主に青銅器…鉄器も、ほぼ同時に大陸から伝来。青銅器は祭器、鉄器は実用品に使われた。登呂遺跡が有名。
土器	縄文土器…縄目の文様で厚手、焼成温度が低い黒褐色の土器。	弥生土器…幾何学文様で薄手、焼成温度が高い赤褐色の土器。
生活	採集経済が中心。竪穴式住居に居住し、中期以降には大規模な集落も形成された。集落には貝塚が存在し、動物学者モースが発掘した大森貝塚が有名。	水稲耕作がはじまり、農業経済が中心。収穫物は高床倉庫に貯蔵、生産力が高まり、深い濠で囲む大規模な環濠集落が形成されるようになる。稲は石包丁で穂首刈りにしていた。
風習	自然崇拝、アニミズム（土偶が有名）、抜歯の風習、屈葬（死者の四肢を折り曲げて葬る埋葬方式）で埋葬されていた。三内丸山遺跡が有名。	伸展葬（死者が両脚を伸ばして葬る方式）で埋葬される。九州北部では甕棺墓、支石墓などがつくられ、近畿地方には墳丘の周囲を四角い溝で囲む方形周溝墓、西日本を中心に墳丘墓がつくられた。

（3）小国の分立から邪馬台国へ

　環濠集落などが大規模になり、争いながら周辺の集落を統合していき、小国が形成されていきました。小国の分立については中国の歴史書である『漢書』地理誌や『後漢書』東夷伝などに記述されています。『後漢書』東夷伝によれば、当時の日本は倭とよばれており、倭奴国王の使者が光武帝から金印を授かったとされています。「漢委奴国王」と刻印された金印も発見されました。

　また、『魏志』倭人伝には、邪馬台国の女王卑弥呼が魏に遣使して「親魏倭王」の称号を得たと記述されています。邪馬台国には、「大人」「下戸」の身分差もあったとされています。

> 邪馬台国の所在に関しては、九州説と畿内説があって、のちのヤマト政権との関連性についても議論されているんだよ！

(4) 古墳時代の古墳と埴輪の移り変わり

前期 (3世紀末〜 4世紀後半)	中期 (4世紀末〜 5世紀後半)	後期 (5世紀末〜7世紀)
近畿から瀬戸内海周辺に分布。円墳・方墳・前方後円墳で竪穴式。円筒埴輪。	畿内を中心に全国に分布。巨大な前方後円墳で竪穴式だが横穴式も出現。形象埴輪。	全国に分布、小型の群集墳で円墳が多く横穴式。土師器や須恵器などの土器や日常品を埋葬、壁画がある装飾古墳。近畿では埴輪が減少。

> 前期は箸墓古墳、中期は大仙陵古墳（仁徳天皇陵）、後期は高松塚古墳が有名だね！

(5) ヤマト政権の成立と政治制度

　大王を中心として豪族の連合によるヤマト政権が成立しました。支配体制として氏姓制度が確立し、豪族は氏ごとに政治的地位などにより姓を与えて統制しました。姓には、臣・連・君・直・造・首・史などがあり、蘇我氏の「大臣」と物部氏の「大連」が政権の中枢に参画していました。

　各種の職務は伴造とよばれる豪族らが分担して担当し、伴造の下に品部が編成されて、職能集団を形成していました。また、地方には国造がおかれ、地方の有力豪族が任命されました。県を支配する首長は県主とよばれていました。

　大王への従属民は部民制度により集団で管理されました。大王は直轄領として屯倉を持ち、屯倉を耕作する部民は田部とよばれました。また、大王家は地方豪族支配下の部民を直轄民にさせて、名代・子代とする一方、豪族は自らの私有地として田荘を持ち、私有民である部曲に耕作させていました。

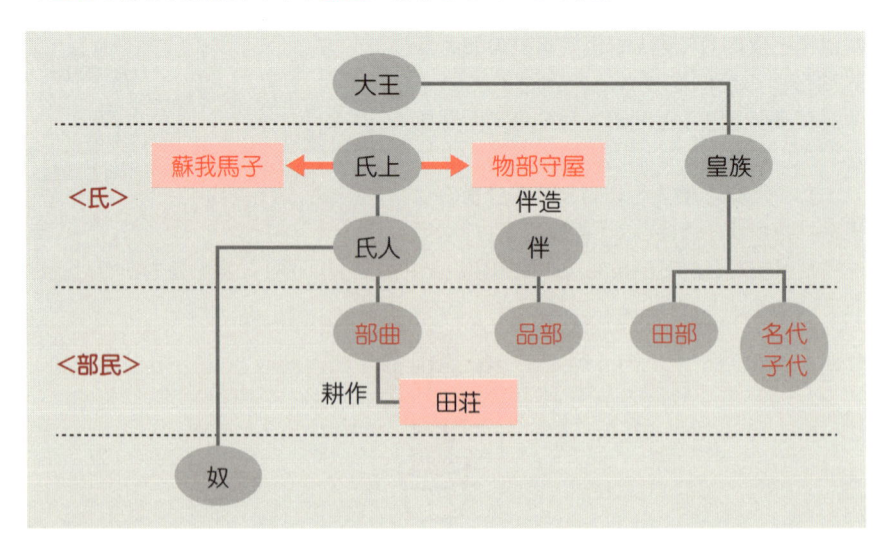

（6）ヤマトと大陸の関係

　朝鮮半島で高句麗の力が強大となり、南進策をとったため、新羅・百済・伽耶（加羅・任那）は圧迫され、百済と伽耶と深い関係にあったヤマト政権も高句麗と戦いました。これらは高句麗の好太王碑の碑文に記されています。『宋書』倭国伝によれば、倭の五王は朝鮮半島における立場を有利なものとするため、中国南朝に入貢（外国から使節が貢物を持って来ること）していたと記されています。

　ヤマトでは大陸文化が受容され、渡来人によって文化が発達しました。特に織物、工芸などの手工業が発達し、ヤマト政権は韓鍛冶部、陶作部、錦織部などを品部として編成し、その技術を各地に広げていきました。

　また、儒教、仏教も伝来しました。仏教の伝来は『日本書紀』によると552年、『上宮聖徳法王帝説』などによると538年、欽明天皇の時代に百済の聖明王より仏像と経巻が送られたとされています。

> 『宋書』倭国伝での倭の五王は、讃が仁徳天皇、珍が反正天皇、済が允恭天皇、興が安康天皇、武が雄略天皇と比定されることが多いんだよ。

❷ 飛鳥時代から律令国家へ

　朝鮮半島情勢や反乱の発生で動揺したヤマト政権ですが、聖徳太子が登場して政治改革を進めていきます。その後、実権を握った蘇我氏に対して、中大兄皇子らがクーデタをおこし、改新政治が展開されることになりました。

（1）ヤマト政権の衰退

527年	ヤマト政権は対新羅軍を派遣しようとしたが、派遣に反対する筑紫国造磐井が出兵をさえぎる反乱をおこす（磐井の乱）。翌年に物部麁鹿火が鎮圧した。
511～531年	勢力を握った大伴金村が、王統断絶の危機にあったヤマト政権に継体天皇を迎えて即位させるが都に入れず。継体天皇の死後は大伴金村が支持する安閑・宣化天皇側の勢力と、蘇我稲目が支持する欽明天皇側の勢力に分裂する。のちに欽明天皇の系統に統一される。
	物部尾輿が大伴金村の朝鮮半島政策の失敗を非難し、金村は失脚する。欽明天皇を支持した蘇我氏の権力が拡大し、崇仏派の蘇我氏と排仏派の物部氏との抗争が表面化する。
587年	蘇我馬子が物部守屋を滅ぼす。蘇我馬子は蘇我氏の権勢に反発した崇峻天皇を暗殺し、初の女性天皇となる推古天皇を擁立する。

（2）聖徳太子の政治

　推古天皇の即位において推古天皇の甥にあたる聖徳太子（厩戸王）が政権に参

重要度 E

#28 石器時代～飛鳥時代

画し、天皇中心の中央集権国家体制の確立を進めていきます。遣隋使を派遣して隋の文化を摂取するとともに、隋と対等な外交を確立しようともしていました。

冠位十二階の制定 （603年）	徳・仁・礼・信・義・智を大小に分けた12階の冠位を制定し、氏姓制度の世襲制を打破し、個人の功績による一代限りの任用制とする。人材登用を進め、官僚制的な中央集権国家を築いていくことをめざしたもの。
憲法十七条の制定 （604年）	中央集権国家体制を確立するための官吏としての心得、訓戒を示したもの。和を尊び、仏教を敬い、天皇に服従せよ、と書かれている。
遣隋使の派遣 （607年）	小野妹子を隋に派遣して、朝鮮半島の新羅に圧力をかけようとした。小野妹子は隋の使節の裴世清とともに帰国した。608年、小野妹子のほか、高向玄理、僧旻、南淵請安らが留学生として隋にわたり、のちに帰国して中央集権国家体制の理論的な指導者として活躍した。614年には犬上御田鍬が派遣されている。

「日出ずる処の天子」という言葉で有名な遣隋使の派遣は、600年からの新羅征討計画がうまくいかなかったため、隋と結ぶことを意図したものだよ。

（3）飛鳥文化

最初の仏教文化であり、中国や朝鮮半島の影響を受けて国際色豊かな文化となりました。氏族の発展を願い、蘇我氏などの豪族たちは、仏教の影響を色濃く反映した氏寺を建立しました。

氏寺（寺院）	仏像（北魏様式）	経典
・聖徳太子 → 法隆寺 　　　　　　　四天王寺	・鞍作鳥　→　飛鳥寺 （止利仏師）　釈迦如来像 　　　　　　　法隆寺 　　　　　　　金堂釈迦三尊像	・聖徳太子 → 三経義疏
・蘇我馬子 → 飛鳥寺		
・秦河勝　→ 広隆寺		

（4）大化の改新

聖徳太子、蘇我馬子の死後、権力を握った蘇我蝦夷が推古天皇の崩御に際して舒明天皇を即位させました。蝦夷の子の蘇我入鹿は、聖徳太子の子である山背大

兄王を襲い、その一族を滅ぼします。その頃、留学生として派遣されていた高向玄理、僧旻、南淵請安らが唐から帰国し、中央集権国家体制の確立をめざす動きが高まりました。そして、645年、中臣鎌足と中大兄皇子は、蘇我入鹿を殺害。入鹿の父である蘇我蝦夷が自殺したことで、蘇我氏は滅びました（乙巳の変）。

クーデター後は、中大兄皇子らが実権を握り、中大兄皇子は皇太子、中臣鎌足は内臣となりました。皇極天皇は退位して孝徳天皇が即位し、元号を大化として難波長柄豊碕宮へ遷都します。そして646年、改新の詔を出して政治の基本方針を示しました。

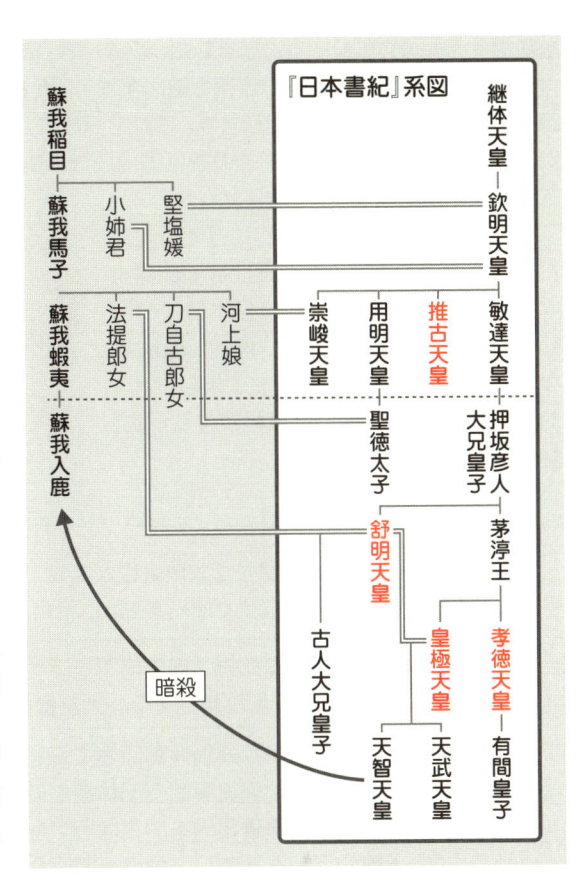

『日本書紀』系図

蘇我稲目 ─ 堅塩媛 ─ 継体天皇 ─ 欽明天皇
蘇我稲目 ─ 小姉君 ─ 欽明天皇
蘇我馬子
　　　　　　　　　　　　　　　　　　　敏達天皇 ─ 押坂彦人大兄皇子 ─ 茅渟王
　　　　　　　　　　　　　　　　　　　用明天皇 ─ 聖徳太子
　　　　　　　　　　　　　　　　　　　推古天皇
　　　　　　　　　　　　　　　　　　　崇峻天皇
蘇我蝦夷 ─ 法提郎女 ─ 舒明天皇 ─ 古人大兄皇子
　　　　　　刀自古郎女 ─ 聖徳太子
　　　　　　河上娘 ─ 崇峻天皇
蘇我入鹿　　　　　　茅渟王 ─ 皇極天皇 ─ 天智天皇／天武天皇
　　　　　　　　　　　　　　孝徳天皇 ─ 有間皇子

暗殺（蘇我入鹿）

改新の詔 （646年）	公地公民制を実施して、土地、国民をすべて国家の直接支配とする。豪族には食封（給与）を支給する。
	国・評（郡）・里の地方行政組織を創設。
	班田収授法をおこなうため、戸籍・計帳を作成し、土地を国民に支給する。
	田の調・戸別の調などの新しい税制を定める。

(5) 白村江の敗戦と天智天皇

孝徳天皇が中大兄皇子と対立後に亡くなると、皇極天皇が再び即位し斉明天皇となりました。斉明天皇在位中には、孝徳天皇の子である有間皇子が謀反を企てて失敗するという、有間皇子の変もおこりました。

この頃、朝鮮半島では新羅軍が唐とともに百済を滅ぼしました。百済の兵士たちは復興のため、日本に援軍を要請します。そこで、中大兄皇子と斉明天皇は百済

を救援するため、援軍を派遣しました。このとき、斉明天皇が崩御しましたが、中大兄皇子は即位せず（称制）、派遣を進めます。しかし、663年の白村江の戦いで、唐・新羅の連合軍に大敗を喫します。これを受けて九州北部に防人をおき、大宰府に水城を築いて国防を強化。その後は国内政治に集中していくことになり、のちに新羅は朝鮮半島を統一しました。

中大兄皇子は近江の大津宮に遷都して天智天皇となり、改新政治を推進していきます。まず、中臣鎌足に命じて日本最初の令である近江令を制定。また、最初の全国的な戸籍である庚午年籍を作成しました。また、中臣鎌足は、死後に藤原姓が与えられ、藤原鎌足となりました。

> 白村江での戦い後の朝廷の対応は、今後は国内を整備しよう、でも国防も何とかしなくちゃという苦悩が感じられるね。あと、公地公民が確立していない中での戸籍の作成は豪族の反発も招いたんだって。

(6) 壬申の乱と天武天皇

天智天皇の子である大友皇子が太政大臣となり、天智天皇の弟である大海人皇子と王位継承をめぐって対立。大海人皇子はいったん吉野に逃れて隠棲します。

壬申の乱 (672年)	天智天皇の死後、吉野に下っていた大海人皇子は東国で挙兵し、壬申の乱が発生する。大友皇子が自殺して乱は終結した。
天武天皇即位 (673年)	大海人皇子は飛鳥浄御原宮で即位して天武天皇となる。きわめて強力な天皇専制支配体制を確立し、大臣を設置せず、皇族主導の皇親政治をおこなう。部曲（私有民）を廃止して公地公民制を徹底し、飛鳥浄御原令の編纂を進めていった。
八色の姓制定 (684年)	真人・朝臣・宿禰・忌寸・道師・臣・連・稲置を新たな姓とし、氏姓制度では最上位だった臣、連を低位に落とした。
天武天皇の死 (686年)	天武天皇の死後は、大津皇子が謀反の疑いで自害させられ、草壁皇子も病死したため、天武天皇の皇后であった持統天皇が即位した。持統天皇は飛鳥浄御原令を施行し、藤原京を造営して遷都する。その後は孫の文武天皇に譲位し、上皇（太上天皇）として天皇を後見していった。

(7) 白鳳文化

7世紀後半から8世紀初頭に栄えた清新な文化で、天武、持統天皇の時代が中心となります。初唐文化の影響を受けた仏教文化が発展し、また漢詩文・和歌が本格化し、皇室歌人の時代から、宮廷詩人の時代となりました。

建築	彫刻・絵画	漢詩・和歌
・薬師寺東塔 ・法隆寺金堂 ・五重塔	・薬師寺金堂薬師三尊像 ・興福寺仏頭 ・法隆寺金堂壁画 ・高松塚古墳壁画	・懐風藻（最古の日本漢詩集） ・額田王 ・柿本人麻呂

TRY! 本試験問題で一問一答

Q1 弥生時代では、女性をかたどった土偶によって獲物の繁殖を祈った。また、
×土偶は縄文時代に女性を模してつくられたもの
埋葬では死体の手足を折り曲げた姿勢で葬る「屈葬」という方法がとられて
×「屈葬」は縄文時代にみられた埋葬方法である
いた。

（×）
[警－15]改 cf.❶

Q2 日本で最初に発掘された、貝殻が層をなして堆積している遺跡である「貝
塚」は、大森貝塚であり、弥生時代のものである。
×縄文時代のものである

（×）
[警－15]改 cf.❶

Q3 聖徳太子は、6世紀末に女帝の推古天皇の摂政となり、物部守屋の協力のも
×蘇我馬子と協力した
と政治をおこなった。

（×）
[国Ⅰ－18]改 cf.❷

Q4 4世紀に我が国に仏教が伝来、朝廷のおかれた飛鳥地方を中心に発達した推
○このまま覚えよう！
古朝の文化を飛鳥文化といい、法隆寺や四天王寺が聖徳太子によって建立
された。

（○）
[税－18] cf.❷

Q5 奈良時代には氏姓制度とよばれる仕組みの下で、有力な豪族の中から大臣
×氏姓制度はヤマト政権で用いられた制度
や大連が任命され、中央の政治を司った。

（×）
[税－24] cf.❶

重要度 **E**

#28 石器時代〜飛鳥時代

#29 律令国家の成立・奈良時代

日本史2 律と令、口分田の班給だ。政争の奈良時代

重要度 **E**

中央集権的な律令国家が形成され、安定するかに思えた政権ですが、奈良時代になると政争が相次ぎ、めまぐるしく権力者が交代していきます。鎮護国家の思想とともに、仏教の展開、天平文化も理解しておくべきでしょう。仏教の影響力を断ちきり、政治の再建を進めていくため、平安遷都へと進んでいくことになります。

ココを覚えればザ・ベスト！

律令国家については土地制度の変遷を中心に確認しておくこと。また、奈良時代は政争の歴史なので、権力者の交代を大づかみに理解しておくとよい。天平美術、古事記、日本書紀、万葉集もチェックできてザ・ベスト！

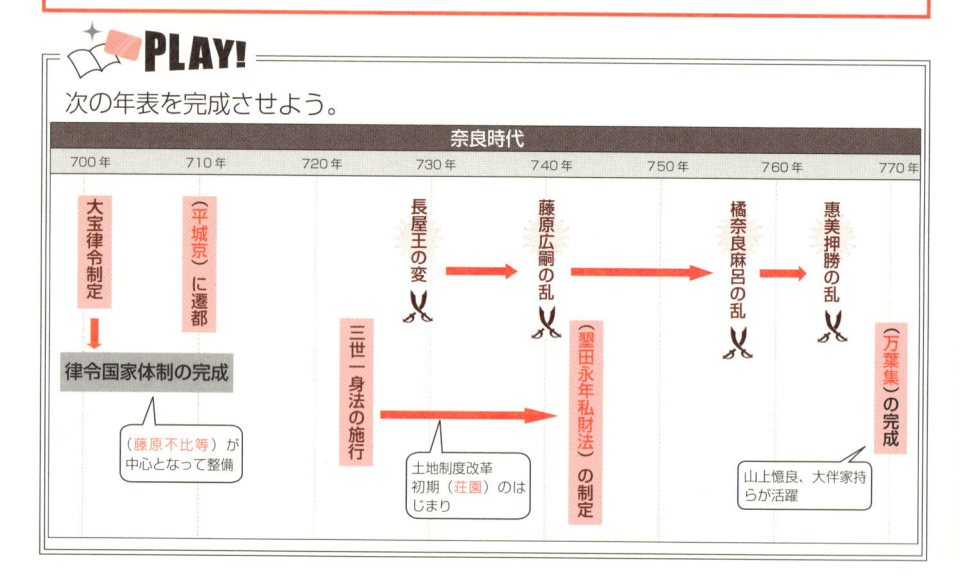

PLAY!

次の年表を完成させよう。

奈良時代

700年　710年　720年　730年　740年　750年　760年　770年

- 大宝律令制定 → 律令国家体制の完成
  - （藤原不比等）が中心となって整備
- （平城京）に遷都
- 長屋王の変 → 藤原広嗣の乱 → 橘奈良麻呂の乱 → 恵美押勝の乱
- 三世一身法の施行 → （墾田永年私財法）の制定
  - 土地制度改革　初期（荘園）のはじまり
- （万葉集）の完成
  - 山上憶良、大伴家持らが活躍

① 律令国家

701年、<u>大宝律令</u>の制定により、ついに律令国家としての体制が完成しました。律は刑罰法で、令は行政法です。刑罰には笞、杖、徒、流、死の五刑があり、天皇や国家への犯罪は特に重く、謀反や悪逆などの八虐は恩赦も許されませんでした。

律令の制定は国家の支配体制の確立を意味するものであり、統治機構としては<u>二官八省</u>がおかれています。また、<u>班田収授法</u>など、民衆の負担と保障も定められています。

(1) 律令

　中国の律令を基盤として、日本に導入したものです。日本社会に適合させるため、文武天皇が制定した701年の大宝律令ののち、718年には元正天皇のもと養老律令が制定されるなど、少しずつ改変されていきました。なお、大宝律令制定の直後には、遣唐使が派遣されています。

(2) 二官八省を設置

　中央官制は二官八省が設置され、太政官（だいじょう）が国政の中心となりました。

二官八省	中央組織	太政官	太政大臣（常置されない官）、左右両太政大臣、大納言らの合議によって運営され、政務を総括した。太政官のもとに8つの省があり、職務を分担した。
		神祇官（しんぎ）	祭祀をつかさどる組織。
		弾正台（だんじょうだい）	官吏の監察、風俗の粛正をおこなう独立した機関。
		五衛府（ごえふ）	軍事組織で、5つに分かれていたので五衛府とよばれる。
	地方組織		大和国や河内国などを畿内、東海道や東山道などを七道とする。その中に国、郡、里（後に「郷」になる）を設置して、国には中央の貴族を国司として派遣、郡には地方豪族を郡司に選び、里には有力農民を里長に選んだ。

(3) 班田収授法と農民生活

　農民には等しく土地が与えられましたが、農民にかけられた税負担はとても大きいものでした。奈良時代になると中央では政争にあけくれることになり、律令制度が持たなくなります。

班田収授法	6年に1回つくられる戸籍にもとづき、6歳以上の男子に2段、女子にはその3分の2の口分田（くぶんでん）が班給される。
条里制	班田収授法を進めるため、土地を区画する制度のこと。
良民と賤民	国民を良民と賤民とに大別した。良民は貴族や税負担をする公民（一般農民）など。賤民は陵戸・官戸・家人・公奴婢・私奴婢の五色の賤に分別されていた。

重要度 E

#29 律令国家の成立・奈良時代

農民の負担	租	地方の主たる財源。口分田の収穫の約3％を稲で納める。
	調	絹・綿・糸・布など各国の特産物を納める。
	庸	1年間に10日間の歳役の代わりに布などを納める。
	雑徭	年60日間までの使役であり、土木事業や雑用に従事する。
	運脚	調・庸を都に運搬する。
公出挙		春夏に稲を貸し付け、秋に5割の利息をつけて返済させる。豪族がおこなう私出挙もあった。
義倉		凶作に備えて粟を納めておく。
仕丁		50戸に正丁（21〜60歳の成年男性のこと）2人の割合で徴発され、中央官庁の雑役をおこなう。
兵役		正丁3〜4人に1人の割合で兵士が徴発され、諸国の軍団に配属された。防人（3年間の九州北部の沿岸警備）、衛士（1年間の都の警備）などをおこなう。装備や食糧は自弁であったため、きわめて重い負担だった。

> 防人などは東国の農民が行くことになり、ようやく3年の任務が終わっても、故郷までたどりつけずに死んでしまうような事例も…。当然ながら兵士の士気は低かったようだよ。

❷ 平城京の時代

　大宝律令の制定により律令国家が確立したことをふまえ、新しい都の造営が進められ、710年に平城京へ遷都。都は中国から伝わった条坊制で区画され、整備されました。しかし、政界は激しく動揺していくことになります。

(1) 平城京遷都まで

　710年、元明天皇のときに藤原京から平城京へ遷都がおこなわれ、条坊制（碁盤の目状に組み合わせた左右対称の都市づくり）により、東西南北に走る道路で整然と区画されました。北部の中央に天皇の居所である内裏がおかれ、東を左京、西を右京といい、官営の東市、西市で各地の租税などや産物、銭が交換されました。
　712年、東北地方に出羽国がおかれ秋田城が築かれます。724年には多賀城が築かれ、蝦夷（日本の東方、北方の人々）対策の拠点となりました。また、西南地方では南九州の隼人を征討し、713年に大隅国がおかれました。

(2) 銭貨の流通

708年、武蔵国からの銅の献上を受けて、和同開珎を鋳造し、元号を和銅とします。蓄銭叙位令が発せられ、銭を蓄えた者に位階を与えることで銭貨の流通促進をはかりましたが、実際はあまり流通しなかったといわれています。以後、958年までに十二種類の銅銭が鋳造されて、皇朝十二銭とよばれていました。

(3) 遣唐使派遣

630年、犬上御田鍬の派遣ではじまり、留学生や学問僧の往来が盛んにおこなわれました。阿倍仲麻呂、吉備真備、玄昉らも唐で学びました。また唐からは鑑真が来日しています。のちに空海、最澄も唐に渡り、平安仏教を興すことになります。しかし、894年に菅原道真の建議によって遣唐使は廃止されてしまいました。

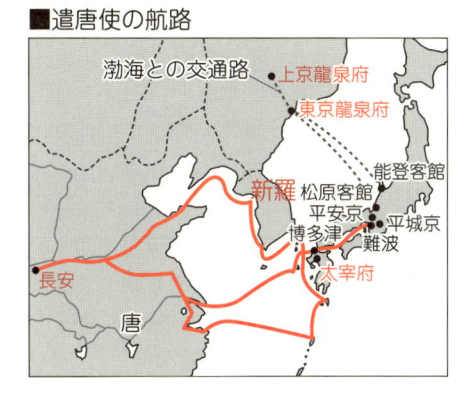

■遣唐使の航路

(4) 土地制度の改革

班田農民にとっては税負担が大きく、困窮する者は浮浪や逃亡をするようになりました。『万葉集』には山上憶良の貧窮問答歌が収録されています。

この頃、中央貴族や寺社などが大土地を所有するようになります。初期荘園（自墾地系荘園）のはじまりです。貴族には位田や賜田が支給され、寺田、神田、職田は租を免除された不輸租田でした。荒田が増加し口分田が不足したため、政府は耕作地を拡大しようと、次のような対策を進めました。

百万町歩の開墾計画 （722年）	土地の開墾計画を立てるが実現はしなかった。
三世一身法 （723年）	新たな開墾については子・孫・曾孫の代まで、旧来の設備を使った開墾については本人の代に限って所有を許可するもの。私有期限が近づくと耕作を放棄するため、効果は限られていた。
墾田永年私財法 （743年）	自ら開墾した墾田の永代所有を認める。公地制の原則が崩壊し、貴族や寺社などの有力者が農民や浮浪人を使って開墾を進め、大土地を所有することになった。

重要度 E

#29 律令国家の成立・奈良時代

(5) 政争の奈良時代

奈良時代は政争の続く時代でした。藤原不比等によって律令体制が整備され、養老律令が制定されます。720年の不比等の死後は、天武天皇の孫である長屋王が権力を握りますが、不比等の四子（南家・北家・式家・京家）と対立します。

729年、不比等の娘の光明子の立后をめぐり、四子は長屋王に反逆の疑いをかけて自殺に追い込みました（長屋王の変）。その後は、光明子が聖武天皇の妃となり、四子が実権を握りますが、天然痘の流行で相次いで亡くなってしまいます。

次に、皇族出身の橘諸兄が実権を握り、唐から帰国した玄昉や吉備真備を重用します。740年、藤原式家の子の藤原広嗣が玄昉、吉備真備の排除のために乱をおこしますが失敗してしまいます（藤原広嗣の乱）。

政界が動揺する中で、聖武天皇は恭仁京、紫香楽宮、難波宮を転々と遷都しながら鎮護国家の思想にもとづき、仏教で国家の安定をはかろうとして741年に国分寺建立の詔、743年に大仏造立の詔を出しました。

聖武天皇の娘である孝謙天皇の時代には、光明皇太后と結びついた藤原南家の子である藤原仲麻呂が実権を握ります。757年、橘諸兄の子である橘奈良麻呂が乱をおこすも失敗に終わり殺されます（橘奈良麻呂の乱）。藤原仲麻呂は淳仁天皇を即位させ、恵美押勝の名を賜り、太政大臣となって唐風の政策を進めますが、孝謙上皇の信任を得た道鏡が政界に進出。764年、藤原仲麻呂はこれを除くため乱をおこすも失敗し、殺されます（恵美押勝の乱）。

孝謙上皇が復位（再び即位すること）して称徳天皇となり、道鏡は太政大臣禅師となります。道鏡は769年、宇佐八幡宮神託事件により皇位を狙いますが和気清麻呂がこれをはばみ失敗、770年の称徳天皇の死去によって追放されてしまいました。

その後、光仁天皇が即位し、藤原式家の藤原百川らによって律令国家の再建が進められることになりました。

■奈良時代の変遷

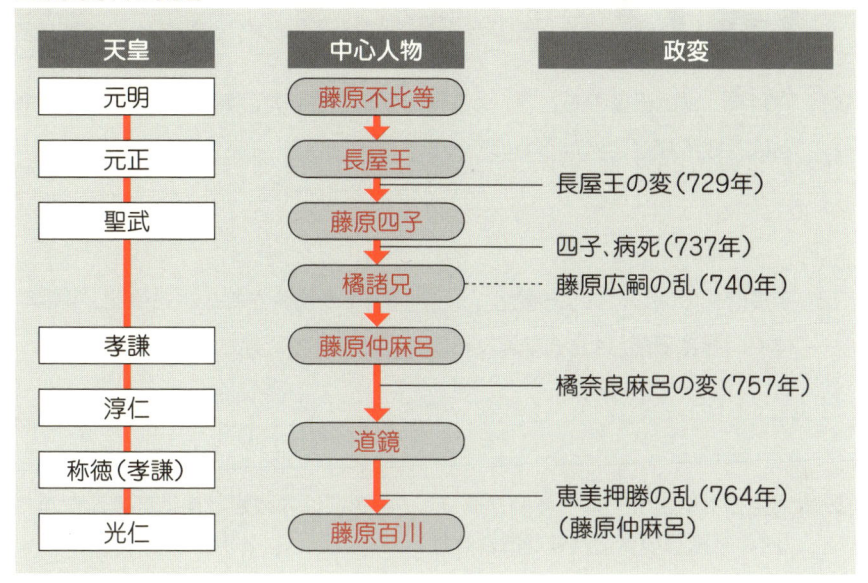

天皇	中心人物	政変
元明	藤原不比等	
元正	長屋王	長屋王の変（729年）
聖武	藤原四子	四子、病死（737年）
	橘諸兄	藤原広嗣の乱（740年）
孝謙	藤原仲麻呂	
淳仁		橘奈良麻呂の変（757年）
称徳（孝謙）	道鏡	恵美押勝の乱（764年）（藤原仲麻呂）
光仁	藤原百川	

(6) 天平文化

　平城京を中心とした貴族文化であり、聖武天皇の仏教信仰を強く反映しています。遣唐使による盛唐文化の影響もみられ、国際性を感じることのできる文化といえるでしょう。特に古事記、日本書紀、万葉集はきわめて重要です。

文学	『古事記』	稗田阿礼に誦みならわせたものを太安万侶が筆録する（紀伝体）。
	『日本書紀』	舎人親王らが編纂する（編年体）。
	『万葉集』	和歌4500首を収録した歌集。山上憶良、大伴家持らが活躍する。
仏教		仏教の中心は7つの大寺院である南都七大寺と、仏教研究の学派として南都六宗であり、唐から渡来した鑑真が東大寺などに三戒壇を設け、僧侶に戒を授けた（資格を与えた）。
美術	寺院建築	東大寺法華堂、唐招提寺金堂と講堂、法隆寺夢殿、東大寺正倉院などが有名。
	仏像彫刻	写実的な作品が多く、塑像、乾漆像が多い。東大寺法華堂不空羂索観音像、日光・月光菩薩像、唐招提寺鑑真像などが挙げられる。
	絵画、工芸品	絵画では正倉院の『鳥毛立女屏風』が有名、工芸品では正倉院御物が東ローマ、インド、イスラムの影響がみられて名高い。

重要度 E

#29 律令国家の成立・奈良時代

TRY! 本試験問題で一問一答

Q1 701年、文武天皇のもとで、大宝律令が制定された。律とは現在の刑法、令とは行政法などに当たるものである。
○このまま覚える

(○)

[消－27]改 cf. ❶

Q2 奈良時代のはじめに『古事記』、『日本書紀』が編纂された。『古事記』は編年体で、『日本書紀』は正式な漢文によって紀伝体で記述されている。
×古事記が紀伝体で、日本書紀が編年体で記述されている

(×)

[地上－9]改 cf. ❷

Q3 大宝律令によって律令体制が確立し、中央には太政官と神祇官の二官がおかれ、神祇官の下に八省がおかれた。
×太政官の下に八省がおかれた

(×)

[市－17]改 cf. ❶

#30 平安時代・摂関政治・国風文化

日本史3　摂関政治の全盛期！この世はわが世だ

重要度 **E**

奈良時代に動揺した律令体制を再建するため、平安京に遷都し、新たな政治がはじまります。桓武天皇・嵯峨天皇の頃は再建に注力した時代でしたが、のちに藤原北家が台頭して、摂関政治が全盛期を迎えます。藤原氏は天皇の外祖父という立場を利用して、摂政・関白になり、栄華をきわめていきました。

ココを覚えればザ・ベスト！

律令体制の再建と摂関政治の展開、さらには寄進地系荘園の構造について理解を深めておこう。国風文化は国文学を中心に確認しておきたい。貴族社会の構造を正しく理解してザ・ベスト！

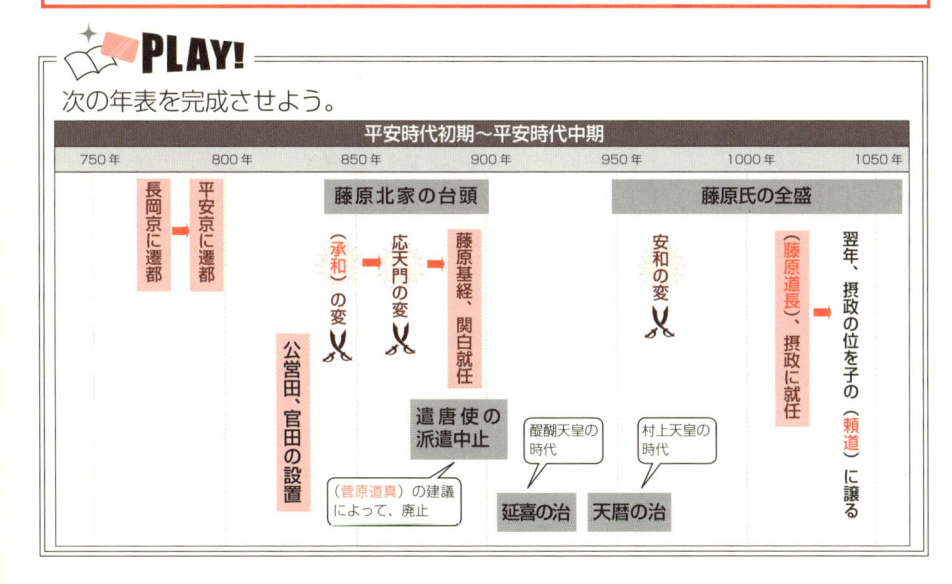

PLAY!

次の年表を完成させよう。

平安時代初期～平安時代中期						
750年	800年	850年	900年	950年	1000年	1050年
		藤原北家の台頭		藤原氏の全盛		

- 長岡京に遷都
- 平安京に遷都
- 公営田、官田の設置
- （承和）の変
- 応天門の変
- 藤原基経、関白就任
- 遣唐使の派遣中止（菅原道真）の建議によって、廃止
- 醍醐天皇の時代 → 延喜の治
- 村上天皇の時代 → 天暦の治
- 安和の変
- （藤原道長）、摂政に就任
- 翌年、摂政の位を子の（頼道）に譲る

１　平安前期～中期

平安京への遷都、桓武天皇・嵯峨天皇の律令政治の再建ののち、藤原北家が台頭して摂関政治の基礎が築かれていきます。また、平安前期は弘仁・貞観文化の時代で、最澄、空海が登場し、密教文化が広がることになりました。

(1) 平安京遷都

781年に桓武天皇が即位し、784年には藤原式家の藤原種継の主導で長岡京に

遷都しましたが、種継が暗殺され、その後も皇族の死去が相次いだことにより再遷都が計画されます。そして、和気清麻呂の建議により、794年に平安京へ遷都し、律令制再建を進めることとなりました。

(2) 桓武天皇の政治
律令制再建のためには、地方政治の刷新と財政再建が必要だと判断した桓武天皇は、以下のような政治改革をおこないました。

勘解由使の設置	国司交代を監視する、令に定められていない令外官のひとつ。事務の引継ぎ文書である解由状を審査。
健児の制	身体壮健な郡司の子弟などを精鋭の兵士として採用、軍事力を強化。
班田制の励行	雑徭を半減し、公出挙の利息を下げて農民負担を軽減。
蝦夷征討	蝦夷の勢力が強大化し、反乱が発生したため、桓武天皇は蝦夷の征討を進めた。坂上田村麻呂を征夷大将軍（令外官）とした際の征討では、802年に胆沢城（岩手県）、803年に志波城（岩手県）を築く。

> 蝦夷征討と造都の財政負担が重かったことから、藤原緒嗣と菅野真道との間で論争になったんだ。結局、緒嗣の主張が採用されて、蝦夷征討と造都は中止されたんだよ！

(3) 薬子の変（平城上皇の変）
桓武天皇の死後、平城天皇が即位し、観察使を設置して国司らを監察しました。また、藤原式家の藤原薬子を寵愛し、薬子の兄の藤原仲成を重用するようになります。

平城天皇は皇位を嵯峨天皇に譲り、上皇となりましたが、のちに嵯峨天皇が機密事項を管理する蔵人所を設置して、藤原北家の藤原冬嗣と巨勢野足を蔵人頭（令外官）に任命し、観察使を廃止したことから、平城上皇と嵯峨天皇が激しく対立します。

平城上皇は薬子や仲成のすすめで平城への復都と自らの復位を企てましたが、結果的に、嵯峨天皇は薬子を自殺に追い込み、平城上皇は出家しました。

(4) 嵯峨天皇の政治
薬子の変により、蔵人所の設置や、治安を維持するため検非違使を設置するようになります。また、律令制による租税制度の維持が難しくなっていき、902年の班田を最後に、班給されていた公地は、その後、国衙領として、国司の私有地のようになっていきます。

検非違使の設置	薬子の変により、治安維持のために設置。のちに訴訟・裁判も取り扱うようになる。
弘仁格式の編纂	法制の整備を進め、律令を補足する必要から、藤原冬嗣らによって補足する法令である格と施行規則の式がまとめられた。のちに編纂された貞観格式、延喜格式とあわせて、三代格式が編纂されることになった。
公営田や官田の設置	租税徴収に関する不正を取り締まるために設置。直営の田により財源の確保をはかる。天皇は勅旨田、皇族は賜田、中央の官吏は諸司田を持つ。

淳和天皇の時代には清原夏野らにより律令を公的に解釈した『令義解』が、また、私的注釈書である『令集解』が編纂されているよ！

(5) 藤原北家の台頭

藤原冬嗣が蔵人頭に任命されたことから藤原北家が力を握り、冬嗣の子である藤原良房が勢力を確立していきます。

842年	承和の変により、伴健岑、橘逸勢らが謀反の疑いで流罪に。皇太子が廃位され、良房の妹の子が皇太子（のちの文徳天皇）となる。
858年	清和天皇が即位し、良房は摂政となる。
866年	応天門の炎上をめぐり、良房は伴義男を失脚させる（応天門の変）。そして皇族以外の人臣で、正式に最初の摂政となる。
884年	良房の養子基経は、勢力を伸ばし、関係が悪化した陽成天皇を退位させて光孝天皇を立てる。基経は光孝天皇の際に、政治のすべてを委任され、事実上の関白に就任。
887年	基経、宇多天皇の際に正式に関白。関白就任に際して、宇多天皇と基経との間に阿衡の紛議が発生。基経が政治的立場を強化。

詔勅に含まれた「阿衡」という言葉が、中国の故事では単なる名誉職にすぎないと基経が抗議して政務を放棄したんだ。だから宇多天皇は文章を起草した橘広相を罷免したんだって！

(6) 延喜・天暦の治

基経の死後、宇多天皇は関白を設置せず、菅原道真を登用します。そして道真の建議によって、894年に遣唐使が廃止されました。

醍醐天皇の時代（延喜の治）になると藤原時平と菅原道真を左右両大臣にして政務に当てていましたが、菅原道真は太宰権帥としてのちに左遷。道真がいなく

なったあとも、摂政や関白は設置しませんでした。
　902年、国家財政の再建をはかるため、延喜の荘園整理令を出し、違法な荘園を取り締まり、公領を回復しようとしました。また、最後の班田も実施しました。平安文化の担い手としても知られている村上天皇の時代（天暦の治）になると、倹約に努めて物価の安定に尽力しました。
　天皇親政の一方で、承平・天慶の乱（935年〜941年）、すなわち平将門の乱と藤原純友の乱が発生するなど、律令制の崩壊は顕著なものとなっていきます。

(7) 弘仁・貞観文化

　平安前期は密教の要素の強い弘仁・貞観文化の時代を迎えます。平安京遷都に際して、桓武天皇は奈良時代に発生した政治的混乱から、南都の大寺院を平安京には移転させず、新しい仏教として、最澄、空海が支持されていきました。

平安仏教	最澄	天台宗	遣唐使とともに入唐し、天台の教えを受け、帰国後に開宗。比叡山延暦寺を創建する。大乗戒壇の設立をめざし、のちに公認されることで、延暦寺は仏教学の中心拠点となり、多くの僧侶が学ぶ場となっていった。最澄の弟子の円仁、円珍らによって密教化が進み、台密とよばれるようになる。天台宗はその後、円仁の延暦寺山門派と円珍の三井寺寺門派に分裂した。
	空海	真言宗	最澄と同じく入唐して密教を学び、帰国後に開宗。高野山金剛峯寺を創建、嵯峨天皇から教王護国寺を賜る。東密とよばれ、現世利益を求め、加持祈祷で即身成仏することができると説いた。現世利益を説いたため、天皇、貴族の保護を受けて発展する。
	その他		神仏習合や山岳信仰・修験道が展開される。
美術	寺院建築		室生寺金堂、五重塔など。
	彫刻		力量感のある一木造のものが多く、観心寺如意輪観音像などが有名。また、薬師寺僧形八幡神像は八幡神が僧の姿として表現されており、当時の神仏習合思想を理解することのできるものである。
	絵画		密教の世界観を示した曼荼羅がつくられる。神護寺両界曼荼羅など。
文芸・教育	書道		嵯峨天皇・空海・橘逸勢が三筆と称せられる。
	漢文学		漢詩文が隆盛し、『凌雲集』などの勅撰漢詩文集が編纂される。
	学問		空海が綜芸種智院を設立し、庶民の教育を進めた。

❷ 摂関政治の展開と国風文化

ついに摂関政治がはじまることになりました。安和の変によって他氏排斥を完了し、摂関政治は藤原道長・頼通の時代に全盛期を迎えます。この時代では摂政・関白として権力を維持していくために、天皇の外戚＝母方の親族、となることが重要でした。上流貴族に権力が集中する時代でもあり、摂関家には莫大な富が集まっていくことになります。

(1) 摂関政治の確立から全盛

969年、藤原氏は安和の変で、醍醐天皇の皇子である左大臣源高明を失脚させました。これによって他氏排斥がすべて終了し、摂関政治が100年間にわたって続きます。

まず、藤原北家の氏長者（代表者）である道長が、摂政（天皇の幼少期に権限を代行）および関白（天皇の成長後に職務を補佐）に就任し、摂政、関白は常におかれるようになりました。すべての権力が摂関家に集中していき、以後の争いは、氏長者の地位をめぐる摂関家内の争いとなっていきます。

■藤原氏の系図

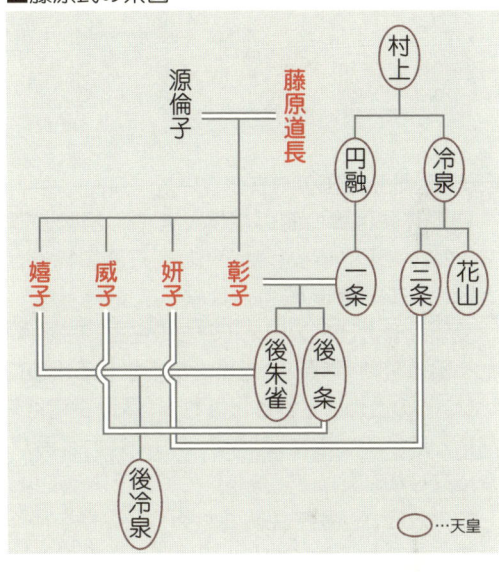

御堂関白の藤原道長、そして平等院鳳凰堂を建てた藤原頼通の父子時代が摂関家の全盛期で、娘を次々に皇后や皇太子妃とすることで栄華をきわめました。

(2) 国司と地方政治

摂関家には荘園や国衙領（国司の私有地）からの収入が集まりました。一方で中下級貴族は経済的な利権の大きい受領（国司のうち現地に赴任する筆頭者）として地方へ出て徴税を請け負い、私腹を肥やそうと考える者が増加していました。私財によって摂関家などの事業費用を負担して、その功で官職を得る成功、同じ国の国司に再任される重任、代理として目代を国衙に派遣し、収入だけを得る遙任などにより、地方政治は混乱していきます。のちに地方には留守所とよばれる機関が設置され、地方豪族出身の在庁官人が実務をとっていきました。

■国司と地方の関係

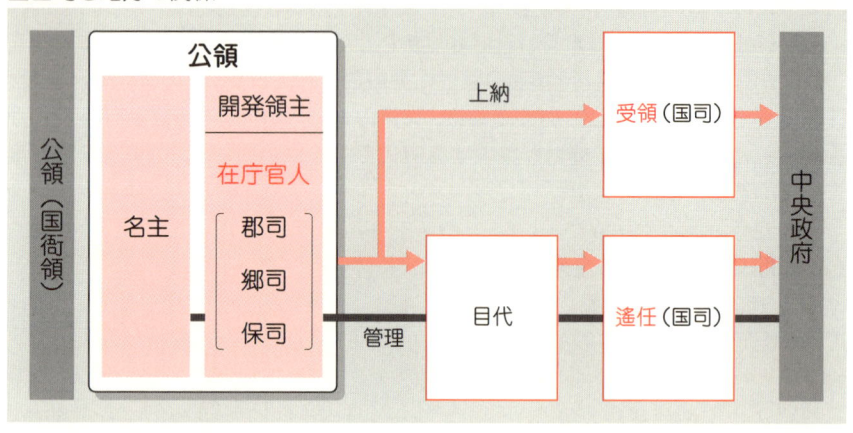

```
公領
  開発領主
  在庁官人
    郡司
    郷司
    保司
  名主
公領（国衙領）
上納 → 受領（国司） → 中央政府
管理 → 目代 → 遙任（国司） → 中央政府
```

（3）寄進地系荘園の成立

　初期荘園は律令制の崩壊とともに経営が不安定になり、のちに衰退しました。そして荘園の構造が寄進地へと変化していきます。

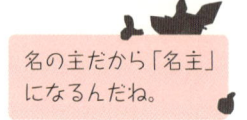

> 名の主だから「名主」になるんだね。

　受領は有力農民の田堵（のちの名主）に耕作を請け負わせ、租・調・庸などにあたる額の官物（年貢）や雑役を負担させるようになります。田地の課税単位を名といい、その土地は名田とよばれました。田堵は受領と結んで拡大経営を進め、大名田堵となっていきました。こうして有力農民が経営する名に課税するという制度が成立しました。

　中央政府から税を免除される不輸の権を得る荘園が増加したことで、地方において国司の力が強くなり、国司が不輸の権を認める荘園も登場しました。中央政府が太政官符や民部省符によって税の免除を認めた荘園を官省符荘、国司が税の免除を認めた荘園を国免荘といいます。

　大名田堵と国司は税の徴収をめぐり対立するようになり、土地を中央の権力者に寄進して、荘園領主の権力によって不輸の権を得るとともに、国司が派遣する検田使の立ち入りを認めない不入の権を獲得するようになっていきました。

　この大名田堵は開発領主といわれ、のちに国衙行政に関わって在庁官人となります。所領を権力者に寄進し、荘園領主から下司や公文（下級役人）に任じてもらい荘官となり、管理者としての地位を確立していきました。寄進を受けた領主は領家、さらに上級の有力者に寄進されると本家、実質的な支配権を有する者を本所といいます。

■寄進地系荘園のしくみ

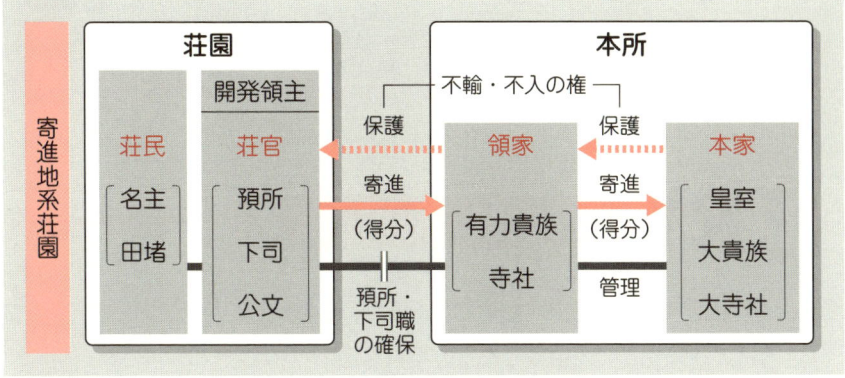

寄進地系荘園	荘園		→ 不輸・不入の権 ←	本所	
		開発領主			
	荘民	荘官	保護→ 寄進←（得分）	領家	保護→ 寄進←（得分）	本家
	[名主 田堵]	[預所 下司 公文]	預所・下司職の確保	有力貴族 寺社 管理	[皇室 大貴族 大寺社]

(4) 国風文化

894年、菅原道真の建議によって遣唐使が廃止された後、摂取された大陸の文化と日本の文化との融合により国風文化が発展し、その後の日本文化に多大な影響を与えました。かな文字が発達したことで、日記や物語などの文学作品が多く誕生し、宗教では摂関家の栄華の一方、社会不安が強まり、阿弥陀仏に帰依して西方極楽浄土への往生を願う浄土教が広まっていきました。

かな文学	古今和歌集	最初の勅撰和歌集、紀貫之の「仮名序」でも有名。六歌仙などの歌人も登場。『古今和歌集』の後、勅撰和歌集が相次いで作成され、三代集、八代集などとよばれている。
		『竹取物語』、『伊勢物語』(歌物語)、紀貫之の『土佐日記』、清少納言の『枕草子』、紫式部の『源氏物語』、藤原道綱母の『蜻蛉日記』、菅原孝標女の『更級日記』などが代表的な作品。
国風美術	建築	寝殿造が登場し、貴族の邸宅となる。
	絵画	日本の風景を描く大和絵が出現し、襖や屏風に描かれた。
	書道	小野道風、藤原佐理、藤原行成が三蹟と称せられる。
	工芸	蒔絵が発達し、調度品などに装飾が施された。
浄土信仰	浄土思想	空也が念仏を唱えてまわり、源信（恵信僧都）が『往生要集』を著して、浄土思想を説いた。
	末法思想	1052年から悟りに入る人が存在しない末法が到来するとする思想。浄土への願望はますます高まった。
		寺院建築では、阿弥陀堂がつくられ、藤原頼通が平等院鳳凰堂を建立。彫刻では、仏師の定朝が平等院鳳凰堂の本尊である阿弥陀如来像をつくった。定朝はこれまでの一木造に代わり、仏像の各部分を別々に制作してつなぎ合わせる寄木造の手法を完成させた。絵画では、阿弥陀仏が往生する者を迎えにくる姿を描いた来迎図が描かれ、高野山の阿弥陀聖衆来迎図が有名である。

六歌仙は、『古今和歌集』の序文に記された僧正遍昭、在原業平、文屋康秀、喜撰法師、小野小町、大友黒主のことだ。また、『古今和歌集』から『新古今和歌集』までが八代集だね

TRY! 本試験問題で一問一答

Q1 寝殿造は平安時代に栄えた建物であるが、そのすべてが唐風のもので、奈良時代の建築物との差はほとんどみられない。
×寝殿造は国風文化を代表する建築物であり、唐風ではなく日本風のものである
（×）
[消－19]改 cf.❷

Q2 奈良時代の荘園は初期荘園とよばれ、各地の有力者が開発をおこない、平安中期以降もこの荘園は発展しつづけた。
×平安中期になると、初期荘園は律令制の崩壊とともに衰退した
（×）
[市－18]改 cf.❷

Q3 894年に菅原道真の建議によって、遣隋使が廃止されたのは、隋の衰退が著しく、多くの犠牲を払ってまで交流する必要性がないとの判断からである。
×廃止されたのは遣唐使である
（×）
[警－17]改 cf.❶

Q4 藤原良房は、応天門の炎上をめぐり、当時勢力を伸ばしていた大納言伴善男の仕業として失脚させて、権力を確立し、皇族以外の人臣で最初の摂政となった。
○このまま覚えよう！
（○）
[国Ⅱ－18]改 cf.❶

Q5 平安時代において藤原道長は醍醐天皇のとき、対立する右大臣の菅原道真を九州の大宰府に左遷して政治の実権を握った。これを機に藤原氏はその地位を安定させて摂政・関白を独占した。
×道真を左遷したのは醍醐天皇で、藤原時平の虚偽の告発により決断した。道長が栄華をきわめるのは、醍醐天皇の皇子の源高明を失脚させた後なので、時期が異なる
（×）
[税－21]改 cf.❶

202

#31 武士の登場・平氏政権
日本史4
武士の世の中になり、平氏は栄華をきわめる

重要度 **D**

地方の豪族や有力な農民たちが、自らの勢力を拡大しようとして武装し、武士が登場します。武士は宮中の警備や貴族の警護を担当するようになって力を蓄え、貴族社会を脅かし、ついには平氏政権が誕生することになるわけです。武士の登場と院政・平氏政権までの流れを確認しておきましょう。

ココを覚えればザ・ベスト！

承平・天慶の乱、院政、平氏政権と、大きく3点について確認しておこう。なぜ武士が実権を握ることになったか、平氏政権はどのような特徴がみられるか、そして、鎌倉時代に進まざるをえなかった理由をきちんと確認してザ・ベスト！

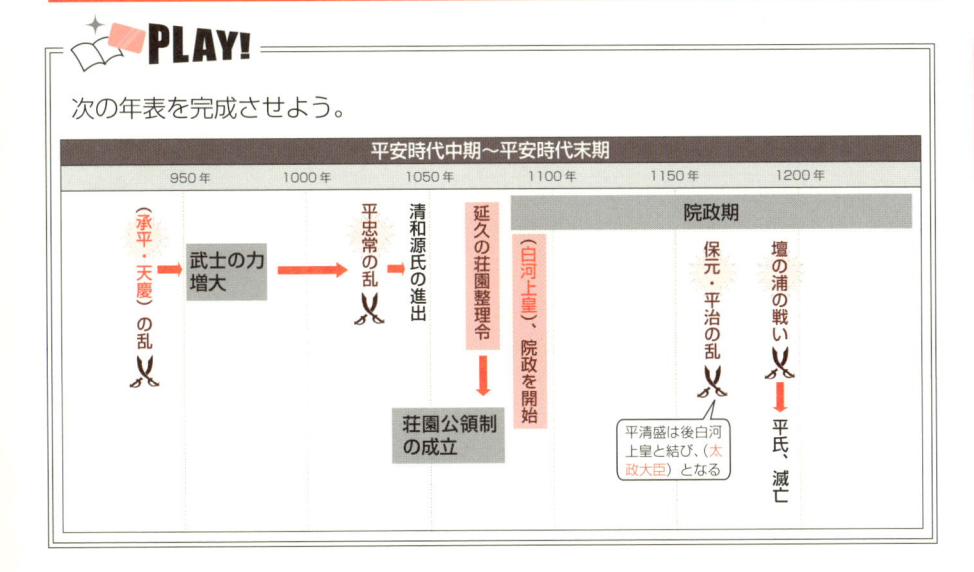

PLAY!

次の年表を完成させよう。

平安時代中期〜平安時代末期

950年	1000年	1050年	1100年	1150年	1200年

院政期：1100年〜1200年

- （承平・天慶）の乱
- → 武士の力増大
- 平忠常の乱
- 清和源氏の進出
- 延久の荘園整理令 → 荘園公領制の成立
- （白河上皇）、院政を開始
- 保元・平治の乱（平清盛は後白河上皇と結び、（太政大臣）となる）
- 壇の浦の戦い → 平氏、滅亡

❶ 武士の成立と発展

律令的な秩序が崩壊し、地方豪族が武装化していくことで、武士が登場します。地方政治の乱れが武士の登場につながり、武士の力は承平・天慶の乱を経て、貴族たちにとっても無視できないものになっていくわけです。

（1）地方政治の乱れ

国司が自らの代理を目代として派遣する遙任などがおこなわれることで、地方

203

政治が乱れ、地方豪族たちが武装して対立するようになります。一族の者を家の子、自らにしたがう者を郎党として強大化し、清和源氏、桓武平氏が有力なものとなり、武士団を形成して成長していきました。

(2) 承平・天慶の乱

935年、東国に勢力をのばしていた桓武平氏の勢力争いが発生し、下総の平将門が叔父の平国香を殺害し、常陸の国府などを襲って勢力を広げて、東国を支配下に入れ、自ら新皇と称します。しかし、平国香の子である平貞盛が藤原秀郷とともに将門を倒します（平将門の乱）。

また、939年には、伊予の国司だった藤原純友が、任期終了後、伊予に土着し、瀬戸内海の海賊を従えて反乱を起こします。大宰府を占領しますが、小野好古、源経基らによって平定されます（藤原純友の乱）。源経基は清和源氏の祖といわれています。

これらの反乱は総称して承平・天慶の乱といわれ、朝廷や貴族たちは武士の力を認識し、武士たちを諸国の押領使（暴徒などを鎮圧する）や追捕使（海賊や盗賊を追捕する）としました。また、宮中護衛のために滝口の武士がおかれ、警護にあたるようになりました。

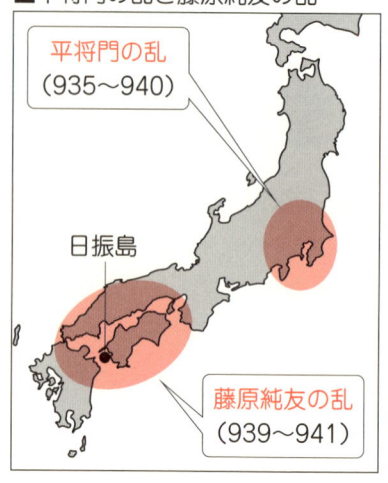

■平将門の乱と藤原純友の乱
- 平将門の乱（935〜940）
- 藤原純友の乱（939〜941）
- 日振島

> 貴族たちに武士の力をみせつける乱となったわけだね！ちなみに押領使も追捕使も令外官だよ！

(3) 清和源氏の進出と伊勢平氏

承平・天慶の乱の後、武士ならではの慣習が確立していき、統率者を棟梁として、勢力を高めていくようになりました。摂津に土着し、摂関家に仕えていた源満仲は、安和の変で活躍して勢力を高めます。対して平氏は平将門の乱で東国の基盤を失いますが、伊勢に移り、院政と結びついて進出していきます。院には北面の武士がおかれ、平氏が護衛にあたることになりました。

| 1028年 | 平忠常の乱が発生する。前の上総の国司だった平忠常が下総も支配下に入れて反乱をおこしたが、源満仲の子の頼信が平定し、源氏は東国に進出していく。 |

1051年	前九年の役が発生する。陸奥で強大な勢力を持っていた安倍頼時・貞任の父子を、源頼信の子の頼義と孫の義家が、出羽の清原氏の援助を得て倒す。
1083年	後三年の役が発生する。清原氏の内紛を源義家が平定、勝利して藤原氏を名乗ることになった藤原清衡は三代にわたる奥州藤原氏の栄華を確立した。

❷ 院政の展開

後三条天皇が登場して延久の荘園整理令を出し、時代は院政へと動いていくことになります。知行国制が広がり、上級貴族が知行国主として一国の支配権を有するようにもなりました。院へは荘園が寄進され、売位・売官もおこなわれます。

(1) 後三条天皇の登場と荘園公領制

摂関家に外戚を持たない後三条天皇が即位、大江匡房らを登用して摂関家に遠慮せずに改革を進めました。

1069年、延久の荘園整理令を出し、記録荘園券契所を設置。荘園関係の書類を提出させて調査し、年代の新しいものや書類に不備のある荘園などを停止させました。摂関家の荘園も整理されることになり、これにより荘園と国衙領（公領）とが明確に区別できるようになりました。また、延久の宣旨枡を制定し、枡の大きさを一定のものとしました。

荘園と公領は下の図になり、荘園公領制が成立します。土地調査帳である大田文を作成して管理され、一国平均役という共通の課税が課せられるようになりました。

> 荘園公領制によって、とりあえず土地の支配系統が2種類になったんだ。

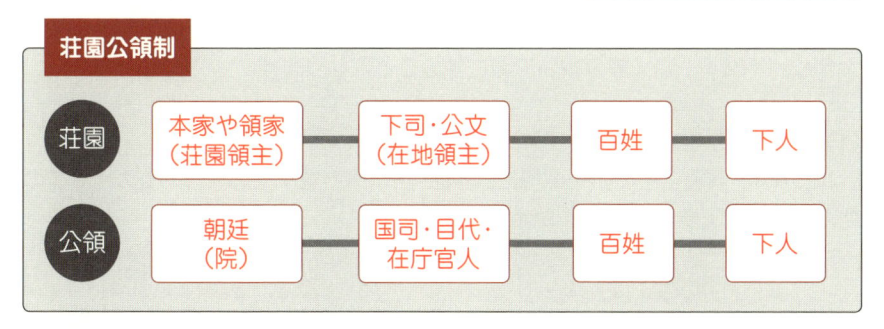

荘園公領制

荘園	本家や領家 （荘園領主）	下司・公文 （在地領主）	百姓	下人
公領	朝廷 （院）	国司・目代・ 在庁官人	百姓	下人

(2) 院政の開始

後三条天皇は白河天皇に譲位し、院政を進めようとしたものの病死します。白河天皇は後三条天皇の後を継ぎ、幼少の堀河天皇に皇位を譲り上皇となり、院政

重要度 D

#31 武士の登場・平氏政権

を開始しました（のちに出家して法皇となる）。その後も鳥羽院、後白河院が登場し、100年にわたって院政が続きました。院政期には次のようなものが組織されています。

院庁	上皇の政務を執行する機関。
院司	院の事務を執る役人。
院宣	院の命令を院庁へ伝達する文書。
院庁下文	院庁から出される命令文書。

(3) 院政期の政治と寺院勢力

　上級貴族を知行国主として、一国の支配権・徴税権を与え、税を収入とさせる知行国制が広まりました。知行国主は自らの近親者などを国守（国司の長官）に任命し、現地へは目代を派遣しました。これは、貴族に対する一種の俸禄制度といえ、院も院分国とよばれる知行国を有していました。またこの頃は、成功や重任がおこなわれ、売位、売官が盛んでした。

　仏教を厚く信仰していた院政下では造寺、造仏がおこなわれ、寺院が勢力を拡大していきます。さらに、寺院は僧兵を組織し、法皇の権力を背景として朝廷へ強訴をおこなうようになります。特に興福寺（南都）、延暦寺（北嶺）が大きな勢力となりました。

　一方、伊勢平氏の平正盛が白河上皇の信任を得て、検非違使・追捕使として活躍します。正盛の子の平忠盛は鳥羽上皇の信任を得て院近臣となり、日宋貿易で財力を拡大して勢力を広げました。忠盛の子が平清盛となります。

❸ 平氏政権の栄華と衰退

　ついに平氏政権が誕生することになります。「平氏でなければ人でない」との言葉まで残すほどの独占的な支配体制を確立しましたが、それだけに周囲の反発も大きく、1185年、壇ノ浦の戦いで滅亡することになります。

(1) 保元の乱と平治の乱

　1156年、鳥羽法皇の死を契機に、皇室、摂関家で継承をめぐる対立から2つの勢力に分かれて争う保元の乱が発生しました。

勝
後白河天皇（弟）
藤原忠通（関白・兄）
源義朝（子、兄）
平清盛（甥）

VS

負
崇徳上皇（兄）
藤原頼長（左大臣・弟）
源為義（父）、源為朝（弟）
平忠正（叔父）

その結果、後白河天皇側が勝利し、崇徳上皇は讃岐に配流（島流し）されました。この乱では、武士の力で政争の決着がつくことになり、武士の政界進出の大きな契機となったのです。

そして1159年には、藤原通憲（法名は信西）は兵力の高い平清盛を厚遇し、院政を開始した後白河上皇の近臣間で対立する平治の乱が発生しました。

| 勝 | 藤原通憲
平清盛 | VS | 藤原信頼
源義朝 | 負 |

藤原信頼らは平清盛が熊野参詣をしている留守中に通憲を自害に追い込みましたが、帰京した平清盛に敗れます。源義朝の子の頼朝は伊豆に流され、平清盛は強大な権力を持つことになりました。

(2) 平氏政権の推移

平清盛は後白河上皇と結び、太政大臣になります。清盛は娘の徳子（建礼門院）を高倉天皇の中宮とし、さらに安徳天皇の誕生で外戚となり、絶対的な権力を握りました。このように、平氏政権は武家政権ですが、貴族的な性格を持っていました。

■日宋貿易のルート

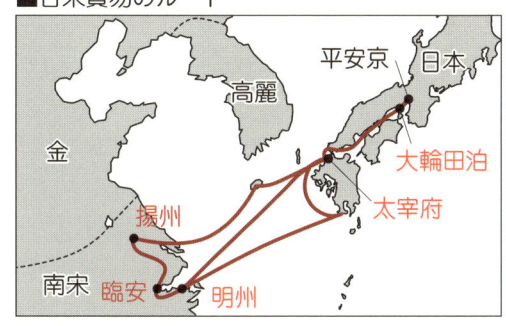

そして、平氏一門が高位高官を独占するようになります。三十余国の知行国と500あまりの荘園を経済的な基盤としており、支配の手法は摂関政治と同じです。また、清盛は日宋貿易を進め、摂津の大輪田泊を修築して貿易を推進しました。

しかし、高位高官を独占したことで、平氏に対する不満が高まります。院の近臣らが平氏打倒の謀議をめぐらせるも失敗に終わります（鹿ケ谷の陰謀）。以後、後白河法皇を中心に反平氏の動きが表面化したため、1179年、清盛は後白河法皇を幽閉し、貴族の官職を奪い、独裁政治を確立しました。

のちに後白河法皇の子である以仁王と源頼政が挙兵するも失敗します。しかし、以仁王の平氏追討の令旨が全国に広がり、伊豆では源頼朝が北条時政らとともに挙兵、木曽の源義仲も挙兵します。ここから5年にわたる源平の合戦（治承・寿永の乱）がはじまりました。

(3) 平氏の滅亡

源平合戦は5年にわたる争乱となりましたが、清盛亡き後の平氏は次のような経緯で滅亡することになります。

1180年	平清盛は政権を立てなおそうと福原京（現在の神戸）に遷都するが、結局京都に還都する。挙兵して鎌倉に入った源頼朝に対し、平氏は大軍を派遣するが富士川の戦いで大敗。以後、頼朝は東国支配に専念する。
1181年	平清盛が亡くなる。
1183年	源義仲が倶利伽羅峠の戦いに勝ち、そのまま京に入る。平氏は安徳天皇と三種の神器とともに都落ちして西国へと逃れる。入京した源義仲は後白河法皇と対立したため、後白河法皇は頼朝に義仲の追討を命じ、見返りとして頼朝の東国の支配権を認める。
1184年	源頼朝は弟の範頼、義経の軍を送り、義仲を滅ぼす。西国で態勢を立て直した平氏が福原に戻っていたため、後白河法皇は平氏追討と三種の神器奪還の院宣を頼朝に出した。源氏軍は平氏の拠点の一の谷を攻撃して勝利（一の谷の合戦）。
1185年	西国の平氏の勢力が衰えてきたことから、源義経は屋島で平氏を急襲して勝利（屋島の戦い）。そして、その後の壇の浦の戦いで平氏は安徳天皇とともに滅亡した。

（4）院政期の文化

武士や庶民が文化の担い手となり、地方にも文化が広がった時代でした。

文学	歴史文学が登場。『大鏡』、『栄花（栄華）物語』など。	
	インド、中国、日本の説話を集めた『今昔物語集』、流行歌謡の今様や催馬楽を集めた『梁塵秘抄』（後白河法皇が集成）、軍記物として『将門記』などが成立する。	
絵画	絵巻物がつくられ、「源氏物語絵巻」「信貴山縁起絵巻」が有名。また、「鳥獣戯画」などが描かれた。	
浄土教	中尊寺金色堂	奥州藤原氏が平泉に建てる。地方に阿弥陀堂がつくられるようになる。

TRY! 本試験問題で一問一答

Q1 東国に早くから根を下ろし下総を根拠地にしていた藤原純友は一族の争い
　　　　　　　　　　　　　　　　　　×平将門が正しい
を端に発して乱をおこし、新皇と自称した。同じ頃、西国では平将門が瀬戸
　　　　　　　　　　　　　　　　　　　　×藤原純友が正しい
内海の海賊を率いて反乱をおこし、伊予や太宰府を攻め落とした。

（×）

[警－25]改　cf.❶

Q2 平安時代末期になると、貴族の俸禄支給が有名無実化されたため、貴族は
国守となり土地の管理は地頭におこなわせる知行国制度が運用されはじめ
　　　　　　　　　　　　　　　　　　　　　　　　　×知行国と
は上級貴族を知行国主として、一国の支配圏を与え、税を収入させる制度。地頭は鎌倉幕府以後に設置された職
た。

（×）

[地上－20]改　cf.❷

Q3 平治の乱後、平氏は後白河上皇と結びついて急速に台頭。1180年には平清
盛による平氏政権が確立した。平清盛は征夷大将軍の地位を得ると、朝廷か
　　　　　　　　　　×太政大臣となり権力を握ったが征夷大将軍にはなっていない
ら独立した独自の統治機構を確立し、武士の棟梁による初の政権をつくっ
た。

（×）

[市－20]改　cf.❸

Q4 清原源氏は11世紀に東北地方でおこった前九年の役や後三年の役におい
　　　○このまま覚えよう！
て源義家らが活躍し、東国で勢力を拡大していた。一方、桓武平氏では、平
正盛が白河上皇に北面の武士として登用され、その子の忠盛は瀬戸内海の
海賊を鎮圧するなどして西国に平氏の地盤を広めた。

（○）

[総－24]　cf.❶

Q5 1156年、鳥羽法皇の死を契機に、皇室や摂関家で継承をめぐる争いが発生
し、後白河天皇と崇徳上皇とが対立した。源義朝らがついた上皇側が勝利を
　　　　　　　　　　　　　　　　　　×義朝、清盛がついたのは天皇側、勝利したのも
収め、崇徳上皇は院政を開始したが、その後、義朝と清盛が争い、清盛が勝
天皇　　　　　　　　　　　　○この論旨は正しい
利した。

（×）

[税－21]改　cf.❸

重要度 D

#31 武士の登場・平氏政権

209

#32 鎌倉幕府・鎌倉文化

日本史5 本格的な武家政権の登場、元寇で動揺する

重要度 D

いよいよ本格的な武家政権が登場し、武士の時代を迎えます。守護・地頭が設置され、将軍と御家人が御恩と奉公の関係で結ばれる封建制度が成立しました。その後、北条氏の執権政治の中で鎌倉時代は産業が発展していきますが、モンゴルの来襲で御家人が窮乏し、鎌倉幕府は滅亡へと進んでいくことになります。

ココを覚えればザ・ベスト！

鎌倉幕府の組織と支配体制、北条氏の執権政治、元寇、鎌倉文化が4大テーマ。鎌倉仏教は思想の科目でもきわめて重要なので、ていねいに確認していこう。文化や社会の変化まで十分に確認してザ・ベスト！

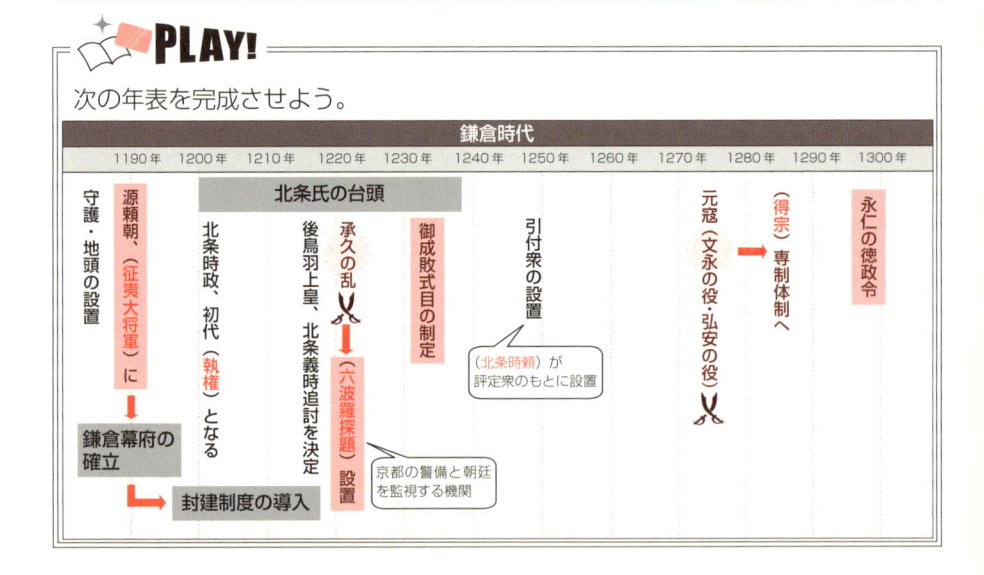

PLAY!

次の年表を完成させよう。

鎌倉時代

1190年頃	守護・地頭の設置／源頼朝、（征夷大将軍）に → 鎌倉幕府の確立
1200年頃	**北条氏の台頭**：北条時政、初代（執権）となる → 封建制度の導入
1220年頃	後鳥羽上皇、北条義時追討を決定／承久の乱 → （六波羅探題）設置（京都の警備と朝廷を監視する機関）
1230年頃	御成敗式目の制定
1240年代	引付衆の設置（北条時頼）が評定衆のもとに設置
1270年代	元寇（文永の役・弘安の役）
1280年代	（得宗）専制体制へ
1290年代〜1300年	永仁の徳政令

❶ 鎌倉幕府の成立と展開

鎌倉幕府が創設され、本格的な武家政権が誕生しました。当初、幕府の勢力範囲は関東に限定され、西国は朝廷が権力を握り続けていました。しかし、幕府は守護・地頭を設置し、将軍の力を背景として全国に勢力を拡大していきます。

（1）源頼朝の地位確立と鎌倉幕府の成立

後白河法皇は源頼朝と対抗します。義経を重んじ、義経に頼朝追討の院宣を出

しましたが、義経は挙兵に失敗して孤立し、奥州藤原氏の藤原秀衡のもとへと逃れます。そして秀衡の死後、頼朝が秀衡の子の泰衡に義経の追討を要求し、義経は自害します（衣川の戦い）。

源頼朝は奥州藤原氏を攻めてこれを滅ぼし（奥州平定）、武家としての完全な地位の確立を実現させました。

1190年、頼朝は後白河法皇に征夷大将軍への任官を要求します。法皇はこれを拒絶しますが、1192年、法皇が死去したのち、頼朝は征夷大将軍となり、鎌倉幕府が名実ともに確立しました。

(2) 鎌倉幕府の統治機構

鎌倉幕府では、御家人を統制する機関として侍所、一般政務を担当する機関として公文所、裁判をおこなう機関として問注所を設置します。また、京都の治安を維持する京都守護、九州には鎮西奉行、奥州には奥州総奉行をそれぞれ設置しました。

1185年には、頼朝は後白河法皇が頼朝追討の院宣を出したことに抗議し、追討の命令を撤回させ、守護・地頭の設置を認めさせます。

侍所	御家人を統制する機関。1180年に設置、和田義盛を長官である別当に任命。
公文所	一般政務をおこなう機関。のちに政所となる。1184年に設置、大江広元を別当に任命。
問注所	裁判をおこなう機関。1184年に設置、三善康信を長官である執事に任命。
守護	原則として一国に一人、東国の有力御家人を任命。大犯三か条（大番催促・謀反人逮捕・殺害人逮捕）のほか、武士や在庁官人の統轄、治安維持なども職務。
地頭	全国の国衙領や荘園に設置され、税の徴収と土地の管理、荘園内の治安維持が職務。従来の荘官の収益を引き継ぎ、権力を確立した。幕府から御家人（将軍と主従関係にある武士）への新恩給与として任命されるようになる。

また、鎌倉幕府には将軍と御家人との間の「御恩と奉公」による主従関係のシステム（封建制度）が導入され、政治基盤は朝廷（院政が続き、国司を任命する）と幕府（関東御成敗地を支配し、守護、地頭を任命する）の二元的支配がおこなわれていました。

御恩	地頭に任命されることなどによって、所領を保障される本領安堵や、功績によって新しく所領を賜る新恩給与。
奉公	御家人は平時には京都大番役（京都の警護）や鎌倉番役（鎌倉幕府の警護）を務め、戦時には戦いに参加。
関東御分国	源頼朝の知行国。知行国主として収入を得る。
関東御領	平氏の旧領（平家没官領）と直轄地のこと。
関東進止所領	将軍が地頭の任命権限を有していた荘園、公領のこと。
関東御成敗地	将軍が任命権を持っているすべての所領をまとめた総称。

■鎌倉幕府のしくみ

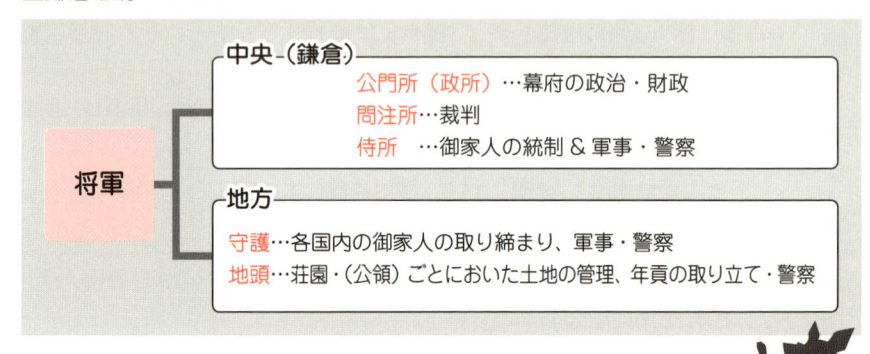

```
                  ┌─ 中央（鎌倉）
                  │    公文所（政所）…幕府の政治・財政
                  │    問注所…裁判
                  │    侍所　…御家人の統制＆軍事・警察
将軍 ──┤
                  └─ 地方
                       守護…各国内の御家人の取り締まり、軍事・警察
                       地頭…荘園・（公領）ごとにおいた土地の管理、年貢の取り立て・警察
```

当初は幕府と朝廷の二元的な支配が成立していたけど、国司・荘園領主と守護・地頭との対立が激化していくことになるよ！

(3) 北条氏の台頭

　頼朝の死後、その子の頼家が将軍となりましたが、北条時政らは合議制をとることとして頼家から実権を奪います。

　北条氏が台頭したのに対して、頼家は妻の父である比企能員とともに北条時政を討とうと計画するも失敗し、頼家は幽閉されて実朝が将軍となります。時政は政所別当となり、政所別当の中心人物が執権とよばれるようになりました。

　時政の子の北条義時は和田合戦で和田義盛を倒し、政所別当とともに侍所別当を兼任し、執権の地位を確立します。

　その後、頼家の子公暁が実朝を暗殺、公暁も殺害されて源氏の正統が断絶します。そして、摂関家から将軍を迎えて将軍（摂家将軍）とし、北条氏が幕府の実権を握ることになります。

(4) 承久の乱

　朝廷で権力を確立した後鳥羽上皇は、軍事力を高め、新たに西面の武士を設置します。実朝が暗殺されたことを機に、1221年、後鳥羽上皇は義時追討の院宣を出し、承久の乱が発生。義時の子である泰時と義時の弟である時房の軍と戦いますが、上皇方は敗戦します。

　その結果、後鳥羽上皇の孫である仲恭天皇を廃し、後鳥羽上皇は隠岐へ、土御門上皇は土佐へ、順徳上皇は佐渡へ流されました。そして京都には、京の警備と朝廷を監視する機関として六波羅探題が設置されます。

　幕府は上皇方の所領をすべて没収し、新恩として地頭を任命しました。この地頭はこれまでの地頭（本補地頭）に対し、新補地頭とよばれ、新補地頭の給与の基準を新補率法といいます。幕府の権力が全国へ広がり、土地台帳である大田文を守護が作成することで土地支配権をさらに強化していきました。

■公家と武家の争い

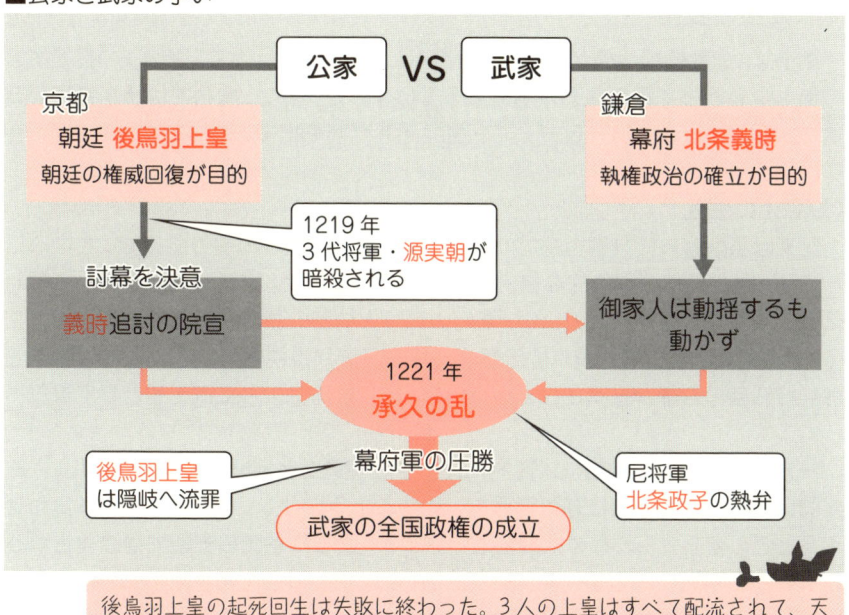

重要度 D

#32 鎌倉幕府・鎌倉文化

```
            公家  VS  武家
   京都                              鎌倉
   朝廷 後鳥羽上皇                   幕府 北条義時
   朝廷の権威回復が目的               執権政治の確立が目的
           │                              │
           │        1219年                │
           │        3代将軍・源実朝が      │
           │        暗殺される            │
           ▼                              ▼
   討幕を決意                         御家人は動揺するも
   義時追討の院宣  ──────→           動かず
           │                              │
           └──────→ 1221年 ←─────────────┘
                    承久の乱
   後鳥羽上皇       幕府軍の圧勝      尼将軍
   は隠岐へ流罪                      北条政子の熱弁
                    ▼
            武家の全国政権の成立
```

後鳥羽上皇の起死回生は失敗に終わった。3人の上皇はすべて配流されて、天皇も廃位されたんだ。その後、新たな地頭がおかれ、幕府勢力が確立したよ！

(5) 執権政治の展開

　北条泰時の執権時には以下のような政策がとられました。

| 連署の設置 | 執権の補佐役。 |

評定衆の設置	有力御家人11人からなり、幕府の最高政務や訴訟の裁決にあたる。
御成敗式目の制定	武家の基本法典で、貞永式目ともいう。当初は幕府の支配地だけで適用され、朝廷には公家法が、荘園には本所法が存在していたが、幕府の支配体制強化とともに適用範囲が広がっていった。また、式目追加として新たな規定も加えられていった。

　泰時が、孫である北条時頼の執権に就いたときに、宝治合戦で三浦泰村と戦い、三浦氏を滅ぼして北条氏の勢力は最高潮に達します。そして、後嵯峨上皇の子である宗尊親王を将軍として迎え、皇族将軍（親王将軍）を開始しました。また、評定衆のもとに、訴訟の採決にあたる引付衆を設置しました。

❷ 社会の変化

　武士は、血縁的なつながりにより一門としてまとまり、本家（宗家）の長である惣領を中心として行動する体制になっていました。また、農村では農業技術が発達し、新たな農民も出現、団結して行動する者たちも出てきました。

（1）武士の生活

　元来は原則として分割相続だった武士は、本家（宗家）の長である惣領を中心にして、一門としての同族的な結合を維持していました。惣領が一族を率いて幕府に奉公することを惣領制といい、幕府の御家人統制の基礎を担っていました。「兵の道」が尊ばれ、主君や親への忠孝や一族の名誉が重視され、犬追物・流鏑馬・笠懸など武芸の鍛錬が推奨されました。こうした姿勢はのちに武士道としてまとめられます。

　一方、地頭の勢力が拡大していくことで、荘園領主と地頭との争いが激化し、結果的に荘園領主は地頭に荘園管理を一任するようになり、年貢納入を請け負わせることとしました。これを地頭請といいます。さらに地頭の支配力が強化されると、領主は地頭に支配権を譲るようになり、地頭と領主とが土地を二分して別々に支配するようになりました。これを下地中分といいます。

（2）農民の生活

　名田は名主によって維持され、名主の中には下級荘官に任命され、農村を支配する者もいました。名主は下人などの下層農民に直営地である佃を耕作させ、名主や作人は年貢、公事、夫役を負担しました。農業技術が発達し、刈敷、草木灰、牛馬耕が進み、生産量も増加。また、畑作も普及して、麦を裏作とする二毛作がおこ

なわれました。この頃、紀伊国阿氐河荘の農民が、地頭の乱暴を訴える事件なども発生しました。

（3）商業の発達

手工業が発達し、三斎市などの定期市が開催されるようになります。常設店舗（見世棚）も登場しました。

座の結成	同業者組合。領主たちに税を納めて商品販売の独占権を握るようになった。
問丸の発達	遠隔地取引が増加し、運送と委託販売をおこなう。のちに問屋となる。
割符（手形）の利用	貨幣経済の発達により、遠隔地での取引で用いられるようになる。為替とよばれた。
借上の登場	高利貸業者が登場し、所領の維持に苦しんだ御家人が利用するようになり、危機感を抱いた幕府は、借上が担保とした所領の入手を禁止する法令を出すようになった。のちに土倉が同一の業務を担当するようになる。
宋銭の輸入	宋から大量の宋銭が輸入され、貨幣経済の発達につながった。日宋貿易は国交が開かれなかったため、民間貿易の形態だった。しかし、のちに幕府は貿易の利益で建長寺再建費用をまかなおうとして元に建長寺船を派遣した。

（4）鎌倉文化

鎌倉文化といえば鎌倉新仏教の展開です。きわめて重要なので、各宗派の主張については思想の科目で確認しておきましょう。また、『新古今和歌集』や『平家物語』などの文学、運慶や快慶の彫刻なども確認しておく必要があります。

鎌倉新仏教	浄土宗	法然	他力本願と専修念仏による往生を説く。法然は『選択本願念仏集』を著す。
	浄土真宗	親鸞	悪人正機説を説く。親鸞は『教行信証』を著す。弟子の唯円は『歎異抄』を著す。
	時宗	一遍	一遍は念仏踊で諸国を遊行し、遊行上人といわれた。
	臨済宗	栄西	幕府の上層部の庇護を受けて広がる。栄西は『興禅護国論』を著す。
	曹洞宗	道元	只管打座を説く。道元は越前に永平寺を建て『正法眼蔵』を著す。
	日蓮宗	日蓮	南無妙法蓮華経と題目を唱えることを説く。日蓮は『立正安国論』を著す。

旧仏教		旧仏教の革新運動も進み、華厳宗の高弁、法相宗の貞慶、律宗の叡尊と忍性らが活躍した。
文学	和歌	藤原定家らを中心として『新古今和歌集』を編纂
	説話	『宇治拾遺物語』、『十訓抄』、『古今著聞集』
	随筆	鴨長明の『方丈記』と吉田兼好の『徒然草』
	軍記物	『平家物語』
	日記	阿仏尼の『十六夜日記』
芸術	建築	東大寺南大門（大仏様・天竺様）、円覚寺舎利殿（禅宗様・唐様）
	彫刻	東大寺金剛力士像（運慶・快慶の合作）
	絵巻物	『一遍上人絵伝』、『蒙古襲来絵巻』

❸ 元寇と幕府の衰退

　中国でチンギス・ハンの孫であるフビライ・ハンが元を建国し、朝鮮の高麗を仲介して日本に朝貢を求めてきます。幕府はこれを拒否して防御体制を強化する北条時宗を執権とし、元への対応に苦慮することになります。日本に攻め入った元は暴風によって撤退しますが、この元寇により、幕府の体制は大きく動揺し、衰退へと進んでいくことになりました。

(1) 文永の役と弘安の役

　1274年、元と高麗の連合軍が対馬に上陸し、壱岐から博多湾に侵入します。元の集団戦法と、てつはう（火器）に苦しみ大宰府まで退却するも、暴風雨により元は撤退しました（文永の役）。時宗は徹底抗戦の姿勢を示し、九州北部に異国警固番役を整備して防備を強化し、長門探題も設置します。また、20kmにわたる石塁の構築をおこないました。
　1281年、元は再び博多湾に迫りますが、暴風雨によって元の軍勢は壊滅状態となり、撤退していきました（弘安の役）。
　また、元は3度目の遠征を計画していましたが、ベトナムの反乱発生やフビラ

イ・ハンの死によって実現しませんでした。幕府は3回目の来襲にそなえて鎮西探題を設置したことで、北条氏の力は西国に広がることになります。

(2) 得宗専制体制と幕府の衰退

元寇において、評定衆による合議を経ずに、執権が独断で方針を決定する状況になっていきました。北条氏の本家（得宗）に権力が集中することとなり、専制が強化されて**得宗専制体制**となります。評定衆や引付衆などを北条氏一門の者として合議制を形式化、西国の守護職も北条氏一門が任命されました。

得宗家の家臣である**御内人**、その筆頭の**内管領**が力を持つようになるも、有力御家人の**安達泰盛**が内管領の**平頼綱**と対立します。そして、北条時宗の死を機に、頼綱は泰盛の一族を滅ぼします（**霜月騒動**）。以後、内管領平頼綱の専制支配による恐怖政治がおこなわれましたが、不安を抱いた執権北条貞時の命によって滅ぼされます。し

> 得宗に権限が集まり、御内人が力を握って社会の不満が高まっていくことになった。そりゃ、みんな怒るよ！

かし、得宗専制体制に対する批判は高まるばかりでした。

(3) 御家人の窮乏

御家人は分割相続で所領が細分化し、元寇で恩賞が不十分であったため生活に窮乏していました。さらに貨幣経済の発展に対処できなかった御家人は、借上など高利貸業者に金を借りて所領を手放さざるをえない状態に陥ってしまいます。そこで、1297年、幕府は**永仁の徳政令**を出しました。

永仁の徳政令	所領売買と質入れの禁止。
	御家人同士の土地売買で売却後20年未満のもの、御家人でない者との土地売買のすべてについて、元の所有者に返却させる。
	金銭に関する訴訟は受理しないこととする。

しかし、**徳政令**で御家人の金融手段が奪われ、困窮する御家人は幕府への反発を強めました。また、分割相続から単独相続へと変わっていくことで惣領制が崩れていきます。新興武士らは、荘園領主に反抗し

> 徳政令が出ても御家人の窮乏は救えず、幕府は翌年、土地の売却・質入れ禁止を撤回したんだ。もうどうしようもないよね。

て悪党を形成するようになり、得宗専制体制に対する不満はますます強まっていきました。

TRY! 本試験問題で一問一答

Q1 鎌倉時代の将軍職は、3代将軍の実朝が暗殺された後はおかれず、後継となった北条氏は将軍に代えて執権の名で幕府を統率した。
×藤原家による摂家将軍や、後嵯峨上皇の子の宗尊親王の皇族将軍など、将軍職は実朝暗殺後も残った
（×）
［警－27］改 cf.❶

Q2 鎌倉時代の武士は、血縁的なつながりにより一門としてまとまっていた。また、一族の長を絶やさないために家督と財産を惣領が一括して相続する単独相続を原則としていた。
×分割相続が原則だった
（×）
［消－19］改 cf.❷

Q3 鎌倉時代には、中国との正式な国交は開かれていなかった。鎌倉幕府は元の属国となることを拒み、2度の元寇を体験したが、元寇の際、九州地方の御家人で組織する鎮西探題が大きな戦果をあげた。
×鎮西探題が設置されたのは元寇後のことである
（×）
［地上－13］改 cf.❸

Q4 鎌倉時代に制定された御成敗式目は、武家社会だけでなく、公家や農民にまで適用された。
×幕府の支配地と御家人にのみ適用された
（×）
［市－17］改 cf.❶

Q5 鎌倉時代になると、貨幣の流通が盛んになり、貨幣の取引や貸付けを専門におこなう借上という高利貸業者が現れた。発展する貨幣経済に適応できなかった御家人たちは借上に頼らざるをえず、大きな負債を抱えこんだ。そこで幕府は永仁の徳政令を発し、御家人が売却した所領を無償で返させるなどの対策を講じた。
○このまま覚えよう！
（○）
［総－26］改 cf.❸

#33 建武の新政・室町幕府

日本史6 武家社会が成長していく一方、庶民も台頭

重要度 **C**

鎌倉幕府滅亡ののち、公家政権が復活して建武の新政がおこなわれますが長続きせず、南北朝の動乱を経て室町幕府が成立します。室町幕府は守護大名の力が強く、守護領国制が成立しますが、一方で庶民も台頭し、土一揆や国一揆が発生していきます。金閣寺の北山文化、銀閣寺の東山文化も外すことはできません。

ココを覚えればザ・ベスト！

建武の新政とはどのようなものであったか、室町幕府の支配体制、**一揆**の発生、室町文化あたりがポイントになる。武家社会の成長と庶民の台頭という2つの視点でとらえておけば把握しやすいはず。コンパクトにインプットしてザ・ベスト！

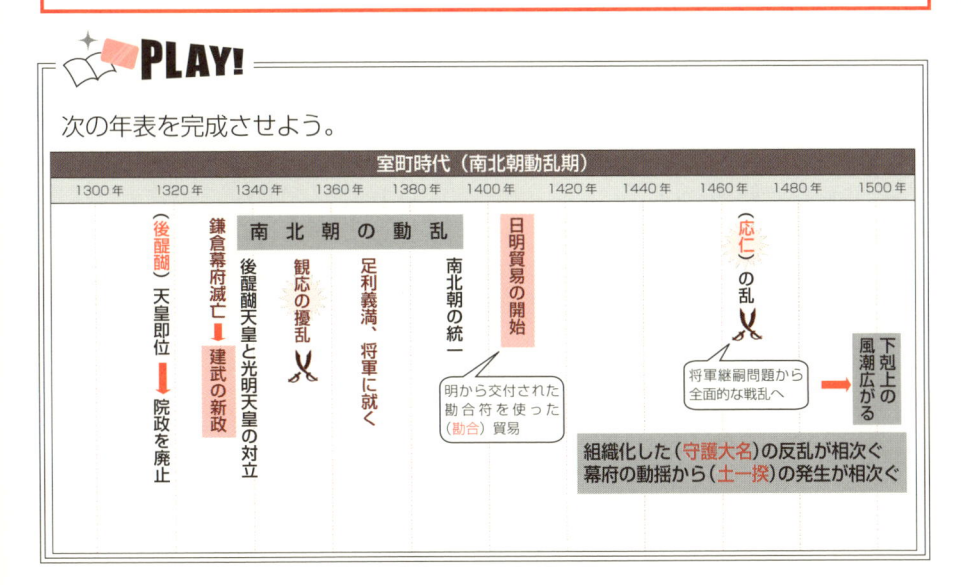

PLAY!

次の年表を完成させよう。

室町時代（南北朝動乱期）

1300年　1320年　1340年　1360年　1380年　1400年　1420年　1440年　1460年　1480年　1500年

- （後醍醐）天皇即位 → 院政を廃止
- 鎌倉幕府滅亡 → 建武の新政
- 後醍醐天皇と光明天皇の対立
- 南北朝の動乱
- 観応の擾乱
- 足利義満、将軍に就く
- 南北朝の統一
- 日明貿易の開始
  - 明から交付された勘合符を使った（勘合）貿易
- （応仁）の乱
  - 将軍継嗣問題から全面的な戦乱へ
- 下剋上の風潮広がる
  - 組織化した（守護大名）の反乱が相次ぐ
  - 幕府の動揺から（土一揆）の発生が相次ぐ

❶ 鎌倉幕府の滅亡から室町幕府の成立

後醍醐天皇が登場し、足利高氏（尊氏）の活躍で鎌倉幕府が滅亡し、公家政権が復活します。しかし、武士たちの新政への不満が高まり、ついには尊氏が室町幕府を樹立させ、南北朝の動乱期を迎えることになります。

（1）後醍醐天皇の登場と鎌倉幕府滅亡

後嵯峨上皇ののち、皇統が持明院統と大覚寺統とに分裂して皇位をめぐって争

219

うようになりました。鎌倉幕府は両統が交替で即位するという両統迭立を勧めることで調停しました(文保の和談)。

まずは大覚寺統の後醍醐天皇が即位。後醍醐天皇は醍醐天皇、村上天皇の時代の延喜・天暦の治を理想として、院政を排して天皇親政(天皇中心の政治)を復活させました。また、北畠親房らを登用して記録所を再興、皇太子を大覚寺統から追い出そうとしますが、これには幕府が反対します。

幕府は執権北条高時が幼少であったため、内管領の長崎高資が実権を握っていましたが、御家人を統制する能力はすでに幕府から失われていました。この状況下で持明院統が後醍醐天皇の退位を求め、幕府もこれを支持したため、後醍醐天皇は側近の日野資朝らと次の討幕計画を立てます。

正中の変	1324年、討幕計画が露見してしまい、日野資朝が捕えられる。天皇に対する咎めはなし。
元弘の変	1331年、後醍醐天皇は皇子である護良親王らとともに討幕計画を立てたが露見してしまい、後醍醐天皇は隠岐島に流罪となった。幕府は持明院統の光厳天皇を立てた。

倒幕計画は失敗に終わりましたが、各地で討幕勢力が挙兵しはじめます。河内の悪党である楠木正成らも積極的に活動し、討幕勢力が拡大していき、後醍醐天皇も隠岐島を脱出します。

幕府はこれらの反乱を治めるため、有力御家人の足利高氏(後の尊氏)の軍勢を派遣しますが、高氏は幕府にそむき討幕を決意します。高氏は六波羅探題を攻め落とし、関東の有力御家人の新田義貞らが挙兵して鎌倉を攻め、1333年に鎌倉幕府は滅亡しました。

> ついに鎌倉幕府は滅亡したね。後醍醐天皇は隠岐島を脱出できたけど、やはり足利高氏と新田義貞の動きがポイントだったといえそうだ！

(2) 建武の新政

帰京した後醍醐天皇は持明院統の光厳天皇を廃位し、天皇親政をおこないました。中央に記録所(重要政務)、雑訴決断所(所領の訴訟)、恩賞方(武士の恩賞)、武者所(京都の警備)を設置。地方には守護と国司を併置し、鎌倉将軍府、陸奥将軍府も設置しました。

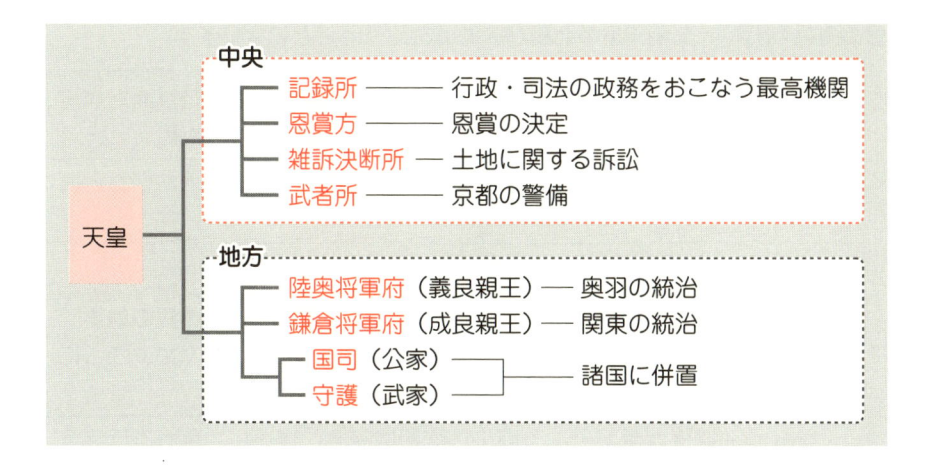

```
                ┌ 中央
                │   ┌ 記録所 ────── 行政・司法の政務をおこなう最高機関
                │   ├ 恩賞方 ────── 恩賞の決定
                │   ├ 雑訴決断所 ── 土地に関する訴訟
                │   └ 武者所 ────── 京都の警備
    天皇 ───────┤
                └ 地方
                    ┌ 陸奥将軍府（義良親王）── 奥羽の統治
                    ├ 鎌倉将軍府（成良親王）── 関東の統治
                    ├ 国司（公家）─┐
                    └ 守護（武家）─┴── 諸国に併置
```

　護良親王と足利尊氏とが征夷大将軍に就任し、互いに対立します。武士たちは尊氏を信任するようになってきているにもかかわらず、武家政権を否定する後醍醐天皇は公家ばかりを重視しました。そして後醍醐天皇は、征夷大将軍として武士を統率しようとする護良親王も批判し、鎌倉の足利直義（尊氏の弟）のもとに流してしまいます。

　また、土地所有権の確認には天皇の綸旨（命令文書）が必要であるとしたことが土地所有者の混乱を招き、さらには大内裏造営費用を増税でまかなおうとしたため、新政への反感は高まる一方でした。

（3）室町幕府の成立

　執権だった北条高時の子の時行らが鎌倉幕府再興のために鎌倉を攻め、中先代の乱をおこします。この戦で足利直義の軍が敗れたため、尊氏は天皇の勅許を得ぬまま出陣し鎌倉を奪回、同時に武家政権再興のため新政権に反旗をひるがえしました。

　新政権側は尊氏を討つために新田義貞を鎌倉に向かわせますが、義貞は箱根で敗れて京都へ敗走、尊氏はこれを追って京都へ向かいます。

　しかし、尊氏は奥州から入京した北畠顕家の軍に敗れて九州に逃れます。その後、九州の武士たちと結んで態勢を立て直し、楠木正成との湊川の戦いで勝利して京都を制圧します。

　1336年、尊氏は持明院統の光明天皇を即位させ、さらに建武式目を出し、ここに室町幕府が成立しました。

> 建武式目には、御成敗式目に新令が追加されていったんだ。これを建武以来追加とよぶよ！

（4）南北朝の動乱へ

　後醍醐天皇は吉野に逃れて、そこで皇位の正統性を主張したことで、後醍醐天

皇の南朝（吉野）と光明天皇の北朝（京都）が対立することになります。

1336年	後醍醐天皇は吉野に逃れて正統性を主張、天皇の死後は北畠親房が主導。北畠親房は『神皇正統記』で南朝の正統を主張。
1338年	光明天皇を擁立した足利尊氏が、北朝から征夷大将軍に任じられる。
1348年	楠木正成の子の正行が四条畷の戦いをおこすも戦死。
1349年 ～ 1352年	北朝で内部反乱が発生。尊氏の弟で保守的な直義と尊氏の執事で急進的な高師直とが対立。尊氏は高師直側についたため、ここに南朝勢力も関わり、混乱をきわめた（観応の擾乱）。
1392年	足利義満が将軍となる頃には南朝は完全に衰退し、幕府はほぼ全国を支配する。義満は南朝の後亀山天皇によびかけ、後亀山天皇が北朝の後小松天皇に三種の神器を渡して譲位するというかたちで、南北朝の合一が実現。

❷ 室町幕府の展開

　足利義満は京都の室町に花の御所といわれる邸をつくったことから、室町幕府とよばれるようになります。義満は太政大臣に就任しますが、守護が権限を拡大して守護大名となり、足利義政の際の応仁の乱で京都は荒廃してしまいました。

(1) 足利義満の登場

　1394年、足利尊氏の孫である足利義満は、武家として平清盛以来の太政大臣になります。将軍の権力の確立に努力し、南北朝合一と同時に、次のような有力守護勢力の抑制を進めてきました。

土岐康行の乱	土岐氏の内紛を利用して土岐康行を討伐し、土岐氏を弱体化させる。
明徳の乱	11ヵ国の守護となり「六分一殿」とよばれていた山名氏の内紛を利用して山名氏清を倒し、山名氏は3ヵ国の守護にまで弱体化させられた。
応永の乱	朝鮮の貿易で利益を得ていた大内義弘を攻め、義弘は敗死した。

(2) 室町幕府の支配体制

　三管領四職が中心です。守護大名の権力が強かったので、連合政権のような幕府でした。また、税金は不定期的なものが多く、財政基盤は強くはありませんでした。

室町幕府の機構	
管領	将軍の補佐。足利氏一門の有力守護である細川、斯波、畠山の三氏が交替で任命され、三管領といわれる。管領は侍所・政所・問注所を統轄。
所司	侍所の長官。赤松、一色、京極、山名の四氏から交替で任命され、四職といわれる。この三管領四職が中枢を担う。
鎌倉府	関東地域を管轄。長官が鎌倉公方で、長官の補佐が関東管領である。また、九州には九州探題、奥羽には奥州探題と羽州探題を設置。
奉公衆	将軍の直轄軍。家臣や有力武士により編成。

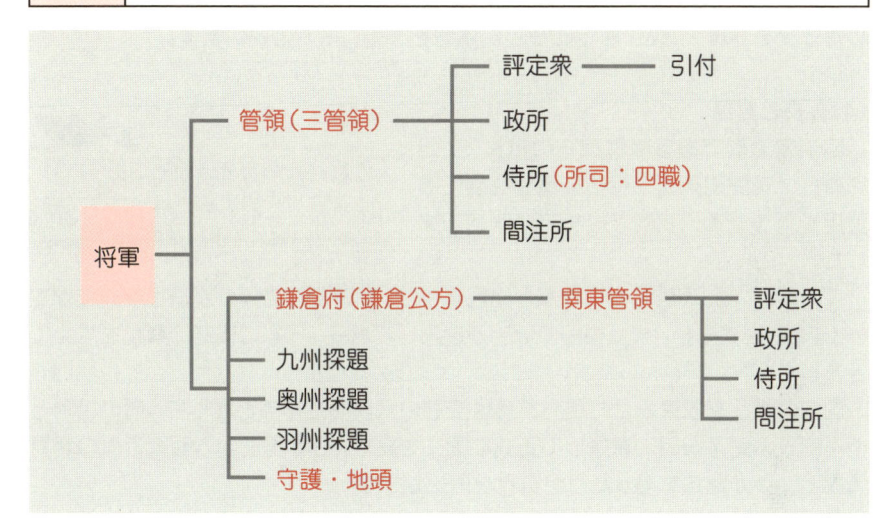

```
                          ┌── 評定衆 ── 引付
          ┌── 管領(三管領)─┤
          │                ├── 政所
          │                ├── 侍所(所司:四職)
          │                └── 問注所
  将軍 ──┤
          │                                    ┌── 評定衆
          ├── 鎌倉府(鎌倉公方)── 関東管領 ──┤── 政所
          │                                    ├── 侍所
          │                                    └── 問注所
          ├── 九州探題
          ├── 奥州探題
          ├── 羽州探題
          └── 守護・地頭
```

　財政では御料所といわれる直轄地からの年貢が財源でしたが、他は不定期的な課税が中心となりました。また、幕府の援助を受けて発展した禅宗寺院から臨時に課税したり、日明貿易による利益も財源となっており、幕府の経済基盤は貨幣経済への依存度が強いものでした。

幕府の財政	
段銭	田畑に対して課税。
棟別銭	家屋に対して課税。
関銭	関所を設置して課税。
土倉役 酒屋役	金融業者に課税し、土倉から土倉役、酒屋から酒屋役を取り立て。

(3) 守護大名

室町幕府は武士勢力を組織化していくために、足利一門を要所の守護として配置し、守護権限を強化しました。従来の大犯三カ条に加え、他人の稲を不法に刈り取る刈田狼藉を取り締まる権限や、幕府の裁判結果を強制執行する使節遵行の権限を守護に与えました。

戦乱の激しい尾張や美濃、近江の3地域において、守護に一年限定で荘園・公領の年貢の半分を徴発する権限を与える半済令も出されました。当初は臨時のものでしたが次第に全国的になり、永続化していきました。

守護による荘園侵略が進んだことで、荘園領主は守護の力に依存し、年貢の徴収を守護に請け負わせる守護請が盛んになります。守護は領国を守護代に統治させ、自らは京にとどまり幕政の中枢に参画しました。このようにして権限を強化した守護を守護大名といい、こうした体制を守護領国制といいます。

(4) 外交と貿易

臨済宗の僧である夢窓疎石の献策で、足利尊氏は後醍醐天皇を弔う天竜寺を建てる費用を得るため、天竜寺船を元に派遣しました。

> 室町時代の貿易は頻出テーマ。特に倭寇と日明貿易の推移は外交史として不可欠の事項だよ。

この頃、中国、朝鮮沿岸に倭寇が出現します。朝鮮では高麗が衰退し李成桂が朝鮮（李朝）を建国し、また中国では明が建国しており、日本に倭寇の禁止を求めてきました。

国内の戦乱を収束させた足利義満は倭寇の鎮圧を進めるとともに、僧の祖阿と博多商人の肥富を明に派遣して正式な国交を開き、日本国王から明皇帝への朝貢貿易というかたちをとった日明貿易を開始します。

日明貿易は、明から交付された勘合符を使った勘合貿易です。銅・刀剣・硫黄などを輸出し、銅銭・生糸・絹織物などを輸入し、4代将軍の足利義持の時代にはいったん中止されますが、6代足利義教の時代に再開されました。その後は博多商人と結んだ大内氏と、堺商人と結んだ細川氏が貿易の実権を握り、両者の対立から派遣船同士が衝突して、1523年に寧波の乱が発生します。乱後は大内氏が実権を独占しましたが、大内氏の滅亡によって勘合貿易も断絶してしまいます。

朝鮮との間の日朝貿易は、対馬の守護である宗氏が統制していましたが、倭寇の根拠地を対馬だと判断した朝鮮が、対馬を攻撃して応永の外寇が発生します。その後、朝鮮に居留していた日本人が三浦の乱をおこし、日朝貿易は縮小していきました。

一方、沖縄では、中山王の尚巴志が中山・北山・南山を統一して琉球王国を建国し、中継貿易をおこなっていました。

（5）幕府と守護大名の反乱

足利義満以降も、歴代の将軍は守護大名の抑圧に努力することになります。

上杉禅秀の乱	1416年、4代足利義持が、反乱をおこした前関東管領の上杉氏憲（法名は禅秀）を破る。
永享の乱	1438年、6代足利義教が、鎌倉公方足利持氏と関東管領上杉憲実の対立を機に、持氏を倒す。
結城合戦	1440年、持氏の子を保護した結城氏朝の反乱を平定する。

これらの将軍の抑圧に危機感を持った守護大名たちの間では不安が高まります。そして6代将軍の足利義教は嘉吉の変で赤松満祐によって殺害されてしまい、将軍の力の失墜を象徴することになりました。

> 3代義満、6代義教、8代義政が覚えるべき将軍。6代義教は殺害されてしまったのだよ。

（6）応仁の乱

8代将軍の足利義政は文化人であったため、幕政にあまり関心がなく、幕政は管領家の細川勝元、四職家の山名持豊（宗全）らに委ねられていました。そして世継ぎのいなかった義政は隠退を希望するようになります。

当時の武家社会では、単独相続が定着していましたが、家督相続の決定方法が明確に定まっていなかったため、守護大名家で家督相続をめぐる内紛が発生しました。そして、畠山義就と畠山政長、斯波義廉と斯波義敏の管領家の争いが激しくなります。

また、足利義政が弟の義視を後継者として定めた翌年、義政と妻の日野富子との間に子の義尚が誕生したことで将軍継嗣問題が発生し、山名宗全と細川勝元も関わり、対立が激化。1467年、これらの対立を巻き込んで全面的な戦乱に突入し、東軍と西軍に分かれて応仁の乱が発生しました。

東軍		西軍
細川勝元		山名宗全
足利義視	VS	足利義尚
畠山政長		畠山義就
斯波義敏		斯波義廉
赤松氏・京極氏・武田氏ほか		一色氏・大内氏・六角氏・土岐氏ほか

※1467年の乱発生当初の関係

重要度 C

#33 建武の新政・室町幕府

両軍は混乱しながらも戦いは続き、決着がつかないうちに細川勝元と山名宗全は相次いで死去。戦いは1477年まで続いたため、京都は荒廃してしまいました。

応仁の乱後、時代は戦国時代へと進んでいくことになります。戦乱が地方へと拡大したことで下剋上の風潮が広がったためです。また、守護代や国人など、領国に留まった者も勢力を拡大していきます。

一方、京都から貴族や商工業者が地方へと逃れたことで、地方に京都の文化が広がりました。また、荘園制の解体が進み、荘園領主や公家などの勢力も衰退しました。

❸ 農村部の変化と一揆の発生

社会が変化していく中で庶民が台頭しはじめます。農村には自治的な惣村が形成されて団結力を強め、集団で実力行使に出るようになり、一揆が発生するようになりました。

(1) 惣村の形成

農村では、自治的な惣村が形成されるようになります。守護大名と結んだ農民が武装して地侍となり、惣百姓の寄合によって、おとな、沙汰人、番頭などが指導者として選ばれ、惣掟などを定めました。年貢は惣村が請け負い、これを百姓請（地下請）といいます。また惣村自体で警察や裁判にあたる自検断（地下検断）もおこなわれました。こうした惣村はいくつか結合して郷となり、郷村制が形成されました。

(2) 土一揆の発生

幕府の動揺から農民の抵抗活動が急速に高まり、一揆が多発するようになります。当初は荘園領主に対する一揆が中心でしたが、のちに守護大名を対象としたものも発生するようになります。

正長の徳政一揆（土一揆）	1428年、近江国坂本の馬借が足利義持の死去に際して、代始めの徳政を要求して、京都の土倉、酒屋、寺院を襲撃する。幕府は拒否したが自力で徳政をおこなった。
播磨の土一揆	1429年、正長の土一揆の影響を受け、播磨国の守護であった赤松満祐配下の軍勢の国外退去を求めたが、赤松満祐に鎮圧された。国一揆のはじまりともいわれている。
嘉吉の徳政一揆（土一揆）	1441年、嘉吉の変で足利義教が殺害されたため、代始めの徳政を要求したもの。幕府は徳政令を出した。

山城の国一揆	1485年、畠山義就と畠山政長が対立していた山城国で両軍の国外退去を求めて発生したもの。その後、山城国は8年にわたり国人たちが自治的に運営した。
加賀の一向一揆	1488年、守護の富樫政親と一向宗（浄土真宗本願寺派）の門徒が対立し、門徒たちが国人と結び富樫正親を倒したもの。以後、一世紀にわたり一向宗による支配が続いた。

> 農民たちが力を持ち、徳政をおこなったり、守護を追い出そうとしたりと大活躍していく。室町時代の民衆パワーはすごかった。

（3）産業の発達と貨幣の流通

産業では稲作技術が進歩し、二毛作や品種改良が進みました。また、市が発達し、見世棚を有した常設の小売店が増加。廻船などにより商業圏が拡大していきます。馬借・車借とよばれる運送業者も登場しました。

手工業も発達し、西陣織など地域特産物もにぎわいます。さらに手工業者の同業組合である座が発達しました。寺社や公家を本所とし、座の構成員である座衆は本所へ座役といわれる税を納め、その保護下に商業活動を独占しました。

租税では、銭納が増加していきました。宋や明から輸入された貨幣が流通していましたが、一方で国内産の粗悪な私鋳銭も流通していたことより、撰銭（取引で良い質の銭を選ぶこと）がおこなわれたため、しばしば撰銭を制限する撰銭令が出されました。

> 座に属さない新儀商人が台頭し、対立するんだ。戦国大名は「楽市・楽座」を出すことになるね。

❹ 室町文化

北山文化と東山文化に代表される室町文化は、現代の私たちの生活につながる、さまざまなものが登場してくる時代です。

（1）北山文化（足利義満の時代）

禅宗文化を基本として、貴族文化と武家文化との融合が進みました。鹿苑寺金閣は寝殿造と禅宗様とを折衷したつくりになっています。

臨済宗		臨済宗が幕府と結び、勢力を拡大。足利尊氏は夢窓疎石に帰依、足利義満のときには義堂周信や絶海中津などの禅僧が登場し、五山・十刹の制が確立し、京都五山、鎌倉五山が成立。漢詩文などの五山文学も最盛期となる。
	京都五山	南禅寺（別格）・天龍寺・相国寺・建仁寺・東福寺・万寿寺
	鎌倉五山	建長寺・円覚寺・寿福寺・浄智寺・浄妙寺
芸能		田楽や猿楽が流行し、そこから観阿弥、世阿弥が登場して、足利義満の保護を受けて能楽を大成した。世阿弥は『風姿花伝（花伝書）』を著した。
連歌		二条良基が『菟玖波集』を編集し、応安新式という連歌の法則を定めた。

（2）東山文化（足利義政の時代）

　幽玄やわび、さびを基本として、現代につながる生活文化となりました。慈照寺銀閣は書院造風と禅宗様とを折衷したつくりになっており、書院造は現代の和風住宅の原型となっています。

宗教	浄土真宗	蓮如が登場し、御文章を用いて布教を進め、多くの門徒により繁栄した。また、各地で一向一揆が多発。
	日蓮宗	京都の商工業者の信者を獲得したが、延暦寺と対立して天文法華の乱が発生、京都から追放される。
	吉田神道	吉田兼俱が神道を中心として儒教と仏教の統合を進め、唯一神道を説いた。
絵画	枯山水	竜安寺石庭、大徳寺大仙院庭園などがつくられる。
	水墨画	雪舟が登場して『四季山水図巻』などを描き、水墨画の技術を集大成した。
	狩野派	狩野正信、元信が、水墨画と大和絵を融合し、のちの狩野派の画風の基礎を確立。
学問		関東管領の上杉憲実が下野に足利学校を再興した。
生活文化		盆踊り、村田珠光の侘び茶、池坊専慶の生花が登場する。現代につながる文化の誕生。
連歌		宗祇が芸術的に優れた正風連歌を確立し、『新撰菟玖波集』をまとめた。また、山崎宗鑑が『犬筑波集』で、より自由な俳諧連歌を確立して流行。

TRY! 本試験問題で一問一答

Q1 足利義満は明との間で勘合貿易をおこなったが、この日明貿易は日本に
とって朝貢貿易ではなく、明と対等な関係でおこなわれ、足利幕府はこの貿
易で莫大な利益を得ていた。
×明に対する朝貢貿易であった
（×）
[消−20]改 cf.❷

Q2 14世紀前半に北畠親房が書いた『神皇正統記』は神道を基本にして南朝の
正統性を説いた歴史書である。
○ポイント。このまま覚える
（○）
[地上−9]改 cf.❶

Q3 室町時代には鎌倉府の長官は鎌倉公方とよばれていたが、この補佐役である関東管領には細川氏が代々就任してきた。
×上杉氏が代々就いていた。また細川氏は管領に就任していた
（×）
[市−18]改 cf.❷

重要度 C

#33 建武の新政・室町幕府

#34 戦国時代

日本史7　実力者の時代。富国強兵で軍事力強化だ！

重要度　C

各地域で実力ある支配者が台頭し、戦国時代を迎えることになります。実力で領国（分国）の実権を握った支配者たちが、それぞれの手段で支配を進め、強固な体制を築いて、天下統一を成し遂げようと戦い続けていきます。織田信長、豊臣秀吉が登場する安土桃山時代を概観してみましょう。

ココを覚えればザ・ベスト！

戦国大名の分国支配、織田信長の統一事業、豊臣秀吉の全国統一、さらにヨーロッパ人の来航が4大テーマ。日本史としては中世から近世に移る部分の話。織田信長と豊臣秀吉の統一事業を年表で確認してザ・ベスト！

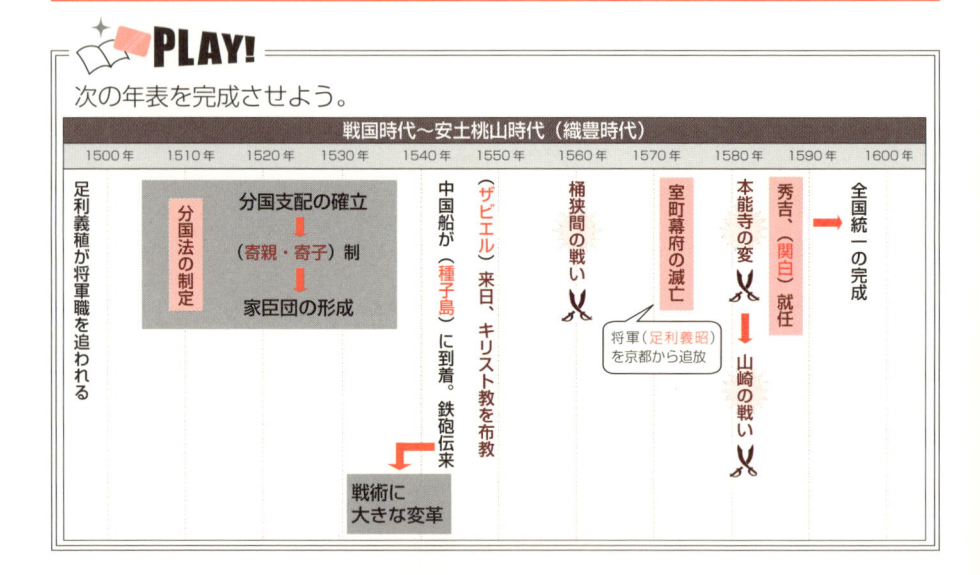

PLAY!

次の年表を完成させよう。

戦国時代〜安土桃山時代（織豊時代）

1500年頃	足利義稙が将軍職を追われる
1510年代	分国法の制定
1520〜30年代	分国支配の確立（寄親・寄子）制 → 家臣団の形成
1540年代	中国船が（種子島）に到着。鉄砲伝来 → 戦術に大きな変革
1550年代	（ザビエル）来日、キリスト教を布教
1560年	桶狭間の戦い
1570年代	室町幕府の滅亡（将軍（足利義昭）を京都から追放）
1580年代	本能寺の変 → 山崎の戦い
1580年代後半	秀吉、（関白）就任
1590年	全国統一の完成

❶ 戦国大名の登場

応仁の乱の後、有力守護大名は次々と没落、将軍家も没落していきます。地方には下剋上の風潮が広がり、さまざまな階層の武士が領国（分国）での実権を握って、実力本位の時代を迎えることになりました。

（1）幕府の実権

1493年、10代将軍足利義稙（義材）は管領の細川政元と対立し、明応の政変で

将軍職を追われます。幕府の実権は細川氏に移ることになりましたが、その細川政元が内紛で暗殺され、実権は細川家家臣の三好長慶に移り、さらにその家臣の松永久秀へと移っていきました。

(2) 戦国大名の支配

分国支配が確立し、実力で一国を完全に支配するようになります。地侍や国人を家臣に編入し、新たな家臣が有力武士の傘下に入る寄親・寄子制により、家臣団が形成されていきました。

富国強兵政策として、鉱山開発などを積極的に推進、城下町を形成して領国の政治や経済の中心地としました。城下町では自由な営業活動を認め、楽市・楽座を進めました。また、土地調査のために農民の申告による指出検地を実施。さらに貫高制を採用して、土地の収穫高を通貨単位の貫で表し、貫高に見合った軍役や税を課しました。

領国支配の基本法としては、分国法がそれぞれの分国で制定されました。御成敗式目などをふまえて作成されており、他にも喧嘩両成敗法や、個人の罪が村全体におよぶ連坐法、単独相続（一子相続）、私的同盟の禁止なども定められました。

代表的な分国法	
『甲州法度之次第（信玄家法）』	武田信玄
『塵芥集』	伊達稙宗
『今川仮名目録』	今川氏親、今川義元

有力大名の出自	
守護大名	今川義元・大内義隆・島津貴久・武田信玄・大友宗麟
守護代	上杉謙信・朝倉義景・織田信長
国人	伊達稙宗・毛利元就・長宗我部元親・徳川家康
その他	斎藤道三・北条早雲

(3) 地方都市の発展

寺社の前に門前町が成立するようになりました。寺社を中心に町が成立すると寺内町となります。

京都は、富裕な商工業者である法華信徒の町衆によって復興が進みました。また、港町である堺や博多が自治都市として繁栄しました。堺は会合衆による自治、博多は年行司による自治がおこなわれました。

❷ ヨーロッパ人の来航

　ヨーロッパ人が来航し、鉄砲を伝来、南蛮貿易がはじまります。南蛮貿易はキリスト教の布教と一体化しており、宣教師による布教によって、戦国大名の中にはキリシタン大名も登場します。また鉄砲の存在は、戦国大名の戦法を大きく変えていくことになります。

(1) 鉄砲の伝来

　ヨーロッパでは大航海時代を迎え、ポルトガルとイスパニア（スペイン）が東洋への進出をはかります。1543年、中国船が種子島に到着し、乗船していたポルトガル人が鉄砲を伝え、島主だった種子島時堯は、使用法や製法を家臣に学ばせました。その後、ポルトガル船が九州各地に来航、イスパニア船も平戸に来航し、南蛮貿易が開始されます。

　主な輸出品は銀・刀剣、主な輸入品は硝石（火薬の原料）・生糸・絹などです。硝石は火薬の原料なので鉄砲には不可欠なものでした。また、日本は当時の世界の銀産出量の3分の1にあたる量を産出しており、ポルトガルは中国の生糸を日本の銀と交換する中継貿易により、莫大な利益を得ていました。

　鉄砲は戦国大名に普及し、国産化にも成功します。足軽鉄砲隊による集団戦法は、戦術の大きな変革をもたらしました。

> 鉄砲の伝来は大きく戦術を変えたこと、南蛮貿易が中継貿易であったこと、硝石を輸入しなければ、鉄砲はただの筒だったことを確認しておこう。

(2) キリスト教の伝来

　フランシスコ・ザビエルが1549年に鹿児島に上陸し、大内義隆や大友宗麟の保護を受けて布教を開始。大友宗麟、有馬晴信、大村純忠などのキリシタン大名が登場しました。そして、宣教師ヴァリニャーニの勧めにより、大友宗麟、有馬晴信、大村純忠は1582年、天正遣欧使節として、伊東マンショらをローマ法王へと派遣します。

　織田信長は南蛮貿易の利益に着目し、また仏教勢力に対抗するため、キリスト教を保護し、南蛮寺や学校（セミナリオ）を建築しました。

❸ 織田信長と豊臣秀吉

　織田信長は強力に統一事業を推し進めた人物、豊臣秀吉は全国平定を実現した人物です。まずは二人の行動を時系列的に確認することで、安土桃山時代の全体像を理解しておきましょう。

(1) 織田信長の統一事業

　精力的に統一事業を進め、権威の象徴だった比叡山延暦寺を焼き討ちにするな

ど、何物も恐れなかった信長ですが、最期は明智光秀に裏切られます。

1560年	今川義元を桶狭間の戦いで破る。
1567年	美濃の斎藤氏を滅ぼして濃尾平野を支配下に入れる。
1568年	足利義昭を奉じて京都に入り、義昭を15代将軍職とすることで天下統一への第一歩とする。のちに足利義昭は信長と対立することになる。
	浅井長政、朝倉義景の連合軍を姉川の戦いで破る。
1571年	姉川の戦いで敵対した比叡山延暦寺を焼き打ちし、寺院勢力を従わせる。
1573年	将軍足利義昭を京都から追放し、室町幕府を滅亡させる。
1575年	武田勝頼を長篠の戦いで破る。足軽鉄砲隊が活躍した。
1576年	安土城を築く。
1580年	一向一揆の拠点であった石山本願寺を11年かけて屈服させる（石山合戦）。
1582年	本能寺の変で、家臣の明智光秀の反逆により敗死する。

　信長は楽市・楽座令、関所の撤廃により、物流を円滑にして商工業者の自由な活動を認め、商業の発展を推進します。また撰銭令を出して、貨幣の流通や商取引を円滑にしました。指出検地の実施、鉱山の支配、都市の支配（堺を直轄領にして堺商人の経済力を利用する）など新しい支配体制も確立させました。
　比叡山焼き討ち、一向宗の弾圧などをおこなう一方、南蛮貿易のためにキリスト教の保護などをおこないました。

(2) 豊臣秀吉の天下統一
　1573年に木下藤吉郎から、羽柴姓となった秀吉は、のちに関白となり、豊臣姓を賜ることになります。

1582年	本能寺の変に際して、対戦中の毛利氏と和睦して引き返し、山崎の戦いで明智光秀を破る。
1583年	柴田勝家を賤ヶ岳の戦いで破る。柴田勝家に接近していた織田信孝（信長の三男）を自殺に追いやり、後継者としての地位を確立した。
	石山本願寺跡に大坂城を築城しはじめる。

1584年	小牧・長久手の戦いで織田信雄（信長の次男）、徳川家康と争ったが和睦する。
1585年	関白になり、翌年には太政大臣になる。豊臣の姓を与えられる。惣無事令を出し、戦国大名たちに停戦を命じ、領土紛争は豊臣政権で処理することを示した。
	四国の長宗我部氏を降伏させ（四国攻略）、小田原の北条氏を滅ぼす（小田原攻略）。
1587年	九州の島津氏を降伏させる（九州攻略）。
1588年	聚楽第（秀吉の邸宅）に御陽成天皇の行幸（外出）をあおいで、諸大名に忠誠を誓わせた。
1590年	奥州の伊達政宗を降伏させる（奥州平定）。全国統一を完成。

> 立身出世物語だ。しかし、関白・太政大臣だからかなり貴族的だよね。

(3) 秀吉の国内政策

　秀吉は天正の石直しといわれる太閤検地（1582〜98年）を実施しました。京桝を使用して度量衡を統一、田の生産力を石高で換算する石高制が確立しました。さらに検地帳に百姓として記載された田の耕作者を名請人として、一地一作人の原則が確立します。年貢は「二公一民」が原則でした。

　1588年に刀狩令を出し、方広寺の大仏造営を名目として百姓の持つ武器を没収します。また、1591年には身分統制令（人掃令）を出して、武家奉公人・町人・百姓などの身分を確定させました。これは、兵農分離を進めることを目的としており、朝鮮出兵に備えた準備でもありました。

　また、220万石にのぼる蔵入地（直轄地）を持ち、主要な金山銀山も直轄とした秀吉は、天正大判を鋳造します。京都・大坂・堺・伏見・長崎の重要都市を直轄地として豪商の経済力を活用しました。

　豊臣政権は基本的に秀吉の独裁であり、徳川家康などの有力大名が五大老として重要政務を合議し、石田三成ら腹心の家臣が五奉行として秀吉の政務を補佐していました。堺の千利休も側近でしたが、のちに切腹させられました。

(4) 秀吉の外交政策

　当初は信長の政策を引き継ぎ、キリスト教を保護していましたが、のちに自らの支配の妨げになると判断します。

1587年	秀吉は対馬の宗氏をとおして朝鮮に入貢を求めたが、朝鮮から拒絶される。
	大村純忠が長崎を教会に寄進したことで、秀吉はキリスト教が支配の妨げになると判断、キリシタンを邪法とするバテレン追放令を出した。一方で南蛮貿易はキリスト教と分離できると考え、南蛮貿易は従来どおりに進めていった。
1588年	海賊取締令を出し、倭寇などの海賊行為を取り締まった。
1592年	秀吉は肥前の名護屋に本陣をおいて、朝鮮に15万の大軍を派兵したが、李舜臣率いる朝鮮水軍に苦戦して休戦（文禄の役）。講和に際して秀吉は苛烈な要求をしたがとおらず、その後、明の勅使が、朝貢を許すといってきたため、秀吉は激怒した。
1596年	サン・フェリペ号事件が発生、イスパニアは布教後に植民地化する、という話が秀吉に伝わったため、秀吉は宣教師と信徒を捕え、26人を処刑した（26聖人殉教）。
1597年	秀吉は再び朝鮮に大軍を派兵したが苦戦を強いられ、翌年に秀吉が死去したため撤兵した（慶長の役）。この戦では多額の戦費を費やすことになり、豊臣政権の衰退の要因となった。一方で、朝鮮の活字印刷術が日本に伝わることになった。

重要度 C

#34 ― 戦国時代

■朝鮮出兵の進軍ルート

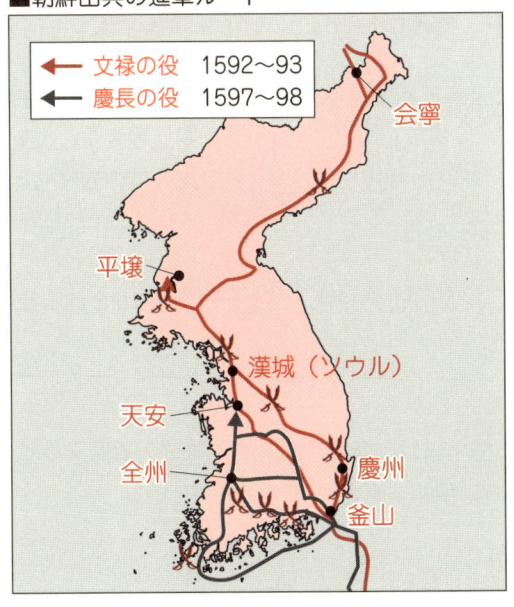

← 文禄の役　1592〜93
← 慶長の役　1597〜98

会寧
平壌
漢城（ソウル）
天安
全州
慶州
釜山

❹ 桃山文化

現実的で豪華な桃山文化が広がり、雄大な城郭が築かれていきました。南蛮貿易の影響もみられ、大名たちの気風を反映した勢いのある文化といえるでしょう。

城郭建築		天守閣のある雄大な城郭が築城された。代表的な建築物は、織田信長の安土城、豊臣秀吉の大坂城・伏見城・聚楽第（邸宅）などである。 内部の襖や屏風などには、金碧の濃絵の豪華な障壁画が描かれた。
絵画・美術	障壁画	狩野永徳の『唐獅子図屏風』、狩野山楽の『松鷹図』や『牡丹図』など、狩野派が活躍した。狩野派以外では、長谷川等伯の『智積院襖絵』などが有名。
	風俗画	狩野永徳の『洛中洛外図屏風』
	水墨画	海北友松の『山水図屏風』
	蒔絵	欄間彫刻が盛んになった。
芸能	茶の湯	千利休によって侘び茶が大成され、茶道が確立する。秀吉は北野の大茶会を開催した。
	歌舞伎	出雲の阿国が登場して、かぶき踊りをはじめ、阿国歌舞伎といわれた。のちに女歌舞伎へと進んでいく。 その他、人形浄瑠璃や小歌（高三隆達が隆達節をはじめる）が流行した。
南蛮文化		南蛮屏風、活字印刷によるキリシタン版、日本語化する外来語もあった。

TRY! 本試験問題で一問一答

Q1 鉄砲伝来によって南蛮貿易がはじまり、我が国における戦法などに大きく影響を与えた。また、豊臣秀吉は倭寇を取り締まるとともに、東南アジアに貿易拠点をつくり、倭寇を取り締まるため２度の朝鮮出兵をおこなった。
○海賊取締令により取り締まった
×朝鮮を服属させるためにおこなった
（×）
[地上－13]改 cf.❷❸

Q2 南蛮貿易では、銀が主要な輸入品であり、日本からは工芸品などが輸出された。
×銀は主要な輸出品。硝石や生糸が主な輸入品
（×）
[市－15]改 cf.❷

Q3 戦国大名の中には分国法を制定して家臣団を統制する者もおり、武田氏は分国法である『甲州法度之次第』を定めていた。
○このまま覚えよう！
（○）
[警－21]改 cf.❶

#35 江戸幕府の成立と展開

日本史8

最後に笑う徳川家康、長期政権が誕生した

重要度 B

織田信長、豊臣秀吉を経て、ついに徳川家康が登場し、天下取りを実現することになります。江戸幕府はきわめて強固な幕藩体制を確立していたため、長期にわたり政権を維持することができました。家康の天下取り、そして、幕藩体制の確立と鎖国のプロセスを、一連の流れとして確認しましょう。

ココを覚えればザ・ベスト！

家康の天下取りと豊臣氏の滅亡、幕藩体制のしくみ、鎖国、そして、元禄時代への流れを広く確認しておこう。江戸時代の社会統制のしくみをしっかりと理解してこそザ・ベスト！

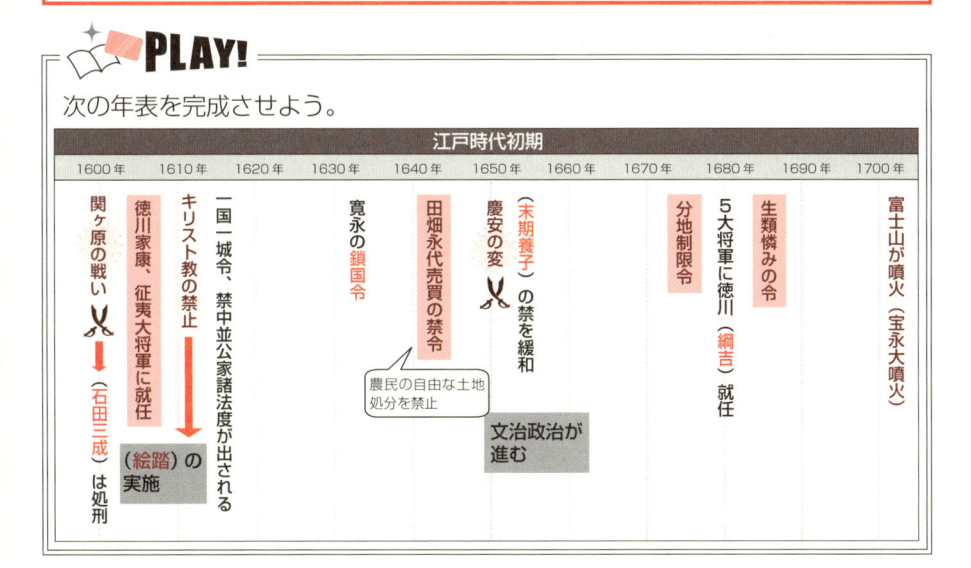

PLAY!

次の年表を完成させよう。

江戸時代初期

1600年	1610年	1620年	1630年	1640年	1650年	1660年	1670年	1680年	1690年	1700年
関ヶ原の戦い → (石田三成)は処刑	徳川家康、征夷大将軍に就任 / キリスト教の禁止 → (絵踏)の実施	一国一城令、禁中並公家諸法度が出される	寛永の鎖国令	田畑永代売買の禁令（農民の自由な土地処分を禁止）	慶安の変 / (末期養子)の禁を緩和	文治政治が進む	分地制限令	5大将軍に徳川(綱吉)就任	生類憐みの令	富士山が噴火 (宝永大噴火)

❶ 江戸幕府の成立

豊臣秀吉の死後、政治の中心は一気に徳川家康へと移っていきます。対抗した石田三成と「天下分け目の」関ヶ原の戦いで激突、勝利した家康は江戸幕府を開き、きわめて強固な支配体制を構築します。

(1) 徳川家康の天下取り

小田原の北条氏の滅亡後、豊臣秀吉によって、家康は関東に領地を移動するこ

とになり、6国が与えられ250万石を支配しました。五大老の筆頭となりましたが、文禄の役・慶長の役には出兵せず、戦力を温存し、秀吉の死後に台頭します。

1600年、五奉行の一人である石田三成は、五大老の一人である毛利輝元を盟主として挙兵、家康の東軍と三成の西軍が関ヶ原で激突しました（関ヶ原の戦い）。小早川秀秋の裏切りもあり東軍が大勝し、石田三成らは処刑され、西軍の諸大名への改易（領地没収）、減封（領地削減）がおこなわれました。

1603年には、家康は征夷大将軍に就任し、江戸幕府を開府します。2年後には子の秀忠に将軍職を譲り、将軍が徳川家の世襲であることを天下に示します。

関ヶ原の戦いののち、家康は豊臣秀頼に対し、方広寺鐘銘事件をおこして、豊臣氏と戦い、大坂の陣（大坂冬の陣と大坂夏の陣）で、豊臣氏を滅亡させました。これにより、元和偃武とよばれる平和な時代がようやく訪れることになります。翌年、家康は死にますが、その後、三代家光の時代で諸制度が整備されていくことになりました。

> 方広寺鐘銘事件とは、秀頼が方広寺に寄進した鐘の銘に、「国家安康」とあったことを、家康を呪うものだといちゃもんをつけた事件のことだよ！

（2）江戸幕府の支配体制

江戸幕府では幕府（将軍）と藩（大名）の封建的主従関係にもとづき、土地と人民を支配する幕藩体制が確立しました。

まず、大名統制のため一国一城令が出され、大名の居城がひとつに限定されました。次に、武家諸法度の制定により大名はきびしく統制されるとともに、自らの領国支配の正当性が認められることになりました。武家諸法度は家康の命令によって金地院崇伝が起草し、秀忠の名で発布されたものです。

また、将軍との関係で大名を「親藩・譜代・外様」に分類しました。

親藩	尾張・紀伊・水戸の御三家など徳川氏一族の大名。
譜代	主に三河（徳川氏が小大名だった時代）以来の徳川氏の家臣。
外様	関ヶ原の戦い前後に従った大名。

危険とみなされた外様大名は辺境に配置され、要地は幕府の直轄領、旗本の知行地、譜代大名によって固められていました。

そして改易（領地没収）、減封（領地削減）、転封（領地移動）などの大名統制策がとられ、末期養子の禁（当主が死に臨んで家の断絶を防ぐために養子をとることを禁ずる）による世継ぎの断絶も含め、多くの大名家が改易されました。

三代将軍家光の時代になると、家光は大名に参勤交代を義務付け、大名の妻子は江戸で居住することを強制し、大名は江戸と国元を一年ごとに往復することになりました。参勤交代は、大名にとって多大な出費になり、財政的に疲弊しましたが、江戸が発展し、交通の発達にもつながりました。

江戸幕府の経済状況は、直轄地（天領）が17世紀末に400万石に達し、旗本の知行地とあわせると700万石を所有していました。これは全国石高の4分の1にあたり、圧倒的な財力を有し、経済的にきわめて安定した状況でした。さらに、主要鉱山も直轄し、貨幣の鋳造権も独占していました。
　また、幕府の組織体制は次のようになっていました。

江戸幕府の組織体制		
中央	大老	常置ではなく、非常時に設置される。
	老中	常置され、幕政を統轄。
	若年寄	老中を補佐、旗本や御家人を監督。
	大目付	大名を監察。
	目付	旗本を監察。
	側用人	将軍と老中の連絡役。
三奉行	寺社奉行	将軍の直轄。家臣や有力武士により編成される。
	勘定奉行	財政、天領の監督、関八州（関連8カ国）の訴訟。
	町奉行	江戸の司法、行政、警察を担当。
評定所	老中、三奉行、大目付らによって最高司法機関として設置。	
地方	藩	大名には幕府から1万石以上の所領が与えられ、将軍と大名は主従関係を結ぶ。各大名は自らの藩を自由に統治。重要地は幕府の直轄領（天領）で、老中に当たる家老がいる。
	京都所司代	京都での朝廷の監察と西国大名の監督にあたる。
	遠国奉行	江戸以外の直轄領のうちの要地に設置。
	郡代、代官	直轄領には、勘定奉行の下に設置。

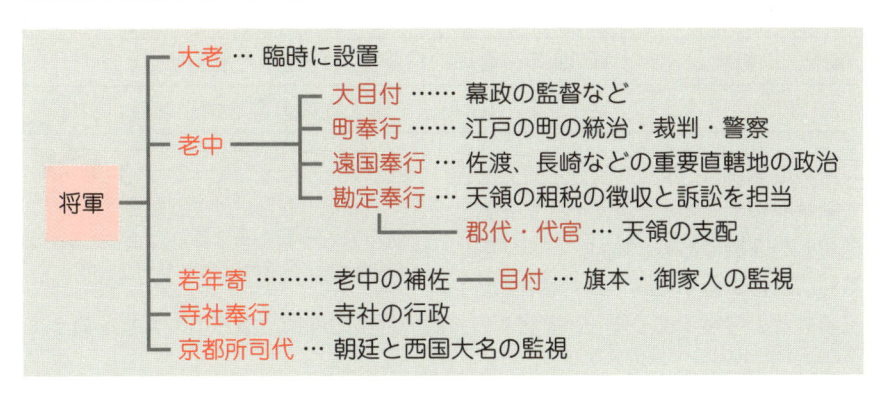

重要度 B

#35 江戸幕府の成立と展開

将軍
├─ 大老 … 臨時に設置
├─ 老中
│   ├─ 大目付 …… 幕政の監督など
│   ├─ 町奉行 …… 江戸の町の統治・裁判・警察
│   ├─ 遠国奉行 … 佐渡、長崎などの重要直轄地の政治
│   └─ 勘定奉行 … 天領の租税の徴収と訴訟を担当
│   └─ 郡代・代官 … 天領の支配
├─ 若年寄 ……… 老中の補佐 ── 目付 … 旗本・御家人の監視
├─ 寺社奉行 …… 寺社の行政
└─ 京都所司代 … 朝廷と西国大名の監視

（3）朝廷・寺社の統制

1615年、朝廷には禁中並公家諸法度を定め、政治活動を完全に抑制します。幕府は京都所司代らに朝廷を監視させ、公家の中に武家伝奏という職を設置して朝廷に幕府側の指示を伝達しました。

当時、幕府の力は朝廷内部まで浸透しており、後水尾天皇に徳川秀忠の子の和子を入内させていましたが、朝廷が完全に幕府の統制下にあったことを象徴づける事件も発生します。後水尾天皇が幕府の許可なしに高僧に紫衣を与えた一件で、幕府はこれを取り消し、この取り消しに抗議した大徳寺の沢庵を配流（紫衣事件）。朝廷は幕府の権力の強さを思い知ることになりました。

寺院・神社の統制について幕府は、宗派ごとに本山に末寺を掌握し管理させる本末制度によって寺院を統制し、寺社奉行がこれを統轄しました。のちに各派共通の諸宗寺院法度を出して、さらに統制を進めていきました。

また、神社には諸社禰宜神主法度を出して統制を進め、キリスト教を禁止するために寺請制度も施行しました。

> 朝廷には口出しをさせないこと、農民はきちんと働いて年貢を払ってもらうことがポイントだね。

寺請制度	誰もがいずれかの寺院の檀家となることを強制した制度で、信仰を宗門改役が調査した。

（4）農民の統制

年貢を負担する農民は本百姓、田畑を持たない無高の者を水呑百姓といい、当時の村は、村方三役である名主（西国では庄屋）、組頭、百姓代が中心となって運営されていました。年貢納入などについては、農民が連帯して責任を負う五人組制度がとられ、村八分などの制裁、共同利用地である入会地の使用などは、村掟にしたがい、村単位で管理されました。

また、農民は次のような法令で支配されていました。

田畑永代売買の禁令	1643年、農民の自由な土地処分を禁止する。
田畑勝手作の禁令	1643年、五穀以外の栽培を禁止する。
慶安の御触書	1649年、農民の日常生活を細かく規制する。
分地制限令	1673年、10石以下の土地の分割を禁止する。

さらに農民は、四公六民から五公五民で米納を原則とする本途物成（本年貢）、副業への課税である小物成、石高に応じて村ごとに負担する高掛物、河川の土木工事などの労役である国役、宿駅への人馬の提供の助郷役などの税負担を負って

> 年貢確保のためには本百姓を維持する必要があったため、幕府は土地の細分化の防止と年貢の維持に努めたんだ！

いました。

一方、町人には営業税として冥加、運上が課せられたものの、比較的負担は軽く、自由な経済活動が可能でした。

この時代に身分秩序が完成し、士農工商、さらに下層に、えた・非人がおかれ、厳しく差別されました。

❷ 鎖国の経緯

キリスト教の布教がポルトガルやイスパニア（スペイン）の侵略につながるとの恐れや、信徒の団結への恐れから、1612年に幕府は直轄領に禁教令を出し、これを全国へと広げて禁教を徹底していきます。一方で初期の外交の推移についても確認しておきましょう。

(1) 紅毛人と南蛮人

当時、オランダ人、イギリス人のことは紅毛人とよんでおり、紅毛人は平戸に商館を建設し貿易を推進しました。のちにイギリスがオランダとの競争に敗れて1623年に撤退、オランダとは引き続き貿易をおこなっていました。

一方、ポルトガル人、イスパニア人（スペイン人）のことは南蛮人とよんでおり、南蛮人は、貿易と布教を結びつけていたため、幕府からは歓迎されなくなりました。ポルトガルとは1639年の寛永の鎖国令で断交。イスパニアとは家康が田中勝介をノヴィスパン（メキシコ）へ派遣、伊達政宗が支倉常長をイスパニアへ派遣（慶長遣欧使節）するなどしましたが、1624年に断交します。

(2) 周辺国との関係

朝鮮との貿易では、朝鮮使が来日し、家康は1609年に己酉約条を結び、貿易を開始します。以後、朝鮮からは将軍の代替わりごとに通信使が来日することになりました。また、明との貿易では、明は倭寇を恐れていたため、民間の出会貿易がおこなわれていました。

琉球は、薩摩藩の島津家久が征服したため、琉球から幕府に慶賀使、謝恩使がおくられることになりました。

蝦夷地とは、松前氏がアイヌとの交易独占権を幕府に認められ、貿易を開始します。しかし、自由な交易ができないことに不満がつのり、1669年にシャクシャインの戦いが発生してアイヌ側が蜂起しましたが鎮圧されます。その後は場所請負制といわれる和人商人の請負による交易となり、アイヌは全面的に服従させられました。

(3) 初期の外交

オランダ船のリーフデ号が漂着し、家康はヤン・ヨーステン、ウィリアム・アダ

ムス（三浦按針）を日本にとどめて外交、貿易顧問とします。オランダ、イギリスと通商を進めますが、イギリスが経営不信で撤退、オランダとの貿易だけが残りました。

ポルトガルとの間では、ポルトガルが中国産の生糸を持ち込み巨額の利益をあげていたため、幕府は糸割符制度をつくり、糸割符仲間といわれる京都、堺など5カ所の特定商人だけが輸入生糸を一括購入することにしました。

日本人の海外進出も進みました。朱印船貿易がおこなわれるようになり、幕府が渡航を許可する朱印状を交付し、西国の大名や商人を中心に貿易が進められました。貿易では銀などを輸出し、アジアの産物などが輸入されました。特に銀は世界の3分の1に相当する量を産出していたため、輸出の大部分を占めることになります。

海外進出にともない、日本人の海外移住により、各地に日本町が形成されました。中には、シャム（タイ）王に重用された山田長政のような者も登場します。

幕府は貿易を奨励していたものの、一方でキリスト教信徒が増大して幕藩体制に影響するのを恐れ、貿易を統制し管理します。1612年の禁教令により、信者の改宗を強制、キリスト教対策として絵踏などが実施されました。

鎖国への経緯を年表で表すと次のようになります。

1616年	ヨーロッパ船の来航を長崎と平戸に制限。
1624年	イスパニア船の来航を禁止。
1633年	老中奉書を持つ奉書船以外の渡航を禁止。
1635年	日本人の海外渡航と帰国を全面的に禁止。
1637年	島原の乱が発生する。天草四郎（益田）時貞を首領として蜂起し、城に立てこもったが老中松平信綱らによって鎮圧された。
1639年	ポルトガル船の来航を禁止。
1641年	オランダ人を出島に移し、長崎奉行が監視。

❸ 江戸幕府の変遷

幕政が安定すると、武断政治の時代から文治政治の時代へと転換していきます。平和な時代が到来しましたが、将軍や老中、側用人らが登場して、新たな問題を引き起こしていきます。元禄時代に入り、徳川綱吉は「生類憐みの令」を出しますが庶民は対応に困惑、明暦の大火も発生して、幕府は財政難に苦しんでいきました。

（1）武断政治から文治政治へ

4代将軍の家綱の頃には、幕藩体制は確立していましたが、一方でこれまでの改易や減封などの処分によって牢人が出現し、社会問題となっていました。このため、幕府は儒教的徳治主義である文治主義に転換していくことになります。

家綱が将軍を継ぐ直前、由井正雪が牢人を集めて反乱をおこし、幕府の転覆をねらうという慶安の変が発生します。幕府は大名の改易が牢人の発生の原因と考え、50歳未満の末期養子を認めるという、末期養子の禁の緩和を実施します。また、大老酒井忠清、老中松平信綱、保科正之らが活躍し、主君の死に追随する殉死の慣習を禁止しました。

■徳川家の系図

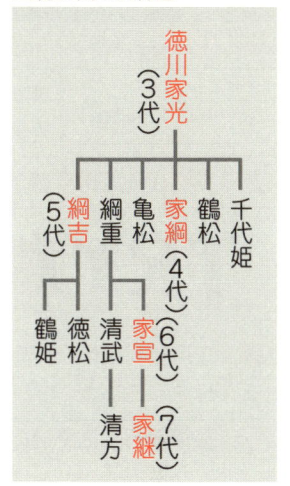

徳川家光（3代）
├─綱吉（5代）─┬─鶴姫
│　　　　　　└─徳松
├─綱重─┬─家宣（6代）─家継（7代）
│　　　└─清武─清方
├─亀松
├─家綱（4代）
└─鶴松
千代姫

（2）綱吉の政治

5代将軍綱吉は堀田正俊を大老として文教を奨励。林信篤（鳳岡）を大学頭として湯島聖堂を設置し、学問興隆を進めました。大老堀田正俊の死後は、側用人の柳沢吉保を登用します。

また、殺生禁断令を出すようになり、のちに「生類憐みの令」と総称されました。綱吉は戌年であったため、特に犬には異常な保護を命じ、人々からは犬公方と称されました。

綱吉は仏教へ帰依し、多くの寺院を建立したため、幕府の財政危機を招きました。加えて、明暦の大火の発生により財政がひっ迫したため、綱吉は勘定吟味役の荻原重秀の献策により貨幣を改鋳、悪質な元禄小判を発行しました。一時的には収入増となりましたが、貨幣価値の下落による物価の高騰を招き、深刻な状況となりました。

綱吉の時代の1707年には、富士山も噴火しています（宝永大噴火）。

> 「生類憐みの令」の行き過ぎた命令は庶民にとって迷惑以外の何物でもなかったね。

（3）正徳の治

綱吉の死後、6代家宣・7代家継の時代に、儒者の新井白石が側用人の間部詮房とともに政治の刷新をはかります。これは正徳の治とよばれ、生類憐みの令の廃止、賄賂の禁止、閑院宮家を創設して朝廷と幕府の協調を推進しました。また貨幣の改鋳などにも取り組み、海舶互市新例を出し、貿易を制限して金銀の流出を防ぎました。

しかし、正徳の治は儒者による理想主義的政策だったため、現実との食い違い

が政治の混乱につながり、徳川吉宗によって退けられることになります。

各藩が招いた儒学者	
保科正之（会津藩）	朱子学者の山崎闇斎を招く。
徳川光圀（水戸藩）	明の朱舜水を招く。『大日本史』を編纂するため彰考館を設立。
池田光政（岡山藩）	陽明学者の熊沢蕃山を招く。

TRY! 本試験問題で一問一答

Q1 江戸時代には、朝廷に対して禁中並公家諸法度を定め、政治活動を抑える対策をしていた。しかし、近畿一円を天皇領にするなど経済的には厚遇し、天皇領の石高は幕府の天領に次いで多かった。
　×幕府の認めた所領に限られ、石高はきわめて少なかった
（×）
[地上－27]改　cf.❶

Q2 江戸時代初期、生糸を独占していた中国に対抗するため、特定の商人に生糸を一括購入させる制度がつくられた。
　×独占していたのはポルトガルである
（×）
[市－15]改　cf.❷

Q3 江戸幕府の初代将軍家康は武家諸法度の発布、参勤交代の義務付け、軍役の賦課など将軍への権力の一元化を推進し、幕藩体制を完成させた。また、キリスト教を禁止し、鎖国令で貿易を管理した。
　×最初の武家諸法度の発布およびキリスト教の禁止は2代将軍秀忠がおこない、他は3代将軍家光のおこなった内容である。家光もキリスト教は禁止した
（×）
[警－17]改　cf.❶

Q4 新井白石は目安箱を設置し、庶民の意見を取り入れ、小石川に養成所をつくるなどの正徳の治をおこなった。
　×目安箱の設置と小石川養成所の創設は8代将軍吉宗がおこなったこと。正徳の治は生類憐みの令の廃止や、賄賂の禁止など
（×）
[消－13]改　cf.❸

Q5 鉱山業において、17世紀はじめに日本は世界の3分の1に相当する量の銅を産出していた。17世紀後半以降、銅の産出量は急減し、代わって金銀の産出量が増えた。
　×銅ではなく銀である。銀に代わって増えたのが銅である
（×）
cf.❷

#36 江戸幕府の展開と衰退

日本史9 三大改革をおこなうも長期政権に陰り

重要度 **A**

享保の改革・寛政の改革・天保の改革で有名な三大改革と、幕政の衰退、また、文化や社会の進歩について幅広く確認していきましょう。三大改革とはいうものの、享保の改革が30年続いたのに対し、寛政の改革は7年、天保の改革はわずか3年で終わってしまいます。

ココを覚えればザ・ベスト！

三大改革・田沼時代・元禄文化・化政文化・社会の進歩が5大テーマ。それぞれのテーマについてきちんと知識をインプットしておこう。徐々に衰退していく幕府の状況を客観的に理解してザ・ベスト！

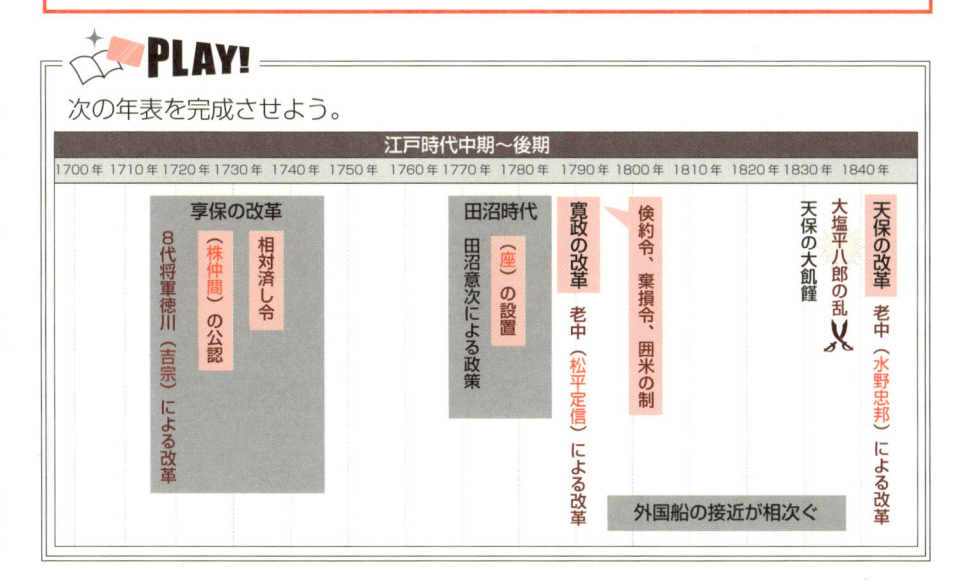

PLAY!

次の年表を完成させよう。

江戸時代中期〜後期

1700年 1710年 1720年 1730年 1740年 1750年 1760年 1770年 1780年 1790年 1800年 1810年 1820年 1830年 1840年

享保の改革
- 8代将軍徳川（吉宗）による改革
- （株仲間）の公認
- 相対済し令

田沼時代
- 田沼意次による政策
- （座）の設置

寛政の改革
- 老中（松平定信）による改革
- 倹約令、棄捐令、囲米の制

外国船の接近が相次ぐ

大塩平八郎の乱
天保の大飢饉

天保の改革
- 老中（水野忠邦）による改革

❶ 江戸中期〜後期の3大改革

江戸前期〜中期にあたる享保の改革から寛政の改革までを概観しておきましょう。比較的うまくいった享保の改革→重商主義的な田沼意次の政治→吉宗の孫の松平定信が復古的な姿勢で臨んだ寛政の改革、という流れになります。また、農業技術や交通の発達なども理解を深めておきましょう。

(1) 享保の改革（1716〜45年）

　紀伊藩から8代将軍に就任した徳川吉宗による改革が享保の改革です。幕府の財政安定化に向けて、幕府創設期の家康の時代を理想とする復古主義的な改革が進められました。

享保の改革		
支出の抑制	倹約令	支出を抑制する。
	足高の制	役職による石高を役高として定め、禄の低い者が重職につく際は在職期間のみ不足分を支給する。
収入の増加	上げ米の制	参勤交代の江戸滞在期間を半年に短縮する代わりに禄高一万石につき100石の米を献上させる。
	定免法	年毎の収穫高による徴税法である検見法から、過去の収穫高の平均から年貢を決定する定免法に変え、年貢量の安定をはかる→百姓の反発や飢饉の発生により一揆が多発。
	新田開発殖産興業	青木昆陽の建議による甘藷（サツマイモ）栽培など、商品作物栽培の推奨。
物価の安定	米相場の公認	米価を統制したため、吉宗は米公方といわれた。米価が下がっても他の物価が下がらないことに対応→打ちこわしが多発。
	株仲間の公認	商品経済を統制する。
行政の整備	相対済し令	金銭関係の訴訟は受理しないとした→借金をふみ倒す者が現れて金融が混乱→のちに廃止。
	公事方御定書	法令、判例を整備するため、大岡忠相らが編纂する。
	目安箱の設置	庶民の意見を求める→小石川養生所の設立につながる。

> 当時の武士の給料は米。米を換金して生活していたわけだ。米価をきちんと維持しないと、武士は何も買えなくなってしまったんだ。

(2) 田沼時代

　吉宗の死後、9代家重・10代家治の時代には側用人政治が復活し、田沼意次が実権を握り老中となりました。田沼は積極的な経済政策を推進し、幕府財政を強化していきます。
　まず、商業政策として株仲間を積極的に公認して、運上、冥加の増徴をはかりま

した。また、幕府の専売制を拡張して座を設置しました。
　新田開発としては、印旛沼、手賀沼の干拓事業を進めますが、洪水の発生により失敗となります。貿易振興としては、長崎貿易の制限を緩和して拡大をはかりました。蝦夷地開発としては、工藤平助が『赤蝦夷風説考』に示した日露貿易推進の意見を採用し、最上徳内に命じ蝦夷地を探索させます。
　しかし、天明の大飢饉、浅間山の噴火、百姓一揆、打ちこわしの多発など、社会的な混乱の中で田沼は失脚することになります。

（3）寛政の改革（1787～93年）
　吉宗の孫で、11代家斉の老中となった松平定信による改革です。享保の改革を理想として財政再建を推進しました。

	寛政の改革	
財政緊縮	倹約令	厳しい倹約を徹底する。
農村復興	旧里帰農令	農村人口確保のために農民の出稼ぎなどを制限し、農村への帰農を奨励する。
社会政策	棄捐令	負債に苦しむ旗本・御家人らを救済するため、6年以前に札差から借りた金を免除し、以降の借金は低利の年賦返済とする→金融で巨利を得ていた札差にとって多大な損害となり、旗本らは新たな融資の手段を失うこととなった。
	囲米の制	飢饉に対し食糧を備蓄するため、各地に社倉、義倉を設置。
	七分積立	江戸の町費を節約させ、節約分の7割を積み立てる。
	人足寄場	江戸に流れ込んだ浮浪人や無宿者を石川島に設けた人足寄場に収容し、職業指導にあたる。
思想統制	寛政異学の禁	朱子学を正学として、聖堂学問所で他の学問の講義・研究を禁じた→聖堂学問所は官立の昌平坂学問所に改められた。
	洒落本の禁止	山東京伝を処罰する。
	政治批判の禁止	林子平の『海国兵談』を出版禁止とする。

　閑院宮典仁親王（光格天皇の実父）への太上天皇（上皇）の尊号宣下に関して、定信がこれを反対したという事件（尊号一件）が発生します。以降、定信は家斉と対立するようになり、失脚しました。

2 社会の発展

江戸時代では、問屋商人などが原材料や道具を農民に貸し出し、でき上がった商品を買い取るという工場制手工業が発達しました。また各種産業も次のような発達を遂げました。

(1) 農業技術と手工業の発達

油粕や干鰯など金肥の使用、備中鍬や千歯扱きなど農具の使用により、生産力が大きく向上します。技術の普及には、宮崎安貞の『農業全書』など、農書が大きな役割を果たしました。さらに四木（桑、楮、漆、茶）や三草（紅花、藍、麻）などの商品作物の栽培も発展しました。

また、農村家内工業の進展から織物業などが発展し、問屋制家内工業、工場制手工業へと発達していくことになります。

(2) 諸産業の発達

漁業（地曳網など）、林業、鉱山業などが発達しました。鉱山業では、主要な金山や銀山を幕府が直轄地として管理しており、17世紀後半には銅の生産が急増、長崎貿易の輸出品となっていきました。

(3) 陸上・水上交通の発達

陸上交通では五街道が整備されて、宿駅（宿場）が設置、問屋場（人馬の引き継ぎ）、本陣（大名の宿泊）、旅籠（庶民の宿泊）なども整備されました。宿駅には近隣農村から人馬の補充があり、夫役の対象となった村を助郷、課役のことを助郷役といいます。また、関所を設置し、入鉄砲、出女などを取り締まりました。通信制度として飛脚も発達しました。

水上交通では、角倉了以の富士川・保津川などの治水事業、河村瑞賢の安治川の治水事業などが進められ、東廻り航路（津軽海峡）や西廻り航路（下関）の整備もおこなわれました。

■江戸時代の交通

菱垣廻船	17世紀前半、堺の船問屋が創始。積荷が落下しないために菱形の垣がつけられた。
樽廻船	18世紀前半、灘や伊丹の酒問屋が創始。小型で迅速な輸送ができ、のちに優勢になった。

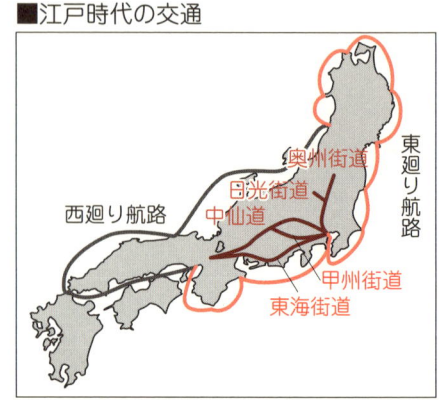

(4) 都市と商業の発達

江戸（将軍のお膝元）、大坂、（天下の台所）、京都（工芸都市・宗教都市）が三都として繁栄し、城下町、港町、宿場町、門前町などが発達しました。

幕府や諸藩は、年貢米や特産物などの蔵物を売り、現金に替えることで経済が発達。蔵物は大坂や江戸におくられ、蔵屋敷をつくって蔵元が管理・販売し、掛屋が代金を保管していました。また、江戸では旗本や御家人の禄米の売却を札差が担当しました。

商工業の発達により同業組合（仲間）が登場します。幕府は当初は認めませんでしたが、享保期以降は容認するようになり、株仲間が成立しました。幕府に運上・冥加を納入して経済的な独占権を有することとなり、連合組織として、江戸の十組問屋、大坂の二十四組問屋が結成されました。また、関東では金、関西では銀による取引が成立していたため、両替商が成立しました。

> 蔵元、掛屋、札差の違いをしっかり理解しておこう。

重要度 A

#36 — 江戸幕府の展開と衰退

❸ 元禄文化と化政文化

17世紀後半から18世紀初頭にかけて、文治政治の推進により社会が安定して成立した文化が元禄文化です。一方、19世紀前半の11代将軍家斉の時代、幕藩体制の動揺期に成立した文化が化政文化です。社会環境が文化にも大きく影響を与えていることを確認しておきましょう。

(1) 元禄文化

幕藩体制が安定して町人が台頭、上方を中心として、現実主義的・合理主義的な文化が成立しました。

文芸 （浮世草子と俳諧）	井原西鶴	『好色一代男』（好色物）、『日本永代蔵』（町人物）、『武道伝来記』（武家物）が浮世草子の代表作。
	松永貞徳	貞門俳諧
	西山宗因	談林俳諧
	松尾芭蕉	奥の細道。芸術性の高い文芸として確立。
芸能 （人形浄瑠璃と歌舞伎）	竹本義太夫	義太夫節
	近松門左衛門	竹本座の作者。『曾根崎心中』（世話物）、『国性爺合戦』（時代物）などにより最盛期を迎えた。
	歌舞伎は幕府の禁止令により、女歌舞伎、若衆歌舞伎（少年の歌舞伎）、野郎歌舞伎と変遷し、総合演劇となった。上方では和事の坂田藤十郎、江戸では荒事の市川團十郎が登場。	

美術・工芸	狩野探幽	江戸初期の寛永期に絵画で活躍した狩野派。その後、土佐派の土佐光起、土佐派から分かれて住吉派が成立して住吉如慶らが登場した。
	尾形光琳	装飾画では寛永期の俵屋宗達の技法を取り入れた。琳派とよばれる。
	菱川師宣(もろのぶ)	『見返美人図』
	酒井田柿右衛門	寛永期に陶磁器で活躍。
	野々村仁清	元禄期に京焼で活躍。

> 江戸初期の文化は寛永期の文化とよばれているよ。学問は儒学がポイントになるね。

(2) 化政文化

　江戸の商人を中心とする文化であり、文化文政期にあたるため、化政文化といいます。幕藩体制の動揺期にあたり、享楽的・退廃的であるとともに批判的精神の高揚を感じさせる文化となっています。

文芸	洒落本	江戸遊里の小説、山東京伝『通言総籬(つうごんそうまがき)』など。
	黄表紙	江戸風俗の諷刺、恋川春町『金々先生栄花夢』など。
	人情本	好色恋愛小説、為永春水『春色梅児誉美(しゅんしょくうめごよみ)』など。
	読本	勧善懲悪小説、上田秋成『雨月物語』、滝沢馬琴『南総里見八犬伝』など。
	滑稽本	庶民生活の滑稽さ、十返舎一九『東海道中膝栗毛』、式亭三馬『浮世風呂』など。
	合巻	長編の大衆向け小説、柳亭種彦『偐紫田舎源氏(にせむらさきいなかげんじ)』など。
	俳諧	天明期の与謝蕪村、文化文政期の小林一茶が有名。また、川柳や狂歌が流行し、柄井川柳、大田南畝(なんぽ)(蜀山人)らが登場。
芸能(脚本)	浄瑠璃	竹田出雲『仮名手本忠臣蔵』、『菅原伝授手習鑑』
	歌舞伎	全盛期を迎える。鶴屋南北『東海道四谷怪談』、河竹黙阿弥『白波五人男』など。
絵画	浮世絵	美人画の喜多川歌麿、役者絵の東洲斎写楽、風景画の葛飾北斎、歌川広重などが活躍。
	南画	池大雅、与謝蕪村らによって文人画が成立。のちに谷文晁(ぶんちょう)、田能村竹田、渡辺崋山らが活躍した。写生画は円山派の円山応挙、四条派の松村呉春が有名。

学問	洋学	前野良沢と杉田玄白による『ターヘル・アナトミア（解体新書）』の翻訳が有名。また、オランダ商館の医師シーボルトが鳴滝塾を開き、緒方洪庵も適塾を開く。
	尊王攘夷思想	朱子学を軸としながら、国学や神道が統合されていき、水戸藩の水戸学が尊王論の進展を支えることになった。幕末になると、尊王論が攘夷論と結合して、尊王攘夷論が形成されるようになる。
	寺子屋	庶民教育を主眼として、読み、書き、そろばんを主に教えた民間の教育施設。

重要度 A

#36 江戸幕府の展開と衰退

シーボルトが帰国の際に日本地図を所有していたことが発覚して国外退去処分となるシーボルト事件が発生したよ。

❹ 諸外国の接近と幕府の衰退

ロシア使節のラクスマンが根室にきて通商を求め、その後、同使節のレザノフが長崎にきて、さらに通商を求めます。イギリスは長崎港に侵入し、アメリカからはモリソン号が通商を求めてやってきます。

一方、国内は、11代将軍家斉が大御所として実権を握り、政治は停滞して社会は混乱を深めていきます。そんな中、天保の改革がおこなわれましたが、もはや幕府の衰退を止めることはできませんでした。

(1) ロシア船接近

1792年、ロシア使節のラクスマンが根室に来航し通商を求めてきましたが、幕府はすべての通商は長崎でおこなうとしてこれを拒絶しました。

1804年、今度は同使節のレザノフが長崎に来航して通商を求めますが、幕府はまたも拒否しました。レザノフは軍事的圧力の必要性を痛感し、ロシア軍艦に樺太、択捉を攻撃させました。これを受けて、幕府は松前と蝦夷地を直轄地として松前奉行を設置し警備を強化、間宮林蔵に樺太を探検させました。その後、ロシア軍艦の艦長を捕えるゴローウニン事件も発生しています。

(2) イギリス船接近

1808年、イギリスのフェートン号が長崎へ入港し、オランダ商館員を人質として食糧を要求するフェートン号事件が発生します。当初は文化の薪水給与令を出して穏便に出国させていた幕府でしたが、度重なるイギリス船の動きに対して、1825年に異国船打払令（無二念打払令）を出して強硬策をとることを決めまし

251

た。しかし、1842年、アヘン戦争での清国の敗北をふまえ、幕府は異国船打払令を緩和して天保の薪水給与令を出すことになります。

(3) アメリカ船接近

1837年、アメリカのモリソン号が、漂流民の送還と通商を求めて来航しましたが、幕府は異国船打払令によって撃退するという、モリソン号事件が発生します。また、この時の幕府の対応を批判した洋学者たちが処罰されました（蛮社の獄）。

> 異国船打払令とモリソン号事件について洋学者の渡辺崋山、高野長英らが幕政を批判して処罰される事件（蛮社の獄）も発生したんだ。

(4) 大御所時代と大塩平八郎の乱

文化文政時代が到来します。11代将軍家斉は将軍職を12代家慶に譲った後も大御所として実権を握り、退廃的な気風の中で経済が混乱。1832年からは天保の大飢饉に直面し、一揆・打ちこわしが多発して、社会不安はますます高まっていきました。

そんな時、大坂町奉行の元与力で陽明学者の大塩平八郎による反乱が発生します。乱自体はすぐに鎮圧されましたが、大坂という直轄都市で元幕府の役人がおこした反乱だったために、周囲に大きな影響を及ぼしました。国学者の生田万は大塩の門弟と称して生田万の乱をおこすなど、社会は危機的な状況に直面します。

■百姓一揆の件数

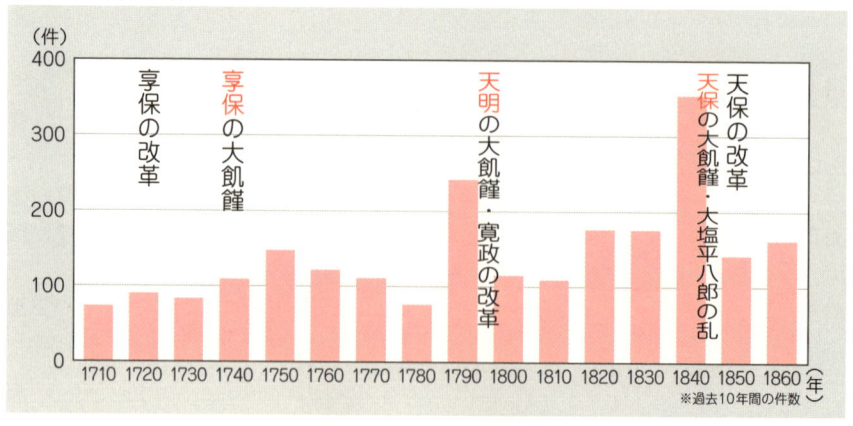

青木虹二「百姓一揆総合年表」より作成

(5) 天保の改革（1841 〜 43）

　12代将軍家慶の老中であった水野忠邦が、大塩平八郎の乱や西洋の進出への脅威から、享保および寛政の改革を模範とした復古的な改革を推進しました。

天保の改革		
経済政策	倹約令	特に徹底して贅沢品がとりしまられた。
	貨幣の改鋳	大量の貨幣の改鋳を進める→物価高騰の原因となった。
	株仲間の解散	物価高騰の原因を株仲間の独占にあると考えて株仲間の解散を命じた→しかし効果はなく、市場が機能しなくなって経済に大混乱をもたらした。
社会政策	風俗粛清	きわめて厳しい風俗のとりしまり。
	出版統制	風俗粛清の目的から人情本の為永春水、合巻の柳亭種彦らを処分。
	人返しの法	帰村を強制して農村の復興をはかる。
外交政策	天保の薪水給与令	異国船打払令を緩和し、外国船には薪水（飲料水）、食料を与えた。

　また、水野忠邦は江戸、大坂周辺の大名の土地を直轄地とし、財政収入を増やして支配体制を強化する上知令を出しますが、諸大名や旗本らの猛反発を招き、失脚しました。

(6) 諸藩の改革

　各藩も財政危機などの問題に直面していました。
　薩摩藩は調所広郷が家老となり、借金を整理して黒砂糖の専売制により財政の立て直しを進めました。
　一方、長州藩は村田清風を登用して借金を整理、専売制も再構築します。両藩とも反射炉の建設や洋式武器の確保を進めてきました。
　その他、肥前藩では均田制による本百姓の再建と日本初の反射炉の建設、土佐藩ではおこぜ組とよばれる改革派が台頭するなど、改革が進められました。

> 借金の整理と専売制、反射炉建設がポイントかな。

TRY! 本試験問題で一問一答

Q1 江戸時代には、江戸の日本橋を起点とする、東海道や中山道などの五街道を
○このまま覚えよう！
中心とした交通路が整備された。大量の物資の輸送には水上交通が利用され、江戸と大坂を結ぶ航路には菱垣廻船や樽廻船が就航した。

（○）
[税－25] cf.❷

Q2 老中松平定信は、物価高騰の原因として株仲間を解散し、江戸・大坂周辺の
×水野忠邦による天保の改革である
10里四方を幕府の直轄地にするために上知令を出したが、大名の反対で実施できなかった。

（×）
[市－16]改 cf.❹

Q3 江戸時代には、貨幣経済の浸透に伴い、一般庶民も読み・書き・そろばんなどの知識が必要になったことから、幕府は実用教育を中心とした寺子屋を
×寺子屋は民間で設けられたものである。江戸後期に著し
全国に設けた。
く増加した

（×）
[般－27] cf.❸

Q4 水野忠邦はイギリス船やアメリカ船が日本近海に出没して薪水・食糧を求
×当初は異国船打払令で対処していた
めるようになったことから、いわゆる薪水給与令を出して薪水等を供給して帰国させる方針をとった。

（×）
[総－23]改 cf.❹

#37 幕末から明治維新へ
日本史10 新時代をつくるために立ち上がった人たち

重要度 B

開国と幕末の動乱、明治維新を学び、近代国家の成立について確認していきましょう。幕末史については、大河ドラマやテレビ番組で取り扱われることが多く、身近に感じることもできるはずです。細かい知識よりも流れを重視し、新しい時代を築くプロセスを、概観していきましょう。

ココを覚えればザ・ベスト！

この単元以降の日本史学習は、世界史との関連を強く意識しておこう。他の教科とのつながりを考えて、日本がどういう国だったのかをあらためて確認してみよう。諸外国の動向と、幕末の勇気ある先駆者たちの行動を理解してザ・ベスト！

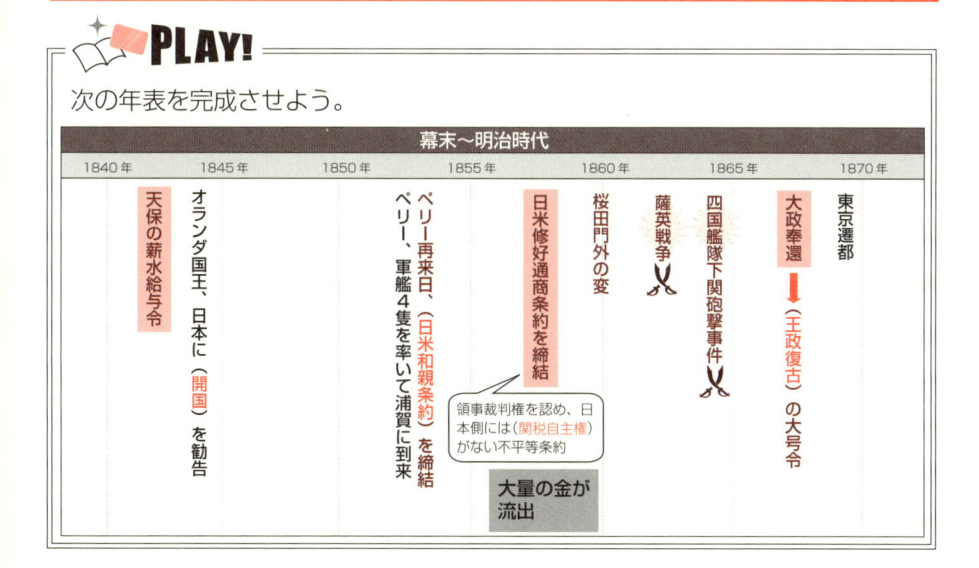

PLAY!

次の年表を完成させよう。

幕末～明治時代

1842年頃	天保の薪水給与令
1844年	オランダ国王、日本に（開国）を勧告
1853年	ペリー、軍艦4隻を率いて浦賀に到来
1854年	ペリー再来日、（日米和親条約）を締結
1858年	日米修好通商条約を締結（領事裁判権を認め、日本側には関税自主権がない不平等条約）→大量の金が流出
1860年	桜田門外の変
1863年	薩英戦争
1864年	四国艦隊下関砲撃事件
1867年	大政奉還 → （王政復古）の大号令
1869年	東京遷都

❶ 開国と幕末の動き

アヘン戦争に脅威を感じた幕府は、薪水給与令を出して諸外国との戦争の危険を避けるとともに警備を強化し、何とか鎖国体制を維持しようとします。しかし、日本を太平洋の一寄港地として重要視したアメリカは開国を強硬に求め、ついに幕府は開国せざるをえなくなりました。

その後、幕府は権威を維持するための公武合体政策を進めますが、一方で長州藩らを中心とする尊王攘夷派は攘夷の不可能を認識し、倒幕運動を展開していく

ことになり、ついに幕府は滅亡を迎えます。

(1) 開国へ

鎖国政策をとっていた日本を開国させようと、外国船が次々にやってきました。それに対して、幕府は次のような対応をとりました。

1844年	オランダ国王ウィルレム2世が幕府へ親書を送り、開国を勧告したが、幕府は鎖国体制を維持するとしてこれを拒否。
1853年	6月、アメリカ東インド艦隊司令長官のペリーが軍艦（黒船）4隻を率いて浦賀に到来、開国を求める。幕府は翌年に返答するとして引き返させた。
	7月、ロシアのプチャーチンが長崎に来航、開国と北方の国境画定を求める。
1854年	軍艦7隻を率いて再び来航したペリーは軍事的圧力をかけつつ条約締結を迫り、幕府の老中阿部正弘は、日米和親条約を締結。下田、箱館を開港し、一方的な最恵国待遇（不平等）を容認した。

アメリカと和親条約を締結すると、他国の条約締結要求にも応じ、同様の条約をイギリス、オランダと締結して鎖国政策は崩壊しました。ロシアとも日露和親条約を結び、国境線が画定します。

1956年には、アメリカ初代総領事としてハリスが来日し、通商条約の締結を迫ります。幕府の老中首座堀田正睦は、朝廷に対して条約調印の勅許を求めますが得られません。1858年に清と英・仏によるアロー戦争が発生し、清が敗北して天津条約を結んだことを機に、ハリスは通商条約調印を強硬に迫り、大老に就任した井伊直弼は勅許のないまま日米修好通商条約を締結します。

条約は神奈川、長崎、新潟、兵庫の開港・開港地に居留地を設け、外国人の裁判は本国の法で裁く領事裁判権を認め（治外法権）、日本側には関税自主権がないという不平等条約でした。

同年には、オランダ、イギリス、フランス、ロシアとも同様の条約が締結されます（安政の五カ国条約）。

> 外国の圧力についに屈したんだね。ペリーは1回目には4隻、2回目には7隻の軍艦とともにやってきてみたいだね。それとアロー戦争をうまく使って、条約の締結に成功したんだ。

(2) 経済の混乱

開港したことで貿易が開始されます。主な輸出品は生糸、輸入品は毛織物・綿織物です。しかし、急速に拡大する輸出に生産が追いつかなくなり、物価が高騰、物資が不足する事態となります。

幕府は物価を抑制するため、<u>五品江戸廻送令</u>を出し、生糸など五品は必ず江戸の問屋をとおしてから輸出するよう命じて貿易を統制しようとします。しかし自由貿易を主張する列強が抗議したため、効果はありませんでした。

一方、金銀の交換比率が諸外国は１：<u>15</u>、日本は１：<u>5</u>だったため、諸外国は日本に銀を持ち込んで金と両替するだけで<u>3</u>倍の金を得ることができ、日本からは大量の金が流出しました。幕府は金貨の質を引き下げた<u>万延小判</u>を鋳造しますが、貨幣価値の低下が物価上昇をもたらし、庶民や下級武士は生活に困窮しました。

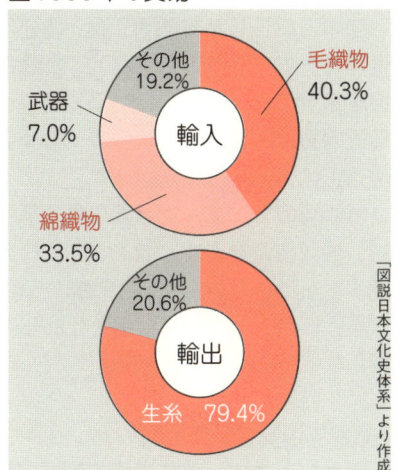

■1865年の貿易

輸入
- 毛織物 40.3%
- 綿織物 33.5%
- その他 19.2%
- 武器 7.0%

輸出
- 生糸 79.4%
- その他 20.6%

『図説日本文化史体系』より作成

重要度 **B**

#37 幕末から明治維新へ

(3) 雄藩の存在感と将軍継嗣問題

老中阿部正弘は、朝廷や大名との協調によって幕政の危機を乗りきろうとしたため、朝廷の権威が高まるとともに、各藩も広く幕政改革へ積極的な発言をするようになります。中でも、前水戸藩主・<u>徳川斉昭</u>、薩摩藩主・<u>島津斉彬</u>、土佐藩主・<u>山内豊信</u>、越前藩主・<u>松平慶永</u>らが存在感を強めました。

13代将軍家定には子がなかったため、<u>将軍後継問題</u>が発生します。徳川斉昭の子・<u>一橋慶喜</u>を推して攘夷をめざす雄藩連合と、紀伊藩主・<u>徳川慶福</u>を推して幕府の専制を維持しようとする井伊直弼ら譜代大名が対立しました。

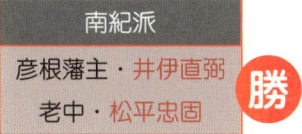

一橋派（負）		南紀派（勝）
薩摩藩主・島津斉彬 越前藩主・松平慶永	VS	彦根藩主・井伊直弼 老中・松平忠固

結果、井伊直弼は大老に就任、徳川慶福を14代将軍家茂としました。

(4) 安政の大獄と桜田門外の変

通商条約締結に対する批判が高まったことから、井伊直弼は一橋派を取り締まり、厳しく弾圧します（<u>安政の大獄</u>）。一橋派の諸侯、幕臣、幕末の志士を輩出した松下村塾の<u>吉田松陰</u>ら多数も処罰されることになりました。

1860年、安政の大獄に反発した水戸藩の浪士が、桜田門外で<u>井伊直弼</u>を殺害します（<u>桜田門外の変</u>）。これより、幕府の専制は崩壊していきました。

(5) 公武合体論

　老中に就任した安藤信正は、朝廷との関係改善を進め、その権威を利用して反幕勢力をおさえることを考え、公武合体政策を推進します。孝明天皇の妹和宮を将軍家茂の夫人にするという和宮降嫁を強引に実現させますが、これに反対した尊王攘夷派の水戸藩の浪士が安藤信正を襲撃するという坂下門外の変が発生、安藤信正は失脚してしまいます。

　薩摩藩の島津久光は自藩の急進派を寺田屋事件でおさえ、江戸に赴いて幕府に対し幕政改革を要求しました。これを受けて、幕府は勅命により1862年に文久の改革をおこない、将軍後見職に一橋慶喜、政事総裁職に松平慶永、新設した京都守護職に会津藩主松平容保を任命して、参勤交代を3年に1回に緩和、西洋式軍制導入などの政策を進めます。

(6) 尊王攘夷運動の展開

　国学による天皇崇拝思想と神国思想、および排外思想とが結合して尊皇攘夷論（天皇を尊んで、外国人を実力行使で排除）が展開され、長州藩を中心として運動が激化します。尊皇攘夷運動の展開は次のようになります。

1862年	生麦事件	文久の改革の帰途にあった薩摩藩の島津久光の行列をイギリス人が妨げ、薩摩藩士がこれを殺傷→これを機に朝廷内では攘夷派が主導権を握る。
1863年	下関事件（長州藩外国船砲撃事件）	長州藩では桂小五郎（木戸孝允）、高杉晋作らの活躍で尊王攘夷派が主導権を握り、朝廷の攘夷派と結んだ。上洛した将軍家茂に朝廷は攘夷を申しつけ、幕府は勝ち目のない戦いであると知りながら5月、攘夷を実行すると通達、長州藩はアメリカ商船を砲撃。
	薩英戦争	7月、生麦事件への報復として、イギリスが鹿児島を砲撃。薩摩藩は攘夷が無謀であることを認識する。
	八月十八日の政変	8月、長州藩の尊王攘夷派の動きに対抗し、京都守護職の松平容保が薩摩藩と連携をとり、三条実美ら攘夷派の公卿を追放（七卿落ち）。公武合体派が主導権を奪還。

1864年	四国艦隊下関砲撃事件	8月、下関事件への報復として英米仏蘭の4国が下関を砲撃して砲台を占領→長州藩は幕府に恭順の意を示した。
	池田屋事件	天誅組の変、生野の乱、天狗党の乱など、攘夷派の乱が続くも失敗。7月、京都守護職の下で京都市中の警備にあたっていた新撰組の近藤勇らが尊王攘夷派の志士たちを襲撃。
	禁門の変 （蛤御門の変）	7月、八月十八日の政変で京都を追われた長州藩の尊王攘夷派が京都に攻めのぼった。薩摩・会津藩らと戦って敗走した長州藩に対して、幕府は長州征討（第一次）をおこなう。

　イギリス公使のパークスは、条約の勅許で兵庫の開港が認められなかったことの代償として、列国とともに幕府に関税率の引き下げを迫り、改税約書を結び、関税を一律5％引き下げさせました。同時にパークスは雄藩の連合政権に期待して薩摩藩を支援するようになり、西郷隆盛、大久保利通らも藩政を指導しながらイギリスに接近します。一方、フランス公使のロッシュは幕府を支持して援助することになりました。

(7) 薩長連合の成立

　長州藩では、攘夷が不可能であることを認識した高杉晋作が奇兵隊を率いて藩の主導権を握り、桂小五郎（木戸孝允）らとともに富国強兵政策を進めます。一方、薩摩藩は西郷隆盛、大久保利通らが藩政を指導し、改革を進めていきました。

　そして、土佐藩の坂本龍馬の仲介により、犬猿の仲だった薩摩藩と長州藩が薩長連合の密約をかわし、反幕府運動を展開していくことになります。

> 坂本龍馬の船中八策（国家体制論）が有名だね。

　幕府は長州征討（第二次）を決定しますが、薩摩藩は不参加。幕府は奇兵隊に敗北して、将軍家茂の死によって征討を中止、幕府の権威は失墜します。また、一揆や打ちこわしが各地で多発しました。

❷ 大政奉還～新政府樹立

　15代将軍慶喜は、倒幕運動の機先を制するため、大政奉還を決断します。その後、倒幕勢力は王政復古の大号令を発して政変を決行し、ついに新しい政府をつ

くることに成功。江戸幕府は260年余りの歴史に幕を閉じることになりました。新政府は、天皇を中心とする中央集権体制の確立に取り組んでいくことになります。

(1) 大政奉還と江戸幕府の滅亡

　将軍家茂の死後、一橋慶喜が15代将軍となり、フランス公使ロッシュの援助を得て幕政改革を進めました。一方、朝廷では孝明天皇が亡くなり、岩倉具視ら急進的な公卿が薩長両藩と連携を深めていきます。

　薩長両藩による武力倒幕の機運が高まり、土佐藩の後藤象二郎は前藩主山内豊信に、将軍慶喜に大政奉還を進言するよう勧めます。慶喜もこれを受け入れて、1867年10月、倒幕運動の機先を制するかたちで、自主的に統治権を朝廷に返還する大政奉還を申し出ました。これはいったん政権を朝廷に返した後、徳川氏を含めた連合政権をつくる、という公議政体論にもとづく行動でした。また、薩長両藩と岩倉具視らが連携することで、討幕の密勅が出されていましたが、大政奉還がなされたため、動くことができませんでした。

　大政奉還後の公議政体論に向けた流れに対して、薩長両藩は1868年12月に王政復古の大号令を出して政変を決行し、徳川氏を除いた新たな政府を樹立。摂政や関白を廃止し、天皇のもとに三職（総裁、議定、参与）を設置しました。

> 大政奉還と討幕の密勅は同じ日だったんだ。

■三職の設置

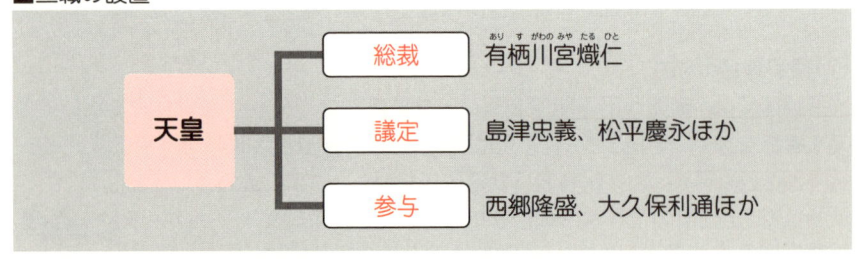

天皇
- 総裁 — 有栖川宮熾仁
- 議定 — 島津忠義、松平慶永ほか
- 参与 — 西郷隆盛、大久保利通ほか

　総裁には有栖川宮熾仁親王、議定には皇族・諸侯ら10名、参与には岩倉具視、西郷隆盛、大久保利通、後藤象二郎、木戸孝允らが参加して雄藩連合の形態がとられました。そして、ついに江戸幕府は滅亡の時を迎え、その日の夜に三職会議（小御所会議）が開催され、徳川慶喜に対して内大臣の辞退と幕府領の一部返上の方針（辞官納地）が決定しました。慶喜は大坂に引き上げ、旧幕兵らを率いて京都に進んだため、新政府軍との間に鳥羽・伏見の戦いが発生し、戊辰戦争となります。

(2) 戊辰戦争

　1868年1月の鳥羽・伏見の戦いから、戊辰戦争がはじまりました。鳥羽・伏見の戦いで新政府軍は勝利し、慶喜は江戸へ引き上げます。新政府軍は慶喜を「朝

敵」として征討を進め、勝海舟と西郷隆盛との会談により、4月に江戸城が無血開城されました。

旧幕臣の強硬派による彰義隊は上野にたてこもり抵抗しますが、新政府軍によって全滅します。また、新政府への抵抗姿勢を示していた会津藩を支援するため、東北の諸藩が奥羽越列藩同盟を結びますが、新政府軍は攻撃を進めます。会津藩では白虎隊などが激しい戦いを展開しますが、新政府軍は9月に会津藩を降伏させ、東北戦争が終了しました。

旧幕府海軍を率いた海軍副総裁の榎本武揚は、蝦夷地を支配下に入れて箱館の五稜郭で抵抗するも、箱館戦争の結果、1869年5月に降伏します。これにより、国内は新政府により統一されました。

（3）新政府の樹立

中央集権体制が確立し、新たな政治をやるのだ、という姿勢のもと、新体制下では以下のような政策がとられました。

五箇条の御誓文	1868年3月、天皇が神に対して公議輿論の尊重、開国和親、旧習の打破などを宣言した。由利公正、福岡孝弟らが起草、修正したものを木戸孝允が加筆して完成させた。
五榜の掲示	1868年3月、儒教道徳にもとづき五倫を守り、徒党・強訴の禁止、キリスト教禁止などを示した。江戸幕府の基本姿勢と変わらなかった。
政体書の規定	1868年4月、中央集権化をめざして作成されたもので、福岡孝弟、副島種臣が起草。三職を廃止し、新たに太政官を設置した。太政官の下に議政官（立法）・行政官（行政）・刑法官（司法）をおいて三権分立をはかる。地方は府・藩・県に分け、京都、江戸、大坂は府とした。
明治改元	元号を明治とあらため、天皇一代につき元号をひとつとする一世一元の制を定めた。
東京遷都	江戸は東京と改められ、明治天皇が東京行幸をおこない、政府も東京に移動して、東京が首都となった。天皇が最高権威者であり、中央集権化を進め、新たな政治を推進していくことを印象付けた。

TRY! 本試験問題で一問一答

Q1 幕末では攘夷運動が盛んになってきたことから、幕府は朝廷と協力体制をとるため、公武合体をおこなった。
○このまま覚えよう！
（○）
[消一18]改 cf.❶

Q2 ハリスから通商条約の調印を迫られていた幕府は、強固な攘夷論者だった孝明天皇を説得して開国へと方針転換させ、勅許を得たうえで日米修好通商条約に調印した。
×勅許が得られないまま、条約の調印はおこなわれた
（×）
[地上一25]改 cf.❶

Q3 老中安藤信正は、朝廷との関係改善のため、孝明天皇の妹和宮を将軍慶喜の夫人にした。
×家茂の夫人にするという和宮降嫁を強引に実現させた
（×）
[市一19]改 cf.❶

Q4 1862年、薩摩藩の島津久光一行が江戸からの帰途、その従士が行列を横切ったフランス人4名の非礼をとがめ、3名を殺害した。これが原因となり翌年、フランス艦隊が鹿児島に来襲し、薩摩藩と戦争となった。
×横切ったのはイギリス人
×薩英戦争となった
（×）
[警－18]改 cf.❶

Q5 1868年、政府は五箇条の御誓文を公布して新政府の国策の基本を示した。同年、太政官制を廃止して内閣制度を制定し、伊藤博文が初代内閣総理大臣となった。
○この論旨は正しい
×太政官制が廃止されたのは1885年である
（×）
[消一20]改 cf.❷

#38 明治政府の中央集権体制

日本史11 中央集権のために、土地と人民の返還だ！

重要度 **B**

欧米列強に対抗し国力を強化するため、藩による封建的な支配体制から脱却し、版籍奉還・廃藩置県を断行します。また、財源の安定化をはかるため、米納だった年貢を改めます（地租改正）。軍政や警察制度も整備、四民平等の時代の到来です。しかし、これらの変化に武士たちは不満を抱えていました。

ココを覚えればザ・ベスト！

版籍奉還と廃藩置県の意味、軍政と警察制度、地租改正、殖産興業、武士の不満噴出、という5つの大きなテーマを確認しよう。中央集権体制確立のために明治政府が努力したこと、日本の資本主義の成立過程などを理解してザ・ベスト！

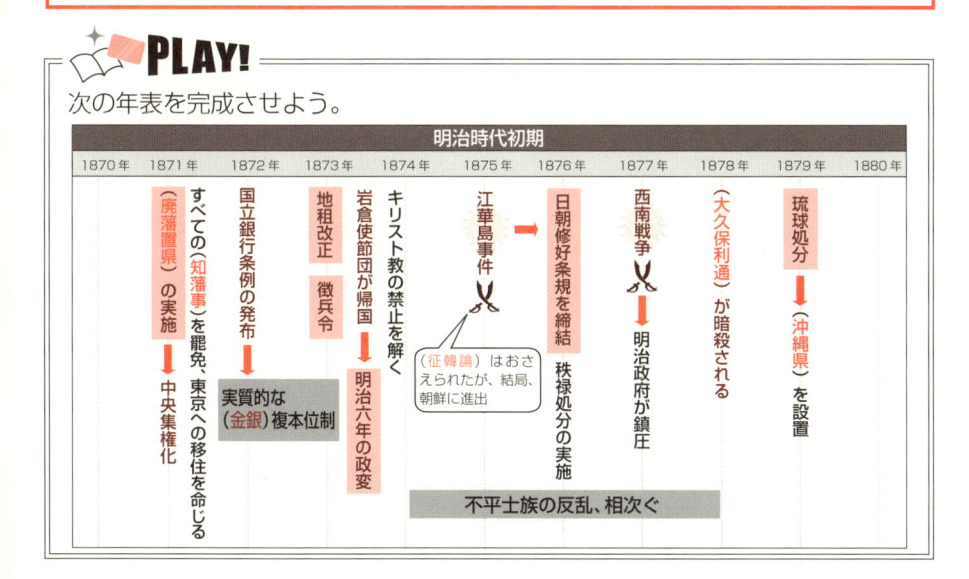

PLAY!

次の年表を完成させよう。

明治時代初期

年	出来事	結果・補足
1871年	すべての（知藩事）を罷免、東京への移住を命じる／（廃藩置県）の実施	中央集権化
1872年	国立銀行条例の発布	実質的な（金銀）複本位制
1873年	地租改正／徴兵令	
1874年	岩倉使節団が帰国／キリスト教の禁止を解く	明治六年の政変　（征韓論）はおさえられたが、結局、朝鮮に進出
1875年	江華島事件	
1876年	日朝修好条規を締結	秩禄処分の実施
1877年	西南戦争	明治政府が鎮圧
1878年	（大久保利通）が暗殺される	
1879年	琉球処分	（沖縄県）を設置

※1876年前後：不平士族の反乱、相次ぐ

① 版籍奉還と廃藩置県

中央集権体制の確立に向けて、政府はまず、藩主の領地（版）と領民（籍）を天皇に返上させます。そのうえで、藩を廃止して新たに県を設置、政府の官吏を中央から派遣することで、政府が全国を直接統治できる体制が確立しました。

(1) 版籍奉還

政府は、天皇を中心とした中央集権体制を樹立して、近代的な国家の形成を進めていくことになりました。

1869年、薩摩・長州・土佐・肥前の四藩の藩主が、領地・領民を天皇に返上する版籍奉還を申し出て、政府はこれを実施。諸藩の藩主もそれにならい、幕藩体制を中央集権体制に改めました。また、旧藩主を知藩事として任命し、家禄を支給しました。形式的には中央集権体制となったものの、領主の支配に変わりはありませんでした。

(2) 廃藩置県

農民らが世直し一揆をおこすなど、政府への不満が広がったため、政府は直属の御親兵を組織し、1軍備を整えた政府は、1871年、廃藩置県を断行します。

まず、すべての知藩事を罷免して東京への移住を命じました。そして、藩は県とし、政府から府知事・県令を派遣。当初はそのまま県に置き換えたため3府302県でしたが、すぐに3府72県へ、のちに3府43県に統合されました。

この廃藩置県に対しては反抗が予想されていたのですが、各藩は財政的に窮乏していたため大きな抵抗もなく実現することができました。幕藩体制は完全に解体されて、中央集権体制が確立することになったのです。

(3) 中央官制改革

版籍奉還直後の官制改革では、政府は神祇官と太政官を設置し、祭政一致の復古的な制度をとりました。

しかし、廃藩置県後の官制改革では、政府は神祇官を廃止して、太政官に左院、右院、正院を設置しました。その結果、官僚が実権を握り、薩摩・長州・土佐・肥前（薩長土肥）を中心とする藩閥政府が形成されることとなりました。

■廃藩置県後の中央官制

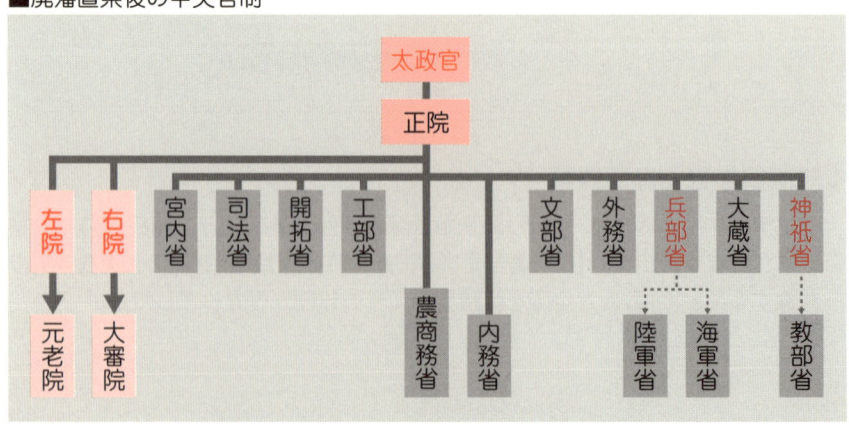

2 四民平等と軍政・警察制度の改革

　中央集権体制の強化とともに、封建制度の打破を進める政府は、身分制度の撤廃を進めました。また、国家を強化するために徴兵制度を設けて、近代的な軍隊を組織していくことになりました。

(1) 四民平等

　版籍奉還ののち、政府は封建的な身分制度の撤廃を進めていきます。公家・大名は華族、一般の武士は士族、下級武士を卒族（のちに廃止）、庶民は平民とされました。

解放令	1871年、えた・非人の賤称を廃止。平民にも苗字を認める。
壬申戸籍	華族・士族・平民という族称で集計→四民平等が実現することになったが、その後も差別問題は残った。
秩禄処分	当初、武士には家禄などの秩禄が支給されていたが、この支給が政府の財政を圧迫したため、一切の支給を停止。
廃刀令	1876年、帯刀が禁止される。国民皆兵の時代になり、個人が刀を持つ必要がなくなったということで、武士の身分の象徴であった帯刀が禁止。
金禄公債証書発行条例	1876年、家禄制度を廃止し、金禄公債証書を発行して俸禄支給も停止。

　これらの身分整理により、士族は没落し、いわゆる「武士の商法」などにより生活が困窮しました。また一部士族による反発もみられたため、政府は北海道の屯田兵など、開墾や移住を奨励したり、官有地の払い下げをしたりなど、士族授産に努力しました。

> 武士はもう家禄もなければ刀も下げられない時代。不満が高まると政府にとっても脅威になる。だから「士族授産」を進めるわけだ。

(2) 徴兵令と警察制度

　版籍奉還後、大村益次郎によって徴兵制による近代的軍隊の編成が主張され、大村の暗殺後は山県有朋がこれを引き継いで、軍制改革を進めていきます。

　まず、兵部省に兵権が集約されて、全国に4つの鎮台が設置されました。御親兵は近衛兵となり、その後、兵部省は陸軍省、海軍省となります。

　また、1872年に徴兵告諭が出され、翌年に徴兵令が施行されました。国民皆兵を理念としており、満20歳に達した男子に3年間の兵役の義務を課しました。しかし、各種の兵役免除規定があり、官吏、官立学校の生徒、代人料270円を支払っ

た者などは免除されました。また、政府の財政難もあり、法令通り徴兵することはできませんでした。

このように、農民は働き手を兵役にとられたため各地で徴兵反対一揆が発生します。徴兵告諭に「血税」という言葉があったため、血税一揆といわれました。

1873年、政府は国内の治安維持のために内務省を設置し、翌年には内務省のもとに警視庁がおかれました。

> 血税一揆は、本当に血を抜かれる、と誤解した人も多かったらしいよ。

❸ 経済の近代化と地租改正

資本主義の発展のためには近代的な金融・貨幣制度が不可欠だと判断した政府は、制度の整備を進めていきます。また、地租改正により、米納だった年貢を金納にあらためました。豊作・不作に関わらず、安定した財源を確保して、国家財政を安定化させることが目的です。こうして政府は近代産業の育成に努力していくことになります。

(1) 貨幣・金融制度

1871年、伊藤博文の建議により新貨条例が出されます。金本位制を定めて、円、銭、厘の単位が決定しました。ただし、当時は貿易で銀貨が使われていたため、実質的には金銀複本位制です。欧米が金本位制だったので日本も金本位制を採用したのですが、幕末の金の流出で十分な金を準備することができなかったからです。その後、銀本位制となりますが、日清戦争後に金本位制に復帰しました。

1872年には渋沢栄一が中心となり、国立銀行条例が出されます。国立銀行とは、国の法律にもとづいて設立されている銀行であり、私営の銀行です。国立銀行の銀行券は、金と交換できる兌換紙幣であることが義務付けられていましたが、条件が厳しすぎたため、金と交換できない不換紙幣の発行が認められました。

また、金禄公債が銀行設立のための資本金にできるようになったため、全国に153もの国立銀行が設置されることとなりました。不換紙幣が濫発されたため、インフレーションが発生する一方で、銀行の設立は産業育成資金の供給につながっていました。

(2) 地租改正

政府は、商業の自由な発展を進めるため、各種の制限を撤廃していきます。田畑勝手作りの禁を解除し、株仲間を解散させ自由な売買も許可しました。1872年には田畑永代売買の禁止が解かれ、政府として地租改正を実施することを決定。地価を決定し、地券(壬申地券)を公布して土地所有者を確定させ、土地の私有制度が確立しました。

そして、1873年には地租改正条例が出されました。

	改正前（江戸時代）	改正後
課税対象	収穫高	地価
税率	各藩ごとに不統一、4公6民（天領）	3%に統一（1877年からは2.5%）
納入法	米を村単位で納める	個人で納める
納入者	耕作者（本百姓）	土地所有者（地主）

　この地租改正により、政府には安定的な税収がもたらされ、財政は安定します。また、地主への土地所有権が確立したことで、寄生地主制が成立していきました。
　一方、小作農は高率の現物小作料の負担に苦しみ、窮乏していきました。また、入会地などの共同地が官有地とされたため、農民の不満が高まり、1876年には伊勢暴動など地租改正反対一揆が発生します。これを受けて、1877年、政府は地租を2.5%に引き下げました。

(3) 交通、通信制度と殖産興業

交通や通信制度の発達については次の年表で確認しましょう。

交通・通信制度	
1869年	東京・横浜間に初の電信が開設、1877年には電話が輸入された。
1870年	岩崎弥太郎が九十九商会を創設し、郵便汽船三菱会社と改称して、海運業を発展→1885年には日本郵船会社に。
1871年	前島密の立案により、西洋式の郵便制度が発足→1877年に万国郵便連合に加入。
1872年	はじめての鉄道が新橋・横浜間に開設され、1889年には東海道本線（東京・神戸間）が全線開通。

　殖産興業については、政府が幕府や諸藩の鉱山や産業を引き継いで、官営事業を推進し、欧米から技術や設備を導入しました。輸出産業として特に製糸業を保護し、フランスの技術を導入して富岡製糸場を設立。各地に官営模範工場を設立して、近代産業の育成を強力に推進していきます。

殖産興業		
1870年	工部省設置	重工業を担当。初代工部卿は伊藤博文。
1873年	内務省設置	軽工業（富岡製糸場など）を担当。初代内務卿は大久保利通。

重要度 B

#38 明治政府の中央集権体制

1874年	屯田兵制度	蝦夷地は北海道と改称、北海道開発には開拓使を設置。
1876年	札幌農学校	農業、牧畜業の近代化、技術改良が進み、アメリカ人のクラークを迎えて開校。
1880年	工場払下げ概則	官営の工場などが、政府と密接につながっている民間の商人に安価で払い下げられた→財閥の形成につながる。

❹ 文明開化

「ザンギリ頭をたたいてみれば、文明開化の音がする」といわれた新たな社会風俗が流入してきます。他にも、肉食、太陽暦の採用、新聞、雑誌の発行など、近代化のためには文化の欧風化も不可欠だったようです。

(1) 宗教

政府は王政復古により、祭政一致の立場をとったことから、神仏分離令が出され、仏を廃する廃仏毀釈運動が全国的に広がります。また、神祇・祭祀をつかさどる神祇官も設置されました。

その後、宣教使がおかれ、1870年には大教宣布の詔を出して神道の国教化を進めることを表明し、神社制度も確立します。しかし、神道による国民の教化はのちに退潮に向かいます。

1868年には、政府によるキリスト教徒弾圧である浦上教徒弾圧事件が発生。改宗を強制したことが列強から非難され、さらに、条約改正交渉に赴いた岩倉具視使節団が列強から信教の自由を要求されたことで、1873年にキリシタン禁制の高札（法令）を撤廃し、キリスト教禁止を解くことになりました。

(2) 教育制度

1871年には文部省が設置され、翌年には学制が公布されます。フランス流の学校制度が成立しますが、授業料が高額だったため、一揆なども発生しました。

1877年、官立の東京大学が設立され、民間では福沢諭吉の慶応義塾、新島襄の同志社、大隈重信の東京専門学校（早稲田）などが創設されました。

1879年には教育令が公布され、アメリカ流の教育制度が導入されましたが、地域の実情にあった教育制度に変更されていきます。

また、政府は多くの外国人学者を雇い、国内の教育制度の発展に力を注ぎます。同時に福沢諭吉や中江兆民などの思想家の活躍も目立ちました。

外国人学者の活躍	モース	動物学者、大森貝塚を発見。
	ナウマン	地質学者、フォッサマグナを発見。
	ベルツ	医学者、『ベルツの日記』を著す。
日本人思想家の活躍	福沢諭吉	『学問ノススメ』、『文明論之概略』などを著し、自主・自由の精神が個人の独立につながると主張した。『学問ノススメ』は当時の大ベストセラーとなる→1873年に結成した明六社では、『明六雑誌』を刊行して啓蒙思想を社会に普及させた。
	中江兆民	ルソーの「社会契約論」を訳して『民約訳解』を刊行し、フランス的な自由主義思想を紹介した。

❺ 明治政府の対外政策

明治初期の外交の課題は、欧米列強との間の不平等条約の改正、朝鮮や清との関係、領土の画定でした。そこで政府は岩倉使節団を欧米に派遣し、条約改正の予備交渉をおこなおうとしますが、欧米諸国からはほとんど相手にされませんでした。一方、朝鮮に対しては征韓論の高まりを受け、日本は江華島事件をおこし、日朝修好条規を結んで大陸進出の第一歩としていきます。

(1) 岩倉使節団

1871年、政府は岩倉使節団（大使・岩倉具視、副使・大久保利通、木戸孝允、伊藤博文ら）を欧米に派遣し、条約改正の予備交渉に着手しようとしますが、認識不足や準備不足もあり、相手にされることなく失敗してしまいます。

しかし、欧米諸国を視察し、西洋文明や思想に触れたことで、日本の近代化政策においては大きく貢献することになりました。同行した留学生も、のちに近代化の推進において力を発揮、女子留学生として参加した津田梅子は津田塾大学を創立させました。

■岩倉使節団の航路

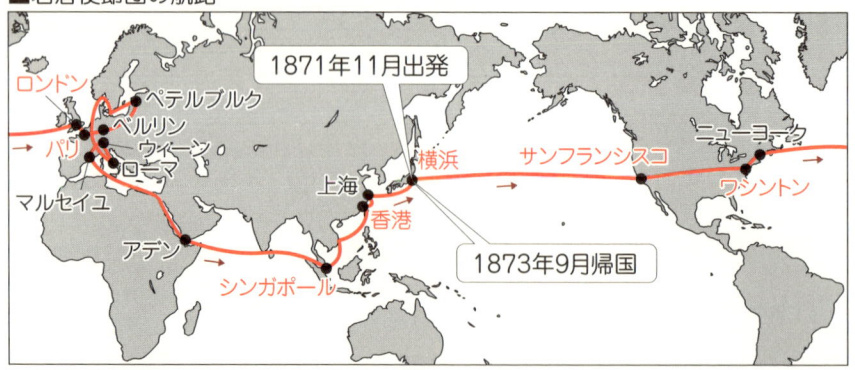

(2) 国境の画定

　琉球は薩摩藩の支配下にありましたが清にも朝貢していました。そこで政府は1872年に琉球藩を設置、1879年には琉球処分を断行して琉球藩を廃止して沖縄県を設置します。これに対し清は日本に抗議、前アメリカ大統領のグラントが調停に入りますが紛争が続きました。のちに日清戦争で清が敗れたことで、日本の沖縄領有が確定しました。

　小笠原諸島については、1876年、政府が日本の統治を各国に通告、英米は反対せず、日本の領有が画定しました。

　北方領土については北海道開拓に全力を注ぎました。樺太は放棄するという黒田清隆開拓次官の主張にもとづき、政府は、1875年にロシアと樺太・千島交換条約を締結。樺太はロシア領で、千島列島すべては日本領と定められました。箱館戦争で旧幕府軍を指揮した榎本武揚が、駐ロシア特命全権公使として条約締結を担当しました。

> 国境は大切！しっかり自分のものだと主張しなければならないよね。昔も今も同じことだよ。

(3) 清との条約締結と台湾出兵

　日本は、1871年に清の李鴻章と日清修好条規を結びます。しかし、列強が清と不平等条約を結ぶ中での対等な条約の締結であったため、日本には不満が広がりました。

　また同年には、台湾に漂着した琉球民が殺害される事件が発生し、清が責任をとらなかったため、日本政府は軍隊を台湾に派遣。イギリスの調停により、日本は清から賠償金を得ました。

(4) 征韓論

　朝鮮では大院君が実権を握っており、鎖国政策をとっていたため、明治政府による再三の国交樹立の働きかけをすべて拒絶していました。そのため、武力によ

る強硬策をとるべきだとする征韓論が政府内で高まります。征韓論には、俸禄の支給を打ち切られ、政府に対して不満を持っている士族たちの視点を国外に向けるという意図もありました。

　西郷隆盛、板垣退助、後藤象二郎、江藤新平、副島種臣らの参議は征韓論を主張し、1873年6月に明治政府は西郷隆盛を使節として朝鮮に派遣することを決定します。しかし、同年9月に帰国した岩倉使節団の大久保利通、木戸孝允らが近代化推進のため内政の充実が先決であると主張したため、征韓派と内治派の対立が生じました。

　1873年10月、西郷隆盛の朝鮮派遣が延期されたため、西郷や板垣らの征韓派はいっせいに辞職するという明治六年の政変が発生します。内治派が勝利したことになりますが、この辞職が以後の不平士族の反乱や自由民権運動の原点となりました。

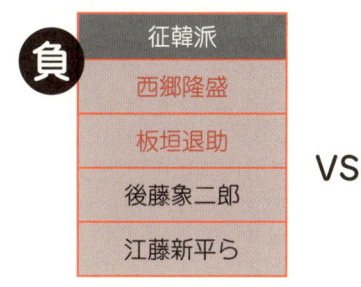

征韓派（負）	内治派（勝）
西郷隆盛	岩倉具視
板垣退助	大久保利通
後藤象二郎	木戸孝允
江藤新平ら	伊藤博文ら

　なお、征韓論はおさえられたものの、1875年の江華島事件を契機に、政府は朝鮮へ進出していくことになりました。

江華島事件	1875年、日本は江華島付近の朝鮮の沿岸に軍艦雲揚を派遣し、威圧行為をとって挑発し、朝鮮側が江華島の砲台から砲撃すると、雲揚から砲撃して砲台を破壊し、兵員も上陸して永宗城の要塞を占領した。
日朝修好条規	1876年、日本は不平等条約である日朝修好条規を結ぶ。朝鮮を自主独立の国として清の宗主権を否定。釜山など3港の開港による貿易の開始、無関税特権、日本の領事裁判権、公使の駐在などを決め、日本の大陸進出の第一歩となった。

> 結局、朝鮮半島には進出し、朝鮮に不平等条約をおしつけることになったことも確認しておこう。

(5) 不平士族の反乱

　徴兵制度や秩禄処分により特権を失った士族は、政府への不満を蓄積していき

重要度 B

#38 明治政府の中央集権体制

ました。また、明治六年の政変により、政府は大久保利通が中心となり実権を握っていましたが、征韓派の西郷隆盛らが下野したことで、各地で不平士族の反乱が発生します。

1874年	佐賀の乱	征韓派で下野した前参議の江藤新平が佐賀で挙兵したが鎮圧され、江藤は処刑。
1876年	神風連の乱	熊本の不平士族が神風連（敬神党）という組織を結成して、熊本鎮台を襲ったが鎮圧された。
	秋月の乱	神風連の乱に応じて福岡の旧秋月藩の士族が反乱をおこしたが失敗。
	萩の乱	神風連の乱、秋月の乱に応じて、兵部大輔だった前原一誠を中心として山口で反乱をおこしたが失敗。

　そして士族反乱の中で最大の反乱となったのが、1877年、薩摩の不平士族が下野していた西郷隆盛を擁しておきた西南戦争です。西郷軍は戦費調達のために西郷札を発行するなどして戦いますが、政府は8カ月をかけて鎮圧しました。直後、西郷隆盛は自害し、明治政府に対する武力反乱は西南戦争により終結します。その後、1878年には大久保利通が暗殺される紀尾井坂の変が発生しました。

TRY! 本試験問題で一問一答

Q1 明治初期の改革では、政府は藩主と公家を華族、藩士や旧幕臣を士族、百姓・町人を平民とする三族籍に編成された。
　　×華族、士族、卒族、平民の４つに分類された
（×）
[地上－21]改　cf.❷

Q2 明治新政府は小作をしていた農民に土地所有権を認め、地租改正をおこない、課税の基準を地価の３％とし、金納に改めた。
　　×小作農民に土地所有権を認めたという事実はない。土地所有者に対して地券が発行された
（×）
[市－16]改　cf.❸

Q3 明治新政府は、王政復古による祭政一致の立場から神仏分離をおし進め、神道を国教とする方針を示した。
　　○ポイント！　このまま覚える
（○）
[警－25]改　cf.❹

重要度 B

#38　明治政府の中央集権体制

#39 自由民権運動の展開

日本史12 憲法の制定と議会の開設、立憲政治だ！

重要度 A

岩倉使節団に参加し、欧米諸国を視察して帰国した大久保利通らは、日本が強国として発展するためには、「君民共治」による立憲政治が必要だと考えます。一方、征韓論をめぐり辞職した板垣退助らは、一部の藩の出身者が実権を握る「藩閥政府」に対し、「憲法の制定」と「議会の開設」を求める「自由民権運動」を展開します。

ココを覚えればザ・ベスト！

自由民権運動の展開（政党の成立、民権運動の激化、憲法の制定、初期議会の動向）の理解が大切！　大日本帝国憲法は、社会科学分野でも頻出テーマのひとつ。日本の近代化に最も重要な「立憲政治の樹立」をマスターしてザ・ベスト！

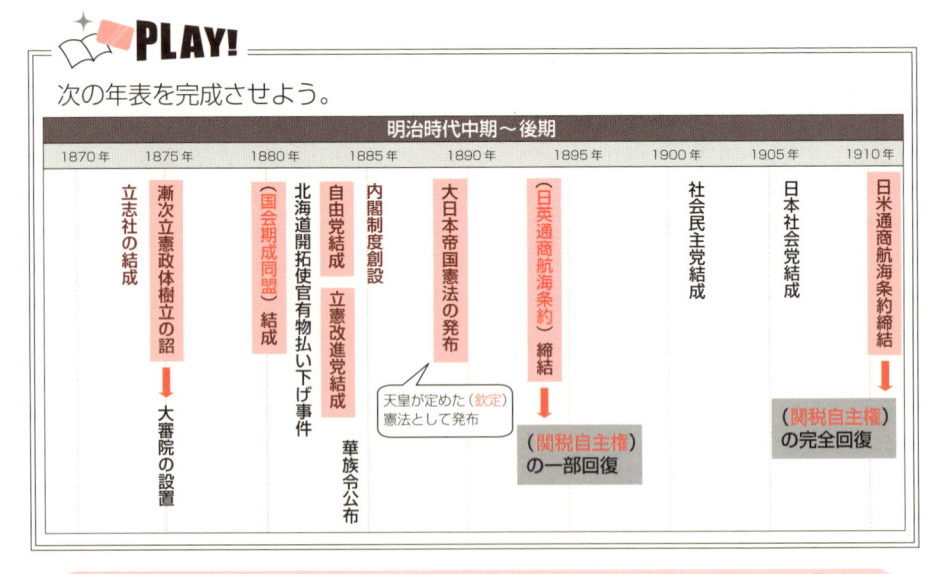

PLAY!

次の年表を完成させよう。

明治時代中期～後期

1870年	立志社の結成
1875年	漸次立憲政体樹立の詔 → 大審院の設置
1880年	（国会期成同盟）結成
1881年	自由党結成／北海道開拓使官有物払い下げ事件
1882年	立憲改進党結成
1884年	華族令公布
1885年	内閣制度創設
1889年	大日本帝国憲法の発布（天皇が定めた（欽定）憲法として発布）
1894年	（日英通商航海条約）締結 → （関税自主権）の一部回復
1901年	社会民主党結成
1906年	日本社会党結成
1911年	日米通商航海条約締結 → （関税自主権）の完全回復

① 自由民権運動の展開

岩倉使節団に参加して帰国した大久保利通は、欧米諸国に対する日本の遅れを実感し、立憲政体の採用を主張する意見書をまとめました。一方、征韓論をめぐって辞職した板垣退助らは、愛国公党を結成して民撰議院設立建白書を提出し、自由民権運動がはじまることになります。政府は言論活動を厳しく取り締まりましたが、明治十四年の政変以降、政府は伊藤博文らを中心に、自らの主導で立憲政治を実現していくことになりました。

(1) 大久保利通の意見書と民撰議院設立建白書

　岩倉使節団に参加して欧米諸国を視察した大久保利通は、1873年、欧米諸国の発展は、国を支える国民の力によるものであるとして、君主専制にこだわらず、立憲君主制を採用していくべきだとする意見書をまとめました。

　征韓論をめぐり辞職した板垣退助らは愛国公党を結成。翌年には一部の藩の出身者による藩閥政府を批判し、納税者の政治参加の権利を主張して、民撰議院（国会）を設立すべきであるとする民撰議院設立建白書を政府左院に提出します。建白書の内容は大きな反響をよび、民撰議院設立論争が発生しました。

(2) 漸次立憲政体樹立の詔

　建白ののち、板垣退助らは1874年、土佐で立志社を結成し、自由民権、国会開設を訴えました。また、1875年には立志社の呼びかけで全国規模の愛国社が創設されます。

　同年、政府の中心だった大久保利通は、台湾出兵に反対して下野していた木戸孝允と、板垣退助とで会合（大阪会議）を開き、両者を政権に復帰させるとともに、漸次立憲政体樹立の詔を発布します。

漸次立憲政体樹立の詔	いずれは憲法を制定することを約束するものであり、立法機関として元老院、司法機関として大審院が設置された。また、地方の意見を聴取する地方官会議も設置された。

　政府は、他人の名誉を傷つけると罰せられる讒謗律、政府を非難した新聞を取り締まる新聞紙条例を出し、出版条例も改正して言論活動を厳しく取り締まりました。そのため、自由民権運動は一時衰退することになります。

> 憲法制定に向けて動きはじめたけど、反政府的な言論活動は厳しく取り締まったんだよ。

(3) 国会開設運動

　西南戦争以降、反政府運動は言論活動によって進められることになります。1878年に愛国社が再興され、豪商や豪農も運動に参加し、国会開設とともに農民の地租軽減要求なども含む国民的な運動として発展していきました。

　1880年には愛国社が全国の民権派を集約して国会期成同盟が結成され、片岡健吉らが署名を集めて国会開設の請願をしようとするなど、全国で運動が展開されます。政府は、それに対して集会条例を制定して、集会、言論、結社を厳しく取り締まります。

(4) 明治十四年の政変と国会開設の勅諭

　大久保利通の暗殺後、自由民権運動の高まりの中で、参議の大隈重信は早期に国会を開設して議院内閣制を採用するべきだとの意見書を示し、漸進的な国会開設を主張していた伊藤博文らとの対立を深めます。そして、大隈は明治十四年（1881年）の政変で参議を辞職することとなります。

明治十四年の政変	
北海道開拓使官有物払い下げ事件	黒田清隆が、同じ薩摩閥の五代友厚に官有物をわずかな金額で払い下げたことが発生し、政府批判が高まった。伊藤博文は民衆をたきつけたとして大隈重信を追放。
国会開設の勅諭	自由民権運動をおさえるため、10年後に国会を開設する、と発表。民権派の機先を制し、政府主導で立憲政治を実現していくことを示す。

❷ 政党の結成、松方財政、民権運動の激化

　国会開設の勅諭が出されたことで、民権派は政党を結成していきます。一方、政府主導の資本主義育成や西南戦争での出費により、インフレーションが発生して物価が騰貴したため、松方正義はデフレ策をとります。このデフレ策で経済的困窮に直面した農民らにより、民権運動は激化していくことになります。

(1) 政党の結成

　板垣退助が自由党を、大隈重信が立憲改進党をそれぞれ結成します。この他、福地源一郎が立憲帝政党をつくりました。

	自由党	立憲改進党	立憲帝政党
党首	板垣退助	大隈重信	福地源一郎
性格	フランス流の急進的な政党	イギリス流の穏健的な政党	政府支持
主張	主権在民 一院制議会 普通選挙	君民同治 二院制議会 制限選挙	天皇中心主義
基盤	士族、農民	都市知識人 資本家（三菱）	神官、国学者

　政党はそれぞれ私擬憲法を起草し、国民の支持を得るために遊説するなど、積

極的に行動しますが、1882年に板垣退助が遊説中に襲われる事件が発生。その後は自由党の下部党員が急進化し、民権運動は激化していきました。

(2) 松方財政

政府主導での資本主義の育成や、西南戦争の戦費調達のための不換紙幣の発行によりインフレーションが発生します。財政的な危機に直面した政府は工場払下げ概則を制定して、財政整理と民間産業育成を進めていきました。

明治十四年の政変により追放された大隈重信に代わって大蔵卿に就任した松方正義は、紙幣整理、緊縮財政による歳出削減、増税による歳入増を進めることで、インフレーションの収拾をはかりました。1882年には、唯一の発券銀行となる日本銀行を設立し、近代的な貨幣制度を確立。銀と交換できる兌換券を発行し、日本は銀本位制となりました。

しかし、これらの行き過ぎたインフレ抑制策（デフレ政策）によって物価が下落、増税もあって農村は深刻な不況に直面します。自作農が没落して、貧農、小作人となったり、都市に流れ込む者も出てくるなどして、農民層の解体が進みました。こうした農村の深刻な状況が、自由民権運動の激化につながっていきます。

■松方財政の影響

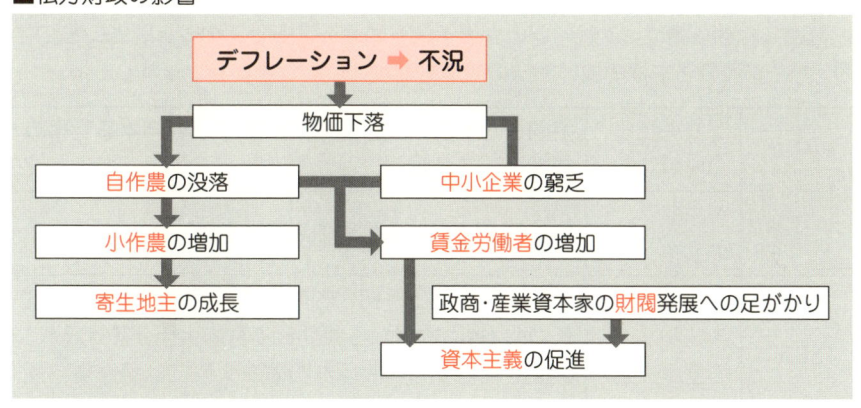

```
        デフレーション ➡ 不況
                │
            物価下落
          ┌─────┴─────┐
      自作農の没落      中小企業の窮乏
          │                │
      小作農の増加     賃金労働者の増加
          │                │
      寄生地主の成長   政商・産業資本家の財閥発展への足がかり
                           │
                       資本主義の促進
```

(3) 民権運動の激化

政府は、自由党の板垣退助を外遊させる一方、集会条例などを改正して政党の弱体化を進めます。また、松方財政によって農村部における社会不安も深刻化しました。

そんな中、自由党急進派による事件が頻発。1882～84年にかけて、福島事件、高田事件、群馬事件、加波山事件、飯田事件、そして一連の事件の中で最も大規模な秩父事件などが相次いで発生しましたが、すべて政府が鎮圧。統制力を失った自由党は解党、立憲改進党も大隈重信らが脱党して解体状態となりました。

その後、旧自由党の大井憲太郎らが朝鮮で内政改革を進める計画を立てて、検

挙されるという大阪事件が発生するなど、自由民権運動は対外進出や国権論を説くものとなっていきました。

(4) 大同団結運動

　国会開設時期が近づいてきたことにより、旧自由党の星亨らが中心となり、在野の勢力によって民党を結成しようという大同団結運動が進んでいきます。

　また、井上馨外相による、外国人裁判官の採用を含む条約改正案に対する反発から、外交の挽回、地租軽減、言論の自由を掲げる三大事件建白運動が発生しました。一方、政府は保安条例を出して運動を抑圧します。

❸ 大日本帝国憲法の制定と初期議会

　内閣制度や華族制度など、国家体制を整備したうえで、ようやく大日本帝国憲法が制定され、日本の近代国家体制が確立することとなりました。ついに立憲政治が実現されましたが、政府は政党に左右されず国家としての政策を推進していくことを表明していました。

(1) 憲法制定の準備と国家体制の整備

　渡欧した伊藤博文が、ドイツのグナイストやオーストリアのシュタインらに学び、ドイツ流の君主権の強い憲法の制定を進めていくことになります。

1884年	制度取調局の設置	帰国した伊藤博文が国家制度改革に着手するための機関として設置。
	華族令の公布	貴族院を設立するための制度を創設。
1885年	内閣制度の創設	太政官制を廃止、初代内閣総理大臣は伊藤博文が就任。宮内省は内閣から独立して宮内大臣が設けられ、天皇を補佐する内大臣を設置→大臣には薩摩藩、長州藩出身者が並んだため、藩閥内閣と批判された。
1888年	市制・町村制の公布	山県有朋がドイツ人法律顧問のモッセの助言により創設した本格的な地方制度。
	枢密院の設置	天皇が国務を諮問する機関として設置。初代議長に伊藤博文が就任し、内閣総理大臣は黒田清隆に交代。
1890年	府県制・郡制の公布	中央の統制下に地方の有力者を組み込んでいった。

| 1896年〜1898年 | 明治民法の公布 | フランスから招いた法学者ボアソナードらの助言により、刑法や民放など諸法典が編纂される。 |

(2) 大日本帝国憲法（明治憲法）の制定と内容

ドイツ人法律顧問のロエスレルやモッセの助言をふまえ、1889年2月、天皇が定めた欽定憲法として大日本帝国憲法が発布されました。この憲法は、主権は天皇にあり、天皇は神聖不可侵な元首で、統治権を掌握して治めるという強力な天皇大権を有するものでした。

軍隊は天皇の軍隊とされ、統帥権は天皇大権で内閣や議会から独立しており、陸軍参謀本部と海軍軍令部が天皇を補佐。議会は衆議院と貴族院の二院制であり、天皇の立法権を協賛。なお、衆議院の選挙権は15円以上の直接国税を納める25歳以上の男子に限られました。

国民は臣民とされ、「法律の範囲内」という条件のもとで権利が認められました。内閣に関する記述はなく、国務大臣は天皇を輔弼（助言）する、とされました。

さらに、憲法とともに皇室典範が制定され、皇統の男系の男子が皇位を継ぐ、と定められました。

■大日本帝国憲法下での国のしくみ

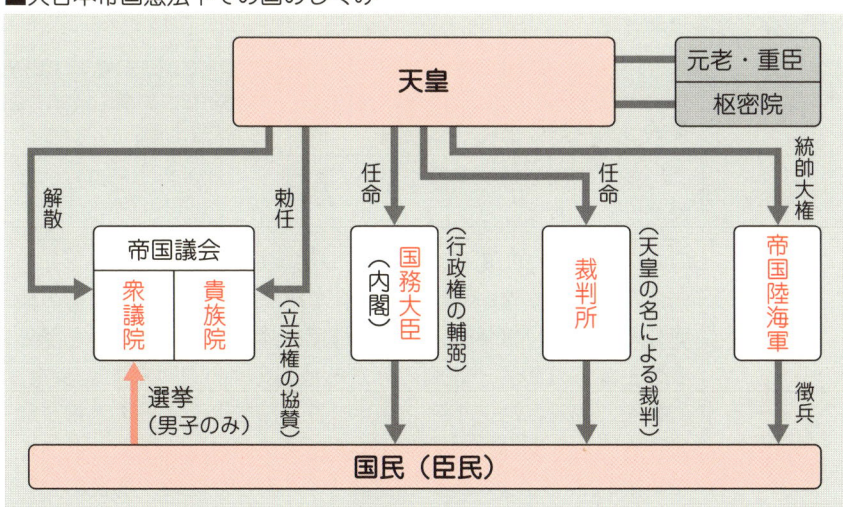

(3) 初期議会の動向

第1回衆議院議員総選挙の結果、民権派の流れを受けた民党（立憲自由党と立憲改進党）が多数派を占めます。憲法発布において、黒田清隆首相は政党に左右されず国家としての政策を推進していくとする超然主義を宣言しました。

第1回帝国議会で、山県有朋首相は超然主義を受け継いで、朝鮮半島への利益線確保を主張し、「民力休養・政費節減」を主張する民党と激しく対立。政府は民党と妥協し、立憲自由党の一部の協力を得て、予算を可決しました。

その後、1890〜94年にかけて、民党候補に対する選挙干渉などもあり、政府と議会は対立と妥協を繰り返し、政府は超然主義にもとづく運営が困難であることを痛感します。一方、自由党（旧立憲自由党）は、次第に内閣に接近していき、1894年の日清戦争の開戦を機に、政府と民党は挙国一致で戦争を進めました。

> 政府が激しい選挙干渉を行って民党候補を妨害しても、民党が多数派を占める状況は変わらなかったため、超然主義ではダメだ、と悟ったんだよ。

❹ 条約改正

立憲政治も実現して、近代国家の仲間入りをした日本にとって、条約の改正はきわめて重要な課題でした。

（1）条約改正交渉の推移

明治政府は、西欧諸国との間で結んだ不平等条約を改正して主権を回復するため、外交交渉を進めます。

主権回復交渉の経緯	
岩倉使節団	条約改正交渉に出向くも失敗し、視察に切り替える。
寺島宗則	関税自主権の回復を目標に交渉したが、イギリスなどの強い反対のため失敗。
井上馨	日本の近代化を印象付けるため、極端な欧化政策をとり、鹿鳴館に各国の外交官を招いて舞踏会などを開催。領事裁判権の撤廃などの見返りに外国人判事の任用、外国人の内地雑居を認める改正案に対して、政府内外から反対の声が相次いだ。また、貨物船が沈没したノルマントン号事件において、日本人乗客全員が溺死し、助かったイギリス人船長に領事裁判権にもとづく海難審判でイギリス領事が無罪判決を出したため、国民の批判が高まり、交渉も失敗。
大隈重信	大審院に外国人判事を登用することを提案して、領事裁判権の撤廃と関税自主権の一部回復を要求。しかし、国内の反対の声が高まり、大隈は国粋主義団体の玄洋社の一員に襲撃されて負傷し、失敗。

青木周蔵	領事裁判権の撤廃と関税自主権の一部回復を求めてイギリスと交渉を進め、イギリスもロシアの南下政策への対抗から理解を示していったが、ロシア皇太子が警備中の巡査によって負傷する大津事件が発生し、青木が引責辞任して失敗した。政府はロシアの報復を恐れて、犯人を死刑にするよう圧力をかけたが、大審院長の児島惟謙は司法権の独立を守り、無期刑とした。
陸奥宗光	1894年に日英通商航海条約を締結し、治外法権の撤廃と関税自主権の一部回復に成功する。相互対等の最恵国待遇が実現した。他の欧米各国とも新たな通商航海条約を締結し、1899年発効。
小村寿太郎	1911年、日米通商航海条約に調印、関税自主権の完全回復に成功。これをもって不平等条約はすべて改正される。

> 最終的にすべての不平等条約がなくなったのは1911年、桂太郎内閣の時だったんだ。1911年は明治44年、明治時代すべてをつかって、ようやく念願の条約改正に成功したんだよ。

(2) 近代産業の確立

1890年代までに軽工業中心の第一次産業革命が完了し、繊維産業が近代化していきます。また、交通機関が整備され、民営の鉄道建設が進みました。海運では、大阪商船会社や日本郵船会社が設立されました。

TRY! 本試験問題で一問一答

Q1 松方財政による不況に苦しむ埼玉県秩父地方の農民は、困民党を結成して負債の減免を求めて蜂起し、負債の帳消しに成功した。
×政府の軍隊によって鎮圧された
（×）
［地上−22］改 cf.❷

Q2 1889年に発布された大日本帝国憲法では、天皇大権のひとつである統帥権を補佐する権限を有する枢密院が設置された。
×枢密院は天皇が国務を諮問する機関である。統帥権を補佐するのは陸軍参謀本部と海軍軍令部
（×）
改 cf.❸

Q3 1890年代になると松方財政の影響で小作地率が低下し、農民の地主化が進んだことから、小作料収入に依存する寄生地主の数が減少した。
×デフレ政策により、自作農は没落、小作人となる者が増え、寄生地主の数は増加した
（×）
［市−16］改 cf.❷

Q4 1891年、滋賀県大津で訪問中のロシア皇太子が警察官に斬りつけられる事件が発生。この事件の責任を取るかたちで、外務大臣青木周蔵が辞職したため、条約改正交渉も打ち切られた。
○このまま覚えよう！
（○）
［警−21］改 cf.❹

Q5 井上馨は、欧米諸国との間に結ばれた不平等条約の撤廃をはかるため、鹿鳴館を建設するなど、積極的に欧化政策を進めた。こうした中、ノルマントン号事件において日本人が外国人乗客を救助したことで、日本の国際的な評価が高まり、治外法権の一部撤廃につながった。
×日本人乗客の全員が溺死した事件である
×イギリスとの条約改正交渉は失敗に終わった
（×）
［総−22］cf.❹

#40 日清戦争・日露戦争・韓国併合

日本史13 日清戦争と三国干渉、日露戦争と韓国併合！ 重要度 **A**

欧米列強のアジア進出に危機感を抱いた明治政府は、朝鮮半島を日本の影響下に入れることで日本の独立を維持することを考えます。この姿勢が朝鮮を自らの属国とみなす清との対立を招き、日清戦争が発生。勝利後は、南下を企てていたロシアと衝突し、日露戦争へ。日本は大陸進出を本格化、韓国併合へと進みます。

ココを覚えればザ・ベスト！

日清戦争→三国干渉→日露戦争→韓国併合、という大きな流れを理解したうえで、細かい事項のインプットを進めていこう。選択肢を切ることのできるだけの知識をしっかり身につけておきたい。頻出テーマだと理解してザ・ベスト

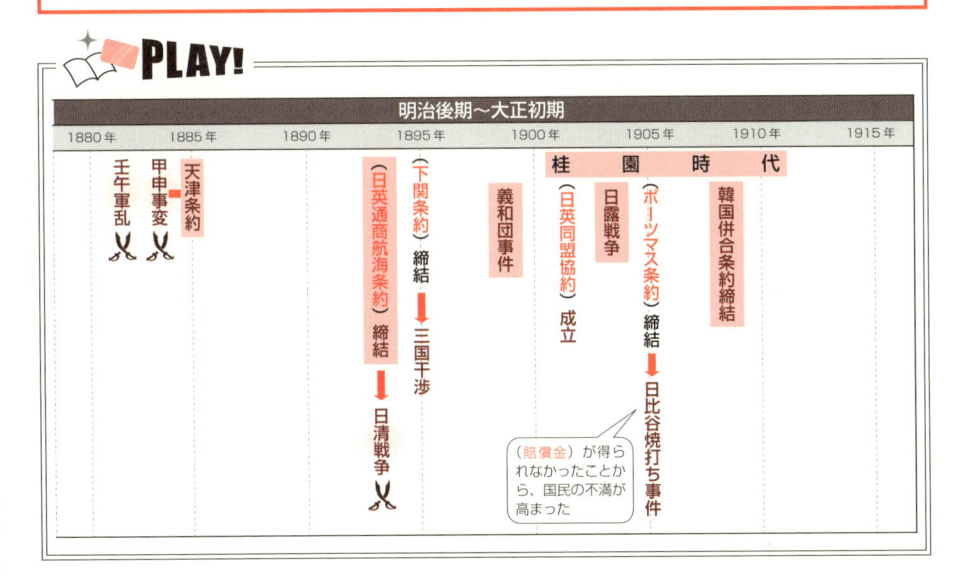

PLAY!

明治後期〜大正初期

1880年	1885年	1890年	1895年	1900年	1905年	1910年	1915年

桂園時代

- 壬午軍乱
- 甲申事変
- 天津条約
- （日英通商航海条約）締結
- （下関条約）締結 → 三国干渉 → 日清戦争
- 義和団事件
- （日英同盟協約）成立
- 日露戦争
- （ポーツマス条約）締結 → 日比谷焼打ち事件
- 韓国併合条約締結

（賠償金）が得られなかったことから、国民の不満が高まった

❶ 日清戦争

朝鮮半島をみずからの影響下に入れることで独立を維持しようとする日本と、朝鮮を属国として宗主権を主張する清とが対立。自ずと戦争へと突き進んでいくことになってしまいます。

(1) 壬午軍乱・甲申事変・天津条約

江華島事件により日朝修好条規を結んだ明治政府は、閔妃(びんき)派の朝鮮政府との結

283

びつきを強化していきます。一方、これに反対する朝鮮の王族である大院君は、1882年にクーデタをおこし、日本公使館を襲撃する壬午軍乱が発生しました。

　クーデタは鎮圧され、日本は済物浦条約により、賠償金と守備兵駐留権を獲得します。また、朝鮮国内では、清に接近した閔妃を中心とする事大党と、改革を推進しようとする独立党とが対立します。

　1884年、清仏戦争で清が敗北したのを機に、独立党が日本の支援を得てクーデタをおこしましたが、清国軍の出動によって失敗する甲申事変が発生します。

　翌年、伊藤博文は清の李鴻章と天津条約を結び、日清両軍の朝鮮からの撤兵と出兵に際しての相互通告を取り決めました。これにより、日本の朝鮮における立場は後退したため、自由民権派などからは外交政策に対する批判の声があがります。

> とりあえず妥協して清と天津条約を結んだのだけど、国内からの反発もあって、明治政府は朝鮮半島をめぐって清との対立を深めていったわけだね。

(2) 日清戦争の発生　リンク▶ #15

　朝鮮で、排外的な農民反乱である甲午農民戦争（東学党の乱）が発生しました。清は朝鮮の救援のために出兵し、天津条約にもとづいて日本に通告します。それを受けて、日本も対抗して朝鮮に出兵しました。

　乱は終結しますが、日本は日清両国による朝鮮の内政改革を提案、清はこれを拒否し交渉は決裂しました。同時期に日英通商航海条約が締結され、イギリスの支持を得た日本は開戦を決意します。

　1894年7月、日本海軍が豊島沖で清国艦隊を奇襲攻撃し、8月に宣戦布告して日清戦争がはじまりました。日本の議会も政府を支持し、挙国一致で戦争を遂行することになりました。

　近代的な装備を有する日本軍は清国軍を圧倒し、日本海軍は黄海海戦で清の北洋艦隊を撃破して山東半島の威海衛を占領、日本の勝利に終わりました。

> 近代的な軍隊を育ててきた日本と、専制政治が続いていた清とでは、軍事力に大きな開きがあったんだよ。

(3) 下関条約　リンク▶ #15

　下関で講和会議がおこなわれ、日本全権伊藤博文首相、陸奥宗光外相と、清国全権李鴻章との間で下関条約が締結されました。

下関条約の内容
❶清は朝鮮を独立国として承認する。 ❷清は遼東半島、台湾、澎湖諸島を日本に割譲する。 ❸清は賠償金2億両を日本に支払う。 ❹日清通商航海条約を締結し、清は欧米諸国が締結した不平等条約と同様の条約を日本と結ぶ。

日本は朝鮮から清の勢力を一掃して、大陸進出を実現することになります。また、この戦争によって多額の賠償金を獲得したことで、政府は1897年に貨幣法を制定して、欧米諸国と同じ金本位制を実施、資本主義が成立します。

(4) 三国干渉

日本による遼東半島の領有は、南満州への南下をめざしていたロシアを警戒させることになり、ロシアはフランス、ドイツとともに、日本に遼東半島の返還を求めます。日本はこれに屈し、その代償として、新たに賠償金3000万両を得ました。政府は「臥薪嘗胆」のスローガンを掲げ、ロシアに対する敵意とともに、軍備拡張を進めていくことになります。

(5) 日清戦争後の国内情勢

日清戦争において、政府と政党は挙国一致で戦争を遂行し、戦後は政府と自由党が協力して軍備拡張を進めていきます。

第2次伊藤博文内閣は自由党と提携し、板垣退助が内務大臣として入閣。また、第2次松方正義内閣では進歩党（旧立憲改進党）の大隈重信が外務大臣として入閣し、松隈内閣とよばれます。

> 内閣の推移は重要！ 松隈内閣や隈板内閣を経て、伊藤博文が立憲政友会を結成し、桂園時代となっていったんだ。

第3次伊藤博文内閣は、財源確保のための地租増徴案が自由党と進歩党に反対・否決されたことで、議会を解散。自由党と進歩党が合同して憲政党となり、衆議院の絶対多数を占め、日本最初の政党内閣として、大隈が首相、板垣が内相となる第1次大隈重信内閣（隈板内閣）が成立します。しかし、尾崎行雄が共和演説事件で文相を辞任したことから、憲政党は旧自由党系の憲政党と旧進歩党系の憲政本党に分裂し、内閣は4カ月で崩壊。第2次山県有朋内閣が成立します。

山県内閣では、文官任用令を改正して政党員が官僚に進出するのを防ぎました。また、軍部大臣を現役の大将、中将に限定する軍部大臣現役武官制を実現し、大臣の人事権を陸軍、海軍が掌握することとなりました。さらに、治安警察法を制定して社会、労働運動をきびしく弾圧しました。

伊藤博文は山県内閣と対立した憲政党を基盤として立憲政友会を結成、自ら総裁となりました。その後、第4次伊藤博文内閣が成立するも、短命で終わります。

以降、伊藤や山県は元老となって第一線から退き、山県および藩閥勢力を基盤とする桂太郎と、伊藤の後に立憲政友会総裁となった西園寺公望による桂園時代へと続いていきます。

■日清戦争後の内閣

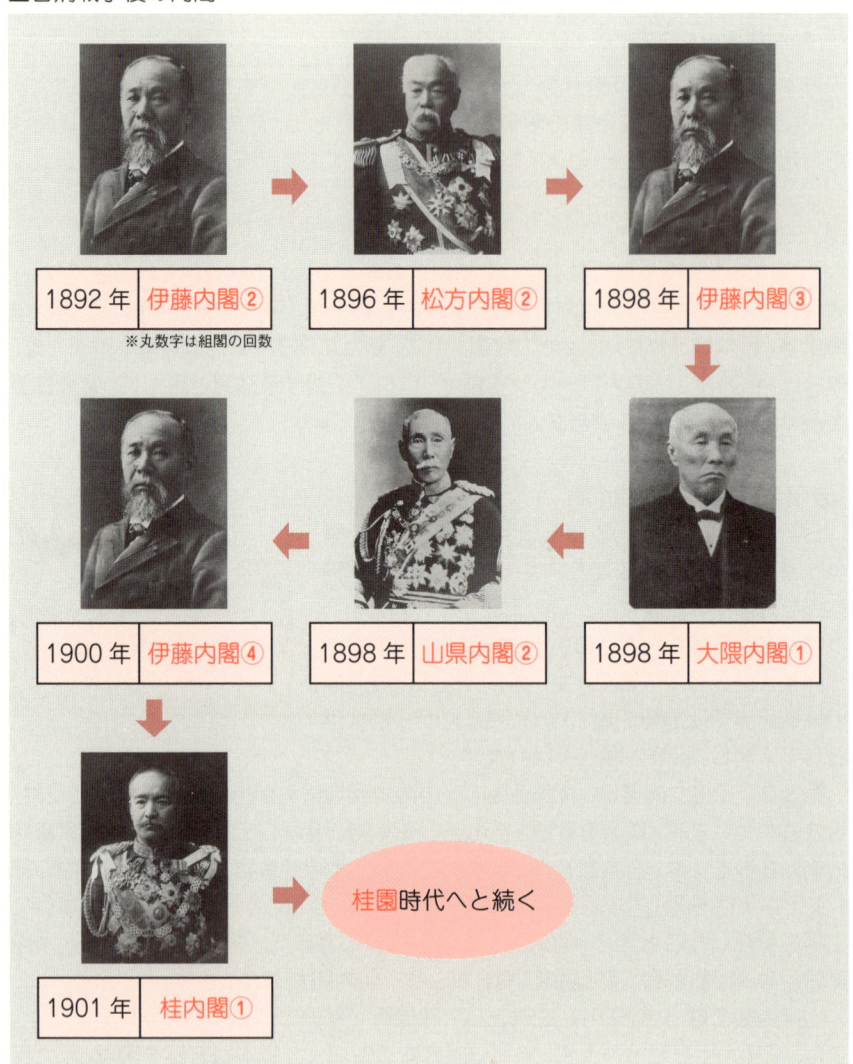

| 1892年 伊藤内閣② | 1896年 松方内閣② | 1898年 伊藤内閣③ |

※丸数字は組閣の回数

| 1900年 伊藤内閣④ | 1898年 山県内閣② | 1898年 大隈内閣① |

1901年 桂内閣①

→ 桂園時代へと続く

（6）日清戦争後の国際関係と日英同盟協約　　　リンク▶ #16
　日清戦争後は列強の中国分割が進んでいきました。ロシアは積極的な南下政策を推進したことで、朝鮮をめぐり日本と対立することになります。

朝鮮では三国干渉によって日本の影響力が後退したのを機に、閔妃らがロシアと組んでクーデタをおこし反日政権を樹立しますが、これに対して日本の守備隊らが王宮に乱入して閔妃を殺害し、親日政権の樹立を企てました。これにより、朝鮮の反日運動がますます高まることとなり、結果的に親露政権が成立しました。ロシアは清から東清鉄道敷設権を獲得、日本に返還させた遼東半島の旅順・大連も租借します。

1900年、清で排外的な義和団事件（北清事変）が発生。清国政府もこの乱を支持したため、列強は日本軍を主力としてこれを鎮圧し、北京議定書によって多額の賠償金が支払われることとなりました。

北清事変後もロシアは、満州に軍隊をとどめて占領していたため、日本との対立が激化します。日本国内では、桂太郎首相、小村寿太郎外相らを中心として、イギリスと結んでロシアをおさえようとする日英同盟論が唱えられます。

■列強の中国分割

一方、伊藤博文らを中心として、満州でのロシアの行動を認める代わりに、日本の韓国支配を認めさせる「満韓交換」で妥協をはかろうとする日露協商論も唱えられましたが、桂内閣のもと、1902年に日英同盟協約が成立しました。

主戦論が広がる中で、社会主義者の幸徳秋水ら、キリスト教人道主義者の内村鑑三らは反戦論を主張しました。

中国分割自体は世界史で確認！ここでは日本とロシアの対立の過程を理解しておこうね。朝鮮は1897年に大韓帝国と国号を改めているよ。

❷ 日露戦争

韓国、満州をめぐる対立の結果、ついに日露戦争がはじまります。日本は軍事的には勝利しましたが、多額の戦費を費やし、戦争継続が難しい状態に陥ったため、アメリカ大統領セオドア・ローズヴェルト大統領の仲介で講和することになります。その後、大陸進出を本格化させた日本は韓国併合を急ぎ、1910年、韓国は日本の植民地となりました。

(1) 日露戦争　　　　　　　　　　　　　　リンク▶ #16

日本は満州でのロシアの行動を認める代わりに、韓国における軍事的な優越権を確保するため、ロシアと交渉を続けましたが、ロシア側は拒絶し、交渉は決裂します。そして1904年2月、日本海軍は旅順のロシア艦隊を奇襲攻撃し、陸軍は仁

川に上陸して宣戦布告がなされ、日露戦争がはじまりました。
　奉天会戦での勝利や、日本海海戦で日本の連合艦隊がロシアのバルチック艦隊を壊滅させるなど、日本は軍事的に勝利をおさめましたが、巨額の戦費を使い、戦争継続が困難な状況に陥ります。また、与謝野晶子の『君死に給ふことなかれ』などが発表されるなど、反戦気運も高まっていました。ロシアでも、血の日曜日事件が発生して革命の気運が高まり、国内政治が危機的な状況となっていました。
　日本はアメリカのセオドア・ローズヴェルト大統領に講和の仲介を依頼、アメリカのポーツマスで講和会議が開催されることになりました。

(2) ポーツマス条約
　日露講和会議により、日本側全権小村寿太郎外相とロシア側全権ヴィッテとの間でポーツマス条約が締結されます。

ポーツマス条約の内容
❶日本の韓国に対するすべての権益を承認。
❷旅順・大連の租借権と長春・旅順間の鉄道と、その付属の利権の日本への譲渡。
❸北緯50度以南の樺太の割譲。
❹沿海州・カムチャッカ方面の漁業権の譲渡など。

　これで朝鮮半島における独占的な権益が確立したので、朝鮮半島は日本の植民地となりました。
　一方、国民が増税に耐えて戦争を継続してきたにも関わらず、賠償金が得られなかったことから、国民の不満が高まります。そして、講和反対を唱えた民衆暴動である日比谷焼打ち事件が発生しました。

(3) 韓国併合
　日本は日露戦争開戦にあたり、韓国の独立と領土保全を保障する日韓議定書に調印し、さらに第1次日韓協約を締結して、外交と財政に介入していきます。
　韓国の支配は、列強の承認も得たうえでおこなわれます。アメリカとの桂・タフト協定によって、アメリカのフィリピンへの指導権を認める代わりに、日本の韓国指導権を認めさせました。また、第2次日英同盟協約で同盟の適用範囲をインドにまで拡大する代わりに、日本の韓国指導権を認めさせます。
　さらに、ポーツマス条約でロシアも日本の韓国に対する権益を認めたため、日本は完全に韓国に対する支配権を確立することができました。
　第2次日韓協約（韓国保護条約）では日本は韓国の外交権を奪い、保護国化しました。韓国には日本の統監府が設置され、伊藤博文が初代統監となります。
　不満を抱く韓国は、1907年にオランダのハーグで開かれた万国平和会議に、密使を送るハーグ密使事件をおこすも、列強はこれを拒絶。日本は韓国皇帝を退位

させ、第3次日韓協約を締結し、内政権を奪い韓国軍隊を解散させます。
　1909年には、前統監の伊藤博文がハルピンで韓国の独立運動家の安重根に殺害されます。1910年、韓国併合条約に調印し、日本の植民地として、韓国の名称を朝鮮に改称します。日本は朝鮮総督府を設置し、初代総督には陸軍大将の寺内正毅が就任しました。

(4) 大陸への侵略

　日本はロシアの権益を引き継いで、関東都督府を旅順に設置し、南満州鉄道株式会社を設立。これにより、満州の門戸開放を唱えるアメリカとの対立が激化し、アメリカ西部では日本人移民排斥運動が発生しました。一方、日本はロシアと4回にわたって日露協約を結び、相互に利益を認めあいます。第3次日露協約では、日本は支配圏を内蒙古にまで拡大させました。

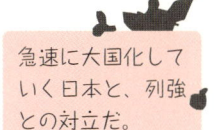

急速に大国化していく日本と、列強との対立だ。

❸ 明治時代後期の社会状況と文化

　激動の明治時代が終わり、大正時代が到来することになります。ここでは明治時代後期の社会状況と文化をまとめます。

(1) 近代産業の進展

　日清戦争で得た賠償金をもとに、金本位制が実施され、繊維産業を中心に資本主義体制が確立。その後、重工業が発達し、日清戦争後に八幡製鉄所が設立されました。日露戦争後には、重工業部門が著しく発展し、1907年の恐慌を経て、三井、安田、三菱、古河、住友など財閥が産業界を支配するようになっていきます。また、都市人口が増加し、農村では農民層の分解により、自らは耕作せず、小作人に貸し付けて耕作させる寄生地主制が確立していきました。

(2) 社会問題の発生

　資本主義の発展にともない、社会問題が顕在化します。高島炭鉱事件など、過酷な労働条件に対する暴動が発生、足尾銅山鉱毒事件などの公害問題も発生しました。
　日清戦争後、高野房太郎や片山潜らは労働組合期成会を結成しましたが、政府は治安警察法を公布して労働運動を取り締まります。また、社会主義研究会を母体にして社会民主党が結成されるも、治安警察法によってただちに解散させられました。
　日露戦争後は、日本社会党が結成されましたが政府から解散を命じられます。また、明治天皇の暗殺を企てたとする大逆事件で、幸徳秋水らが処刑されました。
　さらに警視庁内に特別高等課（特高）が設置され、社会主義運動は冬の時代を迎

えます。一方、政府は過酷な労働が課せられている労働者を保護するため、1911年に工場法を制定しましたが、事業家の反対により法の実施は1916年まで延期されました。

(3) 明治後期の内閣（桂園時代）

桂太郎と西園寺公望が交代で政権を担当します。

1901年	第1次桂内閣	首相の桂太郎は、元老の山県有朋をバックに陸軍などの支持を受け、4年半にわたる長期政権となった。日英同盟、ポーツマス条約を締結させる。
1906年	第1次西園寺内閣	立憲政友会総裁の西園寺公望による内閣であり、社会主義運動に対応、第3次日韓協約を締結。
1908年	第2次桂内閣	韓国併合条約、日米通商航海条約に調印。
1911年	第2次西園寺内閣	立憲政友会による内閣。2個師団増設問題で陸軍と対立し、上原勇作陸相が辞職。後任の現役武官を軍部が送らなかったため内閣も総辞職。

(4) 明治期の文化

条約改正のための極端な欧化主義に対する批判から、ナショナリズムが台頭しました。日清戦争前後から、国粋主義・民族主義的な思想が展開され、三宅雪嶺らの国粋保存主義、徳富蘇峰の平民主義から国家主義への転換などが挙げられます。

宗教	神道	国民教化の方針のもとで優遇され、それとともに天理教、金光教などの教派神道が政府の公認を得て広がる。
	仏教	廃仏毀釈運動の打撃によって衰退したが、のちに復活し、仏教学者が活躍。
	キリスト教	新島襄や内村鑑三などのキリスト教思想家が登場して活躍。
教育	学校令	1886年、文部大臣の森有礼によって制定される。学校教育制度が確立。
	教育勅語	1890年、教育に関する勅語を発布し、国家への奉仕、忠君愛国を教育の基本方針として示す。

科学	医学	北里柴三郎による破傷風の純粋培養、志賀潔による赤痢菌の発見、野口英世による黄熱病の研究など。
	化学	高峰譲吉によるタカジアスターゼの創製、鈴木梅太郎によるオリザニン（ビタミンＢ１）の抽出など。
	物理学	長岡半太郎による原子模型理論の発表など。
	植物学	牧野富太郎による新種の発見と植物分類学の発展。
文学	写実主義	坪内逍遥の『小説神髄』によって写実主義の文学論が確立し、二葉亭四迷が言文一致体の小説『浮雲』を著す。
	擬古典主義	尾崎紅葉が硯友社を組織し、雑誌「我楽多文庫」を発刊して『金色夜叉』など擬古典的な作品を発表した。また、同時期に幸田露伴が理想主義的な『五重塔』などを著し、紅露時代と称される。
	浪漫主義	人間の自由な感情の発露を重視し、北村透谷や島崎藤村らによる雑誌「文学界」が中心となった。樋口一葉の『たけくらべ』や泉鏡花の『高野聖』などが有名である。また、『みだれ髪』（歌集）を発表した与謝野晶子は夫である与謝野鉄幹が創刊した雑誌「明星」で活躍した。「明星」からは北原白秋や石川啄木らが登場。
	自然主義	人間の真実の姿を客観的に描写しようとした。島崎藤村の『破戒』、田山花袋の『蒲団』など。
	余裕派・高踏派	自然主義の広がりに対して、独自の存在感を示した。『坊ちゃん』、『吾輩は猫である』、『こころ』などを著した夏目漱石、『阿部一族』、『高瀬船』、『雁』などを著した森鷗外など。漱石は近代の個人主義をふまえた批判を作品に著した。また鷗外は、当初は『舞姫』などの浪漫主義的な作品を著したが、のちに歴史小説に至った。
芸術	日本画	アメリカ人のフェノロサによって伝統的な日本美の再発見がなされ、岡倉天心が狩野芳崖や橋本雅邦らとともに東京美術学校を創設した。その後、岡倉天心は日本美術院を創設し、そこからは横山大観や菱田春草らが登場。
	洋画	浅井忠らが明治美術会を組織して写実的な作品を発表したのに続き、フランスに留学していた黒田清輝が白馬会を設立して印象派の技法をもたらして外光派とよばれた。また、青木繁がロマン的な作風の作品を発表。
	彫刻	高村光雲が活躍して名作を残した。また、ロダンに師事した荻原守衛が帰国して新しい潮流を生み出した。
	音楽	東京音楽学校の卒業生である滝廉太郎が活躍し、「荒城の月」などを残した。
	演劇	新派劇の川上音次郎、新劇の島村抱月、小山内薫らが活躍した。また、歌舞伎は９代目市川団十郎、５代目尾上菊五郎、初代市川左団次による、団菊左時代とよばれる全盛期を築いた。

重要度 A

#40 日清戦争・日露戦争・韓国併合

TRY! 本試験問題で一問一答

Q1 日清戦争後、これまで最大の輸出品であった生糸の輸出は減少し、代わって
×依然として繊維産業が中心。重工業製品は、第一次世界大戦中に輸出産業の
鉄鋼などの重工業製品が輸出されるようになった。
主力となる

（×）

[地上－24]改 cf. ❸

Q2 1900年代には立憲政友会が成立し、伊藤博文が初代総裁となった。一方で
○この論旨は正しい
は、社会主義運動が活発化し、大逆事件がおこり、社会主義者が弾圧された。
×大逆事件がおこったのは1910年なので1900年代ではない

（×）

[市－15]改 cf. ❶❸

Q3 日本の世論がロシアとの開戦論に傾く中、日露戦争がおこった。日本はロシ
○このまま覚えよう
アのバルチック艦隊を撃退し、勝利。日本は、ロシアとポーツマス条約を結
び、韓国に対する事実上の支配権を得た。

（○）

[総－22] cf. ❷

Q4 1905年、下関条約の調印に不満を持った民衆が暴徒化し、大臣官邸、交番、
×ポーツマス条約の内容に不満をもった人々がおこした、日比谷焼打ち事件である
政府系新聞社などを襲撃する事件が発生した。政府は戒厳令を敷いて、軍隊
によってこれを鎮圧した。

（×）

[警－21]改 cf. ❷

Q5 日清戦争後、高野房太郎や片山潜らは労働組合期成会を結成したが、政府は
治安維持法を公布して、労働運動を厳しく取り締まった。
×治安維持法の制定は1925年である。治安警察法が正しい

（×）

cf. ❸

#41 大正時代の展開
日本史14　成熟して市民文化が輝いた時代

重要度 A

大正時代は、大正政変（第1次護憲運動）ではじまり、第一次世界大戦で中国に進出し、第2次護憲運動によって普通選挙が実現しますが、治安維持法も成立するという全体の流れを理解しましょう。また、1920年代は恐慌と不況が続いた時代でもありました。

ココを覚えれば ザ・ベスト！

国内政治では大正政変（第一次護憲運動）と第二次護憲運動がポイント。第一次世界大戦については世界史と関連させて理解しよう。市民文化もよく出題されるので要注意。どの内閣の時に何があったかまでインプットできればザ・ベスト！

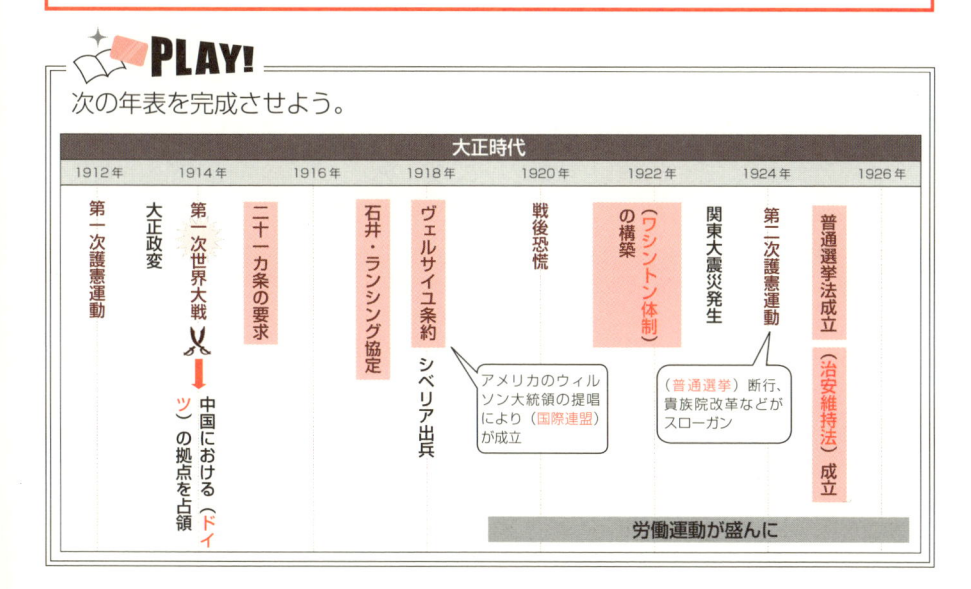

PLAY!

次の年表を完成させよう。

大正時代

1912年	第一次護憲運動
1914年	大正政変／第一次世界大戦　→中国における（ドイツ）の拠点を占領
1915年	二十一カ条の要求
1917年	石井・ランシング協定
1918年	ヴェルサイユ条約／シベリア出兵
1920年	戦後恐慌／アメリカのウィルソン大統領の提唱により（国際連盟）が成立
1922年	（ワシントン体制）の構築
1923年	関東大震災発生
1924年	第二次護憲運動／（普通選挙）断行、貴族院改革などがスローガン
1925年	普通選挙法成立／（治安維持法）成立
1926年	

労働運動が盛んに

❶ 大正政変から第一次世界大戦へ

大正政変により、第3次桂太郎内閣は2カ月足らずで退陣することになり、民衆の力が政治に大きな影響を及ぼすことが明らかになりました。その後、日本は日英同盟協約を根拠として第一次世界大戦に参戦し、中国に二十一カ条の要求をつきつけることになります。ロシア革命の発生に際しては、シベリア出兵を進め、国内では米騒動が発生しました。

(1) 大正政変

　第2次西園寺内閣に対し、陸軍は朝鮮に駐屯させる2個師団の増設を要求しますが、日露戦争後の財政難が続いていたため、西園寺内閣は受け入れませんでした。そのため、上原勇作陸相は単独で天皇に辞表を提出します。陸軍は後任の陸相を出さなかったため、軍部大臣現役武官制により陸相をおくことのできなくなった西園寺内閣は総辞職。代わって第3次桂内閣が成立します。桂太郎は内大臣兼侍従長を辞職しての組閣であり、従来、宮中に入った者は再び政権を担当しなかったため、批判が高まりました。

　同時に西園寺内閣の総辞職に抗議した運動が全国各地に広がり、立憲政友会の尾崎行雄と立憲国民党の犬養毅が中心となって、「閥族打破、憲政擁護」をスローガンに桂内閣打倒をめざす第1次護憲運動（憲政擁護運動）が展開されます。

　桂太郎は自ら立憲同志会の結成を進め、議会を停会して反対勢力と対抗するも、多数の民衆が議会を包囲、立憲同志会も少数にとどまったため、桂内閣は組閣後50日あまりで崩壊（大正政変）。民衆運動で内閣が崩壊したはじめての事例とされています。

> 上原陸相の単独での辞表提出は、統帥権の独立にもとづき、軍部が内閣を経過せず直接天皇に上奏するという、「帷握上奏（いあく）」によるものだよ。

(2) 山本権兵衛内閣から大隈重信内閣へ

　桂内閣崩壊後、立憲政友会を与党として、第1次山本権兵衛内閣が組閣されます。山本権兵衛は薩摩閥の海軍大将でしたが、実質的には立憲政友会内閣に近い性質を持っていました。

　政権は軍部大臣現役武官制を改正して、予備役などでも大臣に就任できることにしました。また、文官任用令を緩和して、政党員の高級官僚への任用を可能にしました。

　しかし、営業税などの廃止を求める悪税撤廃運動が全国に広がり、加えて、海軍首脳部がドイツのジーメンス社などから軍需品購入に際して多額の金銭を受け取っていたというジーメンス事件が発生したため、山本内閣は崩壊しました。

　元老たちは民衆に人気の高い大隈重信を首相に推薦、立憲同志会を与党として第2次大隈重信内閣が成立します。新政権下での総選挙では立憲同志会が圧勝し、大隈内閣は2個師団の増設を実現します。そして、組閣後に第一次世界大戦が勃発しました。

(3) 第一次世界大戦の勃発と日本の参戦

リンク▶ #18

　ドイツ、イタリア、オーストリアによる三国同盟と、イギリス、ロシア、フランスによる三国協商との対立から、1914年のサライェヴォ事件をきっかけに第一次世界大戦が勃発しました。

イギリスは、日本にドイツの巡洋艦の撃破を要求します。日本はこの大戦を、ドイツの権益を奪い、アジアにおいて日本の地位を確立する好機として考え、日英同盟協約を根拠にドイツに宣戦布告して世界大戦に参戦。元老の井上馨はこの大戦を「大正新時代の天佑（天の助け）」と表現しました。

■第一次世界大戦中の国際関係

三国協商		三国同盟
イギリス フランス ロシア*	VS	ドイツ オーストリア イタリア
イタリア アメリカ 日本		トルコ （オスマン帝国） ブルガリア など

＊ロシア革命により休戦

（イタリアは三国同盟から三国協商側へ）

日本海軍はドイツ領南洋諸島を占領。さらに日本陸軍は、ドイツの中国における拠点である山東省青島（チンタオ）を占領しました。

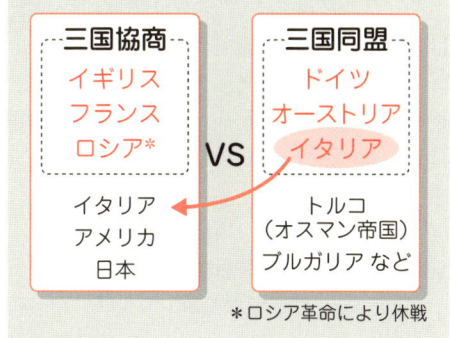

（4）中国への進出

1915年1月、日本は中国の袁世凱政府に対して二十一カ条の要求をつきつけました。

> **二十一カ条の要求の内容**
> ❶旧ドイツ権益の継承。
> ❷旅順・大連の租借。
> ❸南満州や東部内蒙古に対する権益の強化など。

中国では激しい排日感情が生まれますが、日本は武力を背景に最後通牒を出して、ほぼすべての要求を承認させます。以後、中国では受諾日の5月9日を「国恥記念日」として排日運動の出発点としました。

大隈内閣に続き、初代朝鮮総督で陸軍元帥の寺内正毅内閣が成立。寺内内閣は海軍大臣以外すべて山県有朋に近い人物で占められている超然内閣でした。寺内内閣は私設秘書官の西原亀三を中国に派遣し、袁世凱のあとを継いだ北京の段祺瑞（だんきずい）政権に対して巨額の借款（西原借款）を供与、日本の権益の拡大をはかろうとしました。

1917年、日本の特派大使石井菊次郎とアメリカ国務長官ランシングとの間で、日本の中国における特殊権益の承認と、同時にアメリカの主張する中国の門戸開放・機会均等を認めるという内容の協定（石井・ランシング協定）を締結しました。

> 中国へは強く圧力をかけ、アメリカとは妥協、列強は日本に対する警戒感を高めていくよ。

（5）シベリア出兵

中国への進出に警戒感を強めた列強に対し、日本はロシアとの間に第4次日露

協約を締結します。

　1917年にはロシア革命が発生し、ソヴィエト政府が成立（革命により日露協約は消滅）。革命の影響拡大を懸念した列強は、チェコスロヴァキア救援を名目にシベリアに軍隊を派遣します。日本もこれに参加して大陸での勢力拡大を進めるため、シベリアへ出兵。しかし、なかなか成果をあげることができず、列強は1920年には撤兵へと至りますが、日本は1922年まで駐兵を続け、国際的に強く批判されました。

(6) ヴェルサイユ条約の調印と独立運動　　　　　　　　　　　　　リンク▶ #19

　1918年にドイツが敗北して第一次世界大戦は終結し、1919年にはパリ講和会議が開かれ、ヴェルサイユ条約が調印されます。ドイツには多額の賠償金が課せられ、日本はドイツの山東省権益を引き継ぐことが認められました。また、アメリカのウィルソン大統領の提唱により国際連盟が成立し、日本は五大国の一国として常任理事国になりました。

　1919年、朝鮮では三・一独立運動がおこり、日本の植民地支配に対する独立運動が全土に広がりをみせます。これに対して、寺内内閣のあとを受けた原敬内閣は徹底的な弾圧をおこないました。また、同じく1919年、中国でもヴェルサイユ条約調印反対や日本商品ボイコットをスローガンとして、五・四運動が発生しました。

(7) ワシントン体制

　アジア、太平洋地域の新たな国際秩序として、ワシントン体制が成立し、日本は二十一カ条の要求の一部撤回など、協調的な姿勢を示しました。一方で列強は日本の中国進出を警戒し、日本の国際的な孤立が懸念されるようになっていきました。

	ワシントン体制の構築
1921年	アジア・太平洋地域の平和と軍縮について話しあうワシントン会議を開催。日本は加藤友三郎海相らを派遣、日英米仏の各国の権利を相互に尊重する四カ国条約を締結。日英同盟協約の廃棄も決定。
1922年	ワシントン海軍軍縮条約により、太平洋の軍事施設の現状維持と主力艦保有量の比率（米5：英5：日3：仏1.67：伊1.67）を決定。また、九カ国条約により、中国についての門戸開放、機会均等が確認され、石井・ランシング協定を廃棄。

　また、戦争によってヨーロッパ諸国は大きな打撃を受けましたが、戦場とならなかった日本とアメリカは飛躍的に繁栄します。

(8) 大戦景気とその後

　ヨーロッパが戦争に直面している中で、日本は空前の好景気を迎えます。世界各国に日本商品を輸出し、飛躍的に貿易が発展しました。特に船舶の世界的な不足により、造船業、海運業が進展、日本は世界第3位の海運国となり、いわゆる船成金が出現します。日本は債務国から債権国となり、重化学工業が発達して工業国へと発展していきました。産業構造の高度化と独占資本主義の確立がなされ、一方で農村では寄生地主制がさらに進み、大地主が増加しました。

　しかし、1919年からは第一次世界大戦の終結により、輸入超過となります。1920年には戦後恐慌となり、さらに1923年には関東大震災が発生して、震災恐慌となりました。その後、昭和に入ってから金融恐慌が発生することになります。

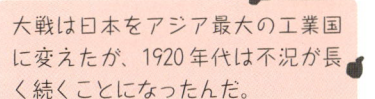

> 大戦は日本をアジア最大の工業国に変えたが、1920年代は不況が長く続くことになったんだ。

(9) 米騒動の発生

　第1次世界大戦による好景気で物価が高騰しました。寄生地主制の進展による米穀生産の限界や、シベリア出兵による軍用米の買い占めなども噂されたことで、特に米価が著しく高騰しました。

　1918年、富山県魚津町で女性たちが県外への米の積み出しを阻止しようと行動をおこした事件が報道されて全国に広がり、各地で米騒動が勃発します。全国的な暴動に対し、政府は米の安売りなどで対応するとともに、軍を出動させて徹底的に鎮圧しました。

　米騒動は自然発生的な全国運動でしたが、大衆が社会運動に目覚め、政府や財閥などが大衆の力を意識せざるをえなくなる契機となりました。この米騒動は、のちの社会運動の先駆とされています。

(10) 社会運動の展開

　大正時代は民衆の力が強くなる時代でした。日本の各地で労働運動、社会運動が展開されていきます。

労働運動	1912年に鈴木文治らによって結成された友愛会は、全国的な労働者組織に成長し、大日本労働総同盟友愛会となった。その後、組織は急進化していき、日本労働総同盟と改称され右派と左派に分裂し、左派は日本労働組合評議会を結成。
社会主義運動	大杉栄らによるアナーキズム（無政府主義）運動からマルクス主義へと移行し、山川均らによる日本社会主義同盟が結成されるが、原敬内閣によって解散させられた。のちに、日本共産党が秘密裏に組織され、非合法活動を展開。

農民・部落解放運動	寄生地主制の中で、農村では小作争議が増加し、1922年に日本農民組合が結成され、小作料の減免を主張した。また、被差別部落では1922年に解放をめざして全国水平社を組織。
女性運動	明治後期に平塚雷鳥らによって青鞜社が結成される。1920年には平塚や市川房枝らによって新婦人協会が結成され、この運動によって治安警察法が一部改正されて、女性の政治演説会への参加が認められた。この組織は婦人参政権獲得期成同盟会へと発展し、また社会主義的婦人団体として赤瀾会を組織。

　1923年の関東大震災では、発生後、政府は戒厳令をしき、社会不安が広がりました。また、朝鮮人虐殺事件や大杉栄らが虐殺される甘粕事件などが発生しました。

❷ 第二次護憲運動と普通選挙法の実現

　国際的に立場を強めていった日本ですが、国内は市民社会が成熟し、さまざまな運動や文化が広がっていきました。新しい時代にふさわしい権利を獲得したい、という国民の思いが第二次護憲運動につながっていったのです。そして、第二次護憲運動とともに大正時代は終焉を迎えました。

(1) 大正デモクラシーと普選運動

　大正期には政治・社会・文化において民主主義的、自由主義的風潮が広がり、大正デモクラシーとよばれます。政治においては、1916年に吉野作造が民本主義による政治を主張し、普通選挙制度を求める普選運動へとつながっていきました。原敬内閣は1919年に選挙法を改正、納税額の要件を直接国税10円以上から3円以上に引き下げました。

　また、小選挙区制を導入しますが、普通選挙法は時期尚早として反対。その後は高橋是清内閣が閣内不一致により短期で終わり、加藤友三郎内閣、第2次山本権兵衛内閣と非政党内閣が続きました。

(2) 内閣の推移

　米騒動で寺内内閣が倒れたのち、立憲政友会を与党として、はじめての"本格的"な政党内閣である原敬内閣が成立します。原敬は政友会の総裁であり、外務、陸軍、海軍大臣以外はすべて政友会の党員が占めることになりました。

1918年	原敬内閣	原首相は爵位を持たず、衆議院議員としてはじめて首相に就任したため、平民宰相といわれる。普通選挙法に反対し、シベリア出兵を継続した。産業振興や国防の充実などの積極政策によって財政的にもゆきづまり、戦後恐慌の中で1921年に暗殺された。
1921年	高橋是清内閣	原敬内閣を継承して、蔵相であった高橋是清が組閣。ワシントン海軍軍縮条約、九カ国条約に調印したが、閣内不一致により、短命で総辞職。
1922年	加藤友三郎内閣	海軍大将の加藤友三郎が貴族院と立憲政友会の支持を受けて組閣。協調外交を進め、シベリア撤兵を完了したが加藤首相が病死し、総辞職。
1923年	第2次山本権兵衛内閣	関東大震災の事後処理のため、被災地に支払猶予令（モラトリアム）を出し、決済できなくなった震災手形に対して日銀から特別融資をおこなわせた。朝鮮人虐殺事件、甘粕事件などが発生し、摂政宮裕仁親王（昭和天皇）が無政府主義者に発砲される虎の門事件の責任をとって辞職。

> 原敬内閣は政党内閣だったが国民の期待を裏切り、高橋是清内閣は短命で総辞職。加藤友三郎内閣と山本権兵衛内閣は非政党内閣で、さらに関東大震災が発生、という不満が爆発する状況が存在していたんだ。

（3）第二次護憲運動

1924年、枢密院議長の清浦奎吾が貴族院を基盤として、清浦奎吾内閣を組閣すると、これを機に普選運動が本格化します。

立憲政友会は分裂し、政府支持派は政友本党を結成して与党となりました。一方、憲政会（加藤高明）、立憲政友会（高橋是清）、革新倶楽部（犬養毅）が護憲三派連盟を結成して、普通選挙断行、貴族院改革などをスローガンに第二次護憲運動（憲政擁護運動）を展開します。

清浦奎吾内閣は議会を解散、総選挙が実施されますが、護憲三派が圧勝したため総辞職。護憲三派内閣として憲政会総裁の加藤高明による第1次加藤高明内閣が成立しました。

以後、五・一五事件で犬養内閣が崩壊するまで、衆議院の多数党の党首が内閣総理大臣として組閣するという「憲政の常道」が慣例となりました。

#41 大正時代の展開　重要度A

(4) 普通選挙法と治安維持法

1925年、加藤高明内閣により普通選挙法が成立し、満25歳以上の男子に選挙権が与えられました。

普通選挙法とともに治安維持法が成立。普通選挙の実施により、活動の活発化が予想される無政府主義者や共産主義者の活動を弾圧するものでした。政府は、国の政治原則である国体の変革を企てたり、私有財産制度を否認する活動に加わった者を処罰するものだと説明していましたが、のちにあらゆる反政府運動を弾圧するものとなっていきます。

革新俱楽部は治安維持法をめぐり分裂し、犬養毅らは立憲政友会と合同しました。また、立憲政友会と憲政会が対立、憲政会は単独で第2次加藤高明内閣を組閣します。その後、加藤内閣は加藤首相の病死により、総辞職してしまいます。

(5) 宇垣軍縮と幣原外交

宇垣一成陸相は、陸軍の軍縮と合理化を進めて4個師団廃止を実現（宇垣軍縮）。また、幣原喜重郎外相により協調外交が展開され、1925年には日ソ基本条約を締結してソ連と国交を樹立しましたが、軍部や右翼などからは軟弱外交として批判されました。

❸ 市民文化の発達

大正時代末期から昭和初期は市民文化全盛の時代です。都市化、大衆化が社会のあらゆる面で現れ、自由主義、民主主義的な風潮が広がっていきました。

思想の発展	議会政治の深化、政党内閣の成立を背景として、新たな憲法学説や政治学説が登場。美濃部達吉は、天皇は国家の最高機関として統治権を行使すると考える天皇機関説を唱え、吉野作造の民本主義は大正デモクラシーの精神的支柱となった。また、社会主義思想が政府の弾圧の中で発達。
学問の発展	自然科学は重工業の発展とともに技術研究が進められていった。人文、社会科学においてはマルクス主義が広がり、河上肇がマルクス主義経済学者として著名である。哲学では『善の研究』を著した西田幾多郎、歴史学では古代史の実証的研究を進めた津田左右吉、民俗学では柳田国男が活躍。

文学の発展	白樺派	人道主義を掲げて雑誌「白樺」で活躍。志賀直哉の『暗夜行路』、武者小路実篤の『友情』、有島武郎の『或る女』などが代表的な作品。
	耽美派	官能美を追求した。谷崎潤一郎の『痴人の愛』、永井荷風の『腕くらべ』などが代表的な作品。
	新思潮派	理知主義を掲げて雑誌「新思潮」で活躍した。芥川龍之介の『羅生門』や『鼻』、菊池寛の『恩讐の彼方に』などが代表的な作品。
	新感覚派	感覚的な表現を追求した。川端康成の『伊豆の踊子』、横光利一の『日輪』などが代表的な作品。
	プロレタリア文学	日本無産者芸術連盟（ナップ）の機関紙「戦旗」で小林多喜二の『蟹工船』や徳永直の『太陽のない街』を発表→小林多喜二は特高警察の拷問により死亡。
	大衆文学	雑誌「キング」を中心に数多くの娯楽的な読み物が執筆される。
絵画の動向	洋画	「麗子微笑」で有名な岸田劉生が活躍、梅原龍三郎や安井曽太郎が登場。
	日本画	横山大観らが日本美術院を再興し、院展を開く。

重要度 A

#41 ― 大正時代の展開

TRY! 本試験問題で一問一答

Q1 欧州で第一次世界大戦がはじまる中、日本は厳正中立の立場をとり、不戦の姿勢を示していたが、途中からドイツに宣戦布告して参加することとなった。
×日英同盟協約を理由にドイツに宣戦布告

（×）
[市－26]改　cf.❶

Q2 第一次世界大戦後、アメリカの提唱で開催されたワシントン会議では、日本はアメリカ、イギリスと同じ主力艦の保有比率が認められた。
×米5：英5：日3の比率だった

（×）
[市－15]改　cf.❶

Q3 1920年代には、普通選挙の実現をめざす政友会などの護憲三派によって山本権兵衛内閣が成立した。しかし、政府に強い反感を抱いていた軍部はいわゆる大正政変をおこし、内閣を短期間のうちに退陣に追い込んだ。
×護憲三派内閣とは加藤高明内閣のことである　×大正政変とは1913年の第一次護憲運動により、組閣50日で桂内閣が崩壊したことを指す

（×）
[総－23]　cf.❶

Q4 1925年、加藤高明内閣のもとで、普通選挙法が成立し、満25歳以上のすべての成年男子に選挙権が与えられた。
○このまま覚えよう！

（○）
cf.❷

Q5 大正時代末期から市民文化が大いに盛り上がりをみせ、耽美派の谷崎潤一郎は『痴人の愛』、白樺派の小林多喜二は『蟹工船』などの作品を発表した。
×小林多喜二はプロレタリア文学である

（×）
[市－17]改　cf.❸

#42 昭和と第二次世界大戦
日本史15　第二次世界大戦の勃発と終戦

重要度 A

金融恐慌にはじまった昭和は、軍部の台頭を経て、太平洋戦争へと突き進んでいってしまいます。国内は経済的にきびしく、国際的には協調外交に行き詰まり、軍部が台頭して満州事変が発生する、という歴史の流れは、現代を生きる私たちにもさまざまな教訓を与えてくれるはずです。頻出テーマのひとつです。

ココを覚えればザ・ベスト！

やはり軍部の台頭を正しく理解しておくことがポイント。また、内閣が頻繁に交代するので、内閣の順序を正しく理解しておき、大正時代と同様、誰の内閣のときに何があったか確認してザ・ベスト！

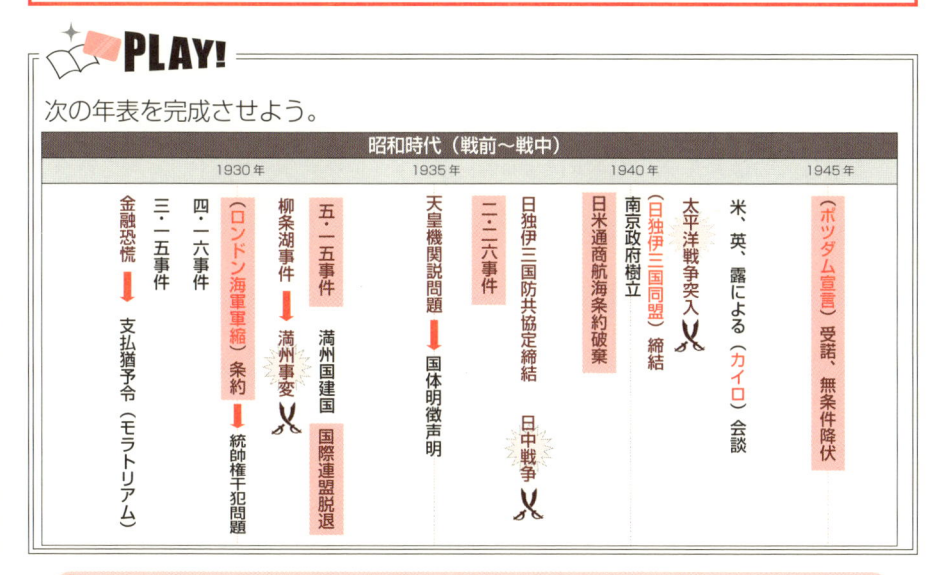

PLAY!

次の年表を完成させよう。

昭和時代（戦前〜戦中）

- 1930年
  - 金融恐慌 ▶ 支払猶予令（モラトリアム）
  - 三・一五事件
  - 四・一六事件
  - （ロンドン海軍軍縮）条約 ▶ 統帥権干犯問題
  - 柳条湖事件 ▶ 満州事変
  - 五・一五事件 ▶ 満州国建国／国際連盟脱退

- 1935年
  - 天皇機関説問題 ▶ 国体明徴声明
  - 二・二六事件

- 1940年
  - 日独伊三国防共協定締結
  - 日米通商航海条約破棄
  - 南京政府樹立／日中戦争
  - （日独伊三国同盟）締結
  - 太平洋戦争突入
  - 米、英、露による（カイロ）会談

- 1945年
  - （ポツダム宣言）受諾、無条件降伏

① 金融恐慌・世界恐慌と政党政治

昭和は、深刻な金融恐慌によってはじまります。第一次世界大戦後の戦後恐慌、関東大震災によって、きわめて深刻な恐慌に直面しました。一方、田中義一内閣は積極外交を進め、中国では日本の進出をめぐる対立が深まっていくことになります。国内的にも国際的にも苦悩しながらの政党内閣が続いていましたが、その政党内閣も五・一五事件で終焉を迎えることになりました。

(1) 若槻内閣と金融恐慌

　加藤首相の死後、同じ憲政会の若槻礼次郎が、1926年に第１次若槻礼次郎内閣を組閣します。若槻内閣は、関東大震災で決済できなくなった震災手形を処理するため、震災手形善後処理法案を議会に提出しますが、その審議中に片岡直温蔵相が、実際には破綻していなかった東京渡辺銀行について、破綻したと失言。これにより、震災手形を抱えた銀行の経営状態が悪化していることが明らかになり、銀行で取付け騒ぎが広がって金融恐慌となりました。銀行の休業や倒産が相次ぎ、経済は大混乱に陥ります。

　代表的なのが台湾銀行の鈴木商店への不良融資で、鈴木商店は破産に追い込まれ、台湾銀行も破綻の危機に直面しました。若槻内閣は緊急勅令により台湾銀行を救済しようとするも、若槻内閣の協調外交に不満を持っていた枢密院がこれを否決したため、若槻内閣は総辞職となりました。

> 若槻内閣は天皇の緊急勅令で事態を打開しようとしたが、枢密院の協力を得ることができなかったんだね。

(2) 田中義一内閣の金融恐慌への対応

　立憲政友会総裁の田中義一が組閣し、田中義一内閣が成立します。高橋是清（これきよ）が蔵相に就任、支払猶予令（モラトリアム）を出して銀行を休業させ、日銀が巨額の非常貸出を実施することで事態を収拾することができました。

　金融恐慌後はカルテル（企業連合）やトラスト（企業合同）が現れ、財閥に資金が集中しました。三井、住友、三菱、安田、第一の五大銀行が支配力を強め、多くの企業が銀行を中心として財閥の系列下に入っていきます。三井は立憲政友会、三菱は憲政会など、財閥が政党と結び、発言力を持つようになりました。

(3) 国内の政治状況

　若槻内閣の辞職後、憲政会は政友本党と合同して立憲民政党を結成。立憲政友会との２大政党の時代を迎えます。

　田中内閣は1928年、共産党系勢力の活動に対して治安維持法を適用し、共産党系活動家らを検挙（三・一五事件）、緊急勅令によって治安維持法を改正して最高刑を死刑としました。また、特別高等警察（特高）も全国各地に設置されます。1929年には再度検挙がおこなわれ（四・一六事件）、共産党は壊滅状態に陥りました。

(4) 日本の中国進出と積極外交

リンク▶ #20

　中国では1924年に、中国国民党と中国共産党が帝国主義の打倒を目標に第一次国共合作が成立し、1926年には蔣介石を総司令とする国民革命軍の北伐がはじまります。その後、蔣介石は上海クーデタをおこして国共合作を解消し、南京政

府を樹立したうえで再び北伐を開始しました。

この状況に対して、日本では田中義一首相が外相を兼任し、<u>積極外交</u>を進めます。

第1次山東出兵	1926年、北伐軍の接近に際して、日本人居留民保護を名目に山東省へ出兵する。
第2次山東出兵	1928年、南京政府は蒋介石を中心に北伐を再開したため、山東省に出兵する。
第3次山東出兵	同年、国民革命軍との軍事衝突である<u>済南事件</u>の発生により、兵力を増強する。

田中内閣は第1次山東出兵の後、<u>東方会議</u>を開き、中国から満州、蒙古を分離して日本の支配下におくという中国侵略の基本方針を確認します。

奉天軍閥で親日派の<u>張作霖</u>と交渉しますが、傀儡となることを嫌って決裂。張作霖を日本の<u>関東軍</u>が奉天郊外で爆殺し、これを国民革命軍の仕業だと発表しました。しかし、張作霖の子の<u>張学良</u>は国民政府に合流して日本と対抗することになり、日本の満州分離策は失敗に終わります。

■日本の中国進出

1931年の日本軍占領ライン／ソビエト連邦／モンゴル／満州国／新京／奉天／南満州鉄道／旅順／朝鮮／中国／山東省

事件の真相は国民に知らされず、議会では民政党が「<u>満州某重大事件</u>」として田中内閣を攻撃。田中首相は真相究明を天皇に上奏したものの、陸軍をおさえることができず、関係者を行政処分しただけにとどまったため、天皇の叱責を受けて退陣となりました。

(5) 浜口雄幸内閣と統帥権干犯問題

田中内閣が張作霖爆殺事件で失脚した後は、立憲民政党の浜口雄幸内閣が成立、外相は幣原喜重郎になり、米英との対立緩和をめざした協調外交がおこなわれました。1930年、<u>ロンドン海軍軍縮会議</u>に日本は全権として若槻礼次郎元首相らを派遣。補助艦制限について保有比率を米10：英10：日7、大型巡洋艦を米10：英10：日6と決定しますが、<u>海軍軍令部</u>からは反対の声があがります。

立憲政友会、右翼、枢密院らは、兵力量の決定は天皇大権である統帥権に関わるものだとして、統帥権を輔弼（天皇への助言）する海軍軍令部の意向を無視して調印するのは<u>統帥権干犯</u>であると浜口内閣を攻撃。浜口首相は屈せずに批准します

が右翼青年に狙撃され、翌年に総辞職し、その後、死亡しました。

> 天皇の編成大権は内閣の輔弼事項だったから、この批判は統帥権を拡大解釈した「いいがかり」だったんだよ。

（6）金解禁と世界恐慌

リンク▶ #21

1920年代の不況・恐慌によって外国為替市場は動揺し、国際収支が悪化していきました。浜口内閣は産業の合理化と緊縮財政を進め、1930年、実勢価格より円高の旧平価で金解禁を実施。これにより、為替相場の安定化をはかり、輸出を促進することが目的でした。

しかし、1929年にニューヨーク株式市場で株価が大暴落し、世界恐慌が発生していたため、日本の金解禁は輸出の激減を招き、大量の金が流出する事態となりました（昭和恐慌）。物価、株価も暴落して失業者が激増し、農村では農産物価格の暴落によって小作争議が頻発。東北地方では婦女子の身売りなどが、大きな社会問題となります。

> 金解禁とは、金の輸出解禁のこと。大戦後、欧米各国は金本位制に復帰していたのだけど、日本は不況・恐慌が続いて復帰できなかったため、円の価格がとっても不安定だったんだ。

そんな状況下で、浜口内閣は重要産業統制法を出してカルテル・トラストを奨励したため、財閥はますます独占を強め、のちの戦時下の産業統制へとつながっていきました。

昭和恐慌に対応すべく、1931年に成立した犬養毅内閣は、ただちに金輸出再禁止をおこないました。

（7）満州事変と国際連盟脱退

総辞職した浜口内閣に代わり、第2次若槻礼次郎内閣が成立します。幣原喜重郎は再び外相となりましたが、軍部は強硬な姿勢を崩さず、軟弱外交として非難しました。

そんな中、中村震太郎大尉が中国軍に殺害される中村大尉事件や朝鮮人農民と中国人農民が衝突する万宝山事件が発生し、満州の緊張が高まっていきました。

満州国建国の流れ		
1931年	柳条湖事件	南満州鉄道の線路が爆破される事件が発生。
	満州事変	関東軍は柳条湖事件を中国軍の攻撃であるとして軍事行動を開始。若槻内閣は不拡大方針をとるも関東軍はこれを無視、満州の主要都市を占領→若槻内閣は総辞職し、立憲政友会総裁の犬養毅が組閣して、犬養内閣が成立。

1932年	第1次上海事変	日本軍と中国軍の軍事衝突が発生した。上海は各国の権益が複雑であり、列強は日本を非難したため、停戦協定を結んで撤退。
	満州国の建国	清朝最後の皇帝である溥儀（宣統帝）を執政として独立を宣言。

満州国の建国後、国際連盟はリットン調査団を派遣しました。調査団は満州国が自発的な民族運動によるものだとする日本の主張を否定、自治政府を設置して列強の国際管理下におくことを提案します。

しかし、日本は斎藤実内閣が日本の権益の尊重と日本軍の駐屯を認める日満議定書に調印して、満州国を承認。その後、溥儀は皇帝となり、満州国は帝政となりました。

国際連盟の臨時総会では、日本軍の満州からの撤退を勧告する決議案が可決。日本の全権松岡洋右は退場し、これをもって日本は国際連盟を脱退して国際的に孤立します。その後、ファシズム諸国と結び、全面戦争に至ることになります。

> 満州事変を契機として、国内では国家主義（ナショナリズム）が広がり、無産政党の右傾化が進んでいった。転向声明を出す共産党幹部が続出し、天皇制のもとでの一国社会主義の実現を提唱するようになっていったんだ。

(8) ファシズムへの道

政党への不信と軍備拡張を主張する立場から、大川周明、北一輝、井上日召らの右翼や陸軍の秘密組織桜会の若手将校らが、テロやクーデタを計画し、事件が頻発しました。

1931年	三月事件	桜会のメンバーと大川周明らが、宇垣一成陸相を首班とする軍事政権の樹立を目指してクーデタを計画したが未遂に終わる。
1932年	十月事件	桜会のメンバーと大川周明らが、若槻首相ら要人の殺害を計画し、荒木貞夫陸軍中将を首班とする軍事政権の樹立をめざしてクーデタを計画したが、未遂に終わった。一方で、処罰もほとんどなし。
	血盟団事件	井上日召が一人一殺主義を唱えて組織した右翼団体の血盟団が前蔵相の井上準之助、三井財閥の団琢磨を殺害。

1932年	五・一五事件	海軍青年将校らが首相官邸などを襲撃し、犬養毅首相が殺害された。五・一五事件の結果、政党内閣の時代は終焉。

(9) 恐慌からの脱出

　犬養内閣の高橋是清蔵相は、金輸出再禁止を表明して管理通貨制度に移行します。円の為替相場は大きく下落していたため、各産業は円安を利用して積極的に輸出を進めました。また、公債を発行して、軍備費の増大と公共土木事業による雇用促進や農村救済に対応したため、日本の景気は大きく回復し恐慌を克服していきます。

　特に、重化学工業が大きく進展し、円安により輸出産業が急速に発達した結果、ブロック経済圏を形成して恐慌から脱却しようとしている各国からは、ソーシャル・ダンピング（日本社会の投売り）であるとして強く非難されました。

❷ 第二次世界大戦へ

　政党内閣の時代が終わり、挙国一致内閣が発足、軍部の発言力が高まっていくことになりました。二・二六事件の発生を契機に軍部内の統制が強まり、軍部大臣現役武官制も復活します。多額の軍事予算を計上し、華北への進出を進めた日本でしたが、1937年から日中戦争がはじまり、国家総動員法などにより戦時体制が強化されていきました。そして、ついに日本は第二次世界大戦（太平洋戦争）へと突き進んでいくことになります。

リンク▶ #22

(1) 挙国一致内閣

　元老の西園寺公望により、斎藤実内閣が成立します。斉藤首相は海軍大将であり、閣僚に政党政治家、官僚、軍部を登用し、挙国一致内閣とよばれました。しかし日本は、満州国の承認や国際連盟脱退など、国際的に孤立していきます。

　斎藤内閣の後、岡田啓介内閣が成立。岡田首相も海軍大将であり、軍部や右翼の政治力が強まっていきます。軍部や右翼は美濃部達吉の天皇機関説について反国体的学説として攻撃し、岡田内閣も国体明徴声明を出して天皇機関説を否定。また、ロンドン海軍軍縮条約からも脱退し、軍部の華北進出が具体化していくことになりました。そして、二・二六事件の発生ののち、総辞職します。

> この頃、京都帝国大学教授の滝川幸辰の刑法学説が国体に反するとして、滝川教授が大学を追われる滝川事件が発生しました。

(2) 二・二六事件

陸軍内部で、皇道派と統制派の対立が激しくなっていきました。

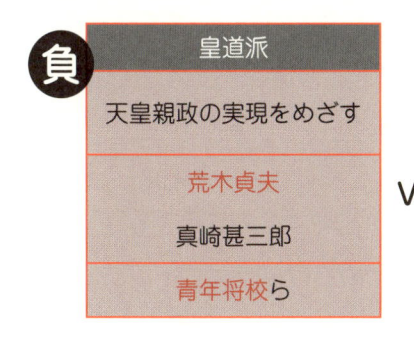

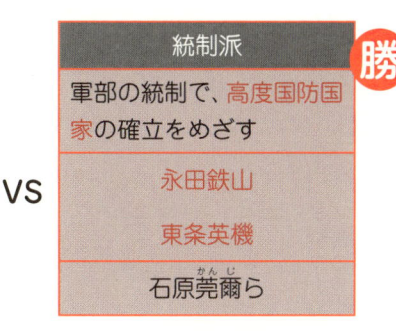

皇道派 【負】		統制派 【勝】
天皇親政の実現をめざす	VS	軍部の統制で、高度国防国家の確立をめざす
荒木貞夫		永田鉄山
真崎甚三郎		東条英機
青年将校ら		石原莞爾ら

1936年2月、皇道派の青年将校がクーデタをおこして、首相や重臣を襲撃、高橋是清蔵相、斉藤実内大臣（前首相）、渡辺錠太郎陸軍教育総監が殺害されます。

陸軍は鎮圧に動き、青年将校らや理論的指導者とされた北一輝は死刑に処せられました。以後、統制派が主導権を握ることになります。

> この事件により、予備役に追いやられた皇道派将校が陸軍大臣に就任しないようにするため、軍部大臣現役武官制が復活することになるよ。

(3) 華北への進出

1933年、日本は満州事変の事後処理のため、中国の国民政府と塘沽停戦協定を結び、中国に日本の満州国支配を黙認させます。

また、日本は華北進出を進めるため、1935年に梅津・何応欽協定を結び、河北省内から国民党勢力と中国軍を撤退させました。その河北省の非武装地帯で住民の自治運動が発生したことより、冀東防共自治政府が成立。日本の華北分離工作が背後にあったと指摘されています。

(4) 軍部の政治進出

二・二六事件ののちに広田弘毅内閣が成立。広田内閣は軍部の要求を受け入れ、第1次山本権兵衛内閣の際に緩和されていた軍部大臣現役武官制を復活させました。また、帝国国防方針を改定し、「国策の基準」を決定して大陸および南方への進出と軍備充実を定めます。また、1936年に日独防共協定を締結、ソ連を仮想敵国として設定しました。

広田内閣の後、宇垣一成陸軍大将が推薦されますが、以前、軍縮を進めたことのある宇垣に対して陸軍は陸相を出さず、宇垣内閣は成立しませんでした。その後、陸軍が推薦する林銑十郎内閣が成立しますが短命に終わり、貴族院議長の近衛文麿が第1次近衛文麿内閣を組織することになります。

一方、中国では国民党と共産党の内戦が続いていましたが、1934年から共産党の長征がおこなわれ、抗日のための民族統一を訴える八・一宣言を発表。張学良が蔣介石を幽閉する西安事件をきっかけに、1937年に第2次国共合作が成立し、抗日民族統一戦線が結成されました。

> 第1次近衛文麿内閣以降、太平洋戦争終結まで、軍人以外で首相になったのは、近衛文麿（貴族院議長）、平沼騏一郎（枢密院議長）の2人だけで、他はすべて軍人が首相になったんだ。

(5) 日中戦争

1937年、北京郊外の盧溝橋付近で日中両軍が武力衝突する盧溝橋事件が発生します。停戦協定が成立し、近衛内閣は不拡大方針を示したものの、軍部などの意見に押されて強硬方針に転換し、陸軍は軍事行動を拡大していきました。また、海軍大尉の殺害をきっかけに発生した第2次上海事変により、海軍も強硬姿勢をとり、全面的な日中戦争に発展します。

日中戦争での出来事		
1937年	南京事件	中国軍の抵抗にあった日本は大部隊を展開して、12月に国民政府が首都としている南京を占領、多数の中国人が殺害される南京事件が発生。列強は日本の行動を強く非難。
1938年	第1次近衛声明	1月、近衛内閣は「国民政府を対手とせず」との声明を出して和平の道を閉ざす。中国側は重慶に遷都して徹底抗戦を展開。
	第2次近衛声明	11月、東亜新秩序の建設を発表。
	第3次近衛声明	12月、善隣友好、共同防共、経済提携の近衛三原則を発表。国民政府の投降派に呼び掛けようとした。
1940年	南京政府樹立	親日派の汪兆銘が日本陸軍の力を借りて重慶を脱出、1940年に南京に新国民政府を樹立。事実上、日本の傀儡政権。

(6) 国際情勢と日本

リンク▶ #22

日中戦争によってアメリカ、イギリスなどとの関係を悪化させた日本はドイツ、イタリアに接近し、1937年に近衛内閣は日独伊防共協定を結びます。

1938年、日本とソ連の国境をめぐって武力衝突する張鼓峰事件が発生しました。また、1939年には、満州とモンゴルの国境でノモンハン事件が発生し、日ソ

両軍が衝突しましたが、関東軍にとって大きな打撃となり、停戦協定が結ばれます。

ドイツはソ連と独ソ不可侵条約を締結し、1939年にポーランドに侵入を開始。イギリス、フランスがドイツに宣戦を布告して第二次世界大戦がはじまりました。

■連合国と枢軸国

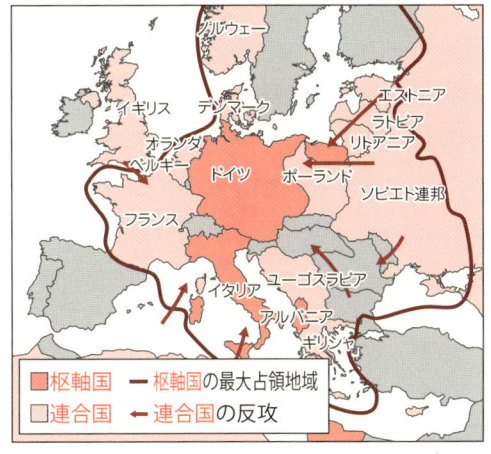

(7) 国内の戦時統制

日中戦争の中で、第1次近衛内閣は1937年から国民精神総動員運動を展開。1938年には国家総動員法を成立させ、政府は戦時において、議会の承認なしにあらゆる人的、物的資源を動員、統制する権限を持つことになりました。

法律ではなく勅令で統制できるようになったため、議会の立法機能は大きな制約を受けることになります。その後、勅令によって、賃金統制令、国民徴用令、価格等統制令が公布されました。

> 国民生活は統制を受け、学問や思想への弾圧はきびしさを増していったよ。あらゆるものの「動員」で、国家の目的を達成しようとする体制を「全体主義体制」というんだ。

軍需関係の工業は活況を呈しますが、一方で生活物資が不足し、物価が高騰します。政府は生活物資の配給制、切符制を実施して、「ぜいたくは敵だ」をスローガンに国民に倹約を強制し、統制を強化していきました。

学問や思想に対する弾圧事件も発生。東京帝国大学教授の矢内原忠雄が植民地政策を批判したとして辞職させられた矢内原事件、人民戦線の結成をはかったとして教授グループが検挙された人民戦線事件がおこります。また、経済学者の河合栄治郎が政府の政策を批判して著書の発禁と休職をさせられた河合栄治郎事件、早稲田大学教授の津田左右吉が古代史の実証的研究によって皇室の尊厳を傷つけたとして著書が発禁となる事件なども続きました。

(8) 日米関係の悪化

近衛内閣ののち、枢密院議長の平沼騏一郎が組閣し、平沼内閣が成立します。この頃、アメリカが日米通商航海条約の破棄を通告してきたことで、軍需物資の調達がきわめて困難になりました。さらに、日本がノモンハン事件でソ連と戦っている際に、独ソ不可侵条約が締結されたため、外交の見通しが立たなくなった平沼内閣は総辞職。陸軍大将の阿部信行が組閣し、阿部内閣が成立します。この時、

第二次世界大戦が勃発しますが、阿部内閣は大戦不介入の方針を宣言しました。

その後、海軍大将の米内光政が組閣、米内内閣が成立します。米内首相は親英米派であり、ドイツ、イタリアとの軍事同盟締結には消極的でした。しかし、近衛文麿を中心に国民的基盤の新党が組織され、全体主義的国民組織を構築しようとする新体制運動が活発になります。また、ドイツ、イタリアへの接近を策する陸軍が、畑俊六陸相を辞任させて後継陸相を出さなかったため、総辞職に追い込まれました。

そして、第2次近衛文麿内閣が成立。社会大衆党、立憲政友会、立憲民政党などの既成政党は相次いで解党となり、大政翼賛会が結成されました。大政翼賛会は大日本産業報国会などを指導下に入れて、国民を戦争に動員するための組織として機能していきました。こうして議会は無力化し、経済も統制下に組み込まれていきます。

(9) 日独伊三国同盟の締結から開戦へ

1940年、近衛内閣は北部仏印（フランス領インドシナ）への進駐を開始し、日独伊三国同盟を締結。枢軸国と連合国の世界的対立が決定的なものとなりました。1941年4月には、松岡外相によって日ソ中立条約が締結されましたが、6月にドイツが独ソ戦を開始したため、日本は南方進出とともに北方にも軍隊を集結させます。

近衛内閣は、アメリカとの開戦を避けるため、駐米大使野村吉三郎に日米交渉を命じます。しかし、松岡外相が反発したので、外相を更迭するためにいったん総辞職して、再び第3次近衛内閣を組閣、日本軍は南部仏印に進駐します。それを受けてアメリカ側は、ＡＢＣＤ包囲陣（アメリカ・イギリス・中国・オランダ）により、対日経済封鎖を強化していきました。

閣内では、日米交渉継続を唱える近衛文麿首相と、日米交渉の打ち切りと開戦を唱える東条英機陸相とが対立し、近衛内閣は総辞職します。そして、東条英機内閣が成立することになり、正式に対米英開戦へと向かうことになりました。

> 開戦にふみきるまでの話は、細かく理解しておこう。なぜ戦争に至ってしまったのか、という反省とともに理解しておきたいね。

（10）太平洋戦争と敗戦

　アメリカが、日本軍の中国、仏印からの全面撤兵などを求めたハル・ノートを日本に示したため、日本はこれを最後通牒とみなし、1941年12月の御前会議で対米英開戦が決定します。日本はこの戦争を大東亜戦争と呼称、欧米の植民地支配からの解放と、アジアにおける大東亜共栄圏の建設を目的として掲げました。

太平洋戦争の経緯		
1941年	12月、陸軍のマレー半島上陸と海軍の真珠湾攻撃により、日本は戦争状態に突入した。ドイツ、イタリアもアメリカに宣戦布告をしたため、ヨーロッパとアジアの両方を戦場とする大戦争となる。	
1942年	6月、ミッドウェー海戦で敗北。	
1943年	2月、ガダルカナル島からの退却以降、戦局は悪化。	
	カイロ会談	11月、ローズヴェルト（米）、チャーチル（英）、蔣介石らが会談。日本の無条件降伏まで徹底的に戦うことを宣言したカイロ宣言が出される。
1944年	7月にはサイパン島がアメリカ軍に占領される。戦況の悪化により、東条内閣は総辞職。陸軍大将の小磯国昭が海軍大将の米内光政との協力により、小磯内閣を組閣。しかし、アメリカ軍はフィリピンのレイテ島に上陸し、戦局の挽回は不可能な状況に陥る。	
1945年	ヤルタ会談	2月、ローズヴェルト（米）、チャーチル（英）、スターリン（ソ）らが会談。ドイツの戦後処理とソ連の対日参戦を決定。
	ポツダム会談	7月、トルーマン（米）、チャーチル（英）、スターリン（ソ）らが会談、日本に無条件降伏を要求。
	小磯内閣に代わり、戦争の終結を任務として4月に成立した鈴木貫太郎内閣は、ポツダム宣言を黙殺するとしたが、8月、アメリカは広島に原爆を投下し、次いで長崎にも投下。また、ソ連の対日参戦により、日本はポツダム宣言を受諾し、無条件降伏。	

TRY! 本試験問題で一問一答

Q1 1930年代には、浜口内閣が補助艦の総トン数を取り決めたロンドン海軍軍縮条約に調印したことに対して、立憲政友会や右翼、枢密院はこれを統帥権の干犯であるとして攻撃した。
○ポイント！　このまま覚える

（○）

[消−24]改　cf.❶

Q2 太平洋戦争の初期において、日本は資源を求めて東南アジア、オーストラリア、ニュージーランド一帯を占領した。特にオーストラリアの豊富な資源は、経済制裁を受けていた日本にとって貴重だった。
×オーストラリアとニュージーランドには進軍していない。資源を求めて進軍したのはインドシナ半島とインドネシア

（×）

[地上−27]改　cf.❷

Q3 広島や長崎に原爆を投下され、日本が無条件降伏をすると、ドイツやイタリアも続いて無条件降伏した。
×ドイツの降伏は1945年5月、イタリアの降伏は1943年9月で、いずれも日本より早い

（×）

[市−22]改　cf.❷

Q4 天皇親政による急進的な国家改造を唱える北一輝の影響を受けた皇道派の陸軍将校らは、クーデタをおこし、大蔵大臣や内大臣を殺害するとともに首相官邸を占拠し、軍部独裁政権の樹立に成功した。
×二・二六事件のことであるが、クーデタは失敗、反乱軍として鎮圧された

（×）

[総−23]　cf.❷

Q5 二・二六事件以降、満州軍閥の張作霖が、関東軍らの陰謀により列車を爆破され、殺害される事件が発生した。
×張作霖爆殺事件は1928年。二・二六事件は1936年の出来事である

（×）

[警−27]改　cf.❶

#43 占領下の日本
日本史16
戦後復興に向けて努力がはじまる！

重要度 **A**

あまりにも大きな犠牲をはらった第二次世界大戦がようやく終結しましたが、それは、日本にとっては「占領」という屈辱の歴史のはじまりでもありました。民主化政策が徹底しておこなわれ、日本国憲法も制定されて、日本は困難な歴史を乗り越え復活を遂げていきます。講和までのプロセスを正しく理解しておきましょう。

ココを覚えればザ・ベスト！

民主化政策の内容を正しく理解しておくことがポイント。占領政策、日本の民主化政策、**日本国憲法**の制定について理解しておきたい。**冷戦**構造によって、占領政策が転換したことも重要である。講和までのプロセスを正しく理解してザ・ベスト！

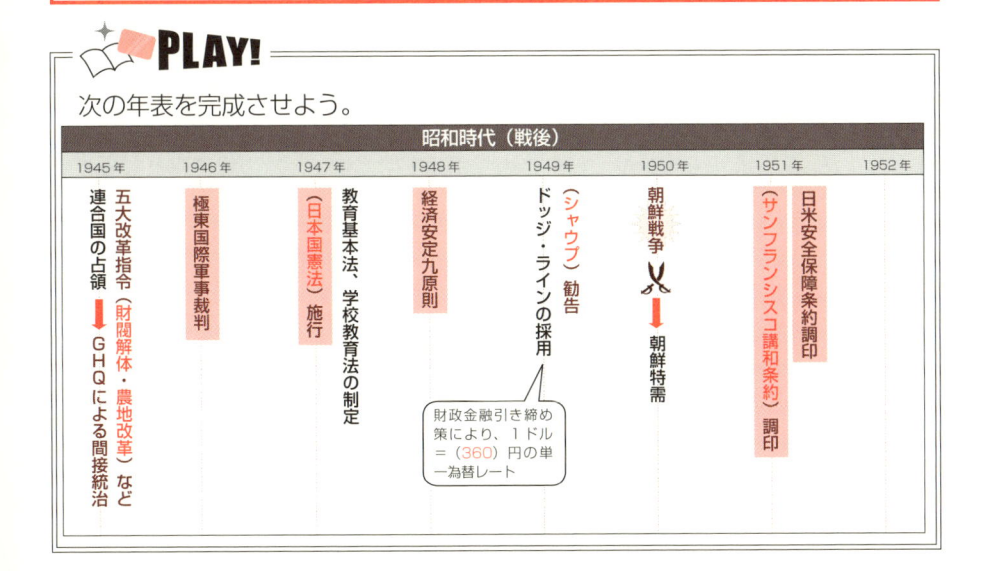

PLAY!

次の年表を完成させよう。

昭和時代（戦後）

1945年	連合国の占領　五大改革指令（財閥解体・農地改革）など　→GHQによる間接統治
1946年	極東国際軍事裁判
1947年	（**日本国憲法**）施行　教育基本法、学校教育法の制定
1948年	経済安定九原則
1949年	（**シャウプ**）勧告　ドッジ・ラインの採用（財政金融引き締め策により、1ドル＝（**360**）円の単一為替レート）
1950年	朝鮮戦争　→朝鮮特需
1951年	（**サンフランシスコ講和条約**）調印　日米安全保障条約調印
1952年	

❶ 日本の占領と講和

敗戦した日本を待っていたのは、連合国軍最高司令官総司令部（GHQ）の間接統治下におかれる7年間の苦難の日々でした。GHQの権限は絶大であり、日本政府はその指令に逆らうことはできず、指示にしたがって民主化政策が進められていきました。

315

(1) 占領の開始

ポツダム宣言を受諾し、無条件降伏した日本は、連合国の占領下におかれることになります。連合国11カ国からなる極東委員会の下にアメリカ政府があり、アメリカ政府が日本政府への指令を連合国軍最高司令官総司令部（GHQ）に通達することになっていました。既存の日本政府の行政機構を利用した間接統治でしたが、GHQの権限は絶大であり、日本政府はその指令に逆らうことはできませんでした。

連合国軍最高司令官には、アメリカのマッカーサーが就任、占領政策にはアメリカの意向が強く反映されました。極東国際軍事裁判（東京裁判）では、戦争を計画、遂行したA級戦犯として東条英機、広田弘毅らに死刑が求刑されました。

日本の領土は北海道、本州、四国、九州と周辺の島々に限定。南樺太、千島列島はソ連軍が、沖縄、南西諸島、小笠原諸島はアメリカ軍が占領しました。

(2) 内閣の推移－皇族内閣と幣原内閣

敗戦後、皇族である東久邇宮稔彦王による東久邇宮内閣が組閣され、1945年9月に降伏文書に調印しますが、GHQから出された人権指令の実行ができずに総辞職となります。

次に、国際協調外交を推進した幣原喜重郎による幣原内閣が組閣され、GHQの五大改革指令の実行、憲法草案の閣議決定、極東国際軍事裁判所の設置などを進めますが、戦後最初の総選挙で日本自由党が第1党となったため総辞職となりました。

(3) 占領政策の内容

1945年10月、幣原首相にマッカーサーから五大改革指令が発せられます。

五大改革指令	
女性参政権の付与	衆議院議員選挙法を改正し、女性参政権を認める（1945.12）。
労働組合の結成奨励	労働組合法（1945.12）、労働関係調整法（1946.9）、労働基準法（1947.4）の労働三法が制定される。
教育の自由主義的改革	教育基本法（1947.3）、学校教育法（1947.3）、教育委員会法（1948.7）の教育三法が制定される。
秘密警察などの廃止	政治犯釈放（1945.10）、治安維持法の廃止（1945.10）、特別高等警察の廃止（1945.10）。
経済機構の民主化	財閥の解体（1945.11〜1951.7）、農地改革（1946.10〜1950.7）。

1945年、総司令部は神道指令を出し、政府による神社、神道への支援を禁止し、軍国主義と天皇崇拝の基盤として機能していた国家神道を解体させました。

1946年には、昭和天皇が自らの神格を否定する詔書（天皇の人間宣言）が発表されます。また、総司令部は公職追放令を出し、戦争犯罪人、職業軍人、大政翼賛会関係者などを公職から追放することを命じました。追放処分を受けた者は、約21万人に達しました。

> 五大改革指令が戦後日本の民主化の根幹ともいえるものだったんだ。天皇の人間宣言で、昭和天皇は今後の事態を想定して国民に占領政策への協力を呼びかけた、とされているよ。

(4) 日本国憲法の制定

1945年、憲法問題調査委員会（松本烝治委員長）が発足します。民間の憲法研究会が民主的な憲法草案要綱を示しましたが、新聞社がスクープした政府の憲法改正案（松本案）は、統治権が天皇にある保守的な案でした。

マッカーサーはマッカーサー三原則にもとづく憲法草案作成をGHQ民生局に指示し、GHQは象徴天皇制と戦争放棄を骨子とするマッカーサー草案を1946年に日本政府に提示。政府は閣議でマッカーサー草案の受け入れを決定しました。

マッカーサー三原則
天皇は国家の元首の地位にある
戦争を放棄する
封建制度を廃止する

同年3月に政府は憲法改正案要綱を発表し、若干の修正ののち、第90回帝国議会に提出されます。議会での修正、可決を経て、11月3日に日本国憲法が公布され、1947年5月3日に施行されました。

1947～48年にかけては、地方自治法、警察法、改正民法、改正刑法、改正刑事訴訟法など、法律の改正や公布が進められました。地方自治法により首長の公選制、改正民法により男女同権と夫婦平等なども実現しました。

(5) 政党政治の復活

民主的改革により、次々と政党が復活することになりました。革新系では徳田球一らによって日本共産党が合法政党として活動を開始します。また、戦前の旧無産政党を中心として日本社会党が結成され、片山哲が書記長となりました。

保守系では旧立憲政友会系で翼賛体制に批判的だった議員などによって日本自由党が結成され、総裁に鳩山一郎が就任します。また、翼賛体制を担った旧立憲民政党系の大日本政治会を中心に日本進歩党が結成され、総裁に町田忠治が就任しました。

中道系では労使協調を主張する日本協同党が結成され、山本実彦が委員長に就任します。

1946年の総選挙の結果、日本自由党が第1党となりますが、総裁の鳩山一郎に対して公職追放がなされたため、日本自由党と日本進歩党との連立により、第1次吉田茂内閣が成立しました。

> 政党の時代がようやく戻ってきたけど…。鳩山一郎総裁が公職追放されたのはGHQをきびしく批判したため、とされているんだ。

❷ 民主化政策と戦後内閣

戦争を担った財閥を解体することが日本の非軍事化にとって不可欠と考えられ、財閥の解体が実行されました。また、貧困に苦しむ農民層の存在が日本の対外侵略につながったと考えられ、農地改革が進められていきます。

(1) 財閥の解体

1945年の財閥解体指令により財閥の活動は停止されます。1946年8月に持株会社整理委員会が発足して、持株会社や財閥家族から譲渡された株券が一般に売却されます。

1947年には、独占禁止法、過度経済力集中排除法が制定されました。銀行は解体されずに経済再建の中核としての役割を担ったため、のちに銀行を中心とする新たな企業集団が形成されるようになります。

(2) 農地改革

1945年の農地改革指令をふまえ、政府は農地調整法の改正により、小作料の金納化や不在地主の小作地保有を認めないなど、第1次農地改革を進めようとしました。しかし、GHQは不十分として納得しませんでした。

1946年には自作農創設特別措置法を制定。不在地主の小作地保有は認めず、在村地主の小作地保有制限を1町歩（北海道は4町歩）とし、それ以外を国家が強制的に買収して小作農に売り渡すとする第2次農地改革が進められます。これにともない、農地委員会は地主3、自作2、小作5で構成されることとなり、改革の実行機関となりました。

■農地改革前後の農地の状況

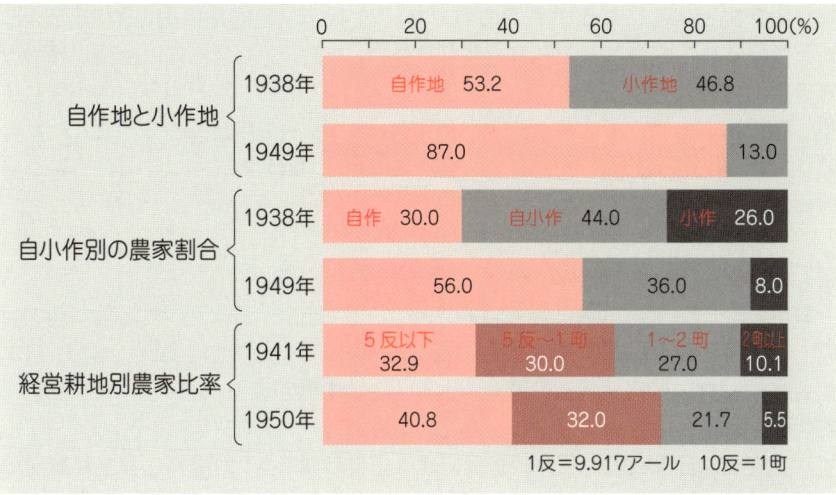

自作地と小作地
- 1938年: 自作地 53.2 / 小作地 46.8
- 1949年: 87.0 / 13.0

自小作別の農家割合
- 1938年: 自作 30.0 / 自小作 44.0 / 小作 26.0
- 1949年: 56.0 / 36.0 / 8.0

経営耕地別農家比率
- 1941年: 5反以下 32.9 / 5反〜1町 30.0 / 1〜2町 27.0 / 2町以上 10.1
- 1950年: 40.8 / 32.0 / 21.7 / 5.5

1反＝9.917アール　10反＝1町

農林省統計局資料より

（3）労働改革・教育改革

労働の民主化を進めるため、労働三法が制定されました。

労働三法	
労働組合法	労働者の団結権、団体交渉権、争議権の保障
労働関係調整法	労働争議の解決、労働委員会による斡旋・調停・仲裁を規定
労働基準法	労働者の保護、労働条件の最低基準を規定

また1947年には教育基本法、学校教育法が制定され、民主主義的な教育理念として、教育の機会均等、男女共学が定められ、六・三・三・四制の単線型の教育体系が確立します。

（4）社会の混乱

戦争による混乱、軍人の復員や海外居留民の引揚げにより、生活物資の不足や失業者の増大が深刻な社会問題となり、インフレが進行していきました。そこで幣原内閣は1946年、金融緊急措置令を出し、預金封鎖をして旧紙幣を強制的に銀行へ預金させて新円に切り替え、一世帯の月の引き出し額を制限させることにしました。通貨を収縮させるための策でしたが、インフレ解決には至りませんでした。

第1次吉田内閣は、基幹産業である石炭と鉄鋼の増産に向けて、集中的に資金や資材を投じる傾斜生産方式を採用。また、復興金融金庫を創設して、基幹産業に資金を供給して生産を刺激する策をとりました。この政策は片山哲内閣、芦田均

内閣にも引き継がれます。

　大衆運動が盛んになるのもこの頃です。1946年、皇居前広場に約25万人の人々が集結して食糧メーデーが発生しました。また、1947年には全国規模のゼネラル・ストライキ（労働闘争）も計画されていましたが、決行直前に中止されます。これを二・一ゼネストの中止といい、マッカーサーの中止命令が出されたためでした。労働運動の確立を含む民主化を進めていたGHQでしたが、この一件は占領政策の転換を意味するものとなりました。

(5) 戦後内閣の推移

　1947年の衆議院総選挙は、日本自由党、日本社会党、日本進歩党と日本自由党の一部などが合同して成立した民主党の3党が議席を分け合う結果になり、日本社会党、民主党、国民協同党の連立による片山哲内閣が成立。初の日本社会党首班内閣となりました。

　片山内閣は日本社会党左派の造反によって総辞職し、1948年に民主党総裁の芦田均内閣が成立します。芦田内閣では、マッカーサーからの書簡により、政令201号を出して公務員の争議行為を禁止しますが、復興金融金庫の融資をめぐる昭和電工事件により、在任7カ月あまりで総辞職しました。

> 傾斜生産方式と復興金融金庫、そして、二・一ゼネストの中止により、GHQの占領政策は転換していったこと、さらに短命ながらも日本社会党首班内閣が成立したことがポイントだね。

(6) ドッジ・ラインとシャウプ勧告

　芦田内閣の後は、民主自由党（旧日本自由党）による第2次吉田内閣が成立します。1948年には、アメリカ政府はGHQを通して経済安定九原則を示し、財政の均衡、徴税の促進、賃金の安定、物価統制の強化、外国為替管理の強化などを求めました。

　また、GHQの経済顧問として来日したドッジの指導により、財政金融引き締め策であるドッジ・ラインが採用されます。

ドッジ・ライン
超均衡予算による健全財政の確立
復興金融金庫の廃止
1ドル＝360円の単一為替レートの設定
経済の自由化促進

　1949年、コロンビア大学のシャウプが来日、日本の税制についてシャウプ勧告とよばれる勧告書を作成。日本の戦後税制に大きな影響を及ぼします。この勧告

により、法人税が35％の単一税率となったことで、各企業は資本蓄積を進め、再建の基盤が構築されていきました。

シャウプ勧告
直接税中心主義
間接税の多くを廃止および整理による簡素化
地方財政の強化

❸ 占領政策の転換と講和

　冷戦が展開される中で、日本を「共産主義に対する防壁」と考えたアメリカは占領政策を転換、日本を極東の友好国として育成していくことになります。朝鮮戦争の勃発により内外に講和の機運が高まり、ついに1951年、サンフランシスコ講和条約の調印が実現しました。

■冷戦時の対立

米	VS	ソ
西欧 NICs ASEAN 日本 韓国 南ベトナム		東欧 中国 北朝鮮 北ベトナム

(1) 占領政策の転換

　大戦末期以降のアメリカとソ連の対立が表面化し、冷戦が展開されるようになると、極東における米ソ対立のカギは日本の経済復興にあると考えます。
　その一環として、アメリカは飢餓、疾病、社会不安を防止するための援助資金であるガリオア資金（占領地行政救済資金）、産業復興を目的とする生産物資供給のための援助資金であるエロア資金（占領地域経済復興援助資金）を日本に提供しました。
　GHQの占領政策の転換により労働運動が弾圧され、国鉄総裁が死亡する下山事件、国鉄労組組合員の関与が疑われた三鷹事件、労働組合員らが逮捕されましたが、のちに無罪となる松川事件などが発生します。
　1949年には、中国で毛沢東を主席とする中華人民共和国が成立、アメリカにとって日本の存在は、ますます重要なものとなっていきました。

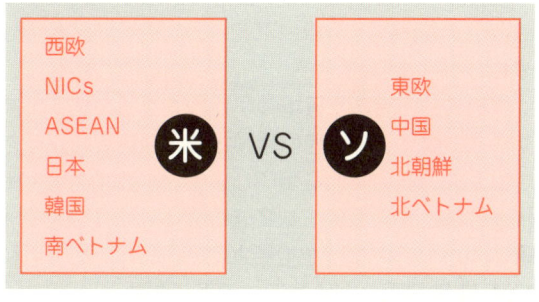

(2) 朝鮮戦争　　　　　　　　　　　　　　　　　　　　　　リンク▶ #23

　1950年、北朝鮮（朝鮮民主主義人民共和国）の攻撃によって朝鮮戦争が勃発します。ソ連の援助を得た北朝鮮軍はソウルを占領しましたが、国連安全保障理事会をソ連が欠席する中で結成されたアメリカ軍中心の国連軍は、韓国軍を助けて

北上します。しかし、中国人民義勇軍が北朝鮮軍を助けて南下し、膠着状態となりました。アメリカのトルーマン大統領は最高司令官だったマッカーサーを解任、休戦会談が開かれ、1953年7月に休戦協定が調印されました。

　日本では、1950年にマッカーサーが日本共産党中央委員の公職追放を指令し、以降は共産党員や支持者を多くの職場で追放するレッド・パージが進められます。警察予備隊の創設と海上保安庁の拡充指令が出されたのもこの時期で、第3次吉田内閣は警察予備隊令を公布しました。

　この朝鮮戦争により兵器や軍需物資が日本に発注され、朝鮮特需による好景気が到来。日本は戦後不況を脱することができました。また、支払いがドルでおこなわれたため、外貨不足に苦しんでいた日本の経済は大きく発展し、鉱工業生産が戦前の水準にまで回復しました。

> 警察予備隊が最大のポイントだよ。のちの自衛隊だからね。

(3) サンフランシスコ講和条約

　朝鮮戦争の影響もあり、日本の講和が具体化することになります。日本国内では自由主義陣営との単独講和と、中国やソ連も含めた全面講和を求める声がそれぞれあがりました。

　講和条約の締結と日本の早期独立を望む第3次吉田内閣は、1951年、サンフランシスコ講和会議で西側諸国との単独講和にふみきり、48カ国と日本とがサンフランシスコ講和条約に調印します。中国は中華人民共和国と中華民国のいずれを代表政権とするかで一致できなかったので招請されませんでした。また、韓国は署名国としての参加を拒否され、インド、ビルマ（現ミャンマー）などは欠席し、ソ連、東欧諸国などは調印を拒否します。

　講和条約には賠償の支払いも記されていましたが、支払いによって日本経済が弱体化することを恐れたアメリカを中心として、多くの賠償請求権が放棄されました。

　講和条約の締結に引き続き、アメリカ軍の駐留を認める日米安全保障条約を締結します。1952年には日米行政協定が調印され、日本はアメリカの駐留軍に基地を提供し、防衛分担金を負担することになりました。

　この講和をめぐって、日本社会党は講和に反対する左派社会党と、賛成する右派社会党に分裂しました。

TRY! 本試験問題で一問一答

重要度 A

#43 占領下の日本

Q1 経済安定九原則の実施によって、日本の経済は急速に復興しはじめたが、1950年に勃発した朝鮮戦争によって再び減速した。
×朝鮮戦争によって特需景気となり、日本の経済は一気に回復した
(×)
[消-23]改 cf.❷❸

Q2 第二次世界大戦後、GHQによって三井・三菱などの15財閥の資産凍結と解体がおこなわれた。
○このまま覚えよう！
(○)
[市-17]改 cf.❷

Q3 1951年、日本は48カ国とサンフランシスコ講和条約を締結し、国際社会への復帰となる第一歩を踏み出した。翌年には日米安全保障条約を締結し、アメリカ軍の駐留を認めた。
×サンフランシスコ講和条約の同日に調印された
(×)
[市-20]改 cf.❸

Q4 第二次世界大戦後、神仏分離令が出され、政府による神社・神道への支援・監督が禁止され、国家神道は解体した。
×神仏分離令ではなく神道指令である
(×)
[警-24]改 cf.❶

Q5 GHQはポツダム勅令によって天皇の神格を明示的に否定したうえで、新憲法において改めて象徴天皇制を創設した。
×天皇の詔書として天皇の人間宣言がおこなわれた。また、ポツダム勅令とは法令に優先して即時施行しなければならない命令のことである
(×)
[警-22]改 cf.❶

323

#44 高度成長期の日本と現代

日本史17 日本が輝いた高度成長期とその後の不況

重要度 A

講和により独立を回復した日本は高度成長の時代を迎え、驚異的な発展を遂げていきました。しかし、1970年代に入り、ニクソン・ショックやオイル・ショックの発生により、高度成長期は終わりを迎え、日本は成熟した経済大国の道を歩んでいくことになります。しかし、その道は決して平坦なものではありませんでした。

ココを覚えれば ザ・ベスト！

日本の高度成長期の状況を正しく理解しておくことが最大のポイント。神武景気やいざなぎ景気など、経済成長の推移を細かく把握しておきたい。高度成長期以降の流れは、社会科学の出題との関係をふまえて学習できてザ・ベスト！

PLAY!

次の年表を完成させよう。

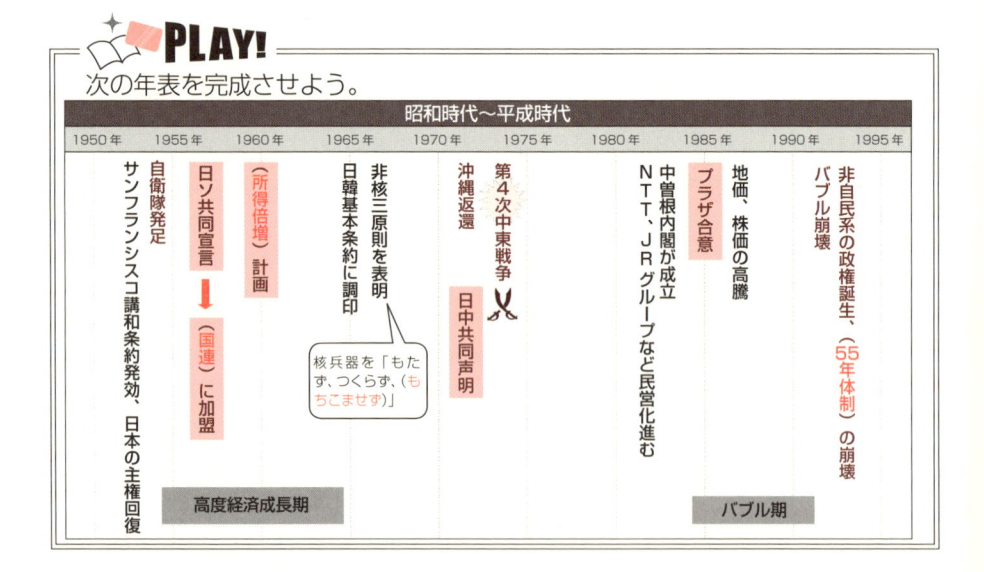

昭和時代〜平成時代

1950年	サンフランシスコ講和条約発効、日本の主権回復
1955年	自衛隊発足
1956年	日ソ共同宣言 → （国連）に加盟
1960年	（所得倍増）計画
1965年	日韓基本条約に調印
1967年	非核三原則を表明（核兵器を「もたず、つくらず、もちこませず」）
1972年	沖縄返還、日中共同声明
1973年	第4次中東戦争
1985年	中曽根内閣が成立、NTT、JRグループなど民営化進む、プラザ合意
1980年代後半	地価、株価の高騰
1991年	バブル崩壊
1993年	非自民系の政権誕生、（55年体制）の崩壊

高度経済成長期：1955年〜1973年頃
バブル期：1986年〜1991年頃

① 高度成長期の日本

高度成長期は、前半は内需主導による経済成長、後半は国際競争力を高め、輸出を拡大していくことによる経済成長、と考えることができます。大衆消費社会が到来しますが、それはひずみとなって社会のさまざまな面に出現することとなりました。

(1) 独立回復後の日本の政治情勢

サンフランシスコ講和条約が発効して、日本は独立、主権を回復させます。第3次吉田内閣は海上警備隊を発足させ、1952年、警察予備隊と合体させて保安庁を設置。海上警備隊は警備隊、警察予備隊は保安隊に改編されました。

1952年、皇居前広場に集結したデモ隊が警官隊と衝突する血のメーデー事件が発生し、吉田内閣は破壊活動防止法を公布。暴力的な破壊活動を取り締まり、調査機関として公安調査庁を設置しました。

この時期、鳩山一郎が公職追放を解除されて自由党内で勢力を拡大したため、吉田首相は8月に衆議院を解散(抜き打ち解散)して総選挙を実施しましたが、結果として自由党は議席を減らすこととなりました。

第4次吉田内閣は吉田首相の「バカヤロー」という失言により、内閣不信任案が可決され、衆議院を解散(バカヤロー解散)し、総選挙を実施。自由党は議席を減らしながらも、選挙後に改進党の協力を得て第5次吉田内閣が成立します。

1954年、吉田内閣は日米相互防衛援助協定など4つの協定からなるMSA協定を結び、自衛隊法を施行。保安隊、警備隊はそれぞれ陸上、海上自衛隊となり、航空自衛隊も組織され、自衛隊が発足します。また防衛庁設置法も施行され、防衛庁が設置されました。

同年1月からはじまった造船疑獄の強制調査により、政財界の多数が逮捕されます。これを受けて、改進党と鳩山一郎ら反吉田勢力によって日本民主党が結成され、第5次吉田内閣は総辞職します。

同年12月、第1次鳩山一郎内閣が成立。少数単独内閣であったため解散し、総選挙をおこなって第2次内閣を組閣しますが、日本民主党は単独過半数には届きませんでした。

> 自衛隊の発足はきわめて重要。政治情勢では抜き打ち解散とバカヤロー解散が有名だね。

(2) 55年体制の成立と鳩山内閣

1955年に日本社会党が再統一され、一大勢力となります。これに対して保守系の各党は保守勢力の結集をはかり、保守合同によって、自由民主党が誕生し、自由民主党によって第3次鳩山内閣が成立しました。

1956年、鳩山内閣は日ソ共同宣言に調印して、日ソの国交回復が実現します。ただし、北方領土は現在も問題として残っており、平和条約の調印には至っていません。

この日ソ共同宣言により、ソ連が日本の国連加盟を支持したため、国連総会は日本の国連加盟を全会一致で可決、日本は加盟国となることができました。

(3) 経済復興から高度成長へ

1952年、日本は国際通貨基金(IMF)、国際復興開発銀行(世界銀行・IBRD)に

加盟します。また、1955年には関税及び貿易に関する一般協定（GATT）にも加盟しました。ドルを基軸通貨として、為替レートの安定と自由貿易の発展をはかるブレトン・ウッズ体制の中で、日本は経済的にも国際社会に復帰し、飛躍的な発展を遂げていくこととなりました。

1954年からは高度成長期が到来し、1956年の経済白書では「もはや戦後ではない」と表現します。

第1次高度成長期	
神武景気	1954年から1957年にかけて31カ月間続いた好景気。白黒テレビ・電気洗濯機・電気冷蔵庫が「三種の神器」といわれ、民間企業の設備投資が急増した。大衆消費社会のはじまりと考えられる。
なべ底不況	1957年から1958年にかけての不況。国際収支の悪化により景気が急速に冷え込む。
岩戸景気	1958年から1961年にかけて42カ月間続いた好景気。「投資が投資をよぶ」とされる設備投資の増加と、耐久消費財の普及により好景気が続いた。労働者の所得が増加し、大量消費社会がさらに発展。
所得倍増	1960年、第2次池田勇人内閣の下で閣議決定された計画であり、10年間で実質国民所得を倍増させるというものだったが、実際の成長はこれを上回る。
オリンピック景気	岩戸景気の後、短期間の不況を経て、1962年から1964年にかけて続いた好景気。東京オリンピック開催の建設投資ブームが好景気をもたらした。
GATT11条国、IMF8条国への移行	日本は1963年に、国際収支を理由とした輸入制限をおこなわないGATT11条国に移行し、1964年には、為替制限を廃止し、自国通貨と相手国通貨を自由に交換できるIMF8条国に移行。さらに経済協力開発機構（OECD）にも加盟した。これにより、貿易の自由化が促進された。
昭和40年不況	オリンピック終了後に発生した不況であり、政府は戦後はじめて赤字国債を発行して対応。

第2次高度成長期は、いざなぎ景気とよばれ、外需主導に移行し、輸出の拡大も含めたバランスのよい経済成長期に入りました。

第2次高度成長期	
いざなぎ景気	1965年から1970年にかけて57カ月間続いた好景気。国際競争力の強化が進められ、輸出を拡大していった。当時、自家用車、クーラー、カラーテレビの3Cが新三種の神器とよばれた。

（4）安保改定と保守政権

　鳩山内閣の後、石橋湛山内閣が成立しますが、首相の病気により2カ月で辞任、岸信介内閣（第1次～2次）が成立します。岸内閣は日米安全保障条約の改定に着手し、1960年、日米相互協力及び安全保障条約（新安保条約）、日米地位協定に調印。これは、日本および極東の平和と安全のためにアメリカ軍の駐留を認め、アメリカの日本防衛義務と共同対処、日本の防衛力増強、事前協議制度などを定めたものでした。国内では新安保条約に反対するため、安保改定阻止国民会議が結成されて、学生団体などが結集します。

　しかし、岸内閣は新安保条約を衆議院で強行採決したため、安保闘争が激化。新安保条約は自然成立し、岸内閣は退陣します。

　その後、池田勇人内閣（第1次～3次）が成立し、GATT11条国、IMF8条国へ移行、経済協力開発機構（OECD）に加盟しました。また、政経分離の方針を掲げ、中華人民共和国と正式な国交がないまま準政府間貿易ともいえるLT貿易を開始します。

　1964年には、佐藤栄作内閣（第1次～3次）が成立し、日韓基本条約に調印し、韓国と国交を回復さ

> 佐藤政権は7年8か月にわたる長期政権となったよ！

せます。そして核兵器を「もたず、つくらず、もちこませず」という非核三原則を表明。1968年には小笠原返還協定に調印し、のちに沖縄返還協定にも調印。1972年に沖縄の日本復帰が実現しました。

　また、公害問題に対処するため、1967年に公害対策基本法が制定され、1971年に環境庁が発足しました。

❷ 激動する日本

　高度成長の終焉によって、日本史の出題範囲はひとまずクリアです。しかし、社会科学との関連を意識しておくためにも、つながりをもって現代に到達するまでを確認しておきましょう。

(1) ニクソン・ショック

ベトナム戦争による軍事費の増大がアメリカ経済を圧迫し、基軸通貨のドルに対する国際的な不安が高まります。

アメリカのニクソン大統領は、1971年、金とドルの交換を停止し、臨時に10%の輸入課徴金をかけることを発表（ニクソン・ショック）。世界経済は大混乱に陥り、固定相場制は崩壊しました。

1971年には、1ドル＝308円とするスミソニアン体制が成立し、固定相場制が維持されます。しかし、ドルの信頼は回復しなかったため、1973年に円は変動相場制へ移行しました。

(2) 石油危機

1973年、第4次中東戦争が勃発し、アラブ石油輸出国機構（OAPEC）に加盟する産油国が、イスラエル支援国に対して石油禁輸をおこなうと発表。石油輸出国機構（OPEC）も原油価格を大幅に引き上げたことで、第1次石油危機（オイル・ショック）が発生しました。日本では狂乱物価といわれるほどに物価が上昇し、1974年には戦後はじめてのマイナス成長となり、高度成長は終焉を迎えます。1979年にはイラン革命による混乱で原油生産が激減。第2次石油危機が発生しましたが、日本は金融の引き締めにより、この危機を乗り越えました。

> 1974年のマイナス成長は、高度成長の完全な終焉を意味するものだったよ。

(3) 日中国交正常化

1972年、田中角栄内閣（第1次〜2次）が成立。田中首相は中国を訪問して日中共同声明に調印、日中国交正常化が実現します。これは、1972年のニクソン米大統領の訪中に触発されたものとされています。

また、1978年、福田赳夫内閣の際に日中平和友好条約に調印しました。

(4) 政権の状況

田中内閣が退陣した後、1974年、三木武夫内閣が成立。第1回先進国首脳会議が開かれ、日本も参加することとなりました。三木政権の時にロッキード事件が発覚し、田中前首相が逮捕されました。自民党内では「三木おろし」が広がり、総辞職します。

1976年、福田赳夫内閣が成立。外交における業績は上げましたが、福田首相が自民党総裁選挙で敗北し、総辞職しました。

1978年、大平正芳内閣（第1次〜2次）が成立。第2次石油危機への対応、東京サミットの開催に努力しますが、衆参同日選挙中に大平首相が急死します。

1980年、鈴木善幸内閣が成立し、増税なき財政再建を掲げて行政改革と財政再

建を進めましたが、鈴木首相は自民党総裁選に出馬せず退陣しました。

1982年、中曽根康弘内閣（第1次～3次）が成立。戦後政治の総決算を掲げて、行財政改革を推進し、公社の民営化を進め、日本電信電話公社がNTT（日本電信電話株式会社）に、日本専売公社がJT（日本たばこ産業株式会社）になりました。また、国鉄分割民営化により、国鉄はJRグループ各社となりました。

> 中曽根政権で、戦後政治の流れはひとつの区切りがついたといえるね。そして、この中曽根内閣時のプラザ合意が、バブル経済を生み出すよ。

(5) バブル経済と崩壊

1985年、アメリカ、イギリス、フランス、ドイツ、日本の先進5カ国により、ドル高を是正するためのプラザ合意がなされます。アメリカは財政赤字とドル高による貿易収支の赤字に苦慮していたため、各国は国際収支の不均衡を是正するため、協調してドル安をはかることで合意。特にアメリカの対日貿易赤字が大きな課題であったため、合意後は急速に円高ドル安が進むことになりました。1987年には、行き過ぎたドル安に歯止めをかけるため、ルーブル合意が結ばれます。

円高は日本の輸出産業にとって打撃でしたが、海外への工場移転などが増加し、特に東南アジアの経済発展につながっていきました。また、内需主導型の経済成長を実現するため、低金利を続け、余剰資金が不動産市場や株式市場への投資を活発化させ、地価や株価が実態とはかけ離れて高騰していきました。これをバブル経済といいます。

しかし、1990年の大蔵省銀行局長通達である不動産融資総量規制などにより、1991年頃から地価が暴落しはじめ、バブル経済は崩壊に至ります。その後、失われた10年といわれる不況がはじまることになります。

(6) 55年体制の崩壊

中曽根内閣の後、1987年に竹下登内閣が成立し、消費税を導入。リクルート事件に関する疑惑が広がり、竹下内閣は退陣しました。

1989年、宇野宗佑内閣が成立しましたが、宇野首相の女性スキャンダルと参議院議員選挙での大敗により、わずか30日あまりで総辞職します。

宇野内閣の後、海部俊樹内閣（第1次～2次）が成立します。1990年からの湾岸戦争に際して、海上自衛隊の掃海艇をペルシャ湾に派遣しましたが、政治改革関連3法案をめぐり与党内で理解が得られず退陣します。

1991年には、宮沢喜一内閣が成立。政治改革の実現に失敗した宮沢内閣に対して、野党が内閣不信任案を提出し、自民党内からも同調する造反議員が続出して、内閣不信任案が可決されます。宮沢首相は衆議院を解散して総選挙に出ますが、自民党は分裂。新生党や新党さきがけが結成され、自民党は過半数を大きく割

り込みました。

　1993年、日本新党代表の細川護煕を首班とする非自民8党派の細川内閣が誕生します。自民党は1955年の保守合同以来、維持してきた長期政権を手放すことになりました。

> 細川内閣の誕生で、38年続いた自民党の長期単独政権は終わることになったね。日本史はここまで！

TRY! 本試験問題で一問一答

Q1 佐藤栄作内閣は懸案であった日韓基本条約に調印するとともに、小笠原諸島の返還を実現させた。
○このまま覚えよう！
（○）
[消―20]改　cf.❶

Q2 高度経済成長の国際要因として、外国為替市場が固定相場制から変動相場制に移行し、円安が進行したことが挙げられる。
×高度経済成長期は固定相場制である。高度経済成長が終わった後、ニクソン・ショックがおこり固定相場制は崩壊した
（×）
[地上―26]改　cf.❶

Q3 1993年、衆議院総選挙で自民党は過半数を割ったため、政権は非自民8党派による社会党の村山富市委員長を首班とする連立内閣に移り、55年体制が崩壊した。
×首相となったのは日本新党の細川護煕である
（×）
[市―23]改　cf.❷

Q4 1960年代後半から1970年代前半にかけての田中角栄内閣の下で、アメリカ合衆国との協力関係の強化、および中華人民共和国との国交正常化を重視する外交政策がおこなわれた。
×田中内閣は1972年～74年の間の内閣である
（×）
[総―18]改　cf.❷

Q5 1955年に、左右両派の社会党が合わせて改憲阻止に必要な3分の1の議席を確保したのを受けて、日本自由党と日本進歩党は合同して自由民主党を結成した。これにより保革対立のもとでの保守一党優位の55年体制が成立した。
×自由党と日本民主党が合同して現在の自由民主党となった
（×）
[警―21]改　cf.❶

Challenge! もう1点get!

問題 大正から昭和初期における我が国の出来事に関する記述として、妥当なのはどれか。　　　　　　　　　　　　　　　　　　　　［都一28］

1　第一次世界大戦以降、我が国はアジア、アメリカ市場に軍需品を輸出したことで大戦景気とよばれる好況となり、設備投資が進んで生産性が向上したことから、<u>大戦終了後も好況は続いた。</u>
　　　　　　　　　×大戦終結後は戦後恐慌となった

2　<u>関東大震災での死者・行方不明者は10万人以上となり、損壊・焼失した家屋</u>
　　○このまま覚えよう！
　<u>は50万戸以上に上った。我が国の経済は大きな打撃を受け、企業の手持ちの手形は決済不能となり、日本銀行の特別融資でしのいだが、決済は進まなかった。</u>

3　手形の処理法案を審議するなか、一部の銀行の不良な経営状態が暴かれ、群衆が預金の払い戻しを求めて行列する騒ぎがおこり、銀行の休業が続出する金融恐慌が発生。モラトリアム（支払猶予令）によっても<u>収拾することができなかった。</u>
　　　　　　　　　×田中義一内閣のモラトリアムで事態を収拾することができた

4　世界恐慌がはじまった翌年、我が国は、<u>生産性の低い企業を救済することを</u>
　　　　　　　　　　　　　　　　×為替相場の安定化をはかり、輸出を促進するために
　めざして、輸入品の代金支払いのために金貨や地金を輸出することを禁じ
　　金解禁（金の輸出の禁止を解くこと）に踏み切ったが、大量の金が流出し昭和恐慌となった
　たが、世界恐慌の影響を受け、昭和恐慌とよばれる恐慌に陥った。

5　大恐慌を背景とする我が国の行き詰まりの原因が財閥・政党などの支配層の無能と腐敗にあると考えた一部の将校が二・二六事件をおこし、岡田啓介首相を殺害したことで、大正以来の政党内閣が終わった。
　×斉藤実内大臣、高橋是清蔵相らが殺害されたが、岡田首相は殺害されていない。
　　また、終戦までで最後の政党内閣になったのは、五・一五事件で倒れた犬養毅内閣である

正答　2

Challenge! もう1点get!

問題 江戸時代におこなわれた政策に関する次の記述1〜5を古いものから年代順に並べ替えたとき、1番目と3番目に来るものの組み合わせとして最も妥当なのはどれか。

[般—28]

A 村からの出稼ぎを制限して農村人口の確保するため、旧里帰農令を出して都市に流入した農村出身者の帰村を奨励した。
1790年。以下は松平定信による寛政の改革（1787年〜1793年）の内容である

B 一国一城令を出して、大名の居城をひとつに限り、それ以外の領内の城を破壊させた。さらに武家諸法度を制定した。
1615年。2代将軍秀忠における政策である

C 都市や農村の商人・手工業者の仲間組織を株仲間として広く公認して、運上・冥加金などを徴収し、銅座・人参座などの座を設けて専売制を実施した。
以下は1767年〜1786年頃における田沼意次による政策である

D 町人の出資による新田開発を奨励し、年貢を増徴するため、その年の作柄から年貢率を定める検見法を改めて、一定の税率で徴収する定免法を採用した。
以下は8代将軍吉宗による享保の改革の内容である　1722年

E 武道のみならず忠孝の道徳と礼儀を守るよう大名らに求めた。また、武家に対して忌引を定めた服忌令を、民衆に対して犬や鳥獣の保護を命じた生類憐れみの令を出した。
以下は5代将軍綱吉による内容である　1684年　1685年

	1番目	3番目
1.	B	C
2.	B	D
3.	E	A
4.	E	D
5.	A	B

正答　2

Staff

執筆・プロデュース
The BEST 制作委員会

編集
コンテンツ（萩谷成人）

キャラクターデザイン・カバーデザイン
月乃 南（クローゼットinc.）

DTP
越郷拓也
角田杏子（エクシア出版）
渡邉成美（エクシア出版）

校正
阿部秀雄

本書をご活用の皆さまへ

正誤情報、出題傾向（8,9ページ）の
更新情報などは、
こちらに掲載しております。

www.exia-pub.co.jp

未確認の誤植を発見された場合は、
下記までご一報ください。

info@exia-pub.co.jp

ご協力お願いいたします。

公務員試験
人文科学Ⅰ ザ・ベスト プラス
［世界史・日本史］

2016年10月21日　初版第1刷発行

編　著：The BEST 制作委員会
発行者：畑中敦子
発行所：株式会社 エクシア出版
　　　　東京都千代田区岩本町3-9-15　〒101-0032
　　　　フォロス岩本町ビル9階
　　　　電話 03-5823-4749

印刷所：モリモト印刷株式会社
製本所：モリモト印刷株式会社

定価はカバーに表示してあります。乱丁・落丁本がござい
ましたらお取り替えいたします。本書の内容の一部あるい
は全部を無断で複製複写（コピー）することは、法律で認め
られた場合を除き、著作権および出版権の侵害になります
ので、その場合はあらかじめ小社あてに許諾を求めてくだ
さい。

ISBN 978-4-908804-10-6　C1030

大卒レベル公務員試験対策の決定版！

ザ・ベストプラスシリーズ

畑中敦子の数的推理 ザ・ベストプラス

苦手な人が多い数的推理を、基礎から丁寧に解説した受験生必携の1冊！
最新の過去問を多数掲載！

本体価格　1,600円　352頁　2色刷り
ISBN 978-4-908804-01-4

畑中敦子の判断推理 ザ・ベストプラス

判断推理の過去問の中でも、選び抜かれた良問のみ掲載！　解法パターンとテクニックを、効率よく習得する必須アイテム！

本体価格　1,800円　384頁　2色刷り
ISBN 978-4-908804-02-1

畑中敦子の資料解釈 ザ・ベストプラス

良問演習でコツを掴めば、満点も狙える資料解釈！
計算を大幅に省略するテクニックを、余すことなく伝授！

本体価格　1,400円　280頁　2色刷り
ISBN 978-4-908804-03-8

受験生必携
最新の過去問から精選された良問を多数掲載！
圧倒的なわかりやすさと、目からうろこのテクニック！

公務員試験 社会科学 ザ・ベストプラス

一般知識の最重要科目である社会科学を、大手予備校で人気を博してきたカリスマ講師が丁寧に解説！

本体価格　1,600円　368頁　2色刷り
ISBN 978-4-908804-06-9

寺本康之の 憲法 ザ・ベストプラス

わかりやすく頭に残る解説で、「判例学習」と「制度の暗記」を中心に、ぐんぐん学習を進めていきます。「出るとこ」にもトコトンこだわった、頼れる「憲法」の1冊！

本体価格　1,400円　272頁　2色刷り
ISBN 978-4-908804-08-03

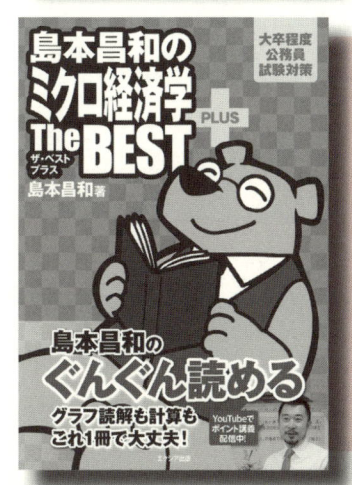

島本昌和の ミクロ経済学 ザ・ベスト プラス

難解な略語も複雑な計算問題も、そして込み入ったグラフの読解も、すぐに身につきます。読み終わったころには合格レベル、間違いなし！！

本体価格　1,600円　368頁　2色刷り
ISBN 978-4-908804-09-0

畑中敦子の
初級ザ・ベスト プラス
判断推理

本体価格 1,500円　336頁　2色刷り
ISBN 978-4-908804-04-5

畑中敦子の
初級ザ・ベスト プラス
数的推理/資料解釈

本体価格 1,500円　336頁　2色刷り　ISBN 978-4-908804-05-2

公務員試験
時事 ザ・ベスト 2017

公務員試験時事対策本として今までにない、
本当に役に立つ一冊！
社会人の一般常識用にもご活用頂けます。

本体価格　1,000円　192頁　2色刷り
ISBN 978-4-908804-07-6

畑中敦子の
[判断推理・数的推理]
頻出24テーマ 速習Book

一通り勉強した人にも初学者にも親切で、
楽しく勉強できる、著者の自信作です！

本体価格　900円　176頁　2色刷り
ISBN 978-4-908804-00-7

DVD 畑中敦子の
算数・数学 基礎から復習！

¥6,000+税　収録時間11時間36分（講義18回+レジュメ）

amazonにて大好評発売中!!